경|제|사|회|사|의|새|로|운|접|근

유럽 경제사

지식, 제도, 성장, 600~현재

Karl Gunnar Persson · Paul Sharp 지음

박이택 옮김

도서출판
해남

유럽 경제사 지식, 제도, 성장, 600~현재

초판1쇄 인쇄 2016년 7월 15일
초판1쇄 발행 2016년 7월 22일

지은이 Karl Gunnar Persson · Paul Sharp
옮긴이 박이택
발행인 노현철
발행처 도서출판 해남

출판등록   1995. 5. 10 제 1-1885호
주   소   서울특별시 서대문구 충정로 38-12(충정로 3가) 우리타워 6F
전   화   739-4822 **팩스** 720-4823
이 메 일   haenamin30@naver.com
홈페이지   www.hpub.co.kr

ISBN   978-89-6238-102-3   93320

ⓒ 2016 박이택

· 옮긴이와 협의하에 인지 생략

옮긴이 머리말

현재 한국은 캐치업 발전의 한계 속에서 길을 잃고 있다. 새로운 길을 모색하는 대장정을 이제 시작하고 있는데, 세계에서 일인당 소득이 가장 높은 지역이자 가장 행복한 삶을 살고 있는 노르웨이, 덴마크, 스웨덴 등 스칸디나비아 국가들은 한국이 나아가야 할 새로운 모델 국가로 관심을 받고 있다. 북구 복지국가를 모델로 하여 그와 동급의 나라로 한국 경제를 업그레이드하는 것은 험난해 보이기는 하지만, 우리가 추구해야 할 길임은 분명하다. 그렇다면 우선 우리에게 필요한 것은 이 스칸디나비아 국가들이 어떠한 역사적 과정을 거쳐 현재와 같은 상태에 이르게 되었는가에 대한 우리의 이해를 심화시키는 것일 것이다.

이 책은 1943년 스웨덴에서 태어나 덴마크 코펜하겐 대학에서 경제사가로 평생 연구 생활을 하고 있는 스칸디나비아 경제사가인 페르손 교수가 스칸디나비아를 포함한 유럽의 경제 발전을 장기 역사적으로 조망한 책이다(2010년 초판본은 페르손 교수의 단독 저서로 출간되었는데, 2015년 2판에서는 페르손 교수의 제자인 덴마크 남부 대학의 샤프 교수가 공저자로 되어 있다). 최근 한국에는 스칸디나비아 국가들에 대한 책이 많이 나오고 있지만, 이처럼 장기적인 시야 속에서 유럽 문명의 일부로 스칸디나비아의 발전을 조감할 수 있는 책은 없다. 그뿐만 아니라 이

책의 여기저기에는 평생 동안 경제사를 연구해 온 학자만이 뽑어낼 수 있는 깊은 통찰력이 스며 있어서, 한국의 독자들도 이 책을 많이 읽으면 좋겠다는 생각에 번역하게 되었다.

번역자로서, 그리고 이 책을 교재로 하여 두 학기를 강의해 본 경험자로서, 독자들에게 조금은 도움이 될 수 있는 정보를 제공할 수 있을 것 같아 이 글을 쓴다.

1) 경제 성장은 언제 시작되었는가?

현대 경제학자들이 100년 전의 경제학자들과 다른 가장 중요한 특징을 한 가지 지적하라고 한다면, 현대 경제학자들은 우리가 살아가는 경제가 성장해 왔고, 또 성장하게 해야 하고, 또 성장하게 할 수 있다는 믿음을 가지고 있다는 점을 들 수 있다.

그렇다면 현대 경제학자들이 가장 중요한 분석 대상으로 삼고 있는 경제 성장은 어떻게 일어나는 것일까? 이것을 이해하기 위해 필요한 가장 중요한 정보는 우리가 살고 있는 경제는 언제부터 성장하기 시작하였으며, 무엇이 변하여서 성장하게 되었는가일 것이다. 미국 경제사학계의 아버지라 불리는 쿠즈네츠는 20세기 사람들이 경험한 빠른 경제 성장은 근대에 독특한 것으로, 근대적 경제 성장(Modern Economic Growth)이라 하여 여섯 가지 특징을 제시하였다. (1) 일인당 생산 및 인구의 높은 성장률, (2) 높은 생산성 증가율, (3) 높은 구조 변화율, (4) 사회 구조와 이데올로기의 급격한 변화, (5) 발전된 국가를 중심으로 한 글로벌라이제이션, (6) 근대적 경제 성장의 제한된 확산 등이 그것이다. 쿠즈네츠가 이처럼 근대적 경제 성장과 관련된 반증 가능한 특성들을 제시한 후 많은 연구 성과가 축적되면서, 현재는 쿠즈네츠가 알고 있었던 근대적 경제 성장보다 훨씬 많은 정보를 알 수 있게 되었다.

이제 우리는 근대적 경제 성장의 시작이라 생각하였던 영국의 산업혁명은 그 용어가 지칭하는 것처럼 정체에서 성장으로 혁명적 변화의 시기는 아니었음을 알게 되었다. 경제사가들은 유럽의 경우 근대적 경제 성장이 이루어지기 이전에도 비록 근대적 경제 성장보다 느리기는 했지만 장기간 성장의 시기가 있었음을 확인하고, 근세적 경제 성장(Early Modern Economic Growth)이라 하고 있다.

근세적 경제 성장이 근대적 경제 성장의 기초였던 셈이다. 그렇다면 경제 성장의 원천은 전근대에서 근대로의 전환기에 새로 출현한 것이 아니라, 근세에서 근대에 이르기까지 일관되게 존재한 어떤 것에서 찾아야 할 것이다. 그리고 근대적 경제 성장에 독특한 것은 성장 체계의 형성이 아니라 빠른 성장 체계의 형성이므로, 그와 같은 빠른 성장을 가능하게 한 요인이 무엇인지를 물어야 할 것이다. 물론 쿠즈네츠도 근대적 경제 성장을 이룬 국가들은 근대 이전에 성장에 유리한 조건이 형성되었다는 점과 기술 발전의 기초로 근대 과학이 출현하였다는 점 등을 지적하고 있어서, 근세적 경제 성장론은 쿠즈네츠의 가설을 허무는 것이라기보다는 더 정교화한 것이라 볼 수도 있다.

2) 산업화 이전 경제 성장론은 어떤 점에서 다른가?

이 책의 저자인 페르손 교수는 근세적 경제 성장이라는 용어 대신에 산업화 이전 경제 성장(Pre-industrial Economic Growth)이라는 표현을 사용하는데, 페르손 교수가 이 개념을 정교하게 발전시킨 것은 적어도 『산업화 이전 경제 성장: 유립에서의 사회 조직과 기술 진보』(Pre-Industrial Economic Growth: Social Organization, and Technological Progress in Europe)를 출간한 때인 1988년 이전으로 거슬러 올라간다. 페르손 교수는 근세적 경제 성장론자들과 마찬가지로 유럽의 경제 성장은 18세기에 시작한 것이 아니라 그 이전으로 거슬러 올라가야 하는데, 성장의 개시 시점은 근세적 경제 성장론자보다 훨씬 빠른 기원후 1000년 이전으로 거슬러 올라간다고 본다.

근대적 경제 성장의 근세적 기초를 논하는 대부분의 연구자들은 지속적인 경제 성장 체계가 작동하기 위해서는 그것을 가능하게 하는 제도적 기초가 형성되어야 한다고 보는데, 이와 같은 제도적 기초가 형성된 시기를 근세로 보고, 제도적 기초의 핵심에는 시민혁명에 의해 확립된 재산권 제도가 있다고 본다. 최근 『국가는 왜 실패하는가』를 출판한 애쓰모글루와 로빈슨도 이 견해에 입각해 있다(물론 옥스포드에 기반을 둔 앨런은 재산권보다는 고임금 경제의 출현이 더 중요했다고 보고 있어서, 경제사가들 간에 의견의 일치가 있는 것은 아니다). 그렇다면 근세의 시작은 시민혁명의 태동기로 보는 것이 타당하고, 경제 성장은 그 이전으로 거슬러 올라가지는 않을 것이다. 그래서 근세 이전부터 경제 성장이 이루어지고 있었음을 주장하는 페르손 교수의 산업화 이전 경제 성장론은 상당히 독특한 견해라 할 수 있다. 페르손 교수에 따르면, 근세적인 재산권 제도의 형성 이전에 성장 체계가 형성되어 있었고, 근세적인 재산권 제도는 그 성장 체계 위에서 확립될 수 있었다고 보았다. 그렇다면 근세적 재산권 체계가 확립되기 이전에 어떻게 하여 성장 체계가 구축될 수 있었는가는 페르손 교수가 풀어야 할 과제인 셈이다.

페르손 교수의 산업화 이전(Pre-industrial) 경제 성장론은 근세적 경제 성장론과 대립하고 있을 뿐만 아니라, 근대적 경제 성장＝공업화로 보는 산업 구조 고도화론으로서의 경제 성장론과도 대립한다. 즉, 산업화 이전(Pre-industrial)이라 표현함으로써 경제 성장이 반드시 산업화(공업화)를 동반하여야 하는 것은 아니라는 점을 강조하고 있는데, 이것은 농업에 기반한 경제 성장도 장기 지속적일 수 있음을 의미한다. 페르손 교수는 자신의 주장의 근거로 산업혁명 이전에 농업에서 지속적인 생산성 향상이 있었으며, 근대 이후에도 미국, 캐나다, 노르웨이, 덴마크에서는 농업에서의 생산성 증가가 공업에 못지 않았음을 지적한다. 농업에서의 생산성 향상은 공업 부문의 발전에 따라 노동력이 농업 부문에서 공업 부문으로 이동하여 농업 부문의 노동력이 줄어든 것을 배경으로 이루어질 수 있다. 이때 농업 부문의 생산성 향상은 공업 부문의 발전에 의해 야기된 것이다. 그러나 페르손 교수는 이보다는 농업 부문의 생산성이 향상되었지만, 소득의 향상에 따라 농산물 소비의 비중이 감소함으로써 비농업 부문의 성장이 가능하게 되었다고 본다. 노르웨이, 덴마크와 같은 스칸디나비아 국가들에서의 근대적 경제 성장 체제로의 전환은 상당히 독특하다. 스칸디나비아는 18~19세기에 높은 농업 경쟁력을 바탕으로 근대적 경제 성장 체제로 전환하였는데, 페르손 교수는 스칸디나비아의 역사적 경험을 영국의 산업혁명의 이면에서 일어난 보완적 현상으로 보지 않는다. 이와 같은 역사적 독해에는 산업화 이전 경제 성장론에 대한 강한 신념이 있다고 보인다.

3) 기술은 어떻게 발전하는가?

　페르손 교수의 산업화 이전 경제 성장론은 공업화로 대변되는 구조 변화나 시민혁명으로 대변되는 제도 변화와 분리된 경제 성장을 상상할 수 있는 사유의 공간을 열어 준다. 이 속에서 페르손 교수가 발견한 것은 효율성 증진으로서의 기술의 점진적이고 누적적인 발전이다. 이 기술의 발전은 공업에 한정된 것은 아니어서 농업에서의 기술 진전도 공업에 못지 않았다.

전근대 시대에 점진적이고 누적적인 기술의 발전에 의해 일인당 소득이 느리지만 지속적으로 성장했다는 주장은 전근대 시대는 맬서스적 정체 시대였으며, 기술 진보의 효과는 일인당 소득의 증가가 아니라 인구 증가로 모두 흡수되어 버린다는 갈로의 통합된 성장 모형(Unified Growth Model)의 주장에 맞서지 않으면 안 된다. 페르손 교수는 전근대 시대에 기술 진보의 성과를 인구 증가가 모두 흡수하였다고 보는 맬서스적 인구 법칙이 장기 균형을 설정한 지배적인 힘이었다는 견해는 신화일 뿐이라고 본다. 16세기 이래 역사적 GDP 자료는 일인당 소득이 지속적으로 증가하였음을 보여 주고 있으며, 그 이전 시대에 대해서는 신뢰할 만한 역사적 GDP 자료가 없기는 하지만, 토지가 구속적인 제약으로 작용하였을 법한 유일한 시대인 흑사병 이전의 얼마 동안에도 총요소 생산성은 상당한 수준으로 증가하고 있어서, 맬서스적 정체의 시대로 볼 수 없기 때문에, 기원후 1000년 이후 인구 증가가 기술 진보를 모두 잡아먹어 유럽의 생활수준을 생존 수준으로까지 떨어뜨렸던 시기를 상정할 수 없다고 본다.

근대에 들어와서 기술 혁신 체제에서의 단절적 변화가 일어났는데, 그것은 산업혁명이 아니라 19세기 후반 과학기술혁명의 기간에 발생하였으며, 이와 같은 과학기술혁명은 유럽의 경우 그 이전 수세기에 걸친 모키어가 산업적 계몽이라 이름붙인 과학적 탐구 체계의 확산이 밑받침하고 있다. 과학기술혁명 이전의 기술 개발은 숙련공들이 실행에 의한 학습을 통해 기술을 발전시켰으며, 과학기술혁명 이후의 기술 개발은 대학이나 기업에 소속된 과학자들에 의해 주로 이루어졌다.

근대적 경제 성장에는 빠른 기술 진보가 있으며, 빠른 기술 진보는 지적 재산권 특히 특허권의 발전이라는 제도적 혁신에 기초하였다고 주장하는 견해들이 있는데, 페르손 교수는 이와 달리, 기술의 발전에 있어 지적 재산권이 미친 영향을 부정할 수는 없지만, 그 영향은 제한적이었다고 본다.

지적 재산권에 의해 보호된 기술이 기술 진보에서 중요한 역할을 하였다고 한다면, 우리는 지적 재산권에 의해 보호된 기술의 가치를 통해 기술 진보의 효과를 직접 측정할 수 있을 것이지만, 실제 이와 같은 작업을 거의 하지 않는다. 이와 같은 작업을 하지 않는 이유는, 첫째 기술에는 지적 재산권에 의해 보호되는 기술보다는 훨씬 더 많은 사소한 기술 개발들이 있었고, 이와 같은 사소한 기술 개발의 효과가 더 컸다는 점이다. 따라서 두드러지게 알려진 기술 개발의 효과만으로는 기술 발전이 가져온 효율성 증대를 잘 측정할 수 없기 때문에 우리는 기술 발전의 생산성 증진 효과를 직접적으로 계측하는 것이 아니라 총요소 생산성을 통해 잔여적으로 측정하는 것이다. 둘째, 기술 발전에 중요한 역할을 하는 것은 모든 생산 영역에서 활용할 수 있는 범용 기술의 발전이지만, 범용 기술은 특허에 의해 거의 보호받지 못하고, 특허에 의해 보호받는 것은 범용 기술의 산업 특수적 활용에 대한 것일 뿐이라는 점이다. 셋째, 특허에 의해 보호받는 권리도 시효가 있어서 영구적으로 보호받지는 않으며, 적절한 사용료를 지불하면 사용할 수 있도록 허용하여야 하기 때문에, 적절한 가격이 설정되었다고 볼 수 있는지 의문이다. 즉, 특허권은 기술 발전에 긍정적인 영향을 주었을 수 있지만 그 효과는 제한적이었다.

기본적으로 비경합재로서의 성격을 가지는 기술은 광범위하게 사용하도록 허용하는 것이 바람직하지만 이럴 경우 무임 승차자 문제 때문에 기술 개발에 대한 투자가 과소하게 이루어질 수 있다. 그런데 지적 재산권이나 대기업의 독점 체제는 기술 개발 투자에 대한 이윤을 어느 정도 보장하여 주기 때문에, 이 문제를 부분적으로 해결할 수 있지만, 이것은 범용 기술의 발전에 대한 유인이 되지는 못한다. 범용 기술을 비롯한 다양한 기술의 발전에 노력하도록 동기 부여하는 데에는 발명자에 대한 수상 제도가 중요한 역할을 했다고 본다. 노벨상 수상 제도가 그러한 유인을 주는 중요한 제도인데, 참고로 노벨상은 페르손 교수의 모국 스웨덴이 운영하는 수상 제도이다.

4) 제도는 어떻게 발전하는가?

로빈슨 크루소와 같이 혼자 산다면 정교한 기술적 체계를 발전시키고 유지시킬 수 있을까? 페르손 교수의 대답은 물론 "아니오" 이다. 기술의 발전은 일정한 사회적 분업을 전제하고 특정한 기술은 그것이 수용될 수 있는 최소한의 시장 규모를 가지는 것이 일반적이다. 따라서 기술의 발전은 시장의 확대를 전제한다.

시장의 확대를 가능하게 하는 것은 제도이다. 제도는 시장 확장적인 제도와 시장 보완적인 제도가 있는데, 모두 시장 경제의 발전에 기여한다. 페르손 교수도 사적 재산권이 중요하다고 생각하기는 하지만 이 재산권을 가장 중요한 제도로 보는 학자들과는 구분된다.

사적 재산권을 강조하는 사람들은 약탈적인 국가로부터의 시민의 재산권의 보호를 강조하지만, 약탈적인 국가도 어느 정도 보호의 역할을 수행하고 있으며, 전근대 시대의 국가는 큰 국가가 아니었기 때문에, 약탈자로서의 국가에 의한 경제 왜곡은 지나치게 과장되지 말아야 한다. 이 시대 경제 성장을 저해하였던 것은 약탈적인 국가라기보다는 시장의 확장을 지지할 제도가 별로 발전하지 않았다는 점이다. 이와 같은 제도는 국경을 넘는 광역적 거래에서 자생적으로 발전하는 경향이 있는데, 그와 같은 역할을 했던 대표적인 제도가 화폐 제도와 금융 제도이다. 이 저서는 화폐 제도와 금융 제도에 대해 상세하게 고찰하고 있지만, 사적 재산권의 발전에 대해서는 매우 소략하게 살펴보고 있다. 이와 같은 구성은 경제 성장과 관련된 제도에 대한 저자의 시각을 반영하고 있다고 보인다.

시장을 확장하여 효율성을 증진하는 제도가 그렇지 않은 제도들을 압도하게 되어 경제 성장이 이루어졌다고 볼 수 있을까? 장기적으로는 그렇게 볼 수 있는 측면이 있지만, 비효율적인 제도도 형성되고 유지될 수 있음을 무시하지 않는다. 소수의 지배 엘리트들이 다수의 희생을 비용으로 하여 자신들의 이익을 얻는 사회 전체의 효율성을 저해하는 나쁜 제도도 만들어질 수 있으며, 한 번 만들어진 제도는 그 비효율성에도 불구하고 경로 의존성 때문에 유지될 수 있다. 그래서 좋은 제도를 가진 나라들과 나쁜 제도를 가진 나라들이 존재하는 것이다. 이로 인해 유럽 내에서 일인당 소득의 분기가 일어날 수도 있었고, 좋은 제도의 확산을 통한 유럽 내 캐치업도 진행될 수 있었다고 본다.

그러나 어떤 제도가 효율적인 제도인가를 판단하는 것은 용이하지 않다. 경제학자들은 최선의 제도와 비교하여 그와 다르면 비효율적이라고 보는 경향이 있는데, 경제사가의 입장에서는 경제학자들이 최선이라고 보는 제도들은 당시의 역사적 상황에서는 비현실적인 제도로 보인다. 경제사가는 어떤 제도가 차선인가를 묻는데 그것을 알기는 어렵다. 그 어려움은 경제사가만이 아니라 당대의 사람들과 통치 엘리트들에게도 있었다. 바로 그 때문에 좋은 제도의 확산도 캐치업도 매우 불균등하고 점진적으로 이루어졌다고 할 수 있다.

5) 캐치업은 어떻게 일어나는가?

페르손 교수가 유럽을 단위로 하여 고찰한 것은 유럽은 무역으로 통합된 하나의 세계였으며, 기술적 혁신과 제도적 혁신도 유럽을 배경으로 하여 전개 되었다고 보기 때문이다. 따라서 상품, 사람, 화폐, 지식의 이동을 통하여 기술 과 제도가 전파되고 있었던 유럽으로부터 하나의 국가를 분리하여 그 독자의 역사 발전을 보는 것은 역사 발전을 제대로 보지 못하게 할 수 있다. 그렇지만 영국이나 프랑스, 독일의 경제사가들은 자기 나라의 영역 내에서 이루어진 사 건을 중심으로 하여 경제사를 서술하고자 하는 강한 유인을 느끼지만, 페르손 교수는 스칸디나비아 경제사가여서 이와 같은 유인으로부터 상당히 자유로웠 다고 판단된다.

유럽을 단위로 하여 경제 성장을 보면 근대 사회이든 전근대 사회이든 지 역적으로 불균등한 발전이 두드러진다. 이와 같은 지역적인 불균등 발전은 유 럽에 한정하여 보면 근대보다 전근대에서 더 컸을 수 있다. 왜냐하면 지역적 통 합의 정도가 낮아서 기술과 제도의 파급이 매우 느렸을 것이기 때문이다.

지역적 통합의 정도가 매우 높아진 19세기 중반 이래 캐치업이 일어났는 데, 지역적으로 상당히 불균등하게 일어났다. 캐치업의 지역적 불균등성에는 스스로 부과한 고립, 잘못된 정책이나 제도의 시행 및 고집, 유럽의 통합을 저 해하는 보호 무역주의 등이 영향을 미쳤다. 그렇지만 19세기 이래 유럽 통합의 진전은 유럽 국가 간의 수렴을 상당히 강화하였다고 본다. 이와 같은 유럽 내에서의 수렴은 각국이 선진적인 국가의 기술이나 제도를 수용할 수 있는 교육적·제도적 기초를 확립하였기 때문에 가능한 것이었다.

물론 캐치업의 추이는 역사상 상당한 변화를 보이고 있는데, 제1차 세계대전 이전 제1차 글로벌라이제이션 시기에는 수렴이 진전되었고, 전간기에는 발산이, 그리고 다시 제2차 세계대전 이후 자본주의 황금기에는 다시 수렴이 진전되었다. 그렇지만 놀랍게도 1990년대 이후 혹은 2000년대 이후 현재까지 수렴의 현상은 다시 뚜렷하게 보이지 않는다. 유럽이 유로를 단일 통화로 하는 통화 통합을 추진한 것은 통화 통합 이전에는 유럽이 최적 통화 지역의 조건을 갖추지 못하였다고 해도, 통화 통합이 되면 내생성 이론이 주장하는 것처럼 최적 통화 지역의 조건을 갖추게 될 것이라는 믿음이 있었다. 그러나 1990년대 이후 수렴의 부재가 보여 주듯이 내생성 이론이 예측대로 진전되지는 않았다. 이로 인해, 2007~2008년의 미국발 금융 위기가 유럽 각 지역에 비대칭적인 충격을 주었을 때, 유럽은 혼돈의 도가니가 되었고 그 혼돈 상태는 아직도 진행중이다.

19세기 후반 이후 유럽 경제 또는 세계 경제의 지역적인 불균등 발전의 추이를 이해하는 데 캐치업은 중요한 키워드이지만, 우리는 아직 이에 대한 온전한 이해를 가지고 있지는 못하다. 왜 1990년대 이후 유럽 내 캐치업은 멈추었는가를 잘 이해하지 못하고 있으며, 왜 유럽은 아직 미국 경제 수준에 이르지 못했는가도 잘 이해하지 못하고 있다.

노르웨이, 스웨덴, 덴마크 등 유럽 일부 국가는 미국의 일인당 소득을 능가하고 있지만, 이 나라들은 미국과 비교할 것이 아니라 미국의 실리콘 밸리와 비교해야 한다. 미국과 비교할 대상은 유럽인데, 유럽은 여전히 미국을 추급하는데 실패하고 있다. 이와 같은 실패는 유럽에 한정된 것이 아니다. 20세기 후반에 아시아에서 가장 역동적으로 성장하였던 일본도 미국을 추급하는 데 실패하고 있다. 소국으로서 미국을 추급한 나라들은 있지만, 아직 대국으로서 미국을 추급하는 데 성공한 지역은 없다. 물론 이 물음은 유럽 경제사의 고찰 범위를 넘는 것인데, 미국의 예외적 우월성이 왜 지속되고 있는가에 대한 이해는 30여 년 후 중국이 G2 또는 G1이 될 수 있을지 전망하는 데 도움을 줄 것이다. 현재까지의 역사로 보는 한, 중국은 유럽이나 일본의 수준에 도달할 수는 있지만, 그것을 넘어 미국의 수준에 도달할 수 있을지에 대해서 역사는 아직 어떠한 판단의 근거도 제시하고 있지 않다.

6) 복지 국가는 어떻게 출현했는가?

국가는 20세기에 들어 비대해졌는데, 그 강화된 역할을 보면, 주로 복지 서비스의 제공과 관련된 것이다. 그런데 국가가 복지 서비스를 폭넓게 제공하는 것은 국가에 의한 시장의 대체가 아니라 국가에 의한 시장의 보완이었음을 알아야 한다.

그렇다면 왜 국가에 의한 시장의 보완이 이렇게 강화되어야 했던 것인가? 복지 국가 서비스는 주로 개인이 겪는 생애 주기적 위험을 국가가 떠안는 것이기 때문에 각 개인이 겪는 생애 주기적 위험이 근대적 경제 성장 과정에서 왜 증폭되었는가를 이해하여야 한다. 예컨대, 교육의 문제를 보자. 현대 국가가 16세기 수준의 교육 서비스를 모든 국민에게 제공한다고 했을 때 그것이 국가에게 주는 부담은 별로 크지 않다. 왜냐하면 그때에는 교육 수준이 높지 않았기 때문이다. 그러나 현대 경제에서는 현재 기술적 · 제도적 체계에 부합하는 인적 자본을 갖춘 인력으로 키우기 위해 필요한 교육 투자 규모가 커졌다. 이와 같은 교육 투자는 현재와 같은 높은 기술 수준의 경제를 유지하고 발전시키기 위해 필요하다. 뿐만 아니라 루카스(Lucas)가 지적하였듯이 근대적 경제 성장은 소수의 천재에 의해 만들어지는 것이 아니라 대부분 사람들의 삶의 방식이 변화되어 만들어진 것이다. 이와 같은 삶의 방식의 변화에는 수준 높은 대중 교육이 기여하고 있음을 기억해야 한다.

그러나 이와 같은 수준 높은 대중 교육의 체계를 시장이 감당할 수 있도록 시장은 완전해질 수 없다. 시장이 완전하다면 5~6세 아이들의 미래의 잠재력을 금융 시장이 미리 파악하여 미래의 성장 가능성을 담보로 그 아이들에게 대출하여 줌으로써 재능 있는 아이들은 유동성 제약을 받지 않고 자신의 능력을 계발할 수 있을 것이지만, 우리는 이와 같은 완전한 시장을 가지고 있지 못하다. 따라서 시장에 맡겨 둔다면, 매우 재능 있는 아이들이라도 돈이 없는 부모를 두었다는 이유로 자신의 능력을 계발할 기회를 잃게 되는데, 바로 이것이 교육과 관련된 시장 실패이다. 이와 같은 시장 실패를 시장도 가족 제도도 해결해 줄 수 없기 때문에 국가가 시장을 보완하는 역할을 담당하는 것이다.

덴마크의 사례로 국한하면, 복지 국가적 서비스는 생애 주기적 위험을 국가가 해소해 주는 것이 주된 측면이지, 부유층으로부터 빈곤층으로의 계급 간 재분배가 주된 측면은 아니다. 바로 그렇기 때문에, 덴마크 복지 국가는 오랜 보수 정권의 지배 하에서도 살아남은 것이다. 복지 국가는 시장의 실패를 보완함으로써 시장 경제를 더 튼튼하게 한다. 이로 인해 스칸디나비아 국가들은 복지 국가이면서도 동시에, 아니 복지 국가이기 때문에, 세계에서 일인당 소득이 가장 높은 국가 중의 하나가 될 수 있었던 것이다.

7) 책의 구성의 특성

이상과 같이 이 책은 나름의 상당히 독특한 입장에서 쓰인 책이라고 읽었는데, 이와 같은 옮긴이의 입장에 저자가 반드시 동의할 것이라 생각하지는 않는다. 모든 책은 출판된 순간 독자 나름의 해석의 지평 속에 두게 된다. 이 책을 읽는 독자들은 또 다른 해석의 지평 속에서 읽을 수 있을 것이다.

이 책은 경제 성장을 가져오는 기저적 차원은 시장의 확대에 기반한 기술의 발전이고, 그 위에 시장을 확장하고 보완하는 다양한 제도들이 중첩적으로 발전하였다고 본다. 화폐 제도나 금융 제도와 같은 시장 확장적인 제도도 발전하였으며, 복지 국가나 거시경제 관리와 같은 시장 보완적인 제도도 발전하였다. 이와 같은 변천 속에서 유럽 발전의 지형도는 변화해 왔다고 본다. 이와 같은 시점을 택하고 있기 때문에, 이 책은 시대별 서술의 체계를 취하지 않고, 주제별로 서술하는 형태를 취할 수 있었다고 보인다.

이 책이 다루는 주제들은 경제학의 주요 분야를 포괄하는데, 각 주제에 대한 이론적인 고찰과 역사적인 검증의 형태를 취함으로써, 경제학을 공부하는 사람들이 그에 필요한 역사적 소양을 획득하는데 좋은 편제라 할 수 있다. 이것이 이 책을 좋아하게 된 이유이다.

이 책은 시장의 확장을 경제 성장에 본질적인 것으로 보는 스미스적 성장론에 입각한 것이라 할 수 있다. 그런 점에서 이 책은 얼마전 필자가 공역한 사이토 오사무 교수의 『비교경제발전론』과 동일한 지평 위에 서 있다. 그러나 왜 시장 경제의 발전은 지역에 따라 상당한 차이가 있었던 것일까? 물론 지형적 차이도 있었을 것이지만 이것만이 유일한 이유는 아니다. 시장 경제의 발전에 지역적 차이가 있는 것은 시장을 확장하는 힘뿐만 아니라 시장의 확장을 억제하는 힘도 존재하고, 두 힘의 균형은 지역에 따라 상당한 차이가 있었기 때문이다.

시장의 확장을 억제하는 대표적인 힘은 이시장 간의 시장 상태의 차이에 대한 정보로부터 얻을 수 있는 정보적 지대(informational rent)를 독점하기 위해 시장 정보를 불투명하게 하고, 그 지대를 소수가 분점하도록 만드는 체계이다. 시장을 확장하는 힘은 이와 같은 시장의 분단에 의해 창출되고 유지되는 정보적 지대 추구 행위를 없애고, 시장의 확장이 가져오는 분업의 이득을 시장 참여자들이 모두 균점하는 체계를 만드는 것일 터이다. 바로 이것이 시장 경제적 신뢰의 체계라 할 수 있다. 그런데 이와 같은 시장 경제적 신뢰의 체계는 현재 존재하는 시장을 분단하는 힘을 해체하는 것만으로 형성되는 것은 아니다. 시장 경제적 신뢰의 체계는 그 이상의 것을 요구한다.

사실 스칸디나비아 국가들이 세계적으로 수준 높은 복지 국가이자 일인당 소득이 가장 높은 국가 중의 하나가 될 수 있었던 것은 시장 분단을 통한 정보적 지대 창출이 아니라 시장 확장을 통해 분업의 이익을 균점하는 시장 경제적 신뢰의 체계를 만들었기 때문인데, 이것의 다른 이름이 '유연 전문화'이다. 이 유연 전문화가 가지는 부패 방지적 특성이 스칸디나비아 국가들의 복지 행정을 스마트하게 만들었다고 할 수 있다. 그런 점에서 이 책은 스칸디나비아 복지 국가들의 시장 경제적 기초를 장기적인 시야에서 반추해 볼 수 있게 한다.

이 책은 도서출판 해남의 노현철 사장님의 독려가 없었다면 지금보다 훨씬 늦게 번역되었을 것이다. 그리고 노현철 사장님은 원문과 대조하면서 교정을 보고, 윤문을 해주어서 훨씬 매끄럽고 읽기 쉬운 번역본이 되었다고 할 수 있다. 이 자리를 빌어 감사를 표한다. 그러나 번역의 오류는 전적으로 역자의 책임이다. 그리고 번역을 하는 동안 집안 생활에 별로 충실하지 못했는데, 묵묵히 감내해 준 나의 반려자 이수미 씨와 나의 두 딸 민서, 서정에게도 감사를 표한다.

제2판 머리말

이 책은 유럽 경제에 대한 새로운 연구 결과와 최근 발전을 반영하면서, 새로운 소재를 많이 추가하여 완전히 개정한 것이다. 나에게서 박사 학위 지도를 받던 학생이었고 현재 오덴세(Odense)에 있는 덴마크 남부 대학의 교수인 Paul Sharp는 이 책을 저술하는 데 나를 보조하였을 뿐만 아니라 이 책의 제8장과 제9장의 주 저자이기도 하다.

용어 해설을 개정해 주고 제3장에 대한 조언과 제안을 해준 Marc Klemp에게 감사한다. 또한 보조자료를 제공하는 웹사이트를 개발하는 데 공헌한 Claudia Riani과 연구조교를 한 Martin Lundrup Ingerslev에게 감사한다.

제1판 머리말

나는 수년간 코펜하겐 대학 경제학부에서 강의하였는데, 이 책은 그 강의 안을 토대로 집필한 것이다. 그렇지만 나는 최근의 연구 성과와도 조율된 유럽 경제사에 대한 간략한 입문서를 찾는 대중들을 대상으로 쉽게 읽을 만한 책을 만들려고 노력했다. 나는 역사를 해석하는 데 매우 효과적이라고 판명된 간단하고 기본적인 경제학 도구들을 사용한다. 이 책은 클로즈업보다는 파노라마적인 관점을 제공한다. 그러나 분석적인 틀은 전문적인 문헌을 심화 학습하는 데에도 유용할 것이다. 경제학에 대한 배경지식이 거의 없는 독자들을 위해 주요 개념을 정의하여 용어 해설을 제공하였는데, 예컨대 **물물 교환**처럼 굵은 서체로 표시되어 있다. 주의 깊게 생각할 만한 가치가 있는 경제적 아이디어들은 본문이나 부록에서 설명하였다.

이 책은 종합서이기는 하지만 새롭고 도전적인 통찰도 주려고 시도했다. 나는 수세대에 걸친 경제사가들과 동시대의 많은 대가들에게 빚을 졌다. 그것은 수많은 각주 속에 밝혀 두는 것이 정상적이겠지만, 그렇게 되면 내용의 흐름이 끊기고, 너무 자세한 사항들 때문에 일반적인 역사적 추세를 간취하지 못할 수 있다. 대신에 각 장 말미에 추가적인 읽을거리에 대한 제안 항목을 두어 선별된 참고문헌의 목록을 제시하였다. 나에게 특별한 영향을 준 저자들은 본문

중에 언급해 두었다.

많은 동료들이 나를 지도해 주었다. Cormac Ó Gráda는 언제나 나에게 신선한 자극을 주는 평론가였고, Paul Sharp는 이 책의 문법적 오류를 교정해 주었을 뿐만 아니라 두 개 장의 공저자이기도 하다. 조언이나 제언으로 큰 도움으로 준 Carl Johan Dalgaard, Bodil Ejrnæs, Giovanni Federico, Christian Groth, Tim Guinnane, Ingrid Henriksen, Derek Keene, Markus Lampe, Barbro Nedstam and Jacob Weisdorf 에게 감사를 표한다.

Mette Bjarnholt는 이 작업의 초기 단계에서 나의 연구조교를 하였고, Marc Klemp와 Mekdim D. Regassa는 최종 단계에서 연구조교를 하였다. 이들은 모두 열정적이었고 이 책을 집필하는 데 매우 큰 도움이 되었다.

차례

머리말: 경제사란 무엇인가

제 1 장   유럽의 형성

제2장 유럽, 어둠에서 경제 회복으로

제3장 인구, 경제 성장과 자원 제약

제4장 산업화 이전 시기 경제 성장의 본성과 한도

제5장 제도와 성장

제6장 지식, 기술 이전과 수렴

제7장 화폐, 신용 그리고 은행업

제8장 무역, 관세 그리고 성장

제9장 역사 속의 국제 통화 체제

제12장 글로벌라이제이션과 그것의 유럽에 대한 도전

머리말: 경제사란 무엇인가

머리말: 경제사란 무엇인가

자원 사용의 효율성이 국부를 형성한다

경제사는 시간이 지남에 따라 인류가 음식과 집, 빵과 장미와 같은 부를 만들어 내는 데 자원을 얼마나 잘 사용하여 왔는가에 관심을 갖는 것이다. 자연은 자원을 제공하고, 인간은 이 자원을 인간의 욕구에 맞도록 재화와 용역으로 변형시킨다. 어떤 자원은 토지처럼 공급이 고정되어 있는데, 토지의 비옥도는 수확 이후 회복될 수 있고, 또 회복되어야만 한다. 인류는 수천 년에 걸쳐 농업을 하면서 동물의 배설물, 윤작, 질소고정 작물의 도입 등이 연간 수확량을 어떻게 늘릴 수 있는가를 배워 왔다. 그러나 석탄, 석유, 철광석과 같은 천연자원은 재생이 불가능하다. 인류에 의해 만들어진 다른 자원들인 공장 건물이나 기계, 도구 등은 재생이 가능하다. 마지막으로 노동은 인류가 손에 쥔 다른 자원을 어느만큼 잘 사용하는가에 따라 공급이 변화하는 자원이다. 그러나 거의 1만 년 전 수렵 기술로부터 농업으로 이행한 이래 노동의 공급은 계속 증가하였다. 노동의 기술들, 이른바 인적 자본은 주로 실행에 의한 학습에 기초하였으며 공적 교육이 중요한 역할을 하게 된 것은 19세기 이후이다.

효율성은 생산 기술과 자원의 사용에 대한 접근을 규정한 제도들에 의해 결정된다. 효율성을 측정하는 편리한 방법은 **총요소 생산성**이다. 일정한 양의 자원으로부터 더 많은 양의 생산물을 얻는다면 그 경제의 총요소 생산성 수준은 더 높아진다. 총요소 생산성 성장은 생산에 들어가는 투입물의 증가에 의해 야기되지 않은 산출물의 증가로 측정할 수 있다. 총요소 생산성 성장은 새로운 기술 지식이나 더 나은 생산 조직을 통해 자원을 훨씬 잘 활용하게 되어 나타난 것이다.

제도는 경제생활을 위한 경기 규칙으로 이해할 수 있다. 인권과 같은 제도나 원칙들은 중요한데, 노동자가 자유롭게 이동할 수 없다면 가장 생산적인 고용을 노동자가 찾을 것 같지 않기 때문이다. 제대로 노동에 대한 대가를 보상받지 못한 노동자들은 늑장을 부려도 된다거나 충분한 노동을 제공하지 않아도 된다고 자위할 수 있는 많은 이유를 찾을 것이다. 자본의 소유자는 자신들이 자본을 투자하기 전에 통치 권력 집단에게 자신들의 재산이 임의적으로 수탈되지 않도록 보장할 것을 요구한다. 소득이나 부의 분배에서 불평등성은 국민들 간에 분배적 갈등을 촉발하는 경향이 있다. 정치적 갈등은 미래의 경기 규칙에 대한 불확실성을 만들어 내기 때문에 분배적 갈등은 성장을 해친다.

경제사는 상품 시장과 노동 시장, 금융 중개 기관(은행), 계약 집행의 법적 틀, 재산권, 무역 개방도, 국제 자본 흐름 등을 연구하여 제도의 효율성 특성 (efficiency characteristics)들을 추적하는 것이다. 자원에 대한 재산권은 더 적절하게 정의될 수도 있고 덜 적절하게 정의될 수도 있는데, 그것은 자원의 사용 및 분배에 영향을 준다. 시장은 경쟁적인지 그렇지 않은지와 수요와 공급 조건에 대한 새로운 정보의 확산 속도가 빠른지 그렇지 않은지에 따라 더 효율적일 수도 있고 덜 효율적일 수도 있다. 시장은 거래가 빈번하지 않고 참가자가 적어 희박할 수도 있고, 반면에 시장이 항상 열리고 많은 거래자들이 참가하여 두터울 수도 있다. 역사적으로 시장은 시간이 지남에 따라 더 두터워졌으며 더 효율적인 방향으로 가는 경향이 있다. 화폐는 거래와 교환을 활성화하고, 은행은 불완전한 금융 지식을 가진 저축자들이 좋은 투자 기회를 발견하도록 도울 수 있다. 사람들은 위험이 크면 거래를 기피하는데, 보험은 이 위험을 줄일 수 있다. 무역 개방도와 요소의 흐름은 역사를 통하여 극적으로 변하였다. 개방도가 자원 사용의 효율성을 증가시키는 경향이 있다는 증거가 있기는 하지만, 국제 무역의 현장에서는 어느 나라에서든 승자와 패자가 있기 마련이다. 장기적인 역사적 경향은 개방도를 증가시키는 것이지만, 이 과정에서 자유 무역으로 인하여 손실을 입을 것을 두려워하거나 실제 손실을 입은 사람들에 의해 주도되는 후퇴가 상당한 수준에 이르기도 한다. 개방 경제는 세계 경제에서 기원하는 충격에 더 많이 노출되기 때문에 개방은 위험을 증가시킬 수 있다. 그러므로 개방은 개방의 이러한 효과를 완화하는 복지 국가와 같은 특별한 제도의 진화와 연계될 수도 있다. 정부는 경기 규칙을 설정하고 법과 질서를 지키려고 노력한다. 그러나 정부가 힘을 독점하기 때문에 훌륭하고 책임감 있는 정부는 그 규칙으로부터 멀어진다. 부패하고 나쁜 정부는 경제를 실패하게 하는 주요한 이유 중의 하나이다.

기술은 재화와 용역을 생산하는 데 자원을 사용하는 방법에 대한 지식이다. 철광석으로부터 철을 만드는 능력은 원래 시행착오로부터 도출된 지식에 기초한 것이다. 그 지식이 없었다면, 대부분의 인류 역사에서 그러했던 것처럼 철광석은 쓸모없는 것이 되었을 것이다. 현대 기술은 세계에 대한 이론적이고 과학적인 질문으로부터 발전하였다는 점에서 19세기 이전의 기술과는 구별되는데, 거의 200년에 걸쳐 지식의 기반은 계속 빠른 속도로 확대되고 있다.

그런 지식은 자주 생산 장비와 도구의 특별한 부분에 '합체되어'질 것이다. 최신식 컴퓨터를 생각해 보자. 그것은 다양한 조작에서 유용한 도구인데, 우리가 컴퓨터를 가지고 수행할 수 있는 조작들이 컴퓨터와 그 소프트웨어를 구축하는 데 필요한 사전(prior) 지식에 의존하고 있다는 의미에서 사전 지식의 대부분은 그 속에 합체되어 있다.

석유와 광물들과 같은 일부 천연자원들은 시간이 지날수록 고갈되지만, 그것들을 사용하는 효율성이 증가되어 왔다. 일정한 양의 산출물을 생산하는 데 필요한 자원의 양이 감소하는 것은 역사상 일반적인 기술적 추세였다. 19세기 말 경제학자들은 모두 석탄 부존량은 가까운 미래에 고갈되어 번영의 종말을 가져올 것이라는 데 동의했었다. 그것은 실제로 발생하지 않았는데 주요한 에너지원으로 석유와 같은 다른 재생 불가능한 자원과 수력과 같은 재생 가능한 에너지원들이 석탄을 대체했기 때문이다. 장기적으로 보면 석유도 재생 가능하거나 다른 대안적인 에너지원이 개발되지 않는다면 결국 고갈될 것이다.

자본 장비, 토지, 천연자원과 같은 물질 자원은 우리가 경합재라 부르는 것이다. 우리는 석탄을 사용하면서 보존할 수는 없다. 당신이 특정한 기계를 사용하면 다른 사람은 그것을 사용할 수 없다. 그러나 효율성을 창조하는 요소들인 기술과 제도는 **비경합적**이다. 당신이 새로운 효율적인 도구를 만들기 위해 공용 지식을 사용하였다고 다른 사람들이 동일한 지식을 사용하지 못하도록 하는 것은 아니다. 일부 지식은 특허 보호 때문에 모두에게 곧바로 자유롭게 접근할 수 없는 것이 사실이다. 그런 보호는 연구 지출을 자극하는 제도적 메커니즘인데, 특허는 사적 지식이 상식(common knowledge)이 되면 소멸된다. 새로운 제도적 메커니즘에 대한 지식은, 이를테면 투자자에게 정교한 생산 기술에 투자할 유인을 주는 기업 **과세**에서의 변화와 같이, 어느 나라에서나 모방할 수 있다. 기술과 제도에 대한 지식의 비경합적 본성은 생산의 효율성을 변화시키는 데에 거의 무제한적인 잠재력을 준다.

최근 몇 년 동안, 기후 변화는 정치적·경제적 토론에서 가장 먼저 나오는

Box 0.1
기술 진보의 놀라운 효과

기술 진보는 자원을 절약하며, 그 규모는 **총요소 생산성(tfp)**에 의해 측정된다. 총요소 생산성은 한 사회에서 기술적 노하우의 수준의 지표이다. 우리는 총요소 생산성 성장은 시간이 지남에 따라 느리지만 증가하여 왔다는 주장을 이후에 실체화할 것이다. 이 예에서 우리는 그 영향을 수량화한다.

1000년경 유럽의 전형적인 경제를 상상하자. 일인당 연간 소득은 이른바 1990년 고정 국제 달러로 500달러인 생존 수준에 가까웠다. 여기에서 1990년 고정 국제 달러란, 그 돈으로 1990년 가격에서 살 수 있는 바구니의 상품 가치를 의미한다.

다음 500년 동안에 이루어진 총요소 생산성 성장에 대한 보수적인 추정치는 연간 0.1%라고 주장한다. 우리의 추계에 의하면, 1500년부터 1800년까지는 0.2%로, 1800년부터 1900년까지는 0.5%로, 1900년부터 현재(2014년)까지는 1%이다.

질문은 이제 다음과 같다. 우리는 1000년경 생존 바구니를 생산하기 위해 오늘날 어느 만큼의 자원을 필요로 하는가? 대답은 다음과 같다. 1000년경에 사용된 자원의 7%만 있으면 된다!

자원의 더 나은 사용과 결합하여 성장이 이루어질 때, 우리는 성장의 환경적 효과에 대해 걱정할 필요가 있는가? 그렇다. 우리는 걱정해야 하는데 왜냐하면 동일한 기간 동안 일인당 소득은 거의 50배 증가하였기 때문이다. 이것은 일인당 자원 사용이 거의 3.5배 증가하였음을 의미하며 그 자원 중 약 4분의 1은 재생 불가능한 것이다.

주제였다. 여기에서 스케치한 틀에서 기후의 역할이 있다면 어떤 것일까? 기후는 기술과 제도와 더불어 자원을 사용할 때 발휘되는 효율성의 정도를 결정하는 요소로 볼 수 있다. 기후 변화는 경제사가들에게 새로운 것이 아님은 명백하지만, 이 변화의 정도나 효과는 충분히 고찰되지 않았다. 한 연구에 따르면, 소빙하기라고 불리던 근세(1450~1650)에서는 주어진 자원과 기술에 의해 생산된 산출물의 감소가 초래되었다. 대조적으로 현재 진행되는 토론은, 세계에서 지역과 부분에 따라 그 영향이 현저하게 다를 수 있지만, 지구 온난화로부터 발생하는 잠재적인 생산 비용의 증가에 초점을 맞춘다.

토지와 광물 매장량에 관한 한 나라의 자원 부존은 시간에 따라 변하지 않는다. 경제사가들이 초점을 맞추는 극적인 변화는 어떻게 인적 자본, 기술, 제도가 소득이나 부의 증가를 허용하는 자원에 대한 접근과 자원의 효율적 사용을 활성화하도록 시간에 따라 발전했는가이다. 초기의 자원 부존이 중요하지만 역사의 과정을 통하여 경제가 부의 증가를 향유할 수 있게 한 것은 자원 사용에서의 효율성의 증가였다. 이 단계에서 우리는 이후 장들에서 뒷받침할 강력한 제안을 공식화할 수 있다.

[제안 1] 자원이 풍부하게 부존된 경제가 필연적으로 부유하지는 않지만, 자원을 효율적으로 사용하는 경제는 그들의 자원 부존과 관계없이 거의 항상 부유하다.

각 장의 개요

우리의 이야기는 첫 번째 유럽 문명이었던 로마 제국이 쇠퇴했을 때부터 시작한다. 제1장은 고질적인 정치적·영역적 갈등에도 불구하고 유럽이 놀라울 정도로 지정학적 연속성을 가진 것에 대해 살펴본다. 제기되어야 할 한 가지 질문은 유럽과 같은 지역체의 형태를 만든 것은 무엇이었는가이다. 무역의 중력 이론은 근접성과 유사성에 의해 무역이 자극받는다는 것을 지적하면서 큰 핵심 경제의 만유인력을 강조한다. 제1장은 무역이 경제적일 뿐만 아니라 문화적이고 정치적인 통합의 주요한 힘이었다는 아이디어를 발전시킨다. 무역에 대한 초기 장벽들은 지역체의 한계를 정의하는 무역 억제적인 **경계 효과**로 발전하는 경향이 있다.

[제안 2] 유럽은 거래한다. 그러므로 존재한다

19세기 이전, 기술 진보는 매우 느렸고, 실행에 의한 학습과 분업으로부터 얻은 경험에서 주로 도출된 매우 얕은 지식의 기초에 의존했다. 분업은 생산에서의 효율성 이득의 주요한 원천이었고, 교환을 활성화하는 제도, 시장, 화폐와 계약 집행 규칙 등의 발전을 촉진했다. 용역과 재화의 교환이 없었다면 사람들은 분리된 기술들에 특화할 어떤 전망도 없었다. 제2장에서 우리는 질서 있는 시장, 도시 정주, 무역의 집결지와 분업의 기복을 강조하면서 경제의 흥망에 대한 간단한 설명 방식을 개발한다. 로마 제국의 쇠퇴 이후 하락 추세가 반전되었을 때 인구 증가의 긍정적 효과가 강조된다. 로마 제국의 쇠퇴는 경제적 복지

(economic welfare)에 심각한 귀결을 가져온 제도적 · 정치적 붕괴의 이야기이다. 여기에서 흥미로운 질문이 제기된다. 근대 경제는 제도적 실패에 대해 면역력을 가지는가? 우리가 이후의 장에서 살펴볼 것처럼 답은 "아니오"이다!

[제안 3] 분업(전문화)을 자극하는 힘, 즉 정치적 질서와 인구 증가, 화폐 공급 및 교환은 중세 초기 유럽 경제의 재생에 본질적이었고, 숙련 완성과 실행에 의한 학습에 기초하여 복지가 점진적으로 성장하는 과정을 시작했다.

경제학과 경제사에 따르면, 첫째 생산자 일인당 자원이 더 많으면 일반적으로 산출물과 소득은 증가한다. 둘째, 이것이 더 흥미로운데 토지와 같은 공급이 고정된 자원의 제약 하에서도 사람들이 자원을 더 효율적으로 사용하는 방법을 배우면 일인당 산출물과 소득은 증가할 것이라는 점이다. 예컨대, 토지 일 헥타르로부터 수확하는 연간 밀의 양은 역사의 과정에서 지속적이고 급격하게 증가했다. 제3장에서 우리는 기술이 정체하고 있는 경우에 한정된 것이지만 공급이 고정된 토지가 어떻게 성장을 억제할 수 있는가에 초점을 맞춘다.

[제안 4] 기술 진보는 본질적으로 자원 절약적이다. 기술 정체가 특징인 경제를 설명할 때를 제외하면, 기술 진보에 의한 자원 절약은 역사 분석에서 자원 제약에의 구속에 의거한 설명을 불충분하게 하고 자주 부적절한 것으로 만든다.

역사로부터 얻을 수 있는 교훈은 기술 변화가 공급이 고정된 자원의 제약으로부터 경제를 구제할 수 있다는 것이다. 더 역설적으로 우리는 인구 증가가 기술 변화와 분업에 자극을 줄 수 있고, 생산자 일인당 토지 자원들이 줄어들 때 그것으로 수확 체감의 영향에 대응한다는 것을 발견한다. 제4장에서 우리는 이 발견을 더 탐구한다. 산업화 이전 경제들은 인구 증가의 부정적인 효과들과 긍정적인 효과들의 균형을 맞추는 능력에 있어 차이가 있었다. 성과는 결정된 것이 아니다. 일부 지역과 국가는 느린 경제적 성장을 경험하였고, 다른 지역과 국가들은 정체로 이어지는 성장의 시기들이 있었다.

[제안 5] 인구 증가는 수요를 증가시킬 뿐만 아니라 분업과 기술 진보도 증가시키는 경향이 있다(Pepys의 규칙).

역사 분석에서 우리는 자주 기술을 주어진 것으로 간주하지만, 그렇게 할 수도 없고 해서도 안 된다. 제도는 자생적으로 또는 고안에 의해 발전한다. 그것들은 자원의 사용과 접근 및 교환의 조건을 규제한다. 제도에서 효율성 특성을 찾는 것은 유용하다. 예컨대, 계약 집행의 메커니즘이 부재할 때 미래 납품을 포함하는 교환은 심각하게 제약될 것이다. 그러나 자원에의 접근을 규제하는 제도인 재산권은 복지의 분배에 영향을 주고, 지속적인 제도는 그것이 강력한 권력 집단에게 봉사한다는 것만을 이유로 하여 생존할 수 있다. 제5장에서 우리는 제도의 해석과 영향에 대해 논의하는데, 동일한 경제적 문제에 대해 자주 어지러울 만큼 다양한 제도적 해법들이 있다는 것을 지적한다. 우리는 다음과 같은 질문을 한다. 왜 농장은 일반적으로 작고 그곳에서 작업하는 사람들에 의해 관리되는 데 반해, 공업 기업들은 크고 그곳에서 노동 서비스를 제공하는 사람들보다는 기업을 소유하는 사람들에 의해 경영되는가? 몇 가지 사례에서 제도는 그것이 비효율적이기 때문에 실패했다고 판명되었지만, 역사는 비효율적인 제도가 기득권과 강력한 권력 집단에 봉사하기 때문에 살아남을 수도 있다는 것을 보여 주었다.

[제안 6] 효율적인 성과를 가져오는 제도들은 매우 안정적이지만, 안정적인 제도들이 반드시 성장과 복지를 촉진하는 것은 아니다.

18, 19세기의 산업혁명은 과학의 성장에 기여한 근대적 제도와 새로운 메커니즘들 위에 건축되었다. 제6장은 근대적 경제 성장의 기초와 기술 이전의 조건들을 탐구한다. 인류 역사상 기술은 실행에 의한 학습인 생산에서의 경험으로부터 도출된 지식에 기초해 왔다. 그런 지식은 우연이나 의도적인 시행 착오에 의해 발전할 수 있다. 그러나 이러한 기술들은 이론적 또는 과학적 이해에 기초한 것은 아니다. 기술 발전에 있어 대약진은 19세기 이론적이고 과학적인 조사를 통하여 얻은 지식의 획기적 발전과 연관되어 있다. 이 산업적 계몽은 그 이름이 함의하는 것처럼 이전 수세기에 뿌리를 가지지만 19세기 후반에야 결정적인 힘이 되었다. 기술 진보는 느렸지만 19세기 말에는 경제 성장의 주 동력이 되었다. 20세기의 주를 이루는 대부분의 생산물과 생산 과정은 19세기에 발명되었다는 것이 밝혀졌다. 기술은 본질적으로 본성상 비경합적인(즉, 당신이 지식을 사용하여도 그것의 획득 가능성은 감소하지 않는다) 지식과 아이디어의 유용한 응용이기 때문에 국가 간의 기술 및 소득 수준의 수렴을 가져오는 국가 간에 최

상의 기술이 이전될 것이라 기대한다. 실제로 이와 같은 수렴이 관찰되지만 보편적이지는 않다. 이것은 역설적인데, 중요한 것은 비경합적인 요소(아이디어와 지식)라고 주장하고 있기 때문이다. 그러나 공개되어 있다고 쉽게 접근할 수 있거나 응용되는 것은 아니다. 일부 나라는 획득할 수 있는 우월한 기술에 대한 지식을 왜 사용할 수 없는지, 자원의 효율적인 사용을 돕는 제도를 왜 발전시킬 수 없는지 우리는 알 필요가 있다. 기술 이전은 제도적이고 교육적인 전제 조건에 의존한다고 밝혀졌는데, 만일 그것들이 없다면 기술 이전은 불완전하게 될 것이다.

[제안 7] 과학과 R&D(**연구 및 개발**)는 기술 개발에서 최근의 현상이다. 1850년 이후 빠른 기술 이전으로 적절한 교육적 · 제도적 인프라스트럭처를 가진 경제들에서는 캐치업에 기초하여 수렴이 일어났다.

수천 년에 걸쳐 화폐는 더욱더 효율적인 신용과 지불의 도구로 발전했다. 은행은 최근의 현상인데, 중세 말에야 출현하여, 19세기까지는 미성숙한 상태였다. 은행은 저축자와 투자자(지출자) 간의 중개 기관이다. 은행은 자산의 유동성을 지키려는 저축자의 욕구와 장기 금융에 대한 투자자의 요구를 조화시키고, 개별적인 저축자들은 구현할 수 없는 다변화된 자산의 포트폴리오를 구성함으로써 위험을 경감시킨다. 은행과 금융의 본질적인 위험성에도 불구하고, 은행이 거래에서 위험과 비용을 시간이 지남에 따라 어떻게 감소시켰는가를 보여 주었다. 더 나아가 은행의 발전은 저축과 투자를 증가시킨다. 12세기 유럽에서의 금융 체계의 붕괴는 무역에 영향을 주었지만, 현 세계에서는 모든 경제 활동을 위협할 것이다. 화폐, 신용 그리고 은행의 진화는 제7장에서 탐구한다.

[제안 8] 은행은 저축에서 위험을 줄이고, 정보의 비대칭성을 해소하며, 저축자가 할 수 있는 것보다 더 효율적으로 차입자를 감독함으로써 저축자와 투자자 간의 중개 기관으로 발전했다.

산업혁명 이전에 국제 자본 흐름과 국제 무역은 제한되었다. 글로벌라이제이션의 첫 번째 물결은 19세기에 발생했다. 당시 작동했던 국제 무역 시스템과 통화 체제의 제도적 기초들은 제8장과 제9장에서 탐구한다. 무역을 하는 국가들은 순이익을 얻지만 각 국가 내에는 승자와 패자가 있다. 때때로 패자가 무역 정책을 결정하는데, 그 결과는 전간기(1920~1940)에서처럼 무역 제약과 글로벌라이제이션의 후퇴가 될 것이다. 19세기 마지막 수십 년 동안 유럽의 지주들처럼, 다수인 패자가 보호 무역주의적인 정책을 결정할 수 있다는 것은 이해하기 쉽지만, 우리는 농부와 같은 작은 소수 그룹들이 그 후 100년 동안 관세 보호를 위한 로비에 성공할 수 있었다는 역설적인 상황에 직면한다. 그것을 설명하여라!

[제안 9] 무역을 통한 이득이 있다고 해서 승자만 있고 패자가 없는 것은 아니다. 보호 무역주의자의 역설은 큰 그룹도 작은 그룹도 모두 **보호 무역주의**를 위해 성공적으로 로비할 수 있다는 것인데 성공의 이유는 다르다. 어려운 시절에는 보호 무역주의가 득세하지만, 좋은 시절에는 자유 무역이 힘을 얻는다.

제9장에서 논의할 국제 통화 체제는 역사를 통해 유의미한 변화를 경험했다. 고정 환율과 변동 환율의 상대적 장점은 자명하지 않다. 무역과 자본 이동성을 자극하는 데 있어 고정 환율의 이점은 19세기에 주목을 받았지만, 이 현상들은 1970년대 중반 이래 출현한 변동 환율 체제에서도 나타나고 있다. 고정 환율은 정책 결정자들이 국내 경제에 대한 영향력을 제약하는 경향이 있다. 그래서 20세기 초 유럽에서 민주주의가 확산한 이후 출현한 것처럼 적극적인 국내 경제 정책에 대한 수요가 있을 때 변동 환율 제도를 선호하게 된다. 비록 경제학적 정설(orthodoxy)이 유럽을 고정 환율 체제인 금본위제로 복원시켜 놓았지만, 그것은 제1차 세계대전 이전 시기의 고전적 금본위제가 가졌던 균형화 메커니즘이나 생명력도 가지지 못했다. 전간기로부터의 교훈은, 자유로운 자본의 이동성을 희생한 대가로 국내 통화 정책에 대한 발언권을 각 국가에게 더준, 제2차 세계대전 이후 도입된 환율 체제에도 적용된다. 그러나 단기적으로 고정 환율이지만 장기적으로는 조정 가능한 환율을 가진 체제는 스스로의 모순 때문에 희생되었다. 20세기는 고정 환율 제도를 위한 역사가 아니었다.

[제안 10] 역사적 기록이 주장하는 바에 의하면, 고정 환율 정책은 국내 경제 정책의 선택지를 제약하기 때문에 광범위한 민주주의는 고정 환율 정책과 조화되기 어려운 것처럼 보인다.

제10장에서는 20세기의 경제 성장과 경제 정책을 탐구한다. 20세기에는 최소 국가에서 적극적인 국가로의 변혁을 목격할 수 있기 때문에 20세기는 정치 경제의 시대라 표현할 수 있다. 정치와 시장 간의 균형은 다양했고, 사회주의

블록의 '과도 정치화된' 경제들은 자신이 약속했던 재화들을 제공하지 못했기 때문에 궁극적으로 실패했다. 유럽의 나머지 지역에서 선호되었던 혼합적인 접근은 경쟁적인 시장과 복지 국가에 의해 제공되는 확장된 보험 계획을 조합하는 데에 더 성공했다. 우리는 복지 국가적 제공을 보험에서의 **시장 실패**와 전 생애에 걸친 소득의 평활화(smoothing) 욕구에 대한 대응으로 해석한다.

이 책은 국제 위기의 압력 하에서 자유 무역 정책과 고정 환율의 취약성을 보여 준다. 그러나 우리는 불황에서 성장을 재생시키는 데 있어 경제 정책의 힘도 보여 주고, 아돌프 히틀러(Adolf Hitler)의 등장으로 이어졌던 독일의 잘못된 정책적 반응의 비극도 보여 준다. 전간기는 케인지언의 설득 속에서 더 적극적인 재정 정책과 통화 정책을 특징으로 하는 새로운 경제 정책 체제로의 길을 닦았다. 우리는 그것의 탄생과 반 죽음과 부활의 연대기를 보여 줄 것이다.

[제안 11] 경제는 자기 규제적이고 균형화하는 과정이었다는 아이디어는 대공황에 의해 폐지되었고, 제2차 세계대전 이후 유럽에서는 정치학과 경제학 간의 새로운 균형을 만들어 냈으며, 적극적인 재정 정책과 통화 정책을 위한 길을 닦았다. 복지 국가는 주로 시장 실패와 인간의 자기 통제의 결여에 의해 설명되는 이시점 간 재분배 제도(an inter-temporal redistribution institution)이다.

제11장은 불평등성의 과거와 현재에 대해 논의한다. 유럽이 수렴하는 동안 부유한 산업 국가들과 세계의 나머지 국가 간의 소득 격차는 1800년경부터 급격하게 증가했고 현재까지 계속 증가하고 있다. 개발 도상국들은 주로 그들이

기술 이전을 위한 제도적 · 교육적인 조건을 창조할 수 없었기 때문에 대부분 가난하다. 최근 수십 년 동안의 동남아시아 경제의 급격한 성장은 제도 변화의 힘을 드러낸다. 산업화와 근대화는 보통 숙련 노동자의 공급에서의 병목 현상으로 국가 내에서 불평등성을 증가시킨다. 그러나 인적 자본 투자를 확대하고, 고등 교육에 대한 접근을 쉽게 함으로써 20세기 유럽에서처럼 불평등성은 감소할 것이다. 그러나 차별에 기초한 남녀 간의 임금 격차는 여전하다.

[제안 12] 세계 소득 불평등성은 지난 200년 동안의 증가된 소득 격차로 말미암아 정점에 도달했다. 더 많은 평등을 앞서서 주장하는 것이 바람직한 생각은 아니지만, 기술 이전에 필요한 제도적 인프라스트럭처를 얻은 국가의 수가 증가한 결과 더 많은 평등이 실현될 것이다.

제12장은 글로벌라이제이션의 도전과 기회를 다룬다. 우리는 균형 잡힌 상태라면 글로벌라이제이션이 세계 경제에 순편익을 가져온다고 주장한다. 그러나 패자와 승자는 있다. 많은 질문들이 제기될 것이다. 글로벌라이제이션은 부유한 국가에 있는 (비숙련) 임금에 하향 압력을 가할 것인가? 가난한 나라들과 부유한 나라들에서 임금은 수렴할 것인가? '노동 표준', 즉 작업 시간 및 조건과 관련하여 '하향 평준화'가 있을 것인가? 첫 번째 글로벌라이제이션 시대의 경험으로 판단한다면, 처음 두 질문에 대한 예비적인 대답은 "예"이지만, 마지막 질문에 대해서는 "아니오"이다.

[제안 13] 제1차 세계대전 직전의 세계 경제는 오늘날의 세계 경제처럼 글로벌

화되어 있었다. 첫 번째 시대에 임금의 수렴은 있었지만 '노동 조건'에
서 하향 평준화는 없었다.

1

유럽의 형성

유럽의 형성

1.1 유럽의 지-경제적 연속성

유럽은 정치적 · 문화적 · 경제적인 힘들을 포함한 오랜 역사적 과정을 통해 형성되었다. 가장 두드러지게 보이는 것은 지난 2000년 동안 유럽의 지-경제적 지속성과 연속성이 있었다는 점이다. 우리는 유럽을 형성하고 유지하는 데 있어 무역의 통합적 영향과 그것의 경제 유지적 효과를 다룰 것이다. 정치적 · 종교적 · 군사적 갈등이 유럽을 갈라 놓으려고 위협할 때 무역은 응집력을 발휘했다.

유럽의 중심을 유럽 연합의 경계에 의해 정의한다면, 우리는 지리적 단위의 기원을 로마 제국과 카롤링거 제국까지 거슬러 올라갈 수 있다. 카롤링거 제국은 로마 제국이 붕괴한 지 700년이 지난 9세기에 출현했다(지도 1.1–지도 1.3)을 보라). 기원후 100년경 로마 제국의 총인구 중 약 80%가 현재(2010년) 유럽 연합의 경계인 대서양 연안에서 흑해에 이르는 지역 내에 살았다. 아일랜드, 유럽의 북

기원후 200년경 로마 제국

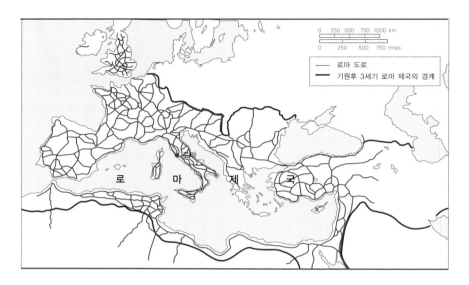

부 변경, 스칸디나비아, 러시아는 로마 제국이나 카롤링거 제국의 통치를 받지 않았다. 러시아가 유럽과 맺은 관계는 역사를 통관해 보면 애매한데 러시아 스스로 자초한 고립의 시기도 있었고, 유럽의 이념을 열정적으로 포용하는 시기도 있었다. 스칸디나비아는 유럽 연합에 뒤늦게 가입했다. 스칸디나비아 국가 중 하나인 노르웨이는 여전히 가입 여부를 놓고 결정을 내리지 못하고 있다.

카롤링거 제국은 로마 제국의 해체 이후 정치 질서의 재생을 나타낼 뿐만 아니라, 남쪽과 서쪽에서 밀려들어 온 게르만 민족이 자신들의 전통과 로마 선주민들이 채택하고 있었던 문화, 법률, 언어를 융합하고 정치 무대에 출현한 것을 나타낸다. 또한 게르만 민족은 동쪽으로 진출하여 토착인과 그들의 토지를

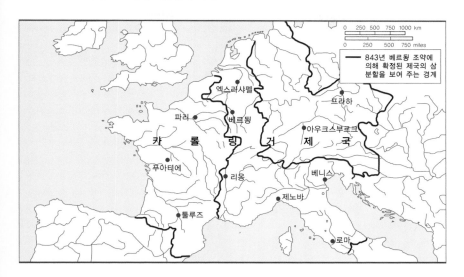

복속시킬 때 슬라브족의 언어들을 동쪽 변방으로 내쫓고 자신들의 언어를 지켰다. 현재의 지도에 유럽 연합을 구성하는 민족 국가들이 출현하기까지는 수세기 그 이상의 오랜 세월에 걸친 갈등이 있었다. 로마 제국의 심장인 이탈리아가 다시 민족 국가가 된 것은 19세기 말에 이르러서였다는 점은 주목해 둘 가치가 있다. 로마와 카롤링거 제국의 분할 이후 새로운 국가들은 더 작게 유지되었다. 한쪽 끝에서는 베니스처럼 11세기에 출현한 이탈리아의 상인 도시 국가들이 번영하고 있었고, 다른쪽 끝에서는 해체하고 있던 카롤링거 제국의 서부인 프랑스에서 큰 민족 국가가 출현하고 있었다. 이후 제국의 시대는 19세기 유럽의 식민지적 팽창이 있기까지는 다시 출현하지 않았다.

[지도 1.3] 2010년 유럽 연합

주: 일부 국가의 경우 지면상에 국가명의 첫 글자만 표기하였음.
크: 크로아티아, 보: 보스니아 헤르체고비나, 세: 세르비아, 몬: 몬테네그로, 알: 알바니아, 마: 마케도니아.

국경은 정치적 권위의 한계와 국가가 조세를 부과하고 도로와 **공공재**인 예컨대, 국방과 법과 질서 제도를 제공하는 국가의 능력을 나타내기 때문에 우리는 국가나 국가의 연합을 국경에 의해 나타낸다. 국가는 이러한 공공재를 제공하는 데 **규모의 경제**를 가지고 있으며, 국가와 같은 공적 권위가 비배제성이 있는 국방이나 법과 질서와 같은 서비스를 제공하는 데 시장보다 더 적합하므로 국가가 형성된다. 이러한 서비스가 제공된다면 영토 내의 모든 사람들이 향유할 수 있을 것이다. 국가의 규모별 분포는 역사를 통하여 현저히 변화했는데 그 이유는 경제학보다는 아마도 정치나 인종과 더 관계가 있을 것이다. 통합된 카롤링거 제국의 붕괴 이래 국가 경계는 값비싼 대가를 지불한 갈등을 겪은 이후에 반복적으로 다시 그려졌다. 파괴적인 정치적인 힘에도 불구하고, 무역이 가장 중요한 것이었겠지만, 강한 응집력으로 인하여 유럽이 문화적 · 제도적 동질성을 가진 단위로써 남았다는 것은 위대한 역사적 역설이다.

1.2 유럽은 거래한다. 그러므로 존재한다

이른바 무역의 중력 이론을 따르면, 두 나라 간의 무역의 양은 두 가지 결정 요인으로 예측할 수 있다. **국민 소득**에 의해 측정되는 경제의 규모와 두 나라 간의 거리. 무역의 양을 결정하는 작업은 제8장의 주제인 무역의 상품별 구성을 결정하는 작업과는 다르다. 두 경제의 결합된 규모가 더 클수록 무역의 양은 더 크지만, 거리는 무역에 부정적인 효과를 미친다. 우리는 전통적인 중력 이론에 국가 간의 문화적 · 종교적 · 법률적 차이가 지리적인 거리와 유사하게 무역에 부정적 영향을 미친다는 앙리 피렌느(Henri Pirenne)(아래를 보라)의 통찰을 더한다. 우리는 이러한 무역의 장벽을 경제적 문화에서의 차이 또는 짧게 **경계 효과**로 부른다. 그러나 고정되어 있는 거리와는 달리 무역은 공통적인 무게나 척도, 지역적 언어를 넘어 이해될 수 있는 언어인 공통어(lingua franca), 상법의 조화를 촉진시키기 때문에 문화적 차이나 경계 효과는 무역에 의해 제거되는 경향이 있다. 무역은 인적 교류를 포함하므로 선호나 새로운 지식, 기술, 신뢰와 협조도 이전시키는데, 무역은 경제적 문화가 국가와 지역 간에 공유되고 있음을 의미한다. 다시 말하면, 무역은 국가들 간의 유사성을 창출한다.

일반적으로 상업혁명으로 언급되는 시기인 두 번째 밀레니엄에서 그랬던 것처럼, 분업이 추동력을 얻을 때, 공간적으로 뿐만 아니라 계약 체결과 계약 이행의 시간에 있어서 상품의 선적과 상품의 지급이 분리된 장거리 무역이 점증하게 된다. 그것은 종국적으로 이방인 간의 거래를 포함한다. 이것은 '교환의 근본적인 문제'라 불리는 것의 내용이다. 이방인 간의 지속적인 원격지 무역을 확립하는 것은 현물 교환과 비교해 보면 불완전하고 비대칭적인 정보, 불확실성과 더 큰 위험 때문에 어렵다. 계약 수행 문제는 도시들과 국가들 간의 법적 전통과 절차의 차이 때문에 거래 금지적일 수 있다. 두 번째 밀레니엄의 처음 절반 동안에 이루어진 한 가지 주요한 성취는 '교환의 근본적인 문제'를 처리하기 위해 교환에 필요한 제도적 틀을 마련했다는 것이다.

이를테면 부르게스(Bruges)에 있는 정주 상인이 거래에서 자금 공급과 상품을 제공하고, 그 거래를 종결하기 위해 어떤 다른 도시에 있는 대리인을 고용했다면, 그 대리인은 모든 정보가 즉각적으로 **주인**에게 알려지지 않는다는 사실을 악용할 수 있다. 예컨대, 대리인은 옳든 그르든 간에 수송 중에 있는 상품의 질이 떨어져서 예상보다 더 낮은 가격에 팔렸다고 주장할 수 있다. 가족 회사에서의 신뢰 관계는 부정한 행동의 문제를 피하는 데 확실히 도움을 주었고, 이와 같은 형태의 회사가 지속되었던 것은 그것이 유익한 특성이었음을 보여 준다. 그러나 동료 간의 압력이 순수한 행동을 보장하는 주요한 기제로 작동하는 가족이나 친족 관계에 주로 의존하는 거래로부터 계약 집행과 갈등 해소를 위해 공식적인 제도를 사용하고, 가족과 인종 집단의 경계를 뛰어넘어 확장된 신뢰 관계 위에 구축된 교환 관계로 발전했다.

우리는 역사적인 예를 그 논거로 보여 줄 수 있다. 한때 로마 제국의 일부였던 북부 아프리카와 이베리아 반도를 8~9세기에 아랍이 정복하면서 지중해에는 그 이전에는 없었던 무역에 대한 문화적·종교적 장벽이 만들어졌다. 유럽의 중심은 지중해 세계로부터 서부와 중부 유럽으로 이동했다. 벨기에 경제사가인 앙리 피렌느(1862~1935)는 아랍 정복 이후 지중해 무역과 북부와 서부 유럽으로의 수입의 감소를 분석하면서 이 경우에는 문화적·종교적 분단이 무역에 미친 부정적 효과(후에 경계 효과라고 불리게 된 것)에 초점을 맞추었다. 왜 종교적·문화적 차이는 무역에 부정적 영향을 미치는가? 원격지 거래의 맥락에서 수출업자와 수입업자는 위에서 언급한 것처럼 상호 신뢰를 필요로 한다. 대체로 사람들이 공통적인 신념과 계약 수행의 공통적인 규칙으로 발전하는 공통적인 행위의 양식을 공유하면 신뢰 형성이 훨씬 쉽다. 유럽 내에서 상당히 균일한 일련의 규칙과 제도는 중세 시대에 거래가 성장할 때 계약 불일치를 해결하고, 약속을 지키며 현지 상인에 의한 임의적인 행동으로부터 외국 상인을 보호하는 데 도움을 주기 위해 출현했다.

서유럽에서 많이 발견된 아랍 주화에 근거한 최근 연구는 아랍과 유럽 국가들 사이의 무역은 피렌느가 주장했던 것만큼 감소하지 않았고, 그가 주장하는 이유들 때문만도 아니라고 주장한다. 거래 활동이 낮아진 이유의 일부는 유럽이 로마 제국의 붕괴에 뒤따른 경제적 쇠퇴로부터 회복하기 시작한 지 얼마되지 않았다는 사실이다. 무역의 중력 이론이 주장하는 것처럼 가난한 국가들은 거래를 많이 하지 않는다. 아랍에게 유럽은 침체된 지역이었다. 그러나 피렌느가 경계 효과에 초점을 맞춘 것과 이전에 번영하였던 무역 관계는 문화적·종교적 분할의 결과로 악화되었다고 지적한 것은 맞았다. 경계 효과를 말해 주는 또 다른 예시는 로마 후기 고품질의 도자기가 남부 프랑스의 특정 생산지로부터 지리적으로 확산한 예이다. 이 도자기는 영국의 하드리아누스의 방벽(Hadrian's Wall)과 북부 아프리카를 포함한 제국 전역에 걸쳐 배로 운송되었지만, [지도 1.1]에서 볼 수 있듯이 북서 유럽에서 로마의 경계를 따라 흘렀던 독일의 라인 강 북부에서는 실제로 이 도자기가 발견되지 않았다. 무역망이 매우 빈약하게 발달하여 라인 강의 북부 주민은 고품질의 도자기를 살 수 있는 수단이 부족하였고, 취향과 선호가 경계를 사이에 두고 서로 달랐기 때문이다. 그래서 제국의 경계는 고품질의 도자기 및 다른 상품들에 대한 금지적 장애물이 되었다.

이 두 가지 예는 다른 통찰도 제공한다. 지중해 세계는 이전의 경제 통합을 다시 회복하지 못했다. 피렌느에 의해 논의된 경계 효과는 아랍의 팽창을 뒤이은 수세기 동안 약화되지 않았다. 그 이유의 하나로 무슬림의 황금시대가 부분적으로 종교적 근본주의로 인하여 두 번째 밀레니엄의 초에 끝났을 때, 아랍 세계는 상대적 후진 상태로 전락하여 유럽과의 무역 기회가 감소하였기 때문이다. 그러나 북서 유럽에서 로마 경계에 의해 부과된 경계 효과는 게르만인이 동쪽으로 밀려들어 왔을 때 유럽 경제의 중세적 재흥기 동안 효과적으로 감소되었다. 발틱과 노르웨이 해안선을 포함한 북부 유럽의 경제적 무역이 활기찼던 영역은 13세기에 잘 구축되었고, 기독교가 이 지역으로 확장함에 따라 종교적 통합도 뒤따랐다.

역사를 통관해 보면 무역의 양은 국가의 규모, 근접성 및 유사성에 의해 자극을 받았다. 서로 더 가까운 국가들은 떨어진 경제들보다는 더 많이 거래한다. 이것은 오늘날에도 진실이지만, 사치품 이외의 다른 상품의 경우 육상 운송 비용이 자주 엄두도 못 낼 정도로 높았던 과거에는 더욱 진실이었다. 비단은 장거리에 걸쳐 운송되었지만, 곡물과 같은 부피가 큰 상품은 그러지 않았다. 19세기 철도가 확장되기 이전에 육상 운송 비용은 높았다. 알프스를 가로지르는 대상들이 유일하게 사용할 수 있는 수단이었던 매우 비싼 짐 나르는 말(packhorses)을 이용한 과거에 비용의 차이는 매우 컸다. 마차는 운송 비용을 상당히 감소시켰다. 특송 서비스와 같은 상품의 운송은 전문가들에 의해 취급되었고, 두 번째 밀레니엄 초기부터 규칙적으로 행해졌다. 상품들은 도로 운송 비용의 약 10~25%밖에 안 되는 싼 요금의 수운을 이용하려고 때때로 재탑재되었다. 그러나 공해상의 해상 무역은 자주 거리가 상당히 늘어났다. 이를테면 부르게스와 베니스 간의 더 낮은 운송 비용으로부터 얻은 이득은 육상 수송에 비하여 해상에서의 수송 거리가 더 길었기 때문에 이득의 많은 부분이 사라지게 되었다. 해상 무역에서의 배의 수송 능력은 두 번째 밀레니엄의 전반 500년 동안 5배 가량 증가했다. 그렇지만 탑승 인원이 증가했기 때문에 수운에서의 노동 생산성은 비례적으로 증가하지는 않았다. 상인이 요금을 지불하는 근대적인 보험은 14세기에 개발되었는데, 19세기 후반 무역에서는 요율이 상품 가격의 1~2%였음에 비해, 이 시기에는 10~15%에 달했다. 두 시점의 요율의 이러한 급격한 하락은 배의 안정성의 증가와 해상에서의 해적과 육상에서의 강도의 소탕을 반영한 것이다.

곡물과 같은 상품은 철도 이전에는 육상으로는 100km 이상 운송되지 않는 것이 정상이었지만, 해상 운송의 비용이 더 낮아진 이래로 해상으로는 더 먼 거리에 걸쳐, 예컨대 중세 시대에 이미 발틱 해안에서 대서양 항구까지, 운송할 수 있었고 운송되었다. 말린 대구(stoccafisso)는 중세 후기에 노르웨이에서 지중해까지 선운되었고, 면화뿐만 아니라 양털, 아마로 만든 좋은 옷감은 알프스를 넘어 북서 유럽까지 운송되었으며 사치재는 더욱 멀리 운반되었다. 중세 유럽에서 두 번째 밀레니엄 초기에 상업혁명으로 알려진 최초의 신호는 프랑스의 샹파뉴 대시와 같은 정기시의 설치였다. 그곳에는 서유럽의 대부분 지역으로부터 상인들과 금융가들이 모였다. 이 대시들은 프랑스 남동부에 위치하고 있었기 때문에 북서 유럽과 남유럽, 특히 이탈리아로부터 온 상인과 환전상들에게 편리한 교차로가 되었다. 현재까지 전해지는 참가자 목록에서 우리는 동유럽 출신 상인들은 참가하지 않았다는 것을 알 수 있다. 비록 반정주적인 것이기는 했지만, 이 대시들은 계약 분쟁의 해결을 촉진하기 위한 법률 서비스를 제공했다. 대시의 관리들은 명성을 가진 상인들이 부정한 행동을 하는 것을 금지시킬 수 있었다. 거래가 계속 확장되고 더 많은 거래량이 해상을 이용하게 되면서 이 대시들은 유럽의 주요 도시들에서 금융 서비스와 더 공식화된 계약 수행 서비스를 제공하는 영구적인 거래 중심지들로 대체되었다. 이러한 발전으로 로마 이후 시기에 쇠퇴하거나 버려졌던 도시들과 새로 설립된 도시들로 인구의 재집결이 이루어졌다.

근접성과 유사성의 중요성에 대한 경제적 이유들이 있다. 근접성은 상대적으로 낮은 운송 비용과 결합되어 있다. 경제적 문화에서의 유사성이란 표준화에 대한 다른 표현인데, 원격지 거래가 점차 증가하고 계약과 운송 및 지불에 있어 시간적인 분리가 있을 때 거래는 표준화를 촉진한다. 국지적 거래에서 판매자와 구매자는 재화나 재화의 샘플을 검사할 수 있는 곳에서 상호 협상을 한다. 그러나 거래가 지역 간 그리고 국제적인 것이 될 때, 판매자와 구매자는 대면하여 만날 수 없거나 계약 이전에 현실적으로 상품을 볼 수 없기 때문에 무게와 부피, 품질과 같은 공통적인 표준에 대한 욕구가 나타날 것이다. 그러므로 상품들은 거래 상대방에 의해 이해될 수 있는 용어를 사용하여 기술되고 정의될 수 있어야 한다. 공통적인 표준은 계약서 작성과 감독을 더 쉽게 할 것이므로 거래 비용을 감소시킬 것이다. 완전한 계약서의 작성은 항상 어려워서 다른 형태의 표준화, 즉 계약의 해석상의 갈등을 해소할 법적 절차에 관한 표준화를 촉진한다. 두 번째 밀레니엄의 첫 번째와 두 번째 세기 동안의 이른바 상업혁명에서 무역이 팽창하기 시작했을 때, 거래자는 자주 거래망의 양 끝에 있는 국가들을 활용했다. 그것은 이탈리아인들이 북서 유럽에 거래 중심지를 건설하거나 독일 한자 상인들이 발틱 해나 러시아, 그리고 서유럽의 해안 주변에 거래자와 대리인을 둔 것과 같은 방식이다. 갈등은 당시 수출 중심지에서 통용되는 법률에 따라 해소되었다. 그러나 일단 거래자들이 현지 법정이 자신들을 차별하지 않는다는 것을 알게 되면, 현지 법정은 점차 한자 상인과 같은 법인에 의해 수행된 법률적 과정을 대체한다.

또 다른 예는 오늘날 헤이그–비스뷔 규칙(the Hague-Visby rules), 공식적으로는 '선하 증권과 관련된 법률의 특정 규칙에 대한 국제 통일 협약'으로 알려진 진짜 국제적인 법적 원리의 집합인 해상법의 진화이다. 과거에 해상법은 해상 사고의 경우 운반자와 상인 간의 의무와 권리를 규제했다. 난파로 인해 해상에서 상품을 잃어버렸을 때 상인은 선운 비용에 책임이 있는가? 그것은 해상법에 의해 해결된 많은 어려운 질문 중의 하나이다. 해상 무역에서 중재를 지배하는 원리를 공식화하려는 최초의 시도는 중세 발틱 해 무역과 프랑스–영국 포도주 무역에서 거의 동시에 출현하였다. 프랑스 해안가의 조그만 섬의 이름을 딴 오레온 해양법(the Rolls of Oléron, 1286)으로 알려지게 된 것은 프랑스에서 기원했는데, 널리 번역되어 14세기부터 북서 유럽에서 사용되었다. 그것은 다음 판들에서 수정되고 발전되었는데, 15세기 말에 편집되어 비스뷔 해양법으로 널리 알려지게 되었다. 그 명칭과 정신은 헤이그-비스뷔 규칙에 살아남아 있다.

공통 언어는 아이디어 및 상품의 확산과 권위의 실행에 도움이 되었다. 로마 제국으로 흘러들어 온 대부분의 게르만 부족은 그 지역의 언어와 법을 빠르게 학습하였지만, 유럽의 나머지 지역에서는 지방 언어들이 살아남았다. 로마 제국과 비교할 때, 10세기 유럽은 언어적인 면에서 훨씬 덜 동질적이었다. 그러나 로마인들이 거의 접촉하지 않았던 스칸디나비아의 루네스와 같이 먼 지역에서도 지방 알파벳들이 라틴 알파벳으로 대체되었다. 러시아는 다른 많은 측면들과 마찬가지로 이 '라틴화'에서도 예외였다. 많은 방언이 사용되었지만 거래인과 상인들은 거래에서 지역적으로 단일한 언어를 채택했다. 예컨대, 발틱 해에서는 무역을 독일인들이 지배하였으므로 다양한 독일어가 주로 사용되었다. 그러나 점진적으로 발틱 해를 관통하였던 기독교 신념의 진전과 함께(자주 상업적, 그리고 영적 전도가 손에서 손으로 건네졌다) 보편적 언어인 라틴어는 교회에서 예배의 언어로 사용할 것을 주장한 이래 유럽 서부의 전역에서 사용되었다. 그것은 교회에 의해 표준화되었지만, 성직자뿐만 아니라 세속적 엘리트들도 사용하였다. 라틴어는 18세기에도 자연과학의 언어로 남아 있었다. 17세기에 30년 전쟁 동안 외교 사절단의 수장이었던 스웨덴 정치가 악셀 옥센셰르나(Axel Oxenstierna)는 자신은 프랑스어와 라틴어를 모두 유창하게 하지만, 협상에서는 프랑스어보다 라틴어를 사용한다고 주장했다. 결과적으로 엘리트들은 공통 언어와 13세기에 출현한 대학에서 획득된 학습, 법과 신학의 교육 등에 의해 통합되었다. 이를테면 13세기 초 이 시대에 유럽의 변방이었던 룬드(Lund; 남부 스웨덴)의 대주교 안데르스 주네젠(Anders Sunesen)은 프랑스, 이탈리아, 영국에서 교육을 받았다. 세기별로 달라지기는 했지만, 공통 언어인 어떤 공용어(lingua franca)로의 자생적인 이행이 있었던 것 같다. 18세기부터 프랑스어가 유럽에서 엘리트들이 선호하는 언어가 되었고, 19세기에 영국이 상업적 · 산업적 성공을 거둔 이후에 영어로 대체되었을 뿐이다. 독일이 19세기에 과학의 중심으로 출현했을 때, 히틀러가 그 명성과 광범위한 사용을 훼손하기 이전까지 독일어가 짧은 기간이었지만 과학적인 의견 교환에 있어 공용어(lingua franca)가 되었다.

1.3 지리적 통합의 한계

우리는 [지도 1.3]의 유럽 연합의 현재 경계에 의해 대체적으로 정의할 수 있는 유럽의 중심이 놀라운 만큼 지속성을 갖는다는 것을 지적했다. 그러나 왜 제국 형성 및 교역의 통합력은 러시아를 유럽의 중심에 더 가깝게 끌어들이는 데 실패했는가? 로마인들은 흑해의 서부 해안까지 갔지만, 러시아의 심장부까지 나아가지는 못했다. 그것은 제국 확장의 제약에 의해 이해될 수 있다. 비록 로마인이 했던 것 같은 제국 형성은 언어, 종교 및 법률에서 동질성을 만드는 경향이 있었지만 제국의 확장에는 한계가 있었다. 국경 지역의 치안을 유지하는 비용이 치솟는 것과 소득 수준이 낮은 인구의 유입으로 제국의 수입이 떨어지는 것이 상호작용하여 이러한 한계가 설정되었다.

역사를 통관해 보면 러시아의 상대적 빈곤은 유럽의 다른 지역과의 무역을 통한 통합을 저해했고, 러시아의 상대적 후진성을 연장시켰으며 그 나라가 고립의 위험성을 보여 주는 실례를 제공하였다. 그것은 지리에 의해 부과되고, 잘못된 정책에 의해서 자기 부과되었다. 러시아가 지리적으로 넓은 영역을 가지고 있음에도 인구 밀도가 희박하고, **국민 소득**이 매우 적기 때문에 경제적 규모의 면에서 러시아는 큰 경제가 아니었다. 큰 중심 경제로부터의 중력의 힘들은 무역을 충분한 규모로 창출하기에는 너무 미약했다. 기술과 소득 수준이 교역국 간에 다를 때 교역량은 근접성에도 불구하고 적을 것인데, 러시아는 유럽의 주변에 있었고 높은 거래 비용에 의해 불이익을 당하고 있었다. 상대적으로 부유한 나라들은 가난한 나라의 수출 전망을 너무 어둡게 본 것이다. 공통적으로 채택된 통화 단위의 결여는 거래를 어렵게 만들거나 **물물 교환**에 기초하게 만들어서 무역의 양을 줄인다. 결과적으로 초기에 유사성이 부족하였던 것은 타개되지 않았다. 그것이 함의하는 바는, 애초에 변방이 가난하였다면, 무역이 가져다주는 지식이나 문화의 이전, 상품과 제도 등을 접하지 못하기 때문에, 변방은 여전히 가난하다는 것이다. 제도적으로 러시아는 유럽의 나머지 지역과 다른 상태로 남아 있었다. 유럽의 르네상스는 러시아에 거의 영향을 주지 않았고, 18세기 계몽도 단지 소수의 엘리트에 의해서만 수용되었다. 정치적 절대주의는 유럽의 어느 나라보다 러시아에서 더 오래 유지되었다. 러시아는 유럽 다른 지역에서는 폐기되었을 때인 16세기에 농노제를 도입했다. 러시아는 19세기 말에야 농민들을 해방시킨 마지막 유럽 경제였다. Box 1.1을 보면 러시아는 산업화와 도량형의 정규화에의 참여와 교육의 제공이 지체되었음을 볼 수 있다. 19세기 후반 자유 무역으로의 변화에 참여하지 않았다. 19세기 서유럽에 영향을 미친 과학적 각성에 스칸디나비아의 북부 변경은 포함되었지만, 러시아의 공헌은 거의 없었다. 러시아 엘리트 내에서 영향력 있는 지적 흐름인 슬라브파(Slavophiles)는 1830년대와 1840년대에 출현했는데, 자신들이 서구화라고 간주했던 것, 즉 상업화, 개인주의, 합리주의로 명명했던 것들을 반대했다. 그러나

Box 1.1

표준화의 간추린 역사

표준화는, 때로는 정규화라고도 불리는데, 공통적이고 일반적으로 수용되는 표준의 채택을 의미한다. 이것은 본질적으로 지적이든 상업적이든 인간의 상호 교환에서 거래 비용을 줄이는 방법이다. 특수한 국지적 규제는 수출 기회를 해치고, 국내적 규칙을 충족하지 못하는 대체물의 수입을 금지하기 때문에 공통적인 생산물 표준은 거래를 쉽게 한다. 사실 무역 자유화 협정에서 생산물 표준을 둘러싼 갈등 때문에 많은 시간과 노력이 들어가는 경향이 있다.

상업적인 생활에서 일반적으로 수용되는 도량형 체계는 19세기에 지역 간 그리고 국제적인 것으로 되었을 때 더 절실하게 되었다.

십진법의 체계인 길이와 무게에서의 미터법의 역사는 매우 시사적이다. 그것은 측정에 더 정확한 기초를 마련하려는 18세기 말 프랑스 계몽주의의 산물이었다.

과거에 척도들은 부정확하였고, 정부가 그것들을 조화롭게 하기 위해 시도하였음에도 불구하고 대개 국지적이었다. 예컨대, 프랑스의 길이 척도인 온(aune)은 지역에 따라 62~85cm에 걸쳐 다양했다. 그것은 적도와 북극 간의 길이의 일부분으로써 정확하게 정의되어 파리에 예치된 인공물인 미터에 의해 대체되었다. 이후 그것은 진공 속의 빛의 속도를 기준으로 하여 재정의되었다.

프랑스는 1790년대에 지금은 거의 보편적으로 채택된 미터법으로의 변동을 주도했는데, 처음에 영국을 참가시키려고 노력했지만 성공하지는 못했다.

확산은 느렸지만 19세기 말까지 유럽 대륙의 대부분은 미터법을 채택했는데, 1924년에야 미터법을 채택한 러시아는 주요한 예외였다. 러시아의 경우, 그것은 유럽으로부터의 상대적인 고립과 빈약한 무역을 반영했다. 확산의 패턴과 시점은 유럽 내에서 무역의 강도를 반영했다. 프랑스의 이웃 국가들은 미터법을 처음으로 채택하였다. 영국은 20세기 말까지 미터법을 채택하지 않았다. 영국 무역은 **영연방**, 즉 식민지, 자치령, 미국과 같은 이전 식민지에 집중되었는데, 이들은 무게와 척도의 관습적 체계를 유지했다.

미국의 여러 척도들은(비록 그것들을 영국과 조화시키려는 시도가 있기는 하였지만) 영국에서 채택된 것과 조금 달랐다. 오늘날 미국은 미터법의 사용을 허용하고 때로는 권장하지만, 그것을 강제하지는 않는 유일한 주요 경제이다. 국민 소득에서 국제 무역이 차지하는 비중은 유럽에서보다 훨씬 더 적지만, 미국 산업들 간에 흥미 있는 차이가 있다. 세계 과학자들과의 통신에 의존하고 또 무역에 많이 의존하는 제약 산업과 같은 산업들은 미터법을 채용했지만, 국내 시장을 위해 주로 생산하고 있는 맥주 산업은 대부분 영국 식민지 지배자들로부터 상속받은 척도들을 여전히 사용하고 있다. 코카콜라와 같은 국제적 브랜드는 때때로 미국에서조차 미터법을 사용한다. 관습적인 척도와 미터 척도 간의 긴장은 어떤 지역에서는 20세기에 들어와서도 여전히 남아 있었다. 예컨대, 선박 톤수 측정에 관한 국제 협약은 1969년까지 미터 척도들인 선박 길이에서의 미터나 부피에서의 입방미터는 도입하지 않았다. 순 또는 총톤수는 우선 항구나 인항 요금의 기초였다. 그것은 다양한 일련의 척도들을 대체했다. 그러나 일상적인 말투에서는 더 오래된 척도들이 여전히 사용되고 있었다. 영국톤 또는 롱톤은 2,240파운드 또는 1,016kg이어서 미터톤이나 1,000kg톤과는 조금 다르다. 이 롱톤은 앞서 언급했던 헤이그-비스뷔 규칙과 같은 경우처럼 중세 포도주 무역에 기원하고 있다. 그것의 어원은 그 배경을 드러낸다. 앵글로 색슨과 오래된 프리지아어에서 tunne 또는 13세기 프랑스어에서 tonnel은 2,240파운드의 포도주 통을 지칭했다.

19세기는, 특히 그것의 두 번째 절반은, 표준화 프로세스에서 결정적인 세기였다. 표준화된 맞춤법은 의무 교육에 의해 확산되었다. 철도가 확정된 일정표에 맞추어 운행할 때 시간 및 국제 표준 시간대의 표준화는 국가적 필수가 되었다. 1870년대까지 전 세계를 연결한 국제적인 네트워크로 건설된 전신은 효율적으로 작동하기 위해 공통의 기술적 표준을 요구했다.

19세기 말까지 러시아는 서구 유럽의 인접 국가들에게 자극받아 제도 개혁에 의해 주도된 기록할 만한 캐치업과 근대화를 시작했다. 그것은 서유럽의 러시아 혁명에 대한 적개심과 1917년 이후 젊은 사회주의 공화국의 의도적인 고립 때문에 통합으로 나아가지는 못했다. 스탈린형 약진, 파괴적이었던 제2차 세계대전과 평화 이후의 냉전은 경제적·문화적·정치적 고립을 연장시켰다. 소련의 붕괴 이후 가스와 석유의 수출을 계기로 활발한 성장의 시대가 있었다. 그러나 [표 1.1]로부터 볼 수 있는 것처럼 러시아는(비록 유럽의 일부 국가가 러시아로부터의 가스 수입에 의존하기는 하지만) 다른 유럽 국가들의 의미 있는 무역 국가가 되지는 못한 상태로 남아 있다.

규모, 유사성, 근접성, (강한) 경계 효과의 부재는 무역을 자극한다. 이러한 예측은 데이터에 의해 뒷받침되는가?[표 1.1]은 현재 유럽의 경우 답을 보여 주고 있다. 표는 개별 EU 국가들의 무역의 약 4분의 3이 노르웨이 및 스위스를 포함한 EU 지역 내에서 이루어지고 있음을 보여 준다. 우리는 또한 각 나라의 언

[표 1.1] 2005년 유럽 간 무역과 세계 나머지 국가(ROW: Rest of the World)와의 무역. 총수출 중 비율

(단위: %)

수입국 수출국	EU25 노르웨이, 스위스	나머지 국가	덴마크	프랑스	독일	이탈 리아	네덜 란드	스페인	스웨덴	영국	러시아 연방
덴마크	76	24		5	18	3	5	3	13	9	1
프랑스	67	33	1		15	9	4	10	1	8	1
독일	69	31	2	11		7	4	5	2	8	2
이탈리아	65	35	1	13	14		2	8	1	7	2
네덜란드	82	18	2	9	25	6		4	2	9	1
스페인	76	24	1	20	12	9	3		1	9	1
스웨덴	69	31	7	5	11	4	5	3		8	1
영국	61	39	1	10	12	5	7	6	2		1

출처: Eurostat.
EU25를 구성하는 국가는 다음과 같다. 벨기에, 체코, 덴마크, 독일, 에스토니아, 그리스, 스페인, 프랑스, 아일랜드, 이탈리아, 키프로스, 라트비아, 리투아니아, 룩셈부르크, 헝가리, 몰타, 네덜란드, 오스트리아, 폴란드, 포르투갈, 슬로베니아, 슬로바키아, 핀란드, 스웨덴, 영국.

어와 선호에 있어서의 유사성도 매우 중요하다는 점을 지적할 수 있다. 덴마크는 영국과 프랑스와 같이 규모가 큰 경제가 아닌 비교적 규모가 작은 경제인 스웨덴과의 무역 비중이 더 크다. 그러나 근접성은 차이의 일부만을 설명할 수 있다. 덴마크는 스페인과 이탈리아와의 무역의 합보다 3배 더 많이 독일과 무역을 한다. 소득에서 차지하는 비율로써 유럽의 무역은 과거에 더 작았지만 그것은 항상 일차적으로 유럽 내 무역이었다. 국가 간 무역이 확장할 때, 그것은 대체로 이전 무역에 비례하여 성장한다. 다시 말하면 무역에 집약적인 국가들은 서로와 더 많이 무역하는 경향이 있는데, 이것은 무역의 응집력의 다른 측면이다. 이것은 유사성, 러시아와 같은 '외부자'에 대한 경계 효과, 그리고 무역은 근접성에 의해 자극받는다는 사실들이 결합된 효과이다.

1.4 지-경제학에서 지-정치학으로: 유럽 연합

우리가 지금까지 논의해 온 유럽은 문화적·제도적 유사성에 의해 정의된 실체이다. 무역은 최초의 이질성을 붕괴하고 이 영역에서 유사성을 유지하는 데 기여할 수 있지만, 20세기 후반 유럽 연합의 형성은 새롭고 역사적으로 독특한 경험이다. 유럽 연합이 형성되는 시기였던 1950년대 그것은 순수하게 경제적인 관심에 의해 지배되었다. 그리고 두 번째 밀레니엄을 통하여 끊임없는 군사적 갈등의 전장이었던 프랑스, 독일, 이탈리아와 베네룩스 국가들이 참가하였다. 그러나 분화되고 있었던 국가적 이해가 여전히 우선 순위가 높은 의제여서 그것은 유럽을 두 개의 무역 조직으로 분할하였다. 유럽 경제 공동체가 로마 조약(1958)에 의해 형성되었을 때, 여기에서 배제되었던 영국은 나머지 서유럽 국가와 더불어 EFTA(유럽 자유무역협회)를 형성하였다. 그러나 대부분의 EFTA 경제들은 피차간보다 EEC 국가들과 더 많은 무역을 했으며 지속하고 있다. 그러므로 EFTA는 시작부터가 순조롭지 못했던 반면, EEC는 새로운 구성원을 받아들이고 그 의제를 넓힘으로써 성장하고 있었다. 결정적인 조치는 1970년대 초에 영국의 가입을 허가한 것이었는데, 그것은 영국과 프랑스 간의 알력이 줄어들어 가능하게 된 것이었다. 최초의 관세 감축의 거래 창조 효과들과 차후의 무역에 대한 비관세 장벽을 제거하여 달성된 단일 시장의 창조는 인상적이었으며, 비구성원으로부터의 무역 전환 경향보다 훨씬 더 컸다.

유럽 경제 공동체에서 유럽 연합으로의 개명은 정치적 조정에 대한 더 광범위하고 야심찬 의제를 제시했다. 그러나 그것은 각국의 정치 엘리트들이 마지못해 하는 유권자들에게 아직 완전하게 물질화되지 않은 정치적 통합의 편익에 대해 확신을 갖도록 설득하는 역사가 되었다. 이 장을 체계적으로 쓰게 한 통찰은 과거에 정치적·군사적인 갈등에 있던 유럽에서 응집력은 무역이었다는 것이다. EU에서의 정치적 협조는 유럽에 새로운 차원을 더했다. 그것은 유럽에서 이전에 심한 적대 관계에 있었던 국가들 간에 군사적 갈등이 발생할 수 있을 가능성을 매우 낮춘 것으로 보인다. 마지막으로 지-정치학(geo-politics)은 지-경제학(geo-economics)과 조율되고 있다.

요약

유럽과 같은 더 큰 단위의 한계는 조금 더 부유한 중심과 경계상의 국가들 간의 소득 수준과 기술에서의 초기 차이와 중심으로부터 거리가 증가할 때 중심 경제의 중력장이 약화되어 출현한다. 강한 무역 연계는 경계 효과를 무너뜨리지만, 무역 연계가 약하면 경계 효과는 존속한다. 무역에 대한 장애는 선호, 상업상의 관행과 소득에서의 유사성의 형성에 대한 장애이므로, 유럽과 같은 지역적 실체들은, 그들이 자기 강화적인 기제 위에 구축되었기 때문에 지속하는 경향을 가질 것이다. 그러나 경계 효과는 국가들이나 EU(특히, 보호 무역주의적인 공동 농업 정책에 의해)와 같은 국가의 연합과 공동 통화의 창조에 의해 의도적으로 창조된다. 그 효과는 무역이 외부로부터 내부 또는 연합 내부로 전환되도록 할 것이다.

● 이 장에서 논의한 무역에 대한 설명은 '중력 이론'으로 알려져 있으며, 모든 국제 무역 이론에 관한 최신 중급 교재에서 다루어진다. 그것은 노벨상 수상자 Jan Tinbergen이 *Shaping the World Economy*(New York: The Twentieth Century Fund, 1962)에서 처음으로 적용하였다. 이 틀을 발전시킨 많은 논문들이 있다. E. Helpman, M. Melitz and Y. Rubinstein, 'Estimating trade flows: trading partners and trading volumes', *Quarterly Journal of Economics*, 123(2)(2008), 441~487을 보라.

● 1920년대에 그리고 1937년 논고에서 처음으로 표현된 Henri Pirenne의 논거는 1939년 *Mohammed and Charlemagne*(London: George Allen and Unwin, 1939)로 영어 번역본이 출판되었다. Pirenne 테제에 대한 비판적인 리뷰는 R. Hodges and D. Whitehouse, *Mohammed, Charlemagne and the Origins of Europe: Archaeology and the Pirenne Thesis*(Ithaca: Cornell University Press, 1983)를 포함한다.

● 최신의 고전은 E. L. Jones, *The European Miracle: Environments, Economics and Geopolitics in the History of Europe and Asia*(Cambridge University Press, 1981)이다.

2

유럽, 어둠에서 경제 회복으로

유럽, 어둠에서 경제 회복으로

2.1 암흑 시대의 빛

로마 제국 쇠퇴 후 수세기 동안 유럽의 암흑 시대는(비록 이 시대가 로마 제국의 정치적·문화적·경제적 위엄을 소유하지는 못하였지만) 우리가 생각해 왔던 것처럼 암흑은 아니었다. 유럽은 부와 기술적인 독창성 면에서 이슬람 문명을 따라가지 못했다. 설탕, 종이, 면직물과 정밀한 직물, 염색을 위한 화학품과 유리 성형 등의 제조를 위한 생산물과 기술들은 그다음 수세기 동안 수입되었다. 그러나 근대 역사가들은 이제 6~9세기에 이르는 역사를 다시 쓰고 있으며, 널리 펴져 있는 비관적인 전망은 로마 제국의 쇠퇴 이후에 일어난 것에 대한 더 미묘한 관점에 길을 내주고 있다. 정주는 포기되었고, 도시들은 인구와 기술을 잃었으며, 도로는 제대로 유지되지 않았기 때문에 황폐화되었다. 정치 지도는 다시 그려졌고, 사회 질서는 유지되기 어려웠다. 화폐는 희귀하고 균일한 주화는 부족했다. 소득은 부자뿐만 아니라 보통 사람들도 감소했다. 전통적인 무역 연계가 교란되었고, 사회의 무질서와 인구의 감소로 공적 기관과 도로 등의 인프라스트럭처, 정기시와 대시, 또는 이전 수세기의 분업과 전문화를 유지할 수 없었기 때문에 소득은 감소했다. 일인당 소득은 유럽의 가장 선진적인 지역에서 12세기 또는 13세기까지도 로마 시대에 도달하였던 정점 수준에 이르지 못했다.

한편으로 이 시대는 암흑 시대로 남았다. 우리는 문서로 작성된 것을 많이 가지고 있지 않아서 해석하기 어려운 고고학적 증거에 의존해야 한다. 역사가들은 옛날 화폐의 증거, 도자기의 매장물, 금속 기구 등을 활용하고, 정주의 본성과 확장을 분석할 뿐만 아니라 획득할 수 있는 소수의 문헌도 분석한다. 예컨대, 비판적인 안목을 가지고 주화들의 위치를 정하면 우리는 무역 연계들을 추적할 수 있다. 시장망의 확장은 특별한 형태의 도자기, 보석, 주화 등의 확산에 의해 드러날 수 있다. 대부분의 도구들은 보존되지 않는 나무들로 만들어졌기 때문에 기술을 기록하는 것은 더 어렵다. 역사 연구에서의 최근의 진전은 암흑 시대에 빛이 있었음을 밝혀낸 것이다. 새로운 유럽의 윤곽선은 진화하고 있었고, 새로운 유럽의 무게 중심은 지중해 유역에서 북서 방향으로 이동하고 있었다. 로마 제국의 남겨진 부분은 콘스탄티노플을 중심으로 동부로 이동하였고, 중동, 북부 아프리카, 스페인에 있던 이전 로마 영토는 점차 아랍과 무슬림의 지배 아래로 들어갔다. 대체로 이전에 통일된 제국의 이 부분들은 적어도 11세기까지는 서유럽보다 경제적으로 더 나아졌다. 결국 비잔틴 제국, 즉 동부 제국의 후계자는 발칸까지 진출한 이슬람 문명인 오토만 제국에 의해 대체되었다. 한때 앙리 피렌느에 의해 가장 유명하게 논의된 것은 종교적 분할이 무역에 심각하게 영향을 주었다는 것이다. 무역은 많은 이유들(인구와 소득의 감소가 중요한 요소이었는데) 때문에 감소했다. 그렇지만 무역은 소멸되지 않았다.

2.2 분업의 이익: 애덤 스미스 재고

더 나아가기 전에, 우리는 산업화 이전 경제에서의 경제 성장을 위한 기초적인 조건들을 이해해야 한다. 근대 경제와는 달리 그것은 보잘것없는 지식과 자본의 기초에 의존했다. 지식은 있었지만 그것은 이론적인 추론이 아니라 경험과 시행착오로부터 추출된 것이었다. 인류는 자연 속에서 규칙성을 관찰할 수 있었다. 예컨대, 곡물을 재배할 때 토양에 동물의 배설물이 섞이면 에이커당 수확량이 증가한다는 것을 관찰할 수 있었다. 그러나 19세기 말 근대 화학과 농업 과학의 발전이 있기 이전까지 이러한 효과가 어떻게 발생하는 것인지에 대해서는 어떠한 깊은 지식도 없었다.

인적 자본과 물적 자본의 축적이 작은 역할만을 하는 경제에서 일인당 소득의 성장의 기초는 무엇이었는가? 다음과 같이 답은 자명하다. 특화, 즉 분업의 이익, 실행에 의한 학습의 이익, 자원 부존과 기후의 지역적 차이에 기초한 무역의 이익이 있었다.

토지를 경작하는 가계들로 이루어진 고립된 마을을 상상해 보자. 가계들은 고립되어 있어서 전형적으로 자기 자신의 식량뿐만 아니라 옷도 생산한다. 그들은 주택과 울타리와 마구간, 그리고 경작에 필요한 쟁기와 같은 농업 도구들을 만들고 또 유지한다. 고전파 경제학자이자 『국부의 본성과 원인에 대한 탐구』(An Inquiry into the Nature and Causes of the Wealth of Nations, 1776)의 저자인 애덤 스미스(1723~1790)는 생산을 분리된 과업들로 분할하고, 다른 생산자들이 각각에 전문화하도록 하면 모두의 효율성이 증진될 것이라는 중요한 관찰을 하였다. 이득은 반복과 실천을 통해 얻은 완벽함("실천의 경제"로 간략하게 표현)과 실행에 의한 학습으로부터 기인한다. 한 가계는 옷 제조를, 다른 가계는 식량 생산을, 또 다른 가계는 주택 건축을 전문으로 하면, 이 전문가들은 온 마을에 옷과 식량과 주택을 각각 공급할 수 있다. 생산자는 자신들이 전문화한 것에서 자신들의 숙련을 증진할 수 있으므로 노동 생산성 면에서 우위를 획득한다. 이것은 옷 제조(직조) 가계는 식량을 생산하지도 않고 주택을 짓지도 않으면서, 자신들이 가장 잘 하는 것에 집중함으로써 더 부유해질 것이다. 마찬가지로 농부 가계도 옷이나 주택을 짓지 않으면서 자신들이 가장 잘 하는 것에 집중함으로써 더 부유해질 것이다.

교환의 기초는, 일단 가계들이 분업과 실천의 경제를 통해 숙련을 얻기 시작하면 발생하는, 가계들 간의 **기회비용**의 차이이다. 전문화하면 직조 가계는 옷을 생산하는 데 낮은 기회비용을 얻는 것은 그들이 더 많은 옷을 지을 때 그만큼 식량을 포기할 필요가 없다는 것을 의미한다. 그들이 대신 더 많은 식량을 생산하는 것을 선택하면, 그들이 포기하여야 하는 옷의 단위가 더 값비싸지게 된다. 이것은 식량이 직조 가계에게는 높은 기회비용을 가지는 것을 의미한다. 식량 생산에 특화한 농부 가계는 식량을 생산하는 데 낮은 기회비용을 획득한다. 가계들은 전형적으로 자신들이 낮은 기회비용으로 생산하는 상품을 그들이 생산하는 데 높은 기회비용을 가지는 상품과 교환한다.

[그림 2.1]은 전문화의 이득을 보여 준다. 볼록 곡선을 따라 식량과 옷의 조합을 생산할 수 있는 두 가계를 상상해 보자. 두 가계는 처음에는 동질적이었다. 이 곡선의 형태는 전문화의 이득에 의해 설명된다. 그들이 상품 중 하나를 더 많이 생산한다면, 다른 것을 더 적게 생산해야 한다. 전문화의 이득의 비밀, 즉 실천의 경제와 실행에 의한 학습은 그들이 더 잘 하는 것에 전문화할 때 다

[그림 2.1] 분업의 이익

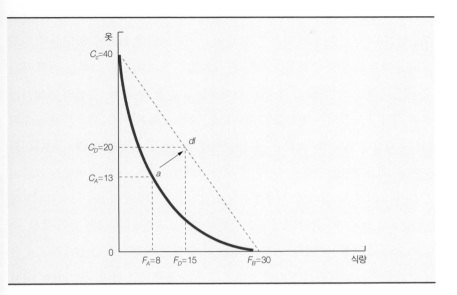

른 상품을 훨씬 덜 포기해도 된다는 것이다. 그 상품의 기회비용은 떨어질 것이
다. 예컨대, 그 가계가 더 많은 옷을 생산하면 할수록 옷을 추가적으로 1단위 더
생산하는 데 식량을 더욱더 적게 포기하여도 된다는 의미에서 그렇게 하는 것
이 더 좋아지게 된다. 최초에 우리는 자기 충족적인 가계들을 생각할 수 있었는
데, 그들은 가령 점 a에서('자급 자족'에서) $0C_A$=13단위의 옷과 $0F_A$=8단위의 식량
을 나타내는 식량과 옷의 조합을 생산하고 소비할 것이다. 총생산은 결과적으
로 26단위의 옷과 16단위의 식량일 것이다. 전문화의 이익이 주어지면, 가계들
이 오직 하나의 상품에 완전히 전문화하는 것이 이득이 된다. 직조 가계는 옷

에 전적으로 전문화할 것이고, 농부 가계는 식량에 전적으로 전문화할 것이다. 직조업자는 이제 $0C_C$=40단위의 옷을 생산하고, 농부는 $0F_B$=30단위의 식량을 생산한다. 총생산은 이제 옷과 식량이 각각 14단위만큼 증가된다. 생산자 간의 교환은 모두의 몫을 증진시킬 것이다. 가계들은 자기 자신의 소비를 위해 자신의 생산물의 일정 몫을 남겨 두고 나머지는 교환할 수 있다. 점선의 기울기는 옷이 식량과 교환되는 비율을 나타내므로, 모든 산출물은 두 가계 간에 공유된다. 이 특별한 예에서 '교환율' 또는 가격은 1단위의 식량에 대해 1.333단위의 옷이다. 직조업자와 농부는 1단위의 식량에 대해 1.333단위의 옷이라는 교환의 조건에 동의할 수 있다면, 직조업자는 $C_C C_D$=20단위의 옷을 $0F_D$=15단위의 식량, 즉 20/1.333=15단위의 식량과 교환할 수 있고, 교환 이후 남은 옷의 생산, 즉 $0C_D$=20을 소비할 수 있다. 농부 가계는 각 단위의 식량으로 1.333단위의 옷을 구입했으므로, 15단위의 식량을 20단위의 옷과 교환하고 있다. 두 가계는 이제 점 dl에서('분업'에서) 20단위의 옷과 15단위의 식량을 각각 소비할 것이다. 양 재화의 생산과 소비는 점 a로부터 dl로의 이동에 의해 보이는 것처럼 교환이 없는 상황에 비하여 증가했다. 식량과 옷의 총산출물이 소비되는 것을 확인하는 것은 쉽다.

2.3 분업은 불충분한 수요에 의해 제약된다

전문화에 의해 얻은 이익의 본성에 따른다면, 완전한 전문화를 위해 노력하는 가계들과 생산자들은 농부나 직조업자 중 어느 하나 또는 자동차 제조업자나 조선업자 중 어느 하나가 되는 것을 추구한다. 그리고 실제로 역사에서 전문화는 숙련과 과업의 보다 더 상세한 분할로 이어졌다. 생산 과정의 분리된 과업으로의 기술적인 분할은 거의 제한이 없으며, 역사를 통하여 진전되었지만 좌절도 있었다. 이러한 좌절은 인구 감소 및 정치적 무질서와 결부된 것이었는데, 이것이 시장 교환을 해쳤다. 그러나 지금 우리가 있는 곳은 훨씬 이전의 초보적인 전문화 형태와는 멀리 떨어져 있다. 시장과 화폐가 주어졌을 때, 더 이른 시기에는 무엇이 분업을 제약하였는가? 그 대답은 기술적 가능성에 대한 획득 가능한 지식과 경제적·사회적 요인들이다. 애덤 스미스는 분업은 '**시장의 한도**'에 의해 제약된다는 구절을 만들어 냈다. 그것을 근대적인 용어로 바꾸어 말하면, 분업의 한계는 한 경제에서의 **총수요**의 수준이다. 전문화의 이득을 얻기 이전의 직조업자 가계의 경우를 살펴보자. 그들은 위의 예에서처럼 겸업 농부이자 겸업 옷 제작자이다. 노동 효율성이 실천과 함께 증가한다면 직조업자가 농업을 포기하면 이득을 얻을 것이다. 그러나 옷에 대한 총수요가 직조업자의 풀 타임 작업 성과를 지지할 수 없다면 그것은 가능하지 않다. 인구 증가와 일인당 소득의 증가에 의존하여 총소득이 증가한다면 옷에 대한 수요는 증가한다. 새로운 가계들이 더해져서 마을이 성장한다면 그때 옷에 대한 수요는 증가할 것이다. 인구 증가는 인구 성장이 총소득의 증가와 결합되어 있는 한 분업을 촉진할 것이다.

총소득 또는 수요는 지리적 단위 위에서 정의되고, 사회적·정치적 질서가 작동하는 경계를 확장하면 성장할 수 있다. 로마 쇠퇴의 시대에는 경제적으로 기능하는 지역의 유효한 규모는 감소했다. 도로들은 허술하게 관리되고 있었고, 정치적 권위는 도전받았으며 **조세** 체계는 취약하였다. 그래서 운송은 강도단과 외국 해적으로 인해 안전하지 못하였고 무역에 제약이 따랐다. 정치 질서의 회복은 경제 규모를 증가시키고 총수요를 증가시켰는데, 이는 주어진 영토 단위 내에서의 안전성이 증가했고, 무역을 할 수 있는 영토의 경계가 증가했기 때문이다. 시장 교환은 안전하게 지역 전체로 확장되고 그 후 몇 개의 지역들로 확장될 수 있다면, 그것은 경제의 범위를 확장하고 그것의 모든 가계의 소득의 합계인 총소득을 확장한다. 한 마을의 대장장이가 가장 가까운 도시로 이동하면 그는 단지 한 마을의 수요에 한정되지 않고, 몇 개의 마을에 대해 서비스할 수 있게 됨으로써 전문화를 한층 더 촉진할 것이다. 이를테면 한 대장장이는 농업에 사용될 생산물(쟁기)에 전문화하고, 다른 대장장이는 건축 거래에 사용될 생산물(망치, 못, 편자)에 전문화한다. 그러나 경제의 범위 또는 영역이 확장될 때, 시장 교환을 위한 선행 조건들은 변화된다. 교환이 소규모 공동체 내의 알고 있는 구성원으로 한정될 때, 정교한 교환 수단을 사용하는 결제 방법은 필요하지 않다. 우리가 출발점으로 삼은 고립된 마을의 농부 가계는 다음 수확 이후에 현물로 지급할 것을 약속하면서 생산자로부터 쟁기를 얻을 수 있다. 경제가 확장될 때, 교환은 아마도 월간 대시나 연간 대시에서 이방인 간에 발생할 수 있는데, 다음번에 지불한다는 약속은 신용을 요청하는 것과 같다. 그런데 은행과 같은 특별한 금융 제도가 출현할 때까지 감독하는 것은 어려울 것이다.

2.4 분업은 기술 변화를 촉진한다

분업은 생산자들이 반복을 통하여 효율성을 증진하는 것, 즉 우리가 실천의 경제라 부르는 것을 가능하게 만든다. 그것은 각 개별 생산자가 시간이 흘러 자신의 숙련을 증진시키는 것을 의미하지만, 그 증진율은 감소할 것이다. 그것은 경제 전체가 시간에 따라 효율성이나 노동자당 산출물의 증가의 패턴을 보이게 된다는 것을 반드시 의미하지는 않는다. 한 경제의 노동력의 연령 분포 및 평균 연령은 꽤 안정적이고 주어진 분업의 정도에서 효율성 수준도 꽤 안정적이다. 분업이 증진되면 경제는 효율성 증가의 새로운 시기로 나아가서, 그때 안정적이고 더 높은 효율성 수준에 도달할 것이다. 그러나 경제에서 효율성을 증가시킬 수 있는 다른 요인들도 있다. 매우 여러 번 단일한 과업을 실천함으로써 얻은 이득은 개별 생산자에게 '고착되어' 있다. 실천으로부터 획득한 완전함은 사람에서 사람으로 이전될 수 없다. 그러나 생산에서는 실행에 의한 학습도 있는데, 그것은 다음과 같은 방식에서 실천의 경제와는 다르다. 생산에서 생산자들은 그들이 관찰하는 규칙성, 우연적인 사건들과 시행착오로부터 배우므로 경험은 축적되고 개선된다. 예컨대, 조선업자들은 배의 용량과 내항성, 속도를 향상시키는 디자인과 사용된 재료와 도구들에서의 변형들에 대해 점진적으로 학습한다. 그 지식은 비록 거의 문서화되지 않았지만, 그것은 조선업자들의 한 세대로부터 다음 세대로 전수될 수 있었다. 이러한 새롭고 유용한 지식은 기술 지식의 증가를 나타내고, 생산에서 일정한 투입물로 산출물의 증가와 생산물의 질적 개선을 창출할 것이다. 그러므로 이러한 형태의 지식의 이전은 생산과 분업의 연속성에 기초한다. 로마 제국의 쇠퇴 이후 발생했던 것처럼 어떤 이유로 수요가 감소하고, 생산이 제약될 때, 축적된 지식의 일부는 곧 소멸할 것이다. 이것이 역사가 기술 진보뿐만 아니라 퇴보도 보여 주는 이유이다. 또한 생산에 사용된 도구들은 분업과 더불어 개선된다고 기술되고 있다. 전형적인 장인은 특별한 생산물의 산출량이 증가하기 때문에 여러 번 특수한 조작을 반복한다. 그때 장인은 특별한 조작에 가장 적합한 도구를 개발하고 사용하는 것이 합리적이어서 결과적으로 작업자당 산출량은 증가한다. 그러므로 이것은 유용한 지식의 확장, 즉 생산에서 사용되는 도구들에 합체된 기술 수준의 개선으로 볼 수 있다.

이상에서 묘사한 과정은 [그림 2.2]에 예시되어 있다.

수직축 위의 '작업자당 산출량'으로 측정된 노동의 효율은 수평축 위에 측정된 분업의 정도와 양의 관계로 연결되어 있으며, K 스케줄에 의해 표현된다. K는 주어진 기술적 지식을 나타낸다. dl^A로 분업의 정도가 주어질 때, y^A의 작업자당 산출량을 가지는 A에서 출발하는 좋은 과정을 묘사하여 보자. B에서 작업자당 산출량을 y^B로 증가시킬 dl^B로 더 세분화된 분업을 허용하는 수요의 증가를 생각해 보자. 더 정교한 분업은 실행에 의한 학습과 특수한 도구들의 개발을 증가시켜서 기술 수준 또는 지식 수준을 K'로 이동시킬 것인데, 이 이동은 작업자당 산출량이 y^C로 증가하는 것을 의미한다. 전문화된 도구들은 고정비용을 나타내고, 수익성 있게 사용되도록 하기 위해서는 생산의 최소 임계 수준을 요구한다. 고정 비용이 더 높으면 필요한 생산의 최소 임계 수준은 더 높아진다. 이것은 기술 퇴보의 유령이 있는 이유 중의 하나이다. 이를테면 교환을 값비싸고 위험하게 만드는 정치적 무질서나 전염병에 의한 인구와 생산의 외생적인 감소 때문에 수요에 충격이 있다고 생각해 보자. 여전히 동일한 지식 기초와 함께 시작하지만, K' 곡선을 따라 C에서 D로 이동하게 되는데, 그것은 분업의 퇴보와 y^D로의 산출량의 하락을 나타낸다. 그러나 dl^C에서의 높은 수준의 전문화는 지식을 보존하고 전문화된 도구들의 사용을 허용하는 데 본질적

[그림 2.2] 기술 진보와 퇴보에 있어 좋은 과정들과 나쁜 과정들

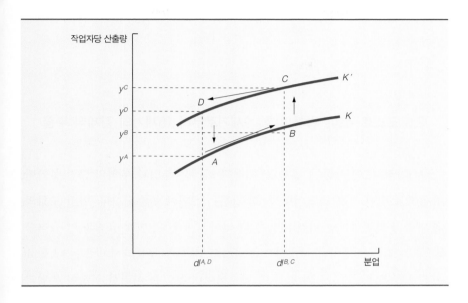

이다. 한 세대 이후 K'로 표현된 기술 지식은 사라질 것이고, 경제는 y^A 산출량으로 후퇴한다. 이러한 매우 도해적이고 간단한 방법에서 로마 제국의 성장과 쇠퇴는 방금 묘사한 시계 반대 방향으로의 순환에 의해 나타낼 수 있다.

역사적인 예가 이 논거를 예시할 수 있다. 로마 제국의 쇠퇴와 연계된 인구와 일인당 소득의 감소는 새로운 주택과 건축에 대한 수요의 감소를 야기했다. 결과적으로 건축 기술에서의 기술 퇴보는 정착되었고, 중세 시대 말까지 회복되지 않았다. 특히, 로마인들이 사용할 수 있었던 뛰어난 품질의 강화 시멘트는 13세기까지 다시 사용되지 않았다.

[그림 2.2]에 묘사된 과정은 인구 및 시장 수요의 변화와 분업 및 일인당 소

득 간의 관계를 설명한다. 일인당 소득은 A에서 C로의 좋은 과정을 거쳐 2배 또는 3배로 증가하지만, 사회적·정치적 위기의 시기에는 거의 그만큼 떨어질 수도 있다.

2.5 포스트-로마 위기 이후: 9세기로부터 15세기의 경제적 부흥

사회 질서, 인구 증가, 운송망, 시장과 화폐는 분업과 무역의 증진에 기반한 성장을 위한 전제 조건이다. 사회 질서는 교환에 필수적이다. 만일 도로와 강, 바다가 안전하다면 거래 비용은 더 낮아지게 된다. 법적 규칙과 이 규칙을 집행하는 법원은 계약을 구속적으로 만들고, 제재를 유효하게 만드는 데 필요하다. 인구 성장은 '시장의 확장'에 필수적이며 우리는 이러한 성장이 분업과 도시화를 유발한다는 것을 보일 것이다. 화폐는 무역을 물물 교환에서 시장 교환으로 확장한다.

이러한 전제 조건은 9세기에 다시 전개되고 있었다. 우리는 지금, 중세 후기의 문화적 부흥 이전의 수세기 동안, 장기 경제적 부흥의 개시를 목격한다. 그것은 느리고 주저주저한 근대 경제로의 이행이었다. 그러나 유럽은 복지, 기술과 학습 면에서 다른 문명(중국, 비잔틴 제국과 이슬람 세계)에 뒤처져 있었다. 유럽이 선도적인 문명을 캐치업하기 위해서 다음 천 년의 첫 번째 절반에 해당하는 시간이 걸렸다. 우리는 이러한 전제 조건이 주어질 때 분업의 최적 수준이 보장될 것이라고 확신할 수 있는가? 간단히 대답하면 "아니오"이다. 화폐의 확산에도 불구하고, 중세 유럽에서 화폐의 공급은 빈번하게 문제를 일으켰고, 교

Box 2.1

산업화 이전 시대의 소득 수준과 분업

일인당 소득은, 추상적인 감각이 필요한 불변 가격으로 표현될 수도 있으며, 원만한 활동을 하는 삶을 유지하는 데 충분한 소득인 생존 소득 또는 SI의 배율로 표현될 수도 있다. 1990년 고정 가격으로 표현하면, 이렇게 정의된 생존 소득은 이른바 355달러 PPP(1990)이다. ('달러 PPP(1990)'는 1990년 불변 구매력 평가 지수로 조정된 달러를 의미한다.) 이 추정치는 자주 사용되는 절대 빈곤의 척도(즉, 최소 수준인 하루 약 1달러)로서 현재 줄어들고 있지만 아직 많은 수의 인구가 여전히 이 소득 수준에서 고통받고 있다. 이 표준에 따르면, [그림 2.2]의 A는 최소 수준의 분업을 가진 상태를 표현하며, 일인당 소득이 생존 소득의 1.25배 또는 400달러 PPP를 나타낸다. 로마와 같은 정교한 산업화 이전 경제인 C에서의 소득 추정치는 최소 813달러 PPP와 1,742달러 PPP 사이 또는 생존 소득의 2.3배와 4.9배 사이에 걸쳐 있다. 로마 경제의 잘 알려진 불평등 수준에서 800달러 PPP 가량의 소득은, 소수의 엘리트를 제외한 나머지 인구는 생존 소득에 머무르고 소수의 엘리트가 생존 소득 이상의 모든 잉여를 소비함으로써 불평등의 최대 한계에 로마 경제가 있었다는 것을 의미하기 때문에, 아마도 과소 추계일 것이다. 유사한 불평등성 프로파일을 가진 근대 저개발 경제들은 전형적으로 1,000달러 PPP 이상의 일인당 소득을 갖는다. 로마 인구의 가장 부유한 3%가 **국민 소득**의 20%보다 약간 더 받았다는 사실을 전제로 하면, 1,000달러 PPP 가량의 소득은 대다수 인구가 생존 소득의 약 2배의 일인당 소득을 향유하고 있었다는 것을 인정하는 것이 올바른 추정이다. 그러나 로마 제국의 해체 이후 쇠퇴가 있었다. 동로마였던 비잔티움은 나머지 지역보다 훨씬 더 나았는데, 1000년경 일인당 소득은 로마 소득의 약 80%로 추정되었다. 그것은 D의 소득에 접근한 것으로 평가될 수 있다. 서유럽은 그림에서 D와 A 수준 사이로 떨어졌다. 영국의 일인당 소득은 동일한 시대인 1000년에 생존 소득의 1.55배로 추정되어 왔다. 그러나 두 번째 밀레니엄의 처음 절반 동안 유럽은 상당히 회복했다. 이탈리아는 14세기와 15세기에 선두를 차지하여, 유럽 소득 수준 중 최고를 점했는데, 그때 생존 소득의 약 3배인 꽤 높은 수준에서 정체한 것으로 보인다. 16세기 말경 그때 가장 성공적인 경제 중의 하나인 네덜란드는 거의 생존 소득의 4배의 일인당 소득을 누렸는데, 그것은 약 1세기 후 다른 정교한 경제인 영국이 도달한 수준이다.

환 수단으로서의 화폐에 대한 대안은 직접적이고 균형 잡힌 양국 간 상품의 물물 교환이었기 때문에, 화폐의 공급은 무역의 양에 반응하지 않았다. 시장은 불완전했다. 정보는 느리게 전파됐고 그 와중에 왜곡되었다. 상인은 가능한 곳이라면 어디든 이익의 기회로 활용했지만, 그들은 그렇게 할 충분한 지식을 가지고 있어야 했다. 일반적으로 계절적 실업과 놓친 기회들이 보여 주는 것처럼, 시장은 자신의 능력에 못 미치게 작동했다고 추측하는 것이 안전할 것이다. 예컨대, 놓친 거래는 지리적으로 분리된 시장 간의 가격 차이가 운송 비용보다 더 큰 곳에서 드러난다. 그러나 시간이 지남에 따라 시장 성과의 점진적인 개선이 있었고, 그것은 경제가 자신의 능력의 제약에 가까워지도록 도왔다.

2.6 인구

6~8세기 동안 유럽과 전반적인 로마 세계에서는 오랜 기간 전염병과 북방의 침략으로 인하여 인구 감소의 피해를 입었음을 볼 수 있다. 인구 감소의 정확한 규모를 평가하기는 어렵지만, 어느 지역은 200년 이상의 기간 동안 선페스트의 창궐로 인구의 3분의 1 이상을 사라지게 한 14세기 흑사병 시대처럼 무덤이 되었다. 이러한 규모의 전염병은 지리적 확산이나 시간적인 면에서 고립된 현상은 아니었다. 질병들은 그것들이 사라지거나 독성이 감소하기 이전에 수세대에 걸쳐 만연했다. 사람들이 이동하면서 질병을 옮기기 때문에 정치적 무질서와 정치 지도의 재구획은 전염병의 확산에 기여했다. 인구가 감소하면서 도시 정주지와 시장, 환전소, 도로 등 현존하는 도시 시설의 인프라스트럭처는 유지될 수 없게 되어 경제적 충격을 받았다. 애덤 스미스가 총수요를 부르는 데 사용한 용어인 '시장의 한도'는 감소했다. 과세된 토지는 방기되었고, 지방정부의 수입의 원천이었던 판매세는 시장에서 팔리는 상품이 감소하면서 줄어

들었다. 그러나 마침내 이 길고 고통스러웠던 인구 감소의 상황이 뒤바뀌게 되었다. 9세기부터 유럽은 흑사병의 발발이라는 부정적인 인구 충격이 다시 외생적으로 닥쳤을 때인 14세기 중반까지 거의 단절없는 인구 증가를 경험했다. 기원후 800년부터 1300년까지의 경제적 부흥 기간 동안 인구는 1,800만~2,000만 명에서 근 6,000만 명으로 거의 3배가 되었고, 그 후 다시 19세기 중반까지 1억 8,000만 명으로 3배가 되었다. 이로 인하여 분업의 확장을 위해 필요한 시장 규모는 이제 달성되었다.

2.7 통화 시스템의 복원

로마 제국의 쇠퇴에 뒤따른 정치적 무질서와 함께 통화 시스템도 해체되었다. 원격지 무역은 감소하고 거래의 중심지는 황폐화되었다. 금화의 주조는 정지되었다. 화폐의 희소성 때문에 결제에 은과 금의 주괴를 사용함과 더불어 물물 교환 무역의 재현도 있었다. 유럽이 회복되기 시작했을 때 주조는 다시 시작되었지만 은화만이 주조되었다. 8~9세기에 이르는 카롤링거 시대에, 디노미네이션(denomination)이라는 엄한 명령이 도입되었다. 1실링(sou)에 상당하는 12페니(denier)와 20실링에 상당하는 파운드(livre, lira)로 구성된 화폐 시스템이 도입되어 오랫동안 지속되었는데, 영국에서는 1971년 2월 15일까지 유지되었다. 통합된 시스템의 이점은 물론 지불 수단의 가치와 관련된 불확실성을 감소시킨다는 것이다. 합법적인 주화는 표준화된 방법으로 각인되었기 때문에 쉽게 식별될 수 있었고, 금속의 무게(이 경우 은의 무게)는 잘 알려져 있고 쉽게 점검될 수 있었다. 샤르마뉴의 시대에 은 페니(denarius)가 주조되었는데, 주화의 가치는 금속의 무게로부터 도출되었기 때문에 오래된 주화나 다른 나라와 도시에서 온 주화들도 새로 주조된 주화들과 더불어 사용되었다. 수세기에 걸쳐 주조와 디노미네이션이 겹치면서 1페니의 금속 함량은 나라와 도시마다 상당히 달라졌다.

금화는 13세기 중반까지 정기적으로 주조하지도 규모를 확장하여 주조하지도 않았다. 은화는 주로 국지적 무역에 사용되었고, 두 번째 밀레니엄 초기까지 주화에서 카롤링거적인 은 함량 규제는 거의 남아 있지 않았다. 사실 정신없을 정도로 많은 다양한 주화들로 발전되었는데, 그것은 주전소들의 빠른 확산과 이 시대 유럽에 정치적 다양성이 있었다는 것을 드러낸다. 신성 로마 제국에서만 약 70개의 다른 통화들이 사용되었으며, 500개에 이르는 주전소에서 주화들이 주조되었다. 실제로 주요 도시의 모든 시장은 두 번째 밀레니엄의 첫 번째 세기에 주전소를 가졌거나 얻었으며, 통치자들에게 주화의 디베이스먼트는 주요한 수입 원천이었는데, 그것은 주화의 은 함량의 장기적인 감소로 이어졌다. 그러나 디베이스먼트의 인플레적 충격은 화폐의 은 함량의 감소에 비례하는 수준에는 못 미쳤다. 인플레이션율과 화폐 규모의 변화가 주로 국지적일 때는 무역에 큰 장애는 아니었다. 그리고 소규모 무역에 사용되는 소액권으로 주조된 **토근** 주화의 유통도 있었다. 금화, 특히 플로렌스와 베니스에서 주조된 금화(또는 다른 곳에서 주조된 그것의 모조품)는 주로 국제 무역에서 사용되었으며, 정치적 합의 시에 통치자 간의 지불에 사용되었다. 은화와는 달리 플로렌스와 베네티안 금 더컷은 수세기에 걸쳐 금의 함량이 매우 안정적이었다. **내재 가치**를 지니는 돈의 사용은 물론 비용이 매우 많이 든다. 마모만으로도 연간 0.5%까지 금속을 감소시킨다. 불환 지폐가 확장적으로 발전하지 않았던 것은 주로 위조의 위험에 기인한다. 광범하게 사용되었던 주조 기술은 위조 방지 주화를 생산하지 못했다. 좋은 주화를 식별하는 통상적인 방법은 귀금속의 함량을 평가하는 것이었는데, 그것이 위조를 방지했다.

화폐 시장은 시간이 지남에 따라 점차 순조롭게 통합되었다. 통합된 화폐 시장에서는 **일가의 법칙**이 통용되어야 한다. 이러한 맥락에서 사용 중인 통화들은 교환되어야 하므로 모든 시장에서 동일한 은/금 비가(比價)가 통용되어야 함을 의미한다. 지역과 국가에 따라 은/금 비가의 괴리가 있었지만, 근대 초기 이전에 그 비율의 분산은 유의미하게 감소했다. 그러나 상품 시장 통합은 화폐 시장의 균일성을 선행하는 것처럼 보인다. 집중적으로 거래하는 지역들은 화폐 시스템을 통합하는 방향으로 변동했다.

원격지 무역의 확장은 약속어음 및 **환어음**과 같은 다른 지불 수단을 자극했다. 환어음은 13세기와 14세기에 발전했고, 본질적으로 어떤 미래의 날짜에 수취인에게 그 원금을 지불할 것에 대한 약속이었다. 그것은 원격지 무역에서 많이 사용되었는데, 다른 장소에 있는 거래 상대방들의 채무와 채권을 상쇄할 수 있다는 점을 활용한 것이었다. 채무와 신용장을 국지적으로 청산함으로써 상인과 은행가들은 정화의 사용을 최소화하여, 원격지 시장 간에 무거운 금괴를 운반하는 비용을 줄이고 도난의 위험도 크게 감소시켰다. 처음에는 지중해 상인들에 의해 발전했지만, 이탈리아 상인 은행가들은 그것을 북서 유럽에 도입하는 데 기여했다. 발틱 해에서 뤼베크과 단치히와 같은 한자 도시들은 이후에 이러한 관행을 따르거나 '강제채무증서'(bill obligatory)와 같은 더 간단한 대체물을 사용했다.

대체로 화폐 수요의 증가와 통치자의 **주조이차**(seignorage)로부터의 이득은, 주어진 주화의 귀금속 함량을 감소시키는, 주화의 디베이스먼트(debasement)로 결과했다. 다른 화폐 간의 환율은 사용된 금속의 상대적인 무게와 순도로부터 도출되었다. 화폐 중개는 전문화된 직업이 되었고, 몇 가지 방식에서 근대 은행의 선구자로 간주될 수 있다. 단어 'bank'(은행)는 화폐 거래상이 화폐들과 계량하기 위한 저울을 전시하는 테이블을 의미하는 이탈리아어 'banca'로부터 유래하였고, 'bankruptcy'(파산)는 썩은 테이블을 의미하는 이탈리아어 'banca rotta'로부터 유래하였기 때문에 어원적으로 연계는 분명하다. 환전상들은 자주 신용 공여자로 발전하였고, 두 번째 밀레니엄의 전반 동안 금융 제도상의 혁신들은, 무역과 금융이 활발했고 주로 자기 소유의 주전소들을 가지고 있었던 번영하고 분주한 이탈리아 도시 국가에서 출현하였기 때문에 용어가 이탈리아어에서 유래한 것은 우연의 일치가 아니다.

2.8 운송 및 무역 루트

로마 제국은 포스트–로마 유럽의 대부분에 광대한 도로망을 물려주었는데, 비록 시간이 지남에 따라 그리고 지역에 따라 유지에 차이가 있기는 하였지만, 그것은 운송 인프라스트럭처로 남아 있었다. 가령 곡물과 포도주의 대량 원격지 수송은 선박과 바지선으로 해안과 하천을 따라 운송하는 것이 선호되었다. 선박의 규모와 운반 능력은 증가했고, 항해 기술도 바람을 효과적으로 이용할 수 있는 새로운 형태의 돛과 삭구의 도움으로 개선되었다. 두 번째 밀레니엄

Box 2.2

선박의 크기와 규모의 경제 원리

규모의 경제는 생산이 증가할 때 평균 비용이 떨어지는 것을 의미한다. 그것이 발생하는 많은 방식이 있다. 가장 빈번한 것은(생산은 높은 고정 비용을 갖지만) 생산량과 함께 변화하는 비용인 가변 비용이 낮기 때문이다. 수차는 높은 고정 비용을 부과하지만 일단 방아를 찧기 시작하면 1kg의 추가적인 밀가루를 생산하는 데 비용은 거의 들지 않는다(Box 2.3을 보라). 그래서 총비용(고정 비용 더하기 가변 비용)은 생산이 증가할 때 증가하지만, 증가율은 감소하는데, 이것은 총비용을 생산 단위로 나눈 평균 비용이 떨어지는 것을 의미한다.

배 만들기에도 특별한 형태의 규모의 경제가 작동한다. 배를 가령 길이 10미터, 폭 5미터, 높이가 5미터인 용기로 보자. 그 용기의 부피는 250입방미터(10×5×5)일 것이다. 이제 척도를 2배인 20미터, 10미터, 10미터로 하면, 부피는 2,000입방미터로 적재 공간이 8배로 증가한다. 그러나 조선 재료와 노동 비용은 8배보다는 덜 증가할 것이다. 용기의 6면의 표면을 합하면, 작은 용기는 250평방미터가 되고, 큰 용기는 1,000평방미터가 된다. 8배의 적재 능력의 증가는 단지 4배의 재료 비용의 증가로 달성할 수 있다.

그에 더하여 해상에서 배의 운영에 필요한 인력의 증가는 배의 규모의 증가에 미치지 못하고, 배의 최대 속도는 배의 흘수선(waterline)의 길이에 비례하기 때문에 배의 길이의 증가는 통상적으로 배의 속도를 증가시킨다. 그래서 배의 규모는 증가하고, 운임은 떨어질 것이라 기대할 수 있는 것이다.

유럽의 선운은 곡물, 포도주, 올리브 기름뿐만 아니라 타일이나 돌과 같은 부피가 큰 재화의 무역과 함께 로마 시대에 최초의 정점에 도달했다. 로마의 선박은 통상적으로 약 250톤의 배수량을 가졌다. 로마 제국의 쇠퇴는 무역과 선운을 감소시켰다. 전문화된 목수의 기술은 소실되었고 경제적 재생이 첫 번째 밀레니엄의 마지막 세기에 시작되었을 때, 선박은 로마 시대와 비교하여 작았는데 통상적으로 25톤 정도였다. 해상 무역이 두 번째 밀레니엄의 전반부에 활력을 회복했을 때 선박 규모는 증가해서 1200년에 선박은 거의 로마 시대의 것과 같은 규모가 되었다. 바이킹과 북부 유럽인들은 다른 형태의 배(sail, vessel)들을 발전시켰기 때문에 선박 설계는 달랐다. 한자 상인들은 발틱 무역에서 약 25미터 길이의 돛 하나를 가진 이른바 외돛 상선(cog)을 사용했다. 외돛 상선은 점진적으로 두 개, 더 뒤에는 세 개의 돛을 가진 무장상선(carrack)으로 대체되었는데, 그것은 지중해형과 서유럽형 건축 설계를 혼합한 것으로 사각형과 삼각형 돛들이 있었다. 1500년에 선박은 전형적으로 약 500톤의 무게를 가졌고, 예외적으로 약 1,000톤에 달하는 것도 있었다. 목재의 사용과 항구의 조건 등이 배의 최대 크기에 제약을 가했다. 승무원 수는 배의 운반 능력과 비례하여 증가하지는 않기 때문에 선운 서비스에는 규모의 경제가 있었다. 중세 시대 동안 승무원당 톤은 외돛 상선의 경우 5~8톤에서, 16세기 초 대형 선박(vessel)의 경우, 13~20톤으로 증가했다. 선운에서의 노동 생산성은 다른 부문보다 조금 더 빨리 증가한 것 같은데, 1200~1500년 동안 연간 약 0.4~0.5%의 비율로 증가했다. 운임은 하락하여 사치품에 더하여 곡물, 소금, 청어, 양모와 천과 같은 것도 운송할 수 있게 되어 상품의 다양성이 증가하였고 그 시기의 상업혁명을 자극하였다.

참고문헌: John B. Hattendorf(ed.), *Oxford Encyclopedia of Maritime History*(Oxford University Press, 2007).

초기에 비록 선박의 전반적인 속도는 로마 시대와 크게 다르지 않는 시간당 3~6노트 정도였다고 하지만, 역사상 그 이전의 어떤 시대보다 바람을 거슬러서 훨씬 더 가깝게 항해할 수 있었다.

부피가 작고 고가인 재화의 경우 도로가 선호되었는데, 말과 마차, 상품을 짊어진 남자, 종종 노예들을 이용하였다. 알프스를 넘는 운송의 대부분은 부자유민(un-free men)과 동물들에 의해 수행되었다. 가능한 곳에서는 정부 또는 지방 영주들이 통행료와 수수료를 걷었으며, 무역업자들은 그것을 피하기 위해 순례자로 자신을 위장하는 등 안간힘을 썼다. 주요 도로에는 통행료가 없었지만, 교량에는 일반적으로 통행료가 있었다. 그러나 무역이 추동력을 얻었을 때, 자금 조달은 새롭고 개선된 교량의 급격한 증가를 자극했다. 알프스를 넘는 통행자들은 수많은 통행료의 대상이 되었다.

포스트-로마 시대로 접어든 바로 그 시기의 가장 어두웠던 순간조차 북서유럽과 지중해 간의 접촉은 단절되지 않았던 것 같지만, 그것은 대개 강운에 의존했다. 남부와 북부 유럽은 강들에 의해 상업적으로 연결되었다. 상품들은 지중해 상의 마르세유 근처의 론 강 삼각주로부터 손(Saône) 강을 타고 계속 올라갔으며, 육운에 의해 뫼즈 또는 라인까지 운송되고 유럽의 서부 해안까지 연결

[지도 2.1] 유럽 재생의 이른 세기들에 있어 상인 통신(M. McCormick, *The Origins of the European Economy*, Cambridge University Press, 2002)

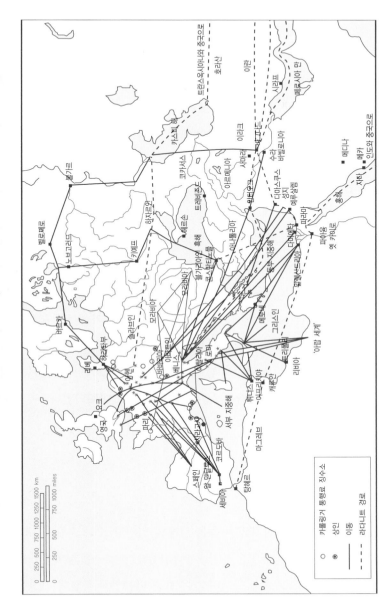

되었다. 그곳에서 상품들은 스칸디나비아와 발틱 해의 해안을 따라 더 북쪽으로 이동할 수 있었다. 스칸디나비아는 서유럽과 동유럽의 연결고리였다. 스웨덴인은 동쪽 방향으로 활동하고 있었고, 콘스탄티노플과 바그다드까지 여행했다. 지금 독일의 일부인 북부 해안의 프리지아인들은 스칸디나비아와 영국 간의 연결고리였다. 비록 우리는 무역의 규모에 대한 어떤 정보도 가지고 있지 않지만 유럽이 서로 연결되어 있었고, 지중해 세계 및 아랍 세계와 무역 관계를 유지하였다는 것을 보여 주는 무역 경로를 기록하는 것은 가능하다. [지도 2.1]은 기록된 상인 통신을 보여 준다.

두 번째 밀레니엄의 전반부에 중요한 선구적인 상인과 금융적 중심지였던 북부 이탈리아 도시들은 첫 번째 밀레니엄 말에 이미 지중해 세계와 북서 유럽 간의 무역망에서 연결고리로 중요한 역할을 했다. 스칸디나비아에서는 리베, 하이타부(현재 덴마크의 접경 지역에서 독일의 슐레스비히 근처의 헤데비)와 스톡홀름 근처의 비르카는 원격지 무역에 참가했고, 영국에서는 요크와 런던이 대륙과 무역하였다. 이 무역항 중 상당수는 남아 있고, 수세기를 오면서 도시 중심지로 성장했지만, 다른 무역항들은 더 위치가 좋은 항구들로 대체되었다.

2.9 도시화

총인구 중 비식량 생산자의 비율은 경제의 일인당 소득 수준을 대략적으로 가늠할 수 있게 한다(이 통찰은 제4장에서 더 발전될 것이다). 농촌 마을에도 대장장이나 목수 등이 있으므로 도시 거주자는 보통 비농업적 직업의 진정한 정도를 과소평가하지만, 그것은 자주 비식량 생산 노동력의 지표로 사용된다. 비식량 생산자의 비율이 증가하고 있다면 필수품이 아닌 상품에 대한 수요가 증가하고 있는 것을 의미한다. 이러한 현상의 근본적인 이유는 식량에 대한 수요의 **소득 탄력성**은 옷이나 사치품과 같은 비식량 품목들보다 더 낮다는 사실이다. 이것은 **엥겔의 법칙**으로 알려져 있다. 도시 정주지에는 장인 전문가의 수가 두드러지게 많을 뿐만 아니라 금융과 법률을 비롯하여 의학에 이르기까지 일련의 서비스 제공자가 많이 거주한다.

로마 제국은 본질적으로 지중해를 기반으로 한 도시 문명이었고, 유럽의 로마 부분에서 오늘날 존재하는 거의 모든 주요 도시들은 로마 제국 당시에도 주요 도시였다. 몇 곳을 언급해 보면 밀라노, 토리노, 마르세유, 리옹, 파리, 쾰른, 런던이 그러했다. 로마와 콘스탄티노플 등의 일부 도시는 거주민이 50만 명 이상이어서 현대의 기준으로 보아도 매우 컸다. 제국의 일부에서는 도시화율이 약 25%로 높았다. 그러나 제국의 붕괴가 진행되고 5세기에 인구에 심각한 충격이 발생했을 때 탈도시화의 시기가 시작되었다. 로마 자체가 그 이전 크기의 약 절반으로 감소했다. 주택의 질도 떨어졌고 큰 집들은 가구 소득의 감소를 반영하여 더 작은 크기로 분할되었으며, 기념물과 공공 영역은 유지되지 않았고, 상업 활동은 퇴보했다. 도시에서 찾아볼 수 있었던 방대한 종류의 숙련된 기술과 직업들은 이제 더 이상 획득될 수 없다는 의미에서, 탈전문화의 시기가 설정되었다. 기술은 잊혀졌다. 우리는 여기에서 [그림 2.2]에서 묘사된 C에서 D로의 그리고 궁극적으로는 A로의 감소를 본다. 상품의 다양성의 감소와 품질의 저하는 고고학적 발굴에 의해서도 잘 증명된다. 앞서 논의했던 실행에 의한 학습 과정은 역전되었다. 하층 소비자들도 구입할 수 있었던 다양한 도자기는

[표 2.1] 직업의 수로 측정된 분업의 증가

	c. 500 BC	1148	1300	1400	1422	1455	1500	c. 1700
덴마크				72				
영국								
런던			175		111			721
윈체스터		62	70	57			52	
노리치			68					
글로스터						54		
프랑스								
파리			300					
중동	40							

출처: 구약 성서(성경); N. Hybel and B. Poulsen, *The Danish Resources c. 1000-1550: Growth and Recession* (Leyden: Brill 2007), 264~65; D. Keene, 'Continuity and development in urban trades: problems of concepts and the evidence', in P. J. Corfield and D. Keene(eds.), *Work in Towns 850-1850*(Leicester University Press, 1990); R. Campbell, *The London Tradesman*(1747; reprint, Newton Abbot: David & Charles Ltd., 1969); ISCO-08: www.ilo.org/ public/ english/ bureau/ stat/ isco/ index.htm. 고대의 분업에 대한 대략적인 아이디어를 얻기 위해, 나는 구약에서 언급된 직업의 수의 추정치를 만들었다.

이제 소수만이 구입하였다. 이것은 도자기가 사치품이 되었음을 의미한다. 장인의 생산물은 완전히 사라지지는 않았지만 농촌 지역으로 밀려났고, 전업적인 전문가라기보다는 겸업 장인에 의해 수행되었다. 인구와 도시화에서의 회복의 징후는 8세기에 나타났고, 상당한 정도로 재생된 도시는 구 로마 도시가 있었던 지점 위나 주변에 건설되었으며, 또한 제국 후기의 혼란스러웠던 시대에 도시 주위에 설립된 성벽 안쪽에 건설되었다. 이러한 도시 성장의 새로운 시대에 지방 강도단과 바이킹이거나 아랍인이었던 외국인 해적으로부터 보호할 필요가 있어서 성벽 강화는 필수적인 것이 되었다. 더 큰 도시는 상업적이고 행정적인 연속성이 있었지만, 더 작은 지방 도시의 경우에는 항상 그런 것은 아니었다. 많은 경우 그것들은 실제적으로 버려졌거나 낮은 수준의 경제 활동에서만 기능하고 있었다. 새로운 활력소를 얻은 도시들은 자주 주전소와 매주 또는 매일의 시장 공간과 같은 상업 기능과 교회 기능을 결합했다. 그래서 도자기, 금속 기구, 섬유, 소금과 향신료와 같은 가공된 재화들과 식량을 교환하려는 농촌 생산자들의 배후지로 기능했다. 그런데 도시가 성장할 때 전문화된 직업의 수도 증가하여 도시화의 초기 국면에는 몇 가지밖에 안 되었는데, 13~14세기 파리와 런던과 같은 대도시에서는 수백 종에 이르게 된다. 1700년경 런던 한 곳에서만 약 700개의 직업을 지탱할 수 있었다.

소규모 도시는 더 적은 수의 직업을 갖는다는 것은 분업이 시장의 한도에 의해 제한된다는 사실로부터 기대되는 것이라는 점에서 주목할 만한 가치가 있다. 게다가 1300년과 1422년에 런던에서 보고된 직업의 수로 판단할 때 분업은 흑사병 이후 조금 감소한 듯하다. 흑사병 이전 파리와 런던 간에 있었던 상당한 차이는 파리가 그때에 훨씬 더 큰 도시였다는 사실에 기인한 것일 수 있다.

원격지 무역을 위한 필요에 반응하여 새로운 도시들, 이른바 엠포리아(emporia)가 설립되었다. 이들은 규모가 매우 작아서 거주민의 수가 1,000~4,000명 사이였고 더 적은 직업을 가진 경제적 중심지들이었다. 서부 유럽의 해안선을 따라 덴마크의 리베에 이르기까지 이 엠포리아들은 먼 북쪽에서도 발견되었다. 그러나 도시화율은 여전히 꽤 낮아(로마 시대보다 더 낮아) 서유럽에서 10세기 전야에 도시화율은 5% 이하였다. 그러나 10세기에 장기적이고 강렬한 도시화가 이루어져 유럽의 가장 선진적인 지역에서는 중세 말에 도시화율이 25%

(단위: %)

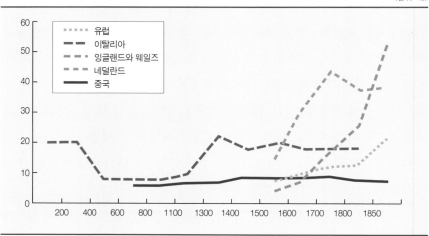

출처와 주: Jan de Vries, *European Urbanization 1500-1800*(London: Methuen, 1984); Paolo Malanima, 'Urbanization and the Italian economy during the last millennium', *European Review of Economic History*, 22(1)(2005), 91~133; S. N. Broadberry and B. Gupta, 'The early modern great divergence: wages, prices and economic development in Europe and Asia, 1500-1800', *Economic History Review*, 59(1)(2006), 2~31. 도시 인구는 거주자가 5,000명 이상인 도시에 살고 있는 사람의 수로 추정했다. 10,000명 이상의 거주자를 가진 도시의 인구수로써 추정된 도시 인구에 관한 데이터는 1.3배를 하여 조정되었다.

가까이 올랐다. 그 과정에서 장원과 영지들은 자급자족이 덜하게 되었으며, 장인들은 농촌 지역에서 도시 중심부로 이동했다. [그림 2.3]이 보여 주는 것처럼 이미 1500년에 매우 높은 도시화율에 의해 드러나는 근대적인 직업 구조를 가진 네덜란드의 북부 지역과 같은 예외적인 지역들도 있었다. 그런데 노동력 중 비식량 생산의 비중은 네덜란드에서는 매우 높아 50%에 가까웠다.

　로마 제국의 심장부인 이탈리아는 고대에 높은 도시화율을 가진 유럽의 유일한 부분이었고, 두 번째 밀레니엄의 전반부에 이곳의 도시들은 직업적 다양성과 소득 수준의 면에서 유럽 표준보다 선진적이었다. 그러나 이탈리아는 추동력을 잃었고, [그림 2.3]이 보여 주는 것처럼 도시 생산과 성장의 새로운 중심지는 북부 프랑스에서 네덜란드에 걸쳐 있는 지역인 '저지대 국가들'에 위치하게 되었다. 그러나 그 지역은 도시화의 파고를 유지하지 못하였고, 18세기 말에 영국에 의해 추월당하게 되었다. 국제적인 관점에서 유럽은 가장 정교한 비유럽 경제인 중국보다 더 도시화되었다. 이와 같은 도시화의 추세는 근사적이기는 하지만 소득 면에서 국가의 순위를 드러낸다.

2.10 생산 및 기술

지금까지 논의된 생산의 증가, 감소 및 재생은 고고학적 증거, 정주지의 확장에 의해 드러난 도시화의 정도와 인구 추세, 그리고 더 최근 세기에 대해서는 기록된 문서 등으로부터 추론되어 왔다. 로마 제국의 쇠퇴에 동반된 산출물의 하락과 9세기의 뒤이은 상승을 지지하는 증거는 있는가? 그것을 밝혀 주는 증거 중의 하나는 그린란드 만년설의 층차별 납 배출에 의해 측정된 금속의 생산이다. 납은 은, 구리, 동과 같은 다른 금속과 합금화되어서 금속 생산의 근사치, 더 일반적으로는 생산 활동과 유통 중인 화폐에 대한 안내자로서 사용될 수 있다. [그림 2.4]는 고대 그리스에서 18세기까지를 보여 주는데, 수직축은 지수 규모이다. 금속 생산의 첫 번째 정점은 기원후 1세기 로마 제국의 절정기였다. 유럽 경제의 재생의 시작이 첫 번째 밀레니엄 말기인 것처럼, 로마 제국의 점진적인 쇠퇴가 잘 드러나 있다. 두 번째 정점은 산업혁명과 연결되어 있다. 그림은

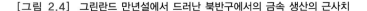

[그림 2.4] 그린란드 만년설에서 드러난 북반구에서의 금속 생산의 근사치

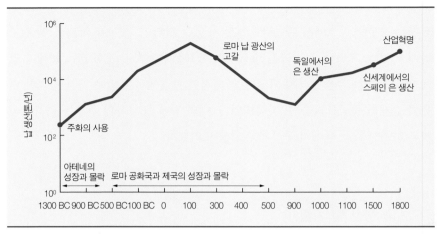

출처: 이 그림은 다음 논문의 자료로부터 그려졌다. S. Hong et al., 'Greenland ice evidence of hemisphere lead pollution two millennia ago by Greek and Roman civilization', *Science*, 265(1994), 1841~1843, and S. Hong et al., 'History of ancient copper smelting pollution during Roman and medieval times recorded in Greenland ice', *Science*, 272(1996), 264~269.

근사적이고 거친 지표일 뿐이지만, 그것이 보여 주는 일반적인 윤곽은 다른 증거에 의해서 지지된다. 예컨대, 성장률에 대한 정확한 결론을 끌어내는 데 비록 사용할 수는 없다 할지라도 말이다.

어떠한 종류의 기술 지식이 첫 번째 밀레니엄 말기에 이러한 확장을 허용했는가? 처음에는 경제 회복이 시작될 때(로마 시대에 이미 알려졌지만 이후 잊혀지거나 무시되었던) 그리고 종국적으로는 재발견되거나 이슬람 세계로부터 전해진 기술에 기초했다. 기술적 노하우의 진전은 단편적이었지만, 그렇다도 하더라도 그 효과는 인상적이었다는 것을 인식할 필요가 있다. 많은 발명은 (예컨대, 종이와 면화와 같이) 아시아와 아랍 문명으로부터 이전되었다. 동물들은 운송과 쟁기질에서 견인력의 원천으로 필수적이었다. 동물 이용의 효율성은 마구의 고안이 변화하고, 철제 말발굽이 사용됨에 따라 실질적으로 증진되었다. 마구는 고대로부터 전래된 굴레에서 동물의 어깨에 거는 견착구로 변했다. 원래 마구는 기관지를 해치고 압박하는 경향이 있어서, 동물로부터 끌어내는 견인력을 견착구에 비하여 80%까지 감소시킨다고 추정되었다. 쟁기의 고안은 부분적으로는 철의 획득 가능성 때문에 개선되었다. 때때로 바퀴 달린 쟁기는 이제 금형판을 가지게 되었으므로, 토지를 더 깊이 파고 뒤엎도록 만들어 깊은 고랑을 만들었다. 그래서 토양 깊숙한 곳에 있는 영양분이 표출되었다.

가용한 토지에 대한 압박이 12~13세기에 다시 증가하였을 때 토지는 더욱 효율적으로 이용되었는데, 예컨대 휴한 기간이 감소하였다. 삼포제가 도입되어 토지의 3분의 1은 휴한지로 남겨 두고, 나머지 3분의 2는 겨울 작물과 봄 작물을 위해 사용되었다. 휴한지는 동물 방목에 적합하였으며, 동물의 배설물은 토지의 비옥도를 갱신하는 데 도움이 되었다. 농부들은 토지의 비옥도를 회복하는 방법을 배웠다. 예컨대, 사료로 이용되는 콩류를 도입한 윤작은 실제로 토지 속에 질소를 회복하였는데, 그것은 식물의 성장에 필수적이었다. 이것은 실행에 의한 학습 지식으로 한 세대로부터 다음 세대로 전수될 수 있었다. 농부와 그들의 영주들은 한 지역의 전형적인 토양과 기후에 적합한 식물의 특정 품종을 더 잘 선택할 수 있게 되었다. 시행착오는 지식을 향상시키는 이러한 과정에서 필수적이었다.

위에서 언급한 기술 진보와 반전의 일반적 원칙들을 보여 주는 가장 좋은 예는 수차의 확산이다. 수차는 처음에는 곡물을 가루로 갈기 위해 사용되었다.

비록 유럽 경제의 재생 이전에 알려졌지만, 수차는 그때까지 유럽에서 광범하게 사용되지는 않았다. 수차가 9세기부터 빠르게 확산된 것은 경제 규모의 증가와 분말 생산 이외의 많은 생산 과정에 기술을 응용하였기 때문이었다. 수차의 대안은 손방아였는데, 비록 효율성이 떨어졌지만, 인구 밀도가 낮은 지역 등에서 가루로 만들어야 할 곡물의 양이 적을 경우 대세를 이루었다. 수차는 방아그 자체뿐만 아니라 물을 저장할 댐을 건설하고 물의 흐름을 정규화하기 위해 물길을 전환하는 데에 상당한 투자를 해야 했다. 많은 고정 비용 때문에 방아가 수익성을 갖기 위해서는 작동의 최소 임계 규모가 요청되었다. 암흑 시대에는 수차가 제공하는 **규모의 경제**를 활용할 기회가 분산되고, 낮은 인구 밀도 때문에 존재하지 않았으며 기술은 무시되었다. 높은 고정 비용이 존재하고 규모의 경제가 있었기 때문에 농부들이 방아를 사용할 때 소유자에게 높은 사용료를 지불하도록 한 것에 대한 농부들의 불평에서 목격할 수 있듯이, 방아의 소유자인 주로 지주들이 **시장 지배력**을 획득했다. 중국에서 수차는 다양한 생산 활동(예컨대, 금속 처리를 하기 위한 필요한 열을 얻기 위해 풀무를 작동)에 사용되었다. 이렇게 방아가 곡물 제분 이외의 생산 도구로 활용된 것은 유럽의 경우 더 늦게 시작되었다. 그러나 10세기부터 계속해서, 특히 12~13세기에, 방아는 더 증가한 다양한 생산 과정에서 작동되었다. 방아는 섬유 산업에서 천을 두드려 세탁하고 두껍게 하는 축융 과정과 피혁을 무두질하는 데에도 사용했다. 또한 방아는 목재 처리에서 기계톱을 작동시켰으며, 철 생산에서 연철을 생산하는 데 탈탄화 과정에서 불순물을 제거하기 위해 해머를 작동시켰다. 직경 2~4미터인 물레바퀴의 수직 운동을 해머의 상하 운동으로 변환하여 광석을 더 작은 조각으로 만들도록 내리칠 수 있었다. 용광로에서 광석을 녹이는 데 필요한 열을 얻기 위

Box 2.3

방아는 최초의 범용 기술이었다

두 번째 밀레니엄이 시작할 때 기술의 상태는, 그것이 바람에 의해 작동하든, 더 일반적으로는 물에 의해 작동하든, 방아의 채택과 연결되었다. 수차는 고대 이래 알려져 있었지만, 풍차는 두 번째 밀레니엄의 첫 번째 세기 동안 확산된 유럽이 수입한 후속적인 기술이었다. 방아는 그것이 중세 말에 특히 1200년 이후에 모든 경제적인 생활의 영역에서 사용될 수 있었고 사용되었기 때문에 범용 기술로 묘사하는 것이 올바르다. 철과 강철 생산은 그것의 광범한 적용의 유용한 사례이다. 방아는 광산으로부터 물을 뿜어 내기 위해 사용될 수 있었으며, 철광석을 호두 크기 정도의 조각으로 분쇄하도록 해머를 움직이는 데 사용할 수 있었다. 호두 크기의 광석은 철을 생산하기 위해 용광로에 숯과 함께 혼합되었다. 철광을 용융시키는 데 필요한 온도인 섭씨 1,500도 이상의 온도는 공기를 주입시키는 풀무를 구동하는 방아에 의해 생성되었다. 후속적인 과정에서 해머는 강철을 적당한 크기로 단조하고 마지막으로 제조품을 연마했다. 철의 초기 형태는 탄소 함량이 높은 선철이었다. 그것은 주철 제품에 적합했다. 그러나 그것은 탄소 함량이 감소하지 않으면 단조될 수 없었다. 비록 고대 이래 철 생산은 알려졌지만, 철 생산물의 광범한 사용, 예컨대 철로 된 말발굽과 철로 강화된 쟁기 등은 중세 후기에만 광범하게 확산되었다.

곡물 방아는 대부분의 경우 수직적인 수차를 사용하고 있었는데, 맷돌은 수평적으로 놓여 있었다. 수직 운동은 구동축과 기어 메커니즘에 의해 90도로 이동했다. 변속 기어는 맷돌의 회전 속도를 조정하는 방식이었다. 옷에서의 축융 해머와 같은, 다른 용법에서는 캠 또는 태핏 바퀴(후에 기계적 시계에서 완성된다)와 같은, 산업 특수적인 해법들이 사용되었다. 펌프와 톱 방아에서 회전 운동의 왕복 운동으로의 변환은 크랭크와 연결 막대에 의존했다. 방아의 일반적인 채택은 기술 변화의 중요한 측면을 보여 준다. 새로운 기술은 비용 효과적이지만, 그러나 방아는 많은 고정 투자가 필요하기 때문에, 생산의 최소 임계 수준이 도달될 수 있을 때에만 그렇다. 생산물이 확장될 때 단위 비용은 빠르게 하락하고 있지만, 우리가 알 수 있는 것처럼 방아의 사용의 확장은 명백하게 두 번째 밀레니엄 초기와 특히 1200년 이후의 인구와 수요의 거대한 확장과 결합되어 있었다.

해 수력에 의해 작동하는 기계적인 풀무가 사용되었다. 이러한 혁신의 대부분은 노동 절약적이었고 '기술적 실업'의 두려움이 야기하는 노동 불안의 사례들이었다. 풍차의 개발은 조그만 혁신들이 어느 만큼 효율성과 능력을 증가시킬 수 있는가를 보여 주는 좋은 예이다. 풍차를 돌리기 위해서는 돛이 바람의 방향에 반대가 될 때까지 방아의 몸 전체를 회전시키는 것이 필요했다. 결과적으로 방아의 크기는 제약되었다. 방아의 몸의 윗부분, 즉 움직일 수 있는 상부에 돛을 닮으로써 올바른 방향으로 상부를 간단히 돌리도록 해야 했다. 이렇게 하여 풍차의 크기가 증가하여 동력 생산도 증가했다.

이 예는 산업화 이전 시기의 기술적 기초는 점진적 학습의 과정이었음을 보여 준다. 거의 모든 형태의 활동에서 유사한 예를 말할 수 있다. 다음 장에서 우리는 토지 보강 기술 변화의 과정을 제시할 것이다. 휴한 기간을 감소시켜 토지를 더 집약적으로 이용할 수 있게 하는 고갈된 토양의 비옥도를 복원하는 방법에 대한 지식이 진전되었다. 농부들은 자생적인 자연적 돌연변이로부터 어느 정도 더 좋은 식물과 가축의 변종에 대해 시행착오를 거치며 인위적으로 배양하여 더 우월한 식물의 변종들을 선택했다. 지역 간 무역은 특화를 가능하게 만들었고, 상이한 환경에서 수확을 극대화하도록 작물과 식물이 선택되었다.

우리가 '암흑 시대'를 작성된 문서가 많이 없는 시대로 지칭하는 것으로 해석한다면, 종이 제조는 문자 그대로 암흑 시대를 종료시켰기 때문에, 종이 제조는 특히 흥미롭다. 물론 파피루스와 양피지는 '암흑 시대'에도 사용하였지만, 전자는 이집트로부터 수입하여야 했고, 종이가 더 저렴하게 되면서 사용하지 않게 되었다. 두 번째 밀레니엄의 첫 번째 세기 동안 종이의 공급 증가와 질 개선은 대영지, 도시 당국, 수도원과 국가의 계정에서 가격, 임금, 지대, 판매와 구매의 기록을 풍부하게 하였다. 은행가와 상인 간의 무역 및 지불과 관련하여 쓰인 문서는 11세기와 12세기부터 더 빈번해졌다. 비록 종이 제조의 기술은 중동으로부터 수입되었지만, 수차가 펄프 생산에 사용된 유럽에서 그 과정은 기계화되었고, 그에 따라 종이의 가격이 저렴해지면서 더 광범하게 사용하게 하였다. 대규모 종이 생산은 약 2세기 동안 이동 가능한 활자를 사용하는 새로운 인쇄 기술로 나아갔다. 15세기 중반에 여러 도시에서 이동 가능한 활자의 고안 및 실험을 하였는데, 그것은 1445년에 구텐베르그의 성경 간행 이후 수십 년에 걸쳐 모든 주요한 유럽 도시들에 인쇄 상점이 설립된 이유를 설명해 준다. 종이와 인쇄는 중세 말부터 근대 시대까지 매우 귀중한 선물 가운데 두 가지였다. 풍차는 20세기의 마지막 10년에 제대로 평가할 만한 부흥을 일으켰는데, 그 재생에는 19세기에 추가적으로 얻어진 회전 운동이 전기를 생성할 수 있도록 하는 방법에 대한 이해를 필요로 하기는 했다.

요약

이 장은 유럽이 중세 시대에 거쳤던 극적인 역사적 과정인 경제적 쇠퇴와 그 재생의 밑바탕에 있었던 가장 본질적인 메커니즘을 드러냈다. 총수요에 의해 측정되는 시장의 규모가 중요하며, 시장은 거래자들을 보호하고, 계약이 이행될 것을 보증하고, 지불 수단을 제공하는 사회 질서를 필요로 했다. 느리지만 지속적인 기술 진보가 있었고, 원격지 무역을 촉진하는 금융에서의 제도 발전이 있었다. 농업 부문 외부에서 생산된 재화의 소비가 증가하고 있었고, 경제가 과거의 단순한 생존 경제 너머로 나아가고 있었다는 사실을 목격할 수 있다.

● 로마 제국의 쇠퇴 이후 유럽 경제의 회복에 대한 문헌은 계속 증가하고 있다. 과거의 선도적인 경제사가들이 이 주제를 탐구했다. M. McCormick, *The Origins of the European Economy: Communication and Commerce A.D. 300-900* (Cambridge University Press, 2001)은 무역에 초점을 두면서, 유럽 경제의 회복에 대한 세밀한 관점을 주기 위해 고고학적 증거와 고전(古錢)학적 증거, 쓰인 문서들을 사용한 인상적인 새로운 연구이다. 이 책은 인용을 풍부하게 하는 오랜 연구 전통 위에 쓰였으므로 관련 문헌에 대한 좋은 안내서이다. 짧은 논문으로는 R. Hodges, *Dark Age Economics: The Origins of Towns and Trade, 600-1000*(London: Duckworth, 1989)이 있다. 도시 재생에 대해서는 A. Verhulst, *The Rise of Cities in North-West Europe*(Cambridge University Press, 1999)을 보라.

● 현대 고전은 C. Cipolla, *Before the Industrial Revolution: European Society and Economy 1000-1700*(London, Routledge, 1977 or later editions)이다.

● 화폐에 대해서는 P. Spufford, *Money and its Use in Medieval Europe*(Cambridge University Press, 1988)과 J. H. Munro, 'The medieval origins of the financial revolution: Usury, rents and negotiability', in *The International History Review*, 25(3)(2003), 505~562를 보라.

● 앵거스 매디슨은 수많은 책에서 소득에 대한 비교적 작업에 공헌했다. 그의 가장 최근의 공헌은 *The World Economy: A Millennial Perspective*(Paris: OECD Development Centre Studies, 2001)와 *Contours of the World Economy: The Pace and Patterns of Change, 1-2030 AD*(Oxford University Press, 2007)이다. 산업화 이

전 시기에 대한 그의 추계는 최근 도전받고 있으며, 새로운 추계들은 소득 수준을 업그레이드하는 경향이 있다. 로마 시대의 소득에 대해서는 Raymond W. Goldsmith, 'An estimate of the size and structure of the national product of the early Roman Empire', *Review of Income and Wealth*, 30(3)(1984), 263~288를 보라.

● 비잔틴과 로마 소득을 연구한 것으로, B. Milanovic, 'An estimate of average income and inequality in Byzantium around year 1000', *Review of Income and Wealth*, 52(3)(2007), 449~470이 있다. 세계은행에서 출판된 동일한 제목의 워킹 페이퍼에서 밀라노빅은 그가 2,500달러 PPP를 로마의 일인당 소득의 개연성이 높은 추정치라고 본 것을 포함하여 완전한 범위의 추계치(표 5a)를 제공한다.

● 전문 문헌에 대한 관련 참고문헌과 더불어 기술의 역사에 대한 짧은 소개와 해석을 제공하는, Joel Mokyr, *The Lever of Riches: Technological Creativity and Economic Progress*(New York: Oxford University Press, 1990)를 보라.

● 기술적 후퇴를 논의하는 이론적 모델의 희귀한 예로 S. Aiyar, C.-J. Dalgaard and O. Moav, 'Technological progress and regress in pre-industrial times', *Journal of Economic Growth*, 13(2008), 124~144가 있다. 경제를 그 잠재력 이하로 작동하게 만든 조건뿐만 아니라 기술적 후퇴도 분석한 것으로 G. Grantham, 'Contra-Ricardo: on the macroeconomics of pre-industrial economics', *European Review of Economic History*, 3(2)(1999), 199~232가 있다.

3

인구, 경제 성장과 자원 제약

인구, 경제 성장과 자원 제약

3.1 인구 증가의 역사적 추세

경제학의 많은 개척자들은 자원이 제한된 세계에서 지속적인 경제 성장의 가능성에 대해 비관론을 표현하기 때문에 경제학을 때때로 음울한 과학이라 부른다. 오늘날에도 석유와 같은 원자재의 부족이 결국 경제 성장의 종언을 가져올 것이라는 걱정 속에서 이러한 견해에 마주치게 된다. 19세기 말의 경제학자들은 석탄 부족에 대해 걱정했지만, 오늘날의 관심은 오히려 석탄이 이산화탄소를 너무 많이 생성하여 장기적으로 경제 성장을 해칠 수 있다는 것이다. 지속적인 장기 경제 성장에 대한 구속적인 제약으로써 자원의 제한에 대해 일관된 이론을 개발한 최초의 경제학자는 토머스 맬서스(1766~1834)인데, 그의 『인구 원리에 관한 에세이』는 1798년에 처음 출판되었다. 그 책을 발행한 시기는 일인 당 소득 증가(또는 적어도 유지)와 전례를 찾을 수 없는 인구 증가가 결합되었던 영국 산업혁명의 최초 10년간에 해당하였기 때문에 관심을 받지 않을 수 없었다. 맬서스는 토지의 제한이 주어질 때, 식량의 공급은 궁극적으로 소득과 인구 증가를 제약할 것이라고 주장했다. 곧 맬서스적 관점을 상세하게 고찰할 것이지만, 우선 유럽에서 장기 인구 증가에 대한 증거를 검토할 것이다. 합리적으로 볼 때, 정확한 인구 추계치는 16세기 이후에야 얻을 수 있고, 그 전의 인구는 부족한 데이터에 기초한 추정들과 일반적 기술을 이용하는 특정 영역의 수용 능력에 대한 추측들을 바탕으로 추계된 것이다.

12,000년 전 중동에서의 농업과 정주 문명이 출현하기 이전, 수렵 채집 기술에 기초한 문화는 토지 면에서 매우 까다로워서 세계 인구를 추정치 8,000만~1억 2,000만 명으로 제한했다. 수렵 채집 문화는 실제적으로 자연을 통제함이 없이 자연으로부터 필요한 식량을 충족시켰다. 결과적으로 동물의 스톡과 사람의 스톡 간의 균형이 전개될 것이다. 인간이 동물 스톡을 과도하게 수렵하면 양자의 재생산은 교란될 것이다. 동물 스톡이 감소하면 인간의 규모도 또한 하락할 것이다. 수렵 채집 문화에서의 기술적 진보(가령 더 나은 화살촉)는 더 많은 음식 소비나 더 많은 인구로 항구적으로 나아가지는 않을 것이고, 단지 더 많은 여가를 창출할 것이다. 아직 남아 있는 수렵 채집 문화에서 여가의 비중이 높은 것은 때때로 인류학자들에 의해 낭만화되었지만, 실제로 포식자(인간)와 먹잇감(동물) 간의 관계에 기초한 수렵-채집 사회의 고유한 성격에 의해 부과된 것이다. 기술 진보가 농업 사회나 산업 사회에 미친 효과는 근본적으로 다르다. 그것은 노동 시간뿐만 아니라 다른 자원도 절약한다. 근대 경제가 재생 불가능한 자원에 위협을 가하는 것은 높은 소득 및 소비 수준 때문이다.

약 12,000년 전에 시작된 수렵 채집 문화에서 농업으로 이행한 신석기 시대 혁명은, 자연을 통제하는 요소들의 도입을 더 늘려, 점차적으로 한 사람을 부양하는 데 필요한 토지는 감소되었다. 예를 들면, 농업 사회에서의 목축업은 가축 무리의 규모와 질을 증가시킬 가능성을 포함한다. 결과적으로 농업 문화는 세계 인구의 항상적인 증가를 동반하였고, 기술 진보율에 의존하는 소득 수준이 지속적으로 증가할 가능성을 동반하였다. 유럽에서 농업은 수렵인과 채집인이 농업을 채택해서가 아니라 수렵·채집인을 구축한 농경 인구의 이민에 의해 확산되었다. 확산 속도는 연간 약 1km로 느렸다. 15세기 후반부 구텐베르크의 인쇄 기술의 확산이 연간 약 20km였던 것에 비교된다. 세계 인구는 신석기 시대 혁명의 초기에 600만~800만 명의 추계치로부터 첫 번째 밀레니엄 초기에는 2억 5,000만 명으로 증가했고, 맬서스가 인구에 관한 에세이를 출판한 때에는 10억 명으로, 2000년에는 60억 명으로 증가했다.

[그림 3.1]은 지난 2,400년 동안의 유럽의 인구를 보여 준다. 그림에서 처음 1,000년 동안의 곡선은 100~200년 간격으로 주어진 추계치에 기초한 것이기 때문에 실제 변동을 평활화한 것이다. 추계 시점 중간에 정치적 위기, 전염병, 수확 실패 및 전쟁은 인구에 심각한 효과를 미쳤다. 그러나 그림은 산업화 이전 유럽 인구의 주요한 특색을 포착하고 있다. 두 번의 주요한 좌절에 의해 간섭받았지만 18세기 중반까지의 느린 성장과 1750년 이후 인구의 유의미한 증가가 있었다. 인구 증가의 첫 번째 주요한 좌절은 로마 제국의 쇠퇴 및 몰락과 결합되어 있는데, 그것은 국내 정치적 갈등, 침략, 대규모 이민 흐름, 반복적인 전염병 등에 의해 초래되었다. 기원후 200~600년 사이 유럽의 인구가 다시 증가하기 시작할 때까지 절반 수준으로 감소되었을 수 있다. 두 번째 주요한 좌절은 1347년 매우 전염성이 높은 흑사병이라는 외생적 충격과 연결되어 있다. 이 전염병은 일회성 사건이 아니었고, 약 100년 동안 유럽과 아시아를 피폐하게 만들었

[그림 3.1] 기원전 400년에서 기원후 2000년까지 유럽의 인구

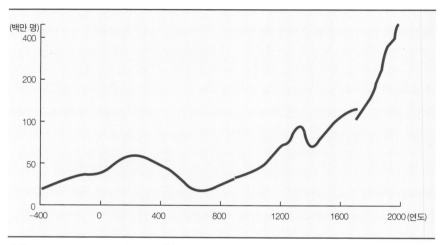

출처: -400~1700: N. Biraben, 'Essai sur l'évolution du nombre des hommes', *Population*, 34(1)(1979), 13~25; 1700~2000: 네덜란드 환경평가청, www.mnp.nl/hyde/Images/pop_summary_tcm63-22929. xls. 출처가 변경되어 곡선의 불연속이 나타나고 있다.

으며, 유럽의 인구는 최소 3분의 1가량 감소되었다. 유럽은 16세기 중반까지 전염병이 창궐하기 이전의 인구를 회복하지 못하였다. 중국은 산업화 이전 시기에 더 신뢰할 만한 인구 자료를 가지고 있는데 침략과 전쟁, 전염병과 정치적 붕괴와 같은 외생적인 사건들에 의해 간섭받았지만 플러스 성장의 일반적인 패턴이 데이터에 의해 지지된다. 중국의 인구 성장률의 증가는 유럽에서보다 조금 더 일찍 시작했을 가능성이 있다.

　　인구에 대한 외생적인 큰 충격 이외에 궁극적으로는 수확 산출량에서의 변동(즉, 예상치 못한 기후 변화 또는 병충해)에 의해 야기되는 단기적인 충격들도 있다. 저조한 수확이 자주 전염병과 결부되는 것은 어려운 시기에는 질병을 옮

기는 이민을 촉발하기 때문이다. 그러나 주로 어린이나 노인들의 초과 사망이 었던 위기 이후에 초과 출생과 사망률의 저하가 나타나기 때문에 인구는 장기 성장률 추세로 회귀된다.

18세기까지 인구 증가는 느렸지만, 오늘날 유럽 국가의 증가율과 크게 다르지는 않았다. 그 후 아동 사망률이 점진적으로 하락하였고, 어떤 나라에서는 약간의 시차를 두고 출산율에서의 하락을 동반하였는데, 그로 인해 18세기 말부터 19세기에 인구가 급격하게 증가하였고, 이후 20세기에 둔화하였다. 출산율과 가족 규모는 감소하여 20세기 후반에는 가족당 2명의 어린이로 정착되었다. 중세의 정점 이래 유럽의 인구는 5배로 증가했다. 맬서스의 영향력 있는 책이 출간된 이후 200년 동안에 집중하여 보면, 그가 표현한 두려움은 완전히 잘못된 것 같다. 세계 인구는 6배로 증가했지만 세계 식량 생산은 10배로 증가되었고, 여전히 농업에 적합한 모든 토지가 통상적으로 사용되고 있지는 않다. 이탈리아 경제 사학자 조반니 페데리코(Giovanni Federico)에 따르면, 모든 경작 가능한 토지의 80~90%가 현재 사용되고 있다.

그러나 맬서스가 그 자신의 시대와 미래에 대해 잘못이었다는 것이 그가 과거에 대해서도 잘못이었다는 것을 함의하는 것은 아니다. 사실 그의 분석은 산업화 이전 경제사를 설명하는 의미 있는 모형으로서 경제사가와 경제학자들에 의해 일상적으로 호출되었으므로 맬서스적 관점을 더 자세히 살펴볼 필요가 있다.

3.2 인구 성장과 정체에 관한 맬서스적 이론

맬서스의 관점이 계속 호소력을 가졌던 이유 중의 하나는 그럴듯한 거절할 수 없는 논리와 단순성이다. 그러나 앞으로 살펴볼 것처럼 반드시 논리가 역사적 타당성을 함의하는 것은 아니다.

맬서스적 관점은 다음과 같이 깔끔하게 요약될 수 있다. 인구 증가는 일인당 소득과 양의 상관관계를 갖지만, 인구 증가는 궁극적으로는 소득을 감소시킬 것이고, 인구 증가는 그 후 멈추게 될 것이다. 지속적인 성장을 위한 전망은 밝지 않다. 위에서 언급한 거절할 수 없는 논리란, 경작 가능한 토지의 양에 물리적인 한계가 있다는 사실로부터 벗어날 수 없다는 것이다. 인구가 증가할 때 농업을 위해 획득 가능한 일인당 토지는 궁극적으로 줄어들어(즉, **수확 체감**이 시작되어) 소득을 감소시키며 궁극적으로는 정체된 인구와 생존 소득이 결합된 상태로 이어질 것이다. 맬서스는 암묵적으로 농업에서 기술 진보는 없다는 것, 즉 토지의 사용에서 효율성의 증가는 없다고 가정했다. 그 가정은 완화될 수 있지만, 아래에서 살펴볼 것처럼, 장기적인 결론은 본질적으로 동일하다. 그러나 큰 문제는 해결되지 않은 채 남아 있다. 이 토지 제약은 정확하게 언제부터 구속적으로 되었는가? 분명히 신석기 시대 혁명 이후 첫 번째 밀레니엄 동안은 아니었다. 농업 기술은 가계나 마을이 경작할 수 있는 토지의 양을 제한했다. 국지적 희소성이 발전했을 때 새로운 영역들이 개간되었다. 전염병이 인구를 감소시킬 때 토지는 방기되었다. 더 최근 과거로 돌아가 보면 로마 제국의 붕괴 후나 흑사병 이후에 경작 가능한 막대한 토지가 버려졌고, 마을들이 방기되었던 때 토지는 확실히 실질적인 제약은 아니었다. 인구가 흑사병이 창궐하기 이전 수준에 도달하였거나 그것을 능가하였던 때인 17세기와 18세기라면 그랬을까? 만약 그렇다면, 인구 증가에 의해 주도된 일인당 소득의 감소가 기록되어야 할 것이다. 3.3절에서 그것에 대한 결정적인 검정을 할 것이다. 그러나 토지의 획득 가능성만이 아니라 그것의 질도 중요하다고 지적하였다는 점에서 맬서스주의자들은 올바랐다. 그렇다면 어떤 시점에 한계적인 토지의 질은 저하되어 수확 체감을 야기하였는가라는 논거로 재설정될 수 있다. 그러나 한계적인 토지가 언제 열악한 질로 되었는가라는 질문이 남는다. 맬서스주의자들은 이 질문에 만족스러운 방식으로 거의 대답하지 못한다.

언제 토지가 구속적인 제약이 되었는가라는 이슈는 농업에서의 기술 진보가 수확당 산출물을 증가시킬 뿐만 아니라, 연간 수확 횟수를 증가시켜 시간 단위(가령 연간)당 토지로부터의 수확을 증가시키기 때문에 애매하다.

인구당 소득이 생존 수준 이상이면, 즉 [그림 3.2]에서 맬서스적 균형의 오른쪽에 있다면, 인구 증가는 양일 것이고, CBR(출생률)은 CDR(사망률)보다 더 클 것이지만, 노동으로부터의 수확 체감 때문에 소득은 떨어질 것이다. 경제는 결국 인구가 일정하고 인구 증가율이 0인 맬서스적 균형에 정착할 것이다.

[그림 3.2]가 말하고 있는 것을 보자. 처음에는 토지 공급이 풍부하여 토지제약이 구속적이지 않았기 때문에 일인당 소득은 생존 수준 이상으로 맬서스적 균형의 오른쪽에 있었다. 이것은 인구 증가가 양, 즉 CBR(출생률)이 CDR(사망률)보다 더 크다는 것을 의미한다. 그러나 인구가 증가할 때 노동자 일인당 토지는 떨어지거나 한계적 토지의 질은 떨어질 것이다. 그것은 노동으로부터의 수확이 체감하도록 하여 소득과 인구 증가(CBR–CDR)는 하락할 것이다. 인구 증가는 여전히 양이지만, 장기적으로 그 경제는 고정된 인구와 인구 증가율이

[그림 3.2] 맬서스가 그래프로 말한다

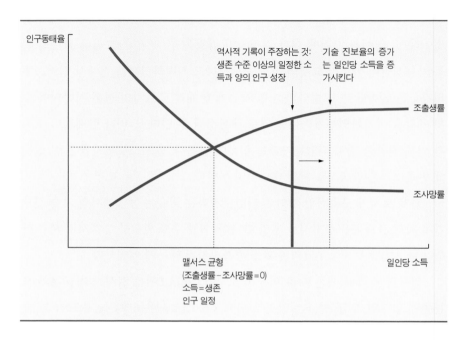

0인 맬서스적 균형에 정착할 것이다. 그러나 이러한 추론은 기술 진보의 가능성을 무시한다. 기술 진보율이 영속적으로 양이라면, 수확 체감의 힘과 균형을 이루거나 상쇄할 것이다. 역사적 기록이 주장하는 것은 경제는 그림에서 묘사된 소득이 생존 이상이고 인구 증가가 양인 점에서 정착한다는 것이다. 기술 진보율이 증가하지만 수확 체감률이 고정된 상태에 머물면 그때 소득과 인구는 증가할 것이고, '역사적 기록이 주장하는' 점은 오른쪽으로 이동할 것이며 맬서스적 균형으로부터 더 멀어질 것이다.

몇 가지 기본적인 인구학적 개념들

이른바 인구동태율이란 조출생률(CBR)과 조사망률(CDR)이고, 일반적으로 인구 1,000명 당 연간 인원으로 측정된다. CBR은 본문에서 출산율(fertility)로 언급되고, CDR은 사망률(mortality)로 언급된다. 1,000명당 인구 증가는 CBR – CDR과 같다.

적극적 체크: 소득 하락은 인간의 영양학적 상태를 악화시켜 사망률(CDR)을 증가시켜서 인구를 맬서스적 모형에서의 균형 수준으로 항구적으로 감소시킬 것이다. 유럽의 역사적 기록은 적극적 체크가 인구 수준에 항구적인 효과를 가졌다는 것을 나타내지 않는다. 비록 경제적인 충격은 인구를 감소시킬 수 있다 할지라도, 장기적인 인구 증가로의 역전이 뒤따라서 일시적인 효과만이 있었다.

예방적 체크: 출산율에 대한 자발적인 제약과 관련된다. 소득이 떨어지면 젊은 사람들은 더 늦게 결혼하고, 이것은 결혼당 임신 수를 감소시킨다. 결혼 상태에서 출산율이 위험이나 소득 변화에 반응한다는 몇 가지 증거가 있다. 예기치 않은 소득 충격은 종종 출산 간의 대기 시간을 증가시켜서 완성된 가족의 규모를 감소시킬 것이다.

합계 출산율(total fertility)은 여성 1명당 출생의 기댓값이다.

맬서스적 세계관에서는 소득이 높을 때 CBR은 최댓값을 갖는데 가계들이 경제적 제약을 걱정할 필요가 없기 때문이다. 그런데 출산율(fertility)의 인위적인 감소를 의미하는 **예방적 체크**는 소득이 떨어지거나 떨어질 것이라 예상될 때 시작될 것이다. 현대적인 용어로 말하면, 맬서스는 출산율의 **소득 탄력성**이 매우 높다고 가정한 것이라 할 수 있다. 인구학 연구는 소득의 하락은 결혼하는 세대의 비율을 감소시키거나 결혼 연령을 늦추고 여성이 더 늦게 자녀를 갖도록 만들므로 합계 출산율이 감소한다고 주장한다. 소득이 하락할 때 영양학적 표준이 떨어지므로 인구는 빈곤 관련 질병과 조기 사망에 더 취약하게 되기 때문에 소득이 하락하면 CDR은 증가한다. 이른바 **적극적 체크**이다.

3.3 맬서스적 이론은 검증 가능한가

장기 생존한 이론들은 그것들이 적절한 검증을 피했기 때문에 생존했다는 것은 역설적이다. 맬서스적 이론도 그 경우인가? 이탈리아의 인구학자 마시모 리비-바치(Massimo Livi-Bacci)는 [그림 3.2]에서 고찰한 노선을 따른 장기 맬서스적 인구 궤적을 제안한다. 인구는 초기에는 빠르게 성장할 것이고 이후 토지 희소성이 시작될 때 인구 증가율이 0에 도달할 때까지, 즉 [그림 3.2]에서 묘사된 맬서스적 균형까지, 인구 증가율은 하락하는 상태에 있을 것이다. 리비-바치의 말을 그대로 채택한다면, 우리는 장기 인구 증가의 예측으로서의 맬서스적 이론을 일축할 수 있다. [그림 3.1]은 큰 외적 충격에 의해 간섭받지만 인구는 장기적으로 양의 추세임을 보여 준다. 수확 충격은 적어도 19세기 초까지는 통상적으로 사망률에 영향을 미쳤지만 장기적으로 플러스였던 인구 증가에 영향을 미치지 않았다. 그러나 기술 진보가 고려되면 맬서스적 모형에서도 장기 인구 변화는 나타날 수 있다. 일인당 소득을 생존 수준 이상으로 증가시키는 기술 충격이 있다면 인구 증가는 다시 양이 될 것이다. 수확 체감 때문에 경제는 적절한 과정을 거쳐 생존 수준으로 다시 돌아가게 될 것이다. 그러나 맬서스적 세계에서 소득은 일시적으로만 증가할 수 있으며, 기술 진보의 항구적인 효과는 인구 수준의 증가일 것이다.

흑사병이 가져온 사망률 충격 이후 다시 인구가 증가할 때인 16세기 초에 영국의 **실질 임금**이 높은 수준에서 장기적으로 하락한 것은 인구 증가가 불가피하게 임금을 떨어뜨릴 것이라는 아이디어의 증거로 사용되어 왔다. 그러나 기후 변화가 없었다면 임금이 감소하지 않았거나 정체하였을 것이라는 의미에

[그림 3.3] 1560~1880년 영국에서의 농장 실질 임금과 북반구 온도의 변동

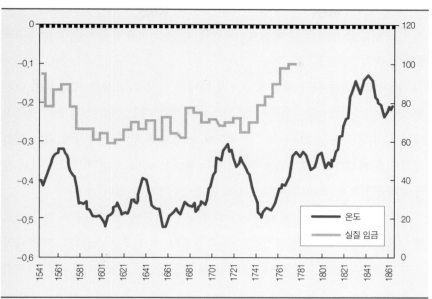

출처: 농장 노동자의 실질 일일 임금률은 G. Clark, 'The long march of History', *The Economic History Review*, 60 (2007), 100으로부터 가져왔다. **실질 임금**은 1860~1869=100으로 한 지수이다. 온도는 1960년부터 1980년까지 평균 온도로부터의 섭씨에서의 편차로써 그래프의 왼쪽에 측정되어 있다. 온도 자료는 25년 이동 평균이다. 더 높은 온도는 곡선에서의 상승으로 나타나고, 그 반대도 성립한다. 자료는 다음과 같다. Keith R. Briffa, 'Annual climate variability in the Holocene: interpreting the message of ancient trees', *Quaternary Science Reviews*, 19, Issues 1-5(January 1, 2000), 87~105; Jan Esper, Edward R. Cook and Fritz H. Schweingruber, 'Low-Frequency signals in long tree-ring chronologies for reconstructing past temperature variability', *Science*, 295(March 2002), 2250~2253.

서, [그림 3.3]에서 제시한 것처럼 기후 변화는 그 이야기의 일부일 것이다.

산업화 이전 사회에서 평균 온도의 저하는 실제로 산출물에 부정적인 영향을 주었다는 것은 온도 변화에 대한 곡물 생산량의 반응에 대한 공식적인 검정으로 확인됐다. 그 영향은 농촌 임금에 대한 효과로 파급될 수 있다. [그림 3.3]

에서 주목할 만한 것은 16세기 말에 시작된 평균 온도의 저하와 실질 임금의 하락 간의 밀접한 결합이다. 온도가 안정화될 때 임금도 안정화된다. 1세기 동안의 임금 상승은 17세기 말에 시작되었는데, 그것은 처음에 온도의 상승에 의해 동반된 것이었다.

과거에는 소득이나 실질 임금뿐만 아니라 사망률, 출생률, 결혼율에 대한 장기적인 데이터가 결여되어서, 맬서스적 이론에 대한 경험적 검증은 제한적이었다. 리글리(E. A. Wrigley)와 스코필드(R. Schofield)의 영국 인구사에 대한 획기적인 저작(이 장의 끝에 있는 추가적인 읽을거리에 대한 제안을 보라)의 발간은 자료 사정을 바꾸었으며, 그 이후 수많은 정교한 검증이 출간되었다.

닐스 뮐러(Niels Møller)와 폴 샤프(Paul Sharp)는 최근에 영국 인구와 임금 자료를 이용하여 한 가지 결정적인 검정을 수행했다. 이 연구는 스칸디나비아 국가들도 망라하도록 확장되었으며 유사한 결과를 얻었다. 그들이 한 것은 산업화 이전 경제에서 장기적으로 인구 증가가 임금을 억압하였는가를 살펴보는 것이다. 그것이 입증된다면 그 경제는 맬서스적 상태에 있다고 주장할 수 있다. 만약 입증되지 않는다면 그 경제는 맬서스적 상태에 있지 않은 것이다. 중요한 결과는 [그림 3.2]에서 주장하는 것처럼 산업혁명 이전 수세기의 인구 증가에도 불구하고 임금은 생존 수준 이상에 머물렀다는 것이다. 양의 기술 진보율이 실질 임금과 인구에 항구적인 효과를 가질 수 있다는 것을 보여 주기 때문에 이 결과는 중요하다. Box 3.2에서 그 논거는 더 상세하게 탐구될 것이다.

맬서스적 모형에 대한 관심은 오데드 갈러(Oded Galor)와 그 동료들이 개발한 '통합된 성장 이론'에 의해 재흥되었다. 이 이론에 따르면 세계사는 세 국면으로 구분될 수 있다. 첫 번째 국면은 매우 느린 기술 진보와 생존 수준 '근방'

공적분 공간 속의 맬서스

닐스 프람로즈 뮐러(Niels Framroze Møller)와 폴 샤프(Paul Sharp)의 최근의 연구는 실질 임금과 인구학적 데이터를 사용하여 1560~1800년 동안 맬서스적 모형의 타당성에 대해 정교한 계량경제학 검정을 행했다. 그래서 그들은 조출생률, 결혼율, 사망률뿐만 아니라 실질 임금 간의 장기 균형 관계의 증거로 해석될 수 있는 공적분을 살펴보았다. 맬서스적 모형에 따르면, 실질 임금과 조사망률 간의 부정적인 결합은 적극적 체크를 함의하고, 실질 임금과 조출생률 간의 양의 결합은 예방적 체크를 함의할 수 있다. 그러나 맬서스적 모형에서 결정적인 점은 모든 변수들이 내생적이어서 그 역, 즉 실질 임금에 대한 인구 증가의 부정적인 피드백 효과가 있는가라는 것에 대한 검증을 허용하는 방법론이어야 한다.

이들의 결과는 아마도 놀라운 일이었을 것이었다. 맬서스가 아이디어를 공식화하기 이전의 수백 년 동안에도 그가 예견한 '음울한' 경제의 형태에 대한 증거가 거의 없다는 것이다. 그들은, 비록 맬서스 자신의 추론과 정합적인, 결혼을 통해 작동하는 예방적 체크에 대한 강한 지지를 발견하기는 했지만, 임금에 대한 인구의 부정적인 효과 또는 적극적 체크에 대한 어떤 증거도 발견하지 못했다. 이것은 [그림 3.2]에 상응한다. 그 그림에서 적극적인 조치 스케줄은 수평선인데, 소득은 항상적으로 생존 수준 이상이었을 수 있다.

그들은 이 결과를 통합된 성장 이론(본문을 보라)에 의해 공준화된 '포스트-맬서스적' 체제와 일치한 것으로 해석한다. 그러나 그것은 자주 '맬서스적 정체'와 결합된 시기에 대한 것이어서 이 결과는 순수한 맬서스적 모형의 역사적 타당성을 다시 물어보게 하고 있다.

에서 소득을 창출하는 고정된 생산 요소인 토지라는 고전적인 맬서스적 조건 아래에 있었던 맬서스적 정체의 매우 긴 국면이다. 이 국면에서 기술 진보는 더 많은 인구를 야기할 뿐이다. 정체와 극단적으로 느린 소득 증가가 있었지만 그 현상은 토지 제약에의 구속보다는 기술적 관성과 관련시키는 것이 더 타당하다. 저지대 국가처럼 중세나 근세 시기에 토지 희소성에 심각하게 직면하였던 유럽의 영역들은 대규모 토지 개간, 인구 밀도가 낮은 지역으로의 이주, 농업 이외로의 다변화 등으로 대응했다. 1500년에 네덜란드 인구의 거의 절반은 농업 이외에서 고용되었고, 영국에서는 그 비율이 40%에 가까웠다. 발틱 해로부터의 곡물 수입은 제조업 제품의 수출에 의해 지불되었는데, 16세기에서 17세기까지 유럽 평균 이상의 소득 수준을 향유할 수 있게 했다. 구모형이든 신모형이든 맬서스적 모형은 본질적으로 무역이 없는 일 부문(농업) 모형이어서, 실제 세계 발전의 복잡성과 양립하기는 어렵다.

통합된 성장 이론가들은 인구 밀도가 기술 진보를 자극하여, 19세기 유럽에서 전형적이었던 완만한 일인당 소득의 증대와 더 높은 인구 증가가 결합된 시대인 이른바 포스트-맬서스적 시기로 나아간다고 더 설득력 있게 주장한다. 마지막 시기는 낮은 출산율로의 인구 변천과 자식의 교육에 대한 투자를 동반하는 지속된 높은 성장으로 특징지워지는 근대 시기이다. 더 높은 기술 진보율은 교육으로부터의 수익을 증가시키고 자녀의 수보다 질을 더 선호하는 방향으로의 이동을 촉발했다.

맬서스적 정체의 시기가 언제 끝났다고 할 수 있는지는 불명확하지만 뮐러와 샤프는 그 시기를 산업혁명보다 2세기 이전으로 밀어 올렸다. 그러나 1500년까지의 시기가 실제로 맬서스적 정체의 시기로 특징지워질 수 있는가? 1500년에 유럽에서의 일인당 소득은 약 950국제 달러에서 1,500국제 달러(1990년 달러 PPP, Box 2.1을 보라)로 다양했는데, 그것은 기저적인 생존 소득의 2배에서 거의 4배에 해당한다. 800년경 재생 이전 유럽에서 일인당 소득이 떨어지고 있었다는 것을 제외하고는 포스트-로마 유럽에서 일인당 소득에 대해 확실하게 말할 수 있는 것은 많지 않다. 그 해에 일인당 소득이 약 500달러 PPP라는 생존 수준 근처에 있었다고 가정하면, 그것은 700년 동안 연간 소득 증가율이 연평균 0.15와 0.2 사이에 있었음을 의미한다. 그런 성장률은 근대적 표준에서 보면 인상적이지 않지만 소득 수준이 항구적으로 증가하였다는 점은 주목할 만하다. 기술적 정교성에서의 국가적 차이가 인구 밀도에서의 차이를 만들어 냈을 뿐이라는 통합된 성장 모형의 예측은 역사적 기록에 의해 입증되지 않는다는 것은 분명하다. 유럽에서 높은 인구 밀도를 가진 영역은 제4장 [표 4.2]에서 보이듯이, 중세와 근세 시기에 일인당 소득이 유의하게 더 높았다.

소득에서의 이러한 항구적인 증가는 어떻게 발생했는가? 몇 가지 이유가 있다. 농업에서의 기술 진보는 느렸지만 유의하지 않은 것은 아니었고, 3.4절에서 살펴보겠지만 지역적 특화는 자원 부존에서의 비교 우위를 활용하고 있었다. 게다가 3.5절에서 논의하겠지만 가계는 자원 제약에 직면하거나 예상될 때 출산을 억제하도록 출산율 전략을 조정할 만큼 신중하게 행동했다.

3.4 농업 진보의 비밀

제한하는 자원으로 토지에 초점을 두게 되면, 경작 가능한 토지의 양(가령 헥타르)이 장기적으로 그 토지의 산출물을 예측하는데 매우 나쁜 결과를 산출했다는 사실을 무시하게 된다. 농업의 역사에서 토지당 연간 경작 횟수인 토지 이용도는 몇 번 수확한 후, 수 대에 걸쳐 토지를 휴경으로 놓아두는 원시적인 토지 이용의 0.05에서 유럽에서의 1년 일모작(원예 농업에서는 더 높음)과 쌀과 같은 곡물을 경작하는 유럽 이외의 일부 지역에서는 1년 이모작 이상으로까지 증가했다. 다시 말하면, 토지이용도는 장기적으로 40배 증가했다. 게다가 토지 단위당 수확량도 증가했는데, 연간 경작 횟수를 곱한 토지 단위당 결합 산출은 농업의 오랜 역사에 걸쳐 훨씬 더 증가했음을 의미한다. 이것이 농업에서의 기술 진보인 것이다. 기술 진보는 유용한 지식의 축적에 기초하는데, 그것은 산업화 이전 경제에서는 느렸으며, 종종 우연적으로 이루어졌지만 때때로 의도적인 실험 또는 시행착오에 의해 이루어지기도 했다. 그러나 말할 필요도 없이 실행에 의한 학습으로부터 얻은 지식은 어떤 과학적 기초도 갖지 않았다. 산업화 이전 생산자들은 비료가 수확을 증가시킨다는 것을 알았으나, 비료에 포함된 본질적 요소들이 질소, 칼륨, 인이라는 사실은 몰랐다. 농부들은 특정 형태의 옥수수 씨앗이 다른 것보다 더 좋다는 것에 주목했지만 유전학에 대한 지식을 갖고 있지는 않았다.

농업에서 경험은 토양 비옥도의 관리(주로 질소의 유지 및 방출)에 연계된다. 공기 중의 질소는 식물에 의해 직접 흡수될 수 없다. 토양 속의 질소의 스톡은 광물화에 의해 느리게 방출되는데 광물화는 암모늄과 질산염의 형태로 질소를 물에 용해될 수 있도록 만든다. 거름을 주어 직접 접근할 수 있는 질소를 추가할 필요가 있다. 동물 또는 인간에게 공급된 곡물 속의 질소는 거름으로 재활용될 것이고 수확된 곡물의 잔여물(예컨대, 뿌리들)은 분해될 때 비료의 효과를 갖게 될 것이다. 토양 비옥도는 작물의 선택과 윤작, 휴한의 정도에 의존하는데 휴한은 토지를 경작용이 아닌 가축 방목용으로 사용하거나 휴식 상태로 두는 기간이다. 몇 가지 작물(예컨대, 클로버)은 다른 것보다 질소를 고정시키는 데 더 좋아서 윤작에 포함된다면 토지를 더욱 유용하게 사용할 수 있으며 수확량을 증대시킬 수 있다. 질소를 고정시키는 것은 식물 그 자체가 아니라 정확하게는 식물이나 그 뿌리에 공생하며 살고 있는 박테리아이다. 콩과 완두콩 같은 다른 작물은 곡물 수확에 장기적인 효과를 갖는데 토양 속의 질소의 스톡을 증가시키기 때문이다. 토양 습도의 조절과 경운 기술은 모두 질소의 방출에 본질적이다. 질소는 뿌리와 다른 식물의 잔류물 속에 남아 있어서 어떤 용도로 사용되기 위해서는 분해되어야 한다. 너무 많은 비는 수용성 질산염 형태로 있는 질소를 씻어 내 버릴 수 있다. 그래서 수확은 경쟁적인 작물(잡초)의 통제, 동물과 인간의 거름의 관리, 더 최근에는 화학 비료의 관리 등에 의존할 것이다. 질소의 증가는 상당히 큰 투입 범위에 걸쳐 산출물을 증가시킬 것이고 산출물의 면에서 반응은 매우 높다. 거름의 공급은 경작과 축산 간의 균형을 요구하는데 토지가 희소하다면 유지하기 힘들 수 있다. 그러나 인구 밀도가 높은 지역에서는 인접 도시로부터의 인간 거름('분뇨')이 동물 거름의 대체재로 사용되었다. 토양 속의 질소 스톡은 느리게만 해체되고, 토지에 적절하게 비료가 투입되지 않거나 때때로 휴경으로 내버려 두지 않으면 장기적으로는 고갈될 것이다.

식물들이 위치와 기후 등에 따라 상이한 필요를 가지는 것처럼 토양의 특성도 다르다. 토양과 기후와 식물의 보완성은 무역 없이는 활용될 수 없으며, 무역은 더 좋은 토지 사용에 공헌하는데, 그것은 산출에 긍정적인 효과를 가진다. 대개 저지대 국가, 남동 영국과 파리 분지와 같이 산업화 이전 유럽에서 인구 밀도가 높은 지역은, 제4장에서 더 심도 있게 고찰하겠지만, 높은 농업 생산성으로 특징지울 수 있다. 일견 이것은 역설적인 발견처럼 보인다. 그러나 도시 중심지로의 근접성은 인구 밀도가 더 높은 지역의 농업에 생산성 향상 가능성을 많이 제공한다. 토지 집약적인 목축으로부터 얻는 질소가 부족하면 도시에서 나오는 분뇨로 충분히 해결할 수 있다. 또한 새로운 지식은 인구 밀도가 높은 지역에서 더 빠르게 확산된다. 도시에서의 다양한 수요는 농부들이 가금, 원예 및 비식량 작물, 예를 들면 염색에 사용되는 아마나 식물들로 다양화할 수 있게 한다. 게다가 수확 실패는 자주 어떤 주어진 시점에서는 단일한 작물이나

Box 3.3 중쟁기와 중점토(重粘土)

산업화 이전 유럽에서 농업 노하우는 로마 시대로부터 많은 것을 빌려 왔는데, 그 노하우는 루시우스 유니우스 모데라투스 콜루멜라(Lucius Junius Moderatus Columella)에 의해 기원후 1세기에 쓰여진 주목할 만한 상세한 안내서인 『농업론』(De re rustica)에 요약되어 있다. 주요한 중세의 혁신들은 경작 동물의 견착 장치의 개선, 철제 말발굽의 사용, 중쟁기이다.

발토판 없는 쟁기인 아드(ard)는 지중해의 가벼운 토양과 뜨거운 여름 기후에 적합했다 (쟁기의 도해에 대해서는 www.cambridge.org/Persson을 참조하라). 알프스 북부 유럽에서는 점토질이 풍부한 토양이 더 많았고, 습한 기후는 여분의 물을 배수하는 방법을 요구하였다. 중쟁기로 알려진 새로운 형태의 쟁기는 첫 번째 밀레니엄의 중반부터 중부와 동부 유럽으로부터 보급되고 있었으며, 두 번째 밀레니엄 초기에 그것을 필요로 하는 토양이 있으면, 보편적으로 채택되었다. 중쟁기는 대칭적인 쟁기날을 가진 아드(ard)와는 달리 토양을 수직적으로 자르는 보습과 토양을 수평적으로 자르는 비대칭적인 쟁기날을 가지고 있으며, 만들어진 이랑과 고랑 위로 흙을 돌리는 발토판을 가지고 있었다는 것이 특히 중요했다. 중쟁기는 점토가 풍부한 토양을 사용할 수 있게 했을 뿐만 아니라 몇 가지 방식에서 토지 이용의 효율성을 증진시켰다. 중쟁기는 잡초의 뿌리를 뽑고 잡초를 갈아엎어 버리기 때문에 잡초를 제거하는 데 더 좋았고 젖은 토양의 배수를 돕고 거름이나 작물 잔류물의 흡수를 쉽게 함으로써 토양 비옥도를 개선하였다.

유럽 경제의 재생에서 중쟁기의 중요성은 과거에 마르크 블로흐(March Bloch)와 린 화이트 2세(Lynn White. Jr.)와 같은 선구적인 경제사가들이 집중적으로 논의하였다. 그러나 최근까지 중쟁기가 경제 발전에 미친 영향을 수량적으로 평가하려는 심도 있는 시도는 없었다. 남부 덴마크 대학의 한 그룹은 두 번째 밀레니엄의 처음 수세기 동안 중쟁기와 경제 발전 간의 연계를 고찰하는 것을 자신들의 과업으로 설정했다. 그들이 한 것은 중쟁기에 적합한 토양을 가진 영역이 중쟁기가 사용되지 않은 영역과 유의미한 차이가 있었는가를 살펴보는 것이다. 그리고 그들은 사실 도시화와 인구 밀도와 같은 경제 진보의 공통적인 척도에 대한 유의한 양의 효과를 발견했다. 그 연구는 관측된 경제적 진보의 10분의 1만큼은 1000년부터 1300년 기간 동안 유럽에서의 중쟁기의 채택에 귀속될 수 있음을 보여 준다.

참고문헌: T. B. Andersen, P. S. Jensen and C. S. Skovsgaard, 'The heavy plough and the agricultural revolution in medieval Europe', Discussion Papers on Business and Economics, University of Southern Denmark, 6, 2013.

식물에게만 특수하게 발생하는 것이므로, 다변화된 경작 '포트폴리오'는 자연 재해에 대한 보험이기도 했다. 다시 돌아가서 무역은 희소한 토지를 최선으로 사용하는 데 도움을 주고, 인구 밀도가 높은 지역은 보통 다른 지역이나 국가로부터 곡물 수입에 의존했다. 토지와 자본 시장은 도시 중심지에 근접한 곳에서 더 잘 발전하는데, 그것은 소비 시장에 대한 접근성이 떨어지고, 경작의 다변성에 대한 범위가 더 적고 인구 밀도가 낮은 멀리 떨어진 지역과 비교하면, 도시 중심지로의 근접성은 토지를 가장 수익성 높게 사용할 수 있도록 하는 데 기여한다.

잠시 [그림 3.2]로 돌아가면 무역에 의해 촉진된 기술 진보와 더 효율적인 토지 사용의 함의를 발견할 수 있다. 맬서스주의자들은 제한된 토지 공급에 초점을 두면서 토지 단위당 산출물이 비록 느리기는 하지만 시간에 따라 변화하는 토지이용도와 수확에 의존한다는 사실을 무시하는 경향이 있다. 이것이 그 경우로 우리는 맬서스적 균형의 오른쪽에 균형이 설정되어 있는 경제를 쉽게 생각할 수 있다. 그 균형에서 실질 임금은 일정하거나 생존 수준 이상이고, 인구 증가는 양이며, 농부당 토지의 물리적 양은 계속 감소한다고 해도 농부당 산출량은 변하지 않는다. '유효한 토지'는 증가하고 있고, 동시에 수확의 증가에 의해 목격되듯이 토지의 효율성도 증가하고 있다. 이러한 점에서 기술 진보는 토지이용도를 증가시키므로 '토지 증가적'(land augmenting)인 것이라고 말할 수 있다.

Box 3.4에서 묘사된 특별한 경우는, 인구 증가에 의해 야기된 농부 가계당 토지량의 감소는 토지이용도의 증가와 산출 증가의 결합된 효과에 의해 보상되고도 남아서, 일인당 실질 생산물이 더 많아지는 것으로 가정한 것이다. 장기

Box 3.4　생산성 증가의 예: 더 적은 토지로부터 더 많은 곡물을

처음에 각 농부는 5단위의 토지, 0.3의 토지이용도(연간 수확 횟수)와 토지 단위당 곡물 500kg의 산출을 가지는데, 이것은 연간 산출물이 5×0.3×500=750kg임을 의미한다.

토지이용도와 산출에 영향을 주는 인구 증가와 기술 진보의 시기 이후, 우리는 다음과 같은 구성을 갖는다.

각 농부는 이제 3단위의 토지, 0.5의 토지이용도와 650kg의 산출을 가지는데, 이것은 975kg의 생산물을 창출한다.

적으로 산출물과 실질 소득에 대해 일어난 것은 기술 진보에서의 변화율에 비한 인구 변화율에 의존할 것이다. 전자가 강하면, 가계는 더 높은 소비 수준을 향유하기 위해 자녀의 수를 의도적으로 줄이기 때문에, 일인당 소득은 실제 증가할 수 있다. 소득이 일정하거나 일부 지역과 특정 시기에서는 증가하기도 하면서 인구도 증가하는 장기 역사적 추세는 여기에서 논의된 토지에 대한 압력은 산출과 토지이용도의 느린 진보에 의해 구제될 수 있게 하는 틀 속에서 잘 설명된다.

3.5 출산율 전략을 이해하기

맬서스도, 그의 동시대인들처럼, 현대 경제학자들과 경제사가들과는 달리 출산율 전략을 가계의 최적화 행동에 기초하여 파악하지는 않았다. 과도한 출산으로 이끄는 자연적 본능은, 그가 도덕적 억제의 가능성을 시인할 때조차도, 그의 사고를 지배했다. 출산율 행동에 접근하는 합리적인 방법은 가계가 자녀의 수와 질뿐만 아니라 다른 상품 소비의 면에서 갈등하는 선택지들을 조정한다는 맥락 속에서 파악하는 것이다. 소득 제약이 주어지면, 예컨대 교육과 더 나은 영양을 통한 자녀의 질의 증가는 자녀의 수뿐만 아니라 다른 상품의 소비에 지출될 소득에도 부정적인 영향을 미칠 것이다. 이러한 접근법에서 소득의 증가는 반드시 자녀의 수의 증가로 이어지는 것은 아니고, 다른 상품의 소비의 항구적인 증가나 자녀의 질에 지출될 자원이 더 많아지는 것으로 이어질 수도 있다. 그 모든 것은 가계의 선호에 의존하는데, 기회나 제약이 변화할 때 시간에 걸쳐 변화한다. 출산율 행동을 보는 이러한 방식은 가계가 근대적인 피임 기술의 도입 이전에 출산율을 통제할 능력을 가졌다는 것을 가정한다. 어떤 알려진 사회도 생물학적인 최대 수준의 출산율을 가지지 않았다는 것은 일반적으로 수용되는데, 그것은 적어도 부분적으로 출산율이 의도적으로 통제되었다고 해석할 수 있다. 그래서 피임약이나 콘돔과 같은 근대적인 출산율 통제 방법의 부재에도 불구하고, 비록 덜 효율적이기는 했지만 출산을 통제할 수단들은 있었다. 혼외 출산은 드물었기 때문에 한 가지 꽤 효율적인 것은 결혼의 연기였다. 이것은 꽤 주목할 만한 것이고, 섹슈얼리티가 규범과 문화적 습관에 의해 통제된다는 것을 주장한다. 위법률이 낮은 것은 남성과 여성이 자신들의 성적 욕망을 통제할 수 있었다는 표시이다. 질외 사정, 오랜 모유 수유 기간과 낙태뿐만 아니라 모유 수유 기간 동안의 성에 대한 금기는 출산율을 통제하는 다른 방법들이었다. 만혼은 서유럽에 전형적인 것이었고, 그것은 결혼한 여성의 가임 기간을 짧게 하기 때문에 출산율을 감소시켰다. 더 흥미로운 것은 최근 연구들은 결혼 내 출산율이 경제 조건에 의해 영향을 받았다는 것을 보여 준다. 좋은 시절에는 출산 간격이 줄어들고, 그 반대도 성립하는데, 출산 간격은 아동 사망률의 기댓값에 민감했다. 이 반응은 가계가 경제적 번영과 관련하여 가족의 목표 크기를 조정하였음을 주장한다. 아동 사망률의 기댓값(이전 시기의 사망률에 의해 측정된)이 감소하면 부모들은 출산 간격을 늘리고, 반대도 마찬가지다. 이러한 행태적 반응은 가계가 생존 자녀의 목표 수준을 설정하였음을 보여 준다. 아동 사망률의 기댓값이 떨어지면 그들은 다음 자녀의 생존 기회가 클 것이라는 기대에서 다음 출산을 지연시킬 위험을 감수할 수 있다. 인구 증가가 장기적으로 임금을 억압하지 않는다는 경험적 발견은, 가계가 미래 지향적이고 주어진 생활 수준을 유지하고 소득 증대를 유지할 전망과 가족 규모 간의 상충 관계를 이해하였다는, 여기에서 표현된 관점과 전적으로 부합한다. 다음 절에서 논의할 것인데 시간이 지나면 노동 시장으로의 진입이 점차 더 교육 획득을 요구하게 될 때, 가계는 자녀의 수 대신 질을 선호하도록 발전한다고 기대할 수 있다.

[표 3.1]은 토스카나(Tuscan) 마을에서의 몇 가지 출산율 전략을 보여 주는데, 그 일반적 패턴은 서유럽에서는 꽤 보편적이었다. 가계는 결혼 연령, 첫 자녀와 마지막 자녀 간의 연수인 유배우 출산 기간의 길이, 그리고 마지막으로 출산 간격을 조정함으로써 가족 규모를 통제했다. 1650~1750년의 힘들었던 시기는 상대적으로 높은 결혼 연령과 첫 자녀와 마지막 자녀 간의 간격으로 측정된 짧은 유배우 출산 기간으로 특징지을 수 있는데, 결혼한 여성당 약 4명으로 출산이 줄었다. 10세까지 생존하는 자녀 수에 의해 근사되는 것으로서의 목표 수준은 이 시기에 낮았다. 자녀의 생존 기회는 이 시기에 예외적으로 낮았는데 태어난 자녀의 절반 가까이가 10세 이전에 죽었다. 가족 목표 규모는 이어지는 다음 두 기간에 증가했고, 그 증가는 결혼 연령의 감소, 자녀 수의 증가로 이끌어지는

[표 3.1] 1650~1950년 토스카나 마을에서 기혼 여성의 출산 수, 결혼 연령과 자녀의 생존 기회

연도	표본 중의 여성 수	결혼 연령	기혼 여성 당 자녀 수	1년 이상 생존한 자녀 수	10년 이상 생 존한 자녀 수	첫 자녀와 마지막 자녀의 연령차	10세 생존 기회(%)
1650~1749	502	22.3 (54)	4.26 (85)	2.89 (85)	2.27 (85)	8.72 (85)	53
1750~1849	622	21.9 (137)	5.36 (241)	3.97 (241)	3.21 (241)	11.62 (227)	60
1850~1874	396	20.5 (49)	5.65 (84)	4.55 (84)	4.21 (84)	12.73 (80)	75
1875~1899	346	26.2 (40)	4.30 (109)	3.76 (109)	3.55 (109)	10.51 (106)	83
1900~1920	281	25.3 (51)	2.38 (112)	2.21 (112)	2.16 (112)	7.02 (98)	91

주: 괄호 안의 숫자는 표본 평균을 산출하는 데 사용한 관측치의 수이다.
출처: Renzo Ronchi, *Le radici e la memoria: Buriano e le sue famiglie, Origine, genealogia e tradizione*(Rome: Begliomini, 2004)의 가족 재구성 데이터로부터 스스로 추계.

유배우 출산 기간의 연장과 결합되어 있었다. 자녀의 생존 기회는 기간이 지날 수록 증가했다. 1900년 이후인 마지막 기간에 출산율 행태를 형성한 힘은 완전 히 달랐는데, 더 적은 수의 자녀에게 교육과 훈련의 자원을 집중하기 위해 자녀 의 수를 줄인 것과 3.6절에서 설명한 것처럼 자녀를 갖는 것의 기회비용의 증가 에 대한 반응에 기초한 것이었다. 여성이 평균적으로 자녀를 갖는 것을 멈추는 시기는 폐경보다 훨씬 이전인 32세이기 때문에 이 이행은 결혼 연령의 증가와 유배우 출산 기간의 단축과 연결된다.

3.6 인구 변천

18세기 말까지 유럽에서 인구 체제는 높은 출산율과 사망률, 결과적으로 낮은 인구 성장이라는 특징을 가졌다. 모든 아이의 3분의 1 이상이 10세 이전에 죽었다. 합계 출산율, 즉 가임 여성 일인당 출산의 기댓값은 평균 4~6으로 매우 높았다. 그러나 높은 사망률, 특히 5세 이하의 어린이의 높은 사망률이 주어질 때 인구 증가율은 매우 높지 않아 연간 0.1~0.5% 정도였다. 역설적으로, 구체제 하에서의 인구 증가율은 현재 유럽의 그것과 별로 다르지 않았다. 그러나 위에서 정의된 합계 출산율은 지금 2 이하로 떨어졌다. 그 과정은 출생시 예상 수명의 급격한 상승, 즉 25~35세로부터 70~80세로의 급격한 상승에 의해 동반되었다. 그 이행의 본성은 [그림 3.4]에 단순화된 방식으로 그려져 있다. 볼록 곡선은 연간 0.1~0.4%로 인구가 증가하는 등성장 곡선이다. 구체제는 높은 합계 출산율과 낮은 예상 수명을 가지고 있고, 신체제는 낮은 합계 출산율과 높은 예상 수명을 가지고 있다.

4명의 자녀를 갖는 완결된 가족 규모로부터 현재 일반화된 2명의 자녀를 갖는 가족 규범으로의 인구 변천은, 서유럽에서 처음 경험했지만, 보편적인 추세이다. 그렇다 하더라도 인구 변천의 시기를 정확하게 결정하는 것은 어렵다. 그 이유는 조사망률과 조출생률과 같은 관행적인 인구학적 개념들은 이 목적을 위해서는 너무 애매하기 때문이다. 조출생률은 총인구에서 가임 코호트의 규모와 이들 코호트 중 결혼한 비율과 같은 몇 가지 요인들에 의해 결정된다. 조출생률은 결혼한 여성당 자녀의 수가 떨어진다는 사실에도 불구하고, 결혼한 여성의 비율이 증가하거나 총인구 중에서 가임 여성의 비율이 증가하기 때

[그림 3.4] 연간 0.1~0.4%의 등-인구 성장 곡선과 관련된 합계 출산율의 구체제와 신체제

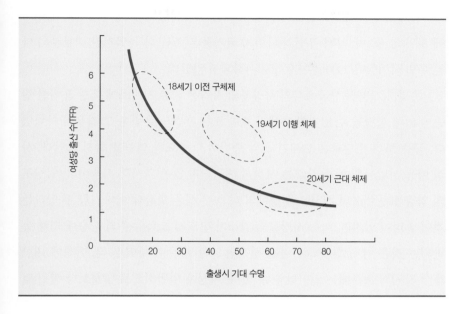

문에 증가할 수 있다. 더 좋은 척도는 특정한 출생 코호트의 여성, 가령 1840년
과 1850년 사이에 태어난 여성 1명당 자녀의 수로 측정하는 코호트 출산율이다.
세 자녀 내외의 완결 출산율을 가진 출생 코호트가 있는 경제는 현재 인구 변천
이 진행 중이라고 안전하게 말할 수 있다. 그 임계 수준을 이행의 벤치마크로
사용하면 프랑스에서는 1856~1865년에 출생한 여성, 영국에서는 1871~1880년
에, 독일에서는 1881~1890년에, 이탈리아에서는 1901~1910년에 태어난 코호트
이다. 프랑스에서는 사망률이 감소하기 이전에 출산율이 감소하였음에 비해
독일에서는 출산율과 사망률이 동시에 떨어졌다. 대부분의 다른 나라에서, 예

를 들면 스웨덴의 경우, 사망률의 감소는 출산율의 하락을 선행했다.

합계 출산율의 감소는 프랑스에서 처음 시작되었고, 19세기 중반경에 영국에 도달하였으며, 북서 유럽의 나머지 국가들은 조금 더 늦었지만 대부분의 다른 유럽 국가들은 1900년 이후까지 시작되지 않았다.

20세기 개발 도상국에서의 사망률의 하락은 의료 서비스에 대한 용이한 접근에 의해 설명될 수 있지만 18세기 중반 또는 후반의 유럽은 그 경우가 아니었다. 공중 보건 수단들은 19세기 초나 중반까지 중요한 역할을 하지 않았다. 사실 아동 사망률의 이른 감소는 여전히 해결되지 않은 역사적 퍼즐이다. 임신부의 영양 표준에서의 개선은 신생아의 더 높은 생존 확률에 이바지할 수 있다는 것이 알려져 있지만, 아동 사망률의 감소가 반드시 소득 수준의 상승에 의해 동반되는 것은 아니었다. 그러나 안정적인 소득 수준이 주어질 때, 여성에 대한 음식 자원의 재분배는 일어났을 수 있다. 여성은 일반적으로 남성보다 훨씬 덜 섭취했다고 알려졌는데, 공공연한 차별 또는 남성이 물리적인 힘을 더 많이 요구하는 작업들을 하기 때문이었다. 여성들이 가정의 음식 자원 중 더 큰 몫에 갑자기 더 잘 접근할 수 있었다는 가설은 좋게 봐 줘도 증명되지 않았다. 덜 공격적인 질병 환경의 개발과 같은 온전히 우연적이고 외생적인 요소들도 배제할 수 없다. 풍토병에 대한 면역력을 획득한 것도 배제할 수 없다. 출산율의 감소는 피임의 광범위한 사용 이전에 발생했다. 그것은 도시화와 산업화의 초기에 가계 소득의 증대와 더불어 발생했다. 자녀를 갖고자 하는 수요에 대한 **소득 효과**만이 아니라 **대체 효과**에도 초점을 맞추는 것이 중요하다. 자녀를 갖는 것의 주요한 비용 중의 하나는 출산으로 상실된 소득과 육아를 위해 노동 시장 밖에 머무는 것으로 상실된 소득이다. 그런데 소득의 증가는 자동적으로 자식을 갖는 **기회비용**을 증가시킬 것이다. 그러므로 고소득 국가에서 현대적인 출산율 전략은 자녀의 수보다는 질을 중시하는 선호로의 변동뿐만 아니라 임금이 상승할 때, 자녀의 수에 대한 욕구에 대해 발생하는 소득 효과보다 대체 효과가 충분히 강하여 소득 효과를 상쇄한 것에 의해 설명될 수 있다. 다른 공헌 요소는 부모가 이타주의적이고 자기 자녀의 성공에 관심을 갖는다는 것이다. 그것은 자녀 교육에 대한 강한 선호를 설명할 수 있다. 이 설명은 강한 직관적 호소력을 가지며 일인당 소득이 증가하고, 여성이 자신들의 교육 표준을 개선할 때 거의 보편적으로 더 작은 가족 규모로 변동한다는 사실에 의해 지지된다. 그러나 많은 인구학자들은 다양한 국가들에서 인구 변천의 시점은 경제적 요인들과 명확하게 연계되었음을 보여 주지는 못했다. 왜 출산율 감소는 산업화하는 영국보다 덜 발전했던 프랑스에서 더 빨리 시작되었는가라고 그들은 묻는다. 근대적 가족 형태로의 이행의 다양성에 대한 한 가지 가능한 설명은 출산율 감소가 두 가지 상이한 요인들의 집합에 반응한다는 것이다.

첫째는 가족 목표 규모를 결정하는 요인들이다. 위에 언급한 요인들, 즉 임금이 오를 때, 자녀를 더 가짐으로써 증가하는 비용과 강한 대체 효과 등이 중요할 것이라는 점은 그럴 듯하다. 자녀를 갖는 비용은 그래서 나라마다 달랐던 의무 교육의 도입과 연결된다. 의무 교육은 아동 노동으로부터 얻는 가족 소득을 감소시키기 때문에 자녀의 비용을 증가시킨다.

둘째는 주어진 가족 목표 규모에서 출산율 감소에 영향을 주는 다른 요인들의 집합이 있다. 아동 사망률이 떨어질 때 가계들은 출산율 전략을 조정할 것인데, 그들은 더 적은 출산으로도 요구되는 가족 규모에 도달할 수 있기 때문이다. 그러나 사망률 감소에 대한 출산율의 반응은 나라마다 크게 달랐다. 어떤 나라에서는 거의 동시에 감소하였고 다른 나라에서는 상당한 지체가 있었다. 시간 지연의 이유는 아동 사망률의 감소가 처음에는 항구적이기보다 일시적인 것으로 보여서 출산율은 아동 사망률이 항구적으로 감소했다고 믿을 때까지 감소하지 않기 때문일 수 있다.

게다가 과거뿐만 아니라 현재 가계의 출산율 전략은 가계들이 자녀의 비용을 외부화하는 것이 가능한가에 의존한다. 예컨대, 가계가 공유된 자원, 즉 공공재에 대한 접근권을 갖는다면, 그 비용은 전체 공동체 간에 확산될 것인데, 그것은 개별 가계들이 전체 비용을 감당하는 맥락과 비교하면 출산율에 대한 더 적은 제약으로 이어질 수 있다. 과거에는 합계 출산율의 국가 간 차이가 재산의 상속을 지배하는 법과 연결될 수 있다는 것이 알려져 있다. 나폴레옹 법전이 제정된 이후의 프랑스에서처럼 모든 후예들이 재산에 동등한 접근권을 갖게 되면 가족 규모는 장남만이 재산에 대한 법적 또는 관습적 접근권을 갖는 나라에서보다도 더 작을 것이다. 여기에서 그 논리는 가계들이 토지 재산이 더 적은 단위로 분할되지 않기를 요구한다고 전제한다.

스칸디나비아 국가들과 같은 일부 국가들은 부모와 비부모 모두에 부과된 세금에 의해 조성된 자금으로 보육 보조금을 제공함으로써 양육 비용을 외부화하였다는 점에서 근대 유럽 국가들은 서로 달랐다. 최근 연구는 실제로 야심찬 보육 서비스가 가족 규모에 양의 효과가 있음을 보여 준다.

요약

유럽의 역사는 통상적으로 자원을 앞지르는 인구라는 유령에 대한 논의로 틀이 지어져 있었다. 그러나 우리는 산업화 이전 시대에 인구가 증가하여 생존 소득으로 복귀하는 것을 의미하는 이른바 맬서스적 정체에 대한 강력한 증거를 발견하지 못했다. 느리기는 했지만 기술 진보와 무역에 의해 가능하게 된 다변화된 토지 이용은 토지의 더 효율적인 이용을 허용했다. 수렵 채집 문화에 반대되는 것으로써 농업 문화의 가장 지속적인 특성은, 외적인 충격에 의해 단절되기는 했지만, 느리지만 꾸준한 인구 증가가 있었다는 것이다. 이 느린 성장은, 결혼율에서의 변이와 같은, 의도적인 출산율 전략의 결과일 뿐만 아니라 아동 사망률에 영향을 주는 대체로 외생적인(전염병과 같은) 힘의 결과였다. 수세기 동안의 느린 성장 이후에 인구 변천은 18세기 말에 시작했는데, 그때 출산율은 높은 수준에 머물렀지만 사망률, 특히 아동 사망률은 떨어졌다. 그러나 19세기 중반 또는 말에 출산율도 떨어지기 시작하여 낮은 출산율과 낮은 사망률의 체제로 이어졌다. 유럽에서 인구 증가는 이제 구체제와 같거나 더 낮은 수준에 있다. 그것은 아동 사망률의 급격한 감소, 그리고 더 많은 수의 자녀로부터 더 훌륭하게 교육받은 자녀로의 가계의 선호 변화뿐만 아니라, 남성과 여성 모두의 소득이 증가할 때 자녀를 갖는 기회비용의 증가에 의해 야기된 합계 출산율의 하락과 결합되었다.

● 노벨상 수상자 R. W. Fogel은 역사인구학 분야에서 영향력 있는 연구자이다. *The Escape from Hunger and Premature Death 1700-2100: Europe, America, and the Third World*(Cambridge University Press, 2004).

● Robert C. Allen은 농업 산출에 대한 질소의 영향에 대해 철저한 연구를 제공한다. 'The nitrogen hypothesis and the English agricultural revolution: a biological analysis', *Journal of Economic History*, 68(1)(2008), 182~210.

● G. Clark은 산업화 이전 경제에 대한 일반 이론으로서 맬서스적 가설에 대해 약간 독단적인 재정립을 제공한다. *Farewell to Alms: A Brief History of the World*(Princeton University Press, 2007)의 심포지엄을 보라. *European Review of Economic History*, 12(2008), 149~195. 이 책은 치열한 논쟁을 촉발시켰다.

● 경제학자들은 최적화 행동의 맥락에서 출산율 전략을 분석하려고 노력했지만, 이 모형들의 경험적 타당성에 관해서 아직 어떤 합의도 없다. Matthias Doepke, 'Child mortality and fertility decline: does the Barro-Becker model fit the facts?', *Journal of Population Economics*, 18(2005), 337~366; O. Galor and D. Weil, 'Population, technology and growth: from Malthusian stagnation to the demographic transition and beyond', *American Economic Review*, 90(4)(2000), 806~828을 보라. Timothy W. Guinnane는 인구 변천의 상이한 해석들에 대해 날카로운 서베이 논문 'The historical fertility transition: A guide for economists' in *Journal of Economic Literature*, 49(3)(2011), 589~614를 썼다.

● 세계적 범위에서 농업 생산의 동학적 본성은 G. Federico의 *Feeding the World:*

An Economic History of Agriculture(Princeton University Press, 2005)에 망라되고 있다.

- 계량경제학적 분석의 기초 위에서 맬서스적 이론에 대해 더 회의적인 관점을 발전시킨 최초의 인구학자 중의 1명은 Ronald Lee이다. 그는 많은 논문을 출판했는데, 그 문헌은 다음의 논문에 잘 요약되어 있다. 'The demographic transition: three centuries of fundamental change', *Journal of Economic Literature*, 17(4)(2003), 167~190.

- Box 3.2에 있는 맬서스적 모형을 검정한 논문은 N. Moller and P. Sharp, 'Malthus in Cointegration Space: evidence of a post-Malthusian pre-industrial England', *Journal of Economic Growth*, 19(1)(2014), 105~140이다. 이것은 매우 테크니컬한 논문이지만, 그 논의의 대부분은 경제학에 단단한 배경을 가진 사람들이 접근할 수 있다.

- M. Livi-Bacci, *A Concise History of World Population*, 3rd edn.(Oxford: Blackwell, 2001)은 인구사에 대한 매우 유용한 소개서이다.

- E. A. Wrigley and R. Schofield, *The Population History of England, 1541-1871: A Reconstitution*(London: Edward Arnold, 1981)은 역사인구학의 표준을 설정했다.

- 기근과 인구에 대해서는 C. Ó Gráda, 'Making famine history', *Journal of Economic Literature*, 45(2007), 5~39를 보라.

- 현대의 고전은 W. Abel, *Agricultural Fluctuations in Europe from the Thirteenth to the Twentieth Centuries*(London: Methuen, 1980; first German edition 1966)이다.

- 통합된 성장 이론에 대한 유용한 소개는 Oded Galor and David N. Weil

'Population, technology, and growth: From Malthusian stagnation to the demographic transition and beyond', *American Economic Review*, 90(4)(2000), 806~828이다.

● Oded Galor와 Marc Klemp는 최근 논문 '"Be fruitful and multiply?" Moderate fecundity and long-run reproductive success'에서 산업화 이전 유럽에서 관찰된 적당한 가족 규모에 대한 진화론적 원인을 주장하면서 적당한 출산율은 장기적인 재생산 성공에 도움이 되었다고 주장한다.

산업화 이전 시기 경제 성장의 본성과 한도

산업화 이전 시기 경제 성장의 본성과 한도

4.1 산업화 이전 성장을 이해하기

토지 제약이 실제로 최소한 국지적으로는 구속력이 있었던 때인(이를테면 흑사병 이전과 17~19세기까지 임계적 국면에서) 산업화 이전의 경제 성장의 본성에 대한 이해를 증진하기 위해, 제2장과 제3장에서 발전시킨 맬서스적 설명과 스미스적 설명의 여러 요소들을 이제 결합할 것이다. 이 새로운 관점은 농촌 인구가 증가할 때 경작 토지/노동의 비가 떨어진다면 농업에서 노동으로부터의 수익이 체감하는 것을 인정하지만, 새로운 지식의 유용한 적용인 기술 변화도 명확하게 인정한다. 게다가 '시장의 한도'의 증가(즉, 총수요의 증가)에 의해 자극받은 분업으로 촉발된 스미스적인 전문화의 이득이 있다. 자원 제약과 기술 변화를 모두 가진다면 이야기는 근본적으로 달라질 것이다. 생산에 사용된 자원을 일정하게 유지하면서 어제 생산했던 것보다 오늘 더 많은 상품을 생산할 수 있다면 기술 성장은 존재한다. 기술 진보와 분업은 경제가 양의 인구 증가와 일인

[그림 4.1] 경제 성장에서의 맬서스적 힘과 스미스적 힘

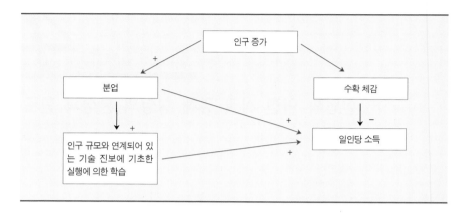

당 소득의 유지 또는 증가 모두를 갖는 것을 가능하게 한다. 여기에서의 직관은 수확 체감의 효과가 기술 진보에 의해 상쇄된다는 것이다. 위의 [그림 4.1]은 그 기제가 어떻게 작동하는지를 간단한 방법으로 설명한다.

양의 인구 증가는 일인당 산출물 또는 소득에 대한 영향과 관련하여 플러스 또는 마이너스라는 상반된 부호를 가진 두 가지 효과를 갖는다. 경제가 모든 획득 가능한 토지를 사용하고 있다면, 노동으로부터의 수익은 감소할 것인데, 그것은 일인당 산출물과 소득에 부정적인 영향을 미칠 것이다. 그러나 양의 인구 증가가 경제에서 총수요(=일인당 소득×인구 수)를 증가시키고 있는 한, 분업이 자극받을 것이므로 일인당 소득도 자극받을 것이다. 제3장에서 언급하였던 것처럼 임금 수준에는 강한 지속성이 있기 때문에 인구 증가가 실제로 총수요를 증가시킨다고 믿을 만한 좋은 이유들이 있다. 게다가 제2장에서 논의하였던 것처럼 분업의 한도는 기술 변화에 기초한 실행에 의한 학습을 향상시켜 일인

당 소득에 양의 효과를 가질 것이다. 그래서 기술 진보율은 인구 수준과 상관관계를 가질 수 있다. 그 아이디어는 최근 통합된 성장 이론에서 탐구되었지만, 사실 오래된 개념이다. 17세기 영국 공무원이자 일기 작가인 새뮤얼 피프스(Samuel Pepys, 1633~1703)가 400만 명의 인구는 40만 명의 인구보다 1명의 천재가 나올 가능성이 더 높을 것이라고 언급한 것은 유명한데, 그것은 새로운 아이디어가 출현하는 속도가 인구 규모와 양의 관계를 갖는다는 것이다.

[그림 4.1]의 설명 방식은 많은 성과들과 양립된다. 양의 인구 증가, 그리고 그로 말미암은 총소득에서의 증가와 결합된 생존 수준 이상에서 일정하게 유지되는 소득으로 이어지는 맬서스적 힘들과 스미스적 힘들 간의 절묘한 균형을 생각할 수 있다. 이 시나리오는 산업화 이전 시기의 유럽의 여러 지역을 잘 특성화한 것으로 보인다. 그러나 우리는 어떤 지역들은 특정 시기, 가령 1000년부터 1800년 동안 또는 그 기간의 일부 기간 동안, 일인당 소득에서 느리지만 지속적인 성장을 경험했다는 것도 언급했다. 예컨대, 이탈리아는 12세기부터 16세기까지 성장하고 있었고, 그 후 정체한 것으로 보이는데, 네덜란드는 16세기와 17세기에 성장하고 있었다. 몇몇 지역인 예컨대 영국과 네덜란드의 일부에서는 산업혁명 이전 수세기 동안 농업혁명을 거쳤다. 그러나 맬서스적 힘이 스미스적 효과를 일소해서 일인당 소득이 떨어지게 되는 것을 선험적으로 배제할 수는 없다. 산업화 이전 시기의 일인당 소득의 하락은 보통 사회 질서의 붕괴와 기후의 변화 또는 전염병의 창궐과 결합되었다. 그것은 그 경제의 총소득을 실질적으로 움츠러들게 하였고 기술의 퇴보 시기를 가져왔다. 가계가 일인당 소득을 감소시키는 출산율 전략을 의도적으로 따라야 한다는 것은 반직관적으로 보인다는 점은 다시 한번 말해 둘 가치가 있다. 왜 사회들은, 예컨대

로마 제국의 쇠퇴 이후처럼, 천연자원의 제한에 제약되어 있지 않을 것 같음에도 불구하고 낮은 소득 균형에 머무르는가를 우리는 설명할 수 있는가? 이것을 설명하기 위해 우리는 [그림 4.1]에서 인구 증가 상자의 부호를 음으로 바꾸었는데, 그때 총수요는 떨어지고 분업과 실행에 의한 학습은 감소하는 것으로 나아갈 수 있다. 이것은 기술의 퇴보로 이어졌는데, 그것이 토지에 대한 더 쉬운 접근의 효과에 의해 압도되지 않는다면, 소득의 정체 또는 하락으로 이어질 수 있다. 이 과정은 제2장 [그림 2.2]와 관련하여 논의되었다.

4.2 산업화 이전 생산성 성장 회계

일인당 소득의 성장은 자본 및 토지와 같은 자원의 더 많고 더 효율적인 사용에 의해 창출된다. 자본/노동 비는 산업화 이전 시기에 많이 변화하지 않았고, 토지/노동 비는 오랜 인구 증가의 기간 이후에 일정하거나 떨어졌다. 그래서 소득의 증가는 생산에서 투입물 사용의 효율성의 증진에 주로 의존할 것이다. 무역과 분업뿐만 아니라 기술 변화는 효율성을 증진하는 과정들이다. 이러한 효율성 이익의 근사적인 척도가 이른바 총요소 생산성이다. 총요소 생산성(이후 TFP)의 성장은, 그 경제의 투입물과 산출물의 가치 및 규모와 같은, 경제 활동에 대한 섬세하고 꽤 정확한 국민 계정을 생산하는 통계 기관을 가진 근대 국가들에서는 통상적으로 측정된다. 이러한 측정은 보통 Y로 표시되는 **국민 소득**의 추정치를 산출한다.

TFP는 직관적으로 자명하다. 경제에서 산출물의 성장과 투입물의 성장 간의 차이이다. 공식적인 진술은 이 장의 마지막에서 찾게 될 것인데, 우리의 현재 목적을 위해 직관적으로 제시할 것이다.

TFP=산출물의 증가-(노동 투입+자본 투입+토지 투입)의 가중된 증가

산출물은(실질 가치로) 5%, 노동 시간 수는 5%, 자본의 단위는 5%, 사용된 토지의 헥타르 수는 1% 증가했다고 상상하자.

노동, 자본, 토지에 주어진 가중치는 각각 0.5, 0.3, 0.2이다. 그러므로 투입물의 가중된 증가는 0.5×5+0.3×5+0.2×1=4.2이다. 이것은 위에서 본 TFP가 산출물의 증가(5%)에서 투입물의 가중된 증가(4.2%)를 뺀 0.8%임을 함의한다. 상이한 투입물들의 생산에서의 상대적인 공헌이 다른 점을 고려하기 위해 가중치를 사용했다.

TFP가 양이면 그때 경제 과정은 투입물의 가중된 합의 성장보다 더 높은 성장을 창출하는데, 아마 투입물들이 더 효율적인 방법으로 사용되고 있기 때문이다.

그러나 이러한 방법으로 TFP를 측정하기 위해 필요한 자료의 한도와 정확도는 산업화 이전 경제에서는 간단히 획득할 수 없다. 현대 경제사가들은 19세기 또는 적어도 그 후반에 대해 합리적으로 용인할 만한 높은 정확도를 가지는 역사적 국민 계정을 추정하는 데 성공했다. 이 재구성은 제한된 자료와 단순화된 가정들의 도움에 기초하였다. 그러나 우리는 더 과거로 거슬러 올라갈 필요가 있는데 이때에는 더 불완전한 국민 계정의 재구성조차도 갖고 있지 않다.

산업화 이전 경제에서 TFP를 측정하기 위해 더 적절한 다른 동등한 방법,

이른바 쌍대 접근법이 있는데, 그것은 가격과 요소 소득들, 즉 임금과 지대의 성장과 요소 몫에 대한 자료만을 요구하기 때문이다.

농업이 지배적인 경제를 상상하자. 당신이 할 일은 농업 부문에서의 TFP를 측정하는 것이다. 임금을 받는 농장 종사자와 토지 지대를 버는 지주가 있다. 자기 고용된 농부는 지대와 임금의 가중된 평균을 번다고 가정될 수 있다. 임금과 지대의 합은 그 부문의 총소득이고 정의에 의해 동일한 부문의 부가 가치의 값 또는 산출물의 값과 같다. 어떤 투입물의 단위당 소득 증가는 산출물의 증가와 상응하여야 하기 때문에, 토지의 단위당 지대와 종사자당 실질 임금의 합이 매년 증가하면, 토지와 종사자는 더 효율적으로 사용되고 있는 것이다. 일반 종사자가 주어진 양의 토지에서 더 많은 것을 생산하고 있다면 이것은 지주와 농장 종사자의 소득의 증가로 나타날 것이다.

캘리포니아 공과대학에 기반을 둔 경제사가 필립 호프만(Philip Hoffman)은 프랑스의 근세 또는 구체제(1522~1789) 농업에 대해 TFP 추계치를 만들었는데 그 패턴은 Box 4.1에서 논의된 결과와 크게 다르지 않았다. 그러나 그는 성장과 정체의 시기들과 큰 지역적 차이에 주목했다. 가장 역동적인 지역일 것으로 기대되는 인구가 밀집된 파리 분지는 동일하게 인구가 밀집된 지중해 항구에 가까운 남동 프랑스보다 뒤떨어졌다. 파리 분지에서는 평균적으로 연간 약 0.13% 성장했으며, 18세기 말에는 0.31%로 증가했음을 [표 4.1]은 보여 준다. 주요한 지역 중 하나인 서부는 음의 성장을 했고, 또 하나의 주요한 지역인 노르망디는 구체제 동안 정체하였다는 특징을 지녔다. 호프만은 종교 전쟁이나 무질서와 같은 외적인 충격들이 성장 과정을 심각하게 중단시키고 장기 평균이 낮은 결과를 가져왔다고 주장한다. 중세 영국 성장에 대한 우리의 분석에서 위에서 언

흑사병 이전 영국 농업에서의 총요소 생산성 성장

흑사병 직전 시기는 자주 생산성 하락의 시기로 묘사되어 왔다. 그러나 TFP 분석은 현존하는 자원들이 더 효율적으로 사용되고 있었음을 보여 준다. D. L. Farmer(J. Thirsk, ed., *The Agrarian History of England and Wales*, vol. 2(Cambridge University Press, 1988), 716~817에 수록)에 의해 수집되고 발간된 가격과 임금 데이터의 기초 위에서, 우리는 1250년부터 1347년의 시기 동안 명목 농장 임금의 성장 추세를 연간 0.32%로 계산할 수 있다. 동일한 시기에 지대에 대한 자료는 없지만 우리는 적어도 임금과 동일한 율로 지대도 증가했다고 안전하게 가정할 수 있다. 그 시기는 토지가 희소한 시기이므로 지주의 교섭력은 증가하고 있어야 했기 때문이다. 명목 지대도 임금과 동일한 율로 증가하고 있었다고 가정하였지만 양자는 인플레이션율에 의해 디플레이트될 필요가 있는데 밀, 호밀, 양모와 치즈로 구성된 물가 지수를 사용하면 인플레이션율은 0.15%에 상당한다. 가중치를 a=0.6, b=0.4로 가정하여 쌍대 접근법을 이용한 TFP 추정치는 다음과 같다.

$$TFP = 0.6 \times 0.32 + 0.4 \times 0.32 - 0.15 = 0.17.$$

보는 것처럼 연간 약 0.2%의 TFP는 이 장의 뒤에서 보고될 산업화 이전 경제에 대한 추정치들의 상한에 가까운 것이다.

급된 결과들은 주로 런던에서 꽤 가까운 영국 남동부의 데이터에 기초한 것인데, 큰 도시 시장으로부터의 편익이 있다는 점에서 여러 모로 파리 분지와 유사하다.

산업화 이전 성장을 측정하려는 이러한 시도들은 대체로, 산업화 이전 시대에도 자원과 기회가 합리적으로 잘 개발된다면, 농업이라는 주요한 부문에서의 TFP성장은 연간 0.1%에서 0.2%에 이를 수 있다는 인상을 우리에게 준다. 자원과 기회를 잘 개발하기 위해서는 지역 간 무역과 주요 도시 지역으로의 근접성을 요구한다. 그 결과는 지역 간 큰 격차를 부각시킨다. 근대 세계에서처럼 성장은 모든 국가 또는 지역에 의해 공유되지 않았다.

[표 4.1] 1522~1789년 프랑스 농업에서의 총요소 생산성

(단위: %/년)

지역	연도 범위	TFP 성장률	
		전체	18세기 말
파리 분지	1520~1789	0.13	0.31
북동부(로렌)	1550~1789	0.13	0.31
노르망디(캉 부근)	1520~1785	0.01	0.01
서부	1611~1790	−0.16	−0.16
남동부	1580~1790	0.21	0.21

출처: P. Hoffman, *Growth in a Traditional Society, The French Countryside 1450-1815*(Princeton University Press, 1996), Table 4.8, 130.

말할 것도 없이 이러한 추정치는 불확실하다. 우리는 대안적인 추정 방법을 발견할 수 있는가? 그렇다면 그것은 독립적인 점검으로 사용될 수 있다. 리글리(E. A. Wrigley)가 최초로 개발한 다음과 같은 상식적인 관측에 기초한 간접적인 추계 방법이 있다. 설명을 단순화하기 위해 비식량을 생산하는 인구인 도시 인구와 농업 종사자를 부양하는 농업 부문을 가진 폐쇄 경제를 고찰하자. 이제 일인당 식량 소비의 감소 없이 농업 인구에 비해 비식량 생산 인구의 증가가 있다면, 도시 인구의 규모의 증가는 농업 부문에서의 생산성 증가와 관계를 가져야만 한다는 것은 명백해 보인다. 각 농장 가계는 많은 도시 주민을 위해 식량을 생산하고 있다.

이 상식적인 논거는 외국 무역, 식량과 비식량의 소비 패턴의 변화와 도시와 농촌 간의 소득 격차 등을 포함하도록 쉽게 공식화될 수 있다. 왜 식량의 수입을 통제하는 것이 필요한가? 한 특정 경제에서 도시 직업의 종사자의 비중이 증가한 것을 관찰한다면 그것은 원리적으로는 도시 제조업자들이 자신의 생산

도시화는 더 높은 노동 생산성을 의미한다

식량을 자급자족하는 경제를 상상하자. 100의 총인구 중 95가 농업에 종사하고 5가 도시적인 직업, 즉 비식량 생산에 종사한다. 각 사람들은 한 단위의 식량을 소비하므로 총소비(식량의 산출물)는 100이다. 농업 노동 생산성은 총산출물을 농업 종사자의 수로 나눈 것, 즉 100/95=1.053이다.

그때 농업에서 기술 개선이 있어서 85명의 농부가 식량 100단위를 생산할 수 있고, 유휴화된 10명의 종사자가 도시 직업에 종사한다. 이제 총 15명이 도시 직업에 종사하고, 그들의 생산물은 식량과 교환된다. 결과적으로 도시 인구의 증가는 농업 노동 생산성의 증가를 나타낸다. 총산출물은 앞에서와 같이 100단위의 식량인데 이제 85명의 농부만으로 생산되어 농업에서의 노동 생산성은 100/85=1.18이다.

물을 수출하고 대신에 식량을 수입하고 있다는 사실에 기인할 수도 있다. 그렇다고 하면 도시 부문의 상대적 규모의 증가는 국내 경제 자신의 농업 부문의 생산성 변화를 드러내는 것은 아니다. 마찬가지로 상대적 임금은 통제되어야 한다. 다시 말하면 도시 성장은 도시에서의 임금과 농산물 소비가 감소한 것에서 기인한 것일 수 있다. 이 경우 도시 성장을 항상 농업 생산성 증가를 함의하는 것으로 추론하는 것은 올바르지 않다.

이러한 방법에 따른 분석으로부터 얻은 결론은 이전에 보고된 추정치들을 지지하는가? 대답은 "예"이다. 페르손(K. G. Persson)은 토스카나(이탈리아)와 현재 북부 프랑스와 남부 벨기에인 역사적 저지대 국가에서의 흑사병 이전 2세기 동안의 농업 노동 생산성 변화를 고찰하였다. 두 지역은 파리 분지 및 영국 남동부와 유사하게 꽤 선진적이었다. 1100~1300년 동안 농업 노동 생산성 추계치의 연간 성장은 0.1~0.25%에 걸쳐 있었다. 노동자당 토지와 자본이 일정하다고 가정할 때에만 노동 생산성은 TFP와 동일하다는 것은 강조되어야 한다. 노동자당 토지가 그 기간 동안 감소하면, 그때 TFP는 노동 생산성의 추계치보다 실제로 더 크다. 산업화 이전 경제에서 노동 생산성 추계치는 TFP 추계치와 대개 유사하거나 더 작다고 가정할 수 있는데, 노동자당 자본이 대개 일정하기 때문이다.

이 결과들은 유럽의 모든 부분에서 성장이 동일하게 강력했다는 것을 함의하지는 않는다는 점은 강조해 둘 가치가 있다. 반대로 도시망과 빈약하게 통합된 먼 지역들은 좋지 않은 상태였고 정체하고 있었다. 호프만의 연구는 성장에서의 변동은 사회적 무질서에 매우 민감하다고 주장하고 있다. 전쟁과 사회 불안은 부정적인 충격을 가졌다. 안정적인 제도적인 틀은 성장을 위한 전제 조건이었다.

옥스퍼드에 기반을 둔 경제사가인 앨런(R. C. Allen)은 동일한 접근법을 사용하였는데 기간은 1300~1800년이었다. 그는 다른 지역들에서는 다른 성장 패턴이 있었다는 것을 확인한다. 그 당시에 국민 국가가 아니었지만 매우 도시화된 저지대 지역의 일부분이었던 벨기에는 농업 노동 생산성의 수준 면에서 빠른 선구자로 출발했지만, 동 기간 동안에 성장률은 음이었다. 네덜란드(또는 당시 불리웠던 연합 제주(諸州))와는 달리 벨기에는 스페인 왕국의 숨 막힐 듯한 정치적 지배와 종교적 편협함으로부터 자유롭지 못했는데 그것이 성장을 해쳤다. 스페인과 이탈리아는 16세기에 유럽 경제의 최상위층에 있었지만 그 이후의 기간에는 상대적으로 뒤처졌다. 벨기에는 숙련 노동자들이 종교적인 박해 때문에 네덜란드로 이민을 가는 바람에 자신들의 귀중한 자원인 숙련 노동자들을 잃었다. 놀랄 것 없이, 1600년경 종교적 관용과 희소한 기술을 가진 이민자에 대한 호의적인 태도와 성장을 촉진하는 제도들을 정치적 독립과 결합한 네덜란드는, 얀 더프리스(Jan de Vries)의 말에 의하면, 최초의 근대 경제이자 그로 인한 근면한 국가(industrious nation)이었다. 네덜란드와 유사한 제도적 체제를 가진 최초의 산업 국가인 영국은 농업 노동 생산성 측면에서 선진적이었는데, 대략 1650년과 1800년경 사이에 농업 생산자당 산출물은 2배가 되었다.

다른 결과들은 좋지 않았다. 예컨대, 앨런에 따르면, 프랑스는 정체되었는데, 그것은 위에 보고된 호프만의 결과들과 모순되는 것으로 보인다. 그러나 앨런은 큰 영역적 국가를 단위로 선택함으로써 하위 지역 간의 상이한 성장 성과들이 결국 평균이 되어 버린다. 사실 호프만은 음과 영(0)의 성장을 가진 지역뿐만 아니라 양의 성장을 가진 지역도 보고했다.

이것은 지역이나 국가들은 그들의 기술 능력과 자원 제약 하에서 작동한다는 이미 발전된 아이디어를 조명한다. 자원 부존이나 기술에 대한 접근은 가령 영국과 프랑스에서 근본적으로 달랐다는 증거는 거의 없거나 노동 생산성에서 2 대 1의 차이를 설명할 수 있는 정도는 아니었다. 달리 말하면, 프랑스의 일부가 뒤처졌던 이유에 대한 설명은 다른 곳에서 찾아야만 한다. 성장 억제적인 제도들과 국내 무질서의 기간이 아마 대답의 일부가 될 것이다. 다른 한편으로 앨런의 결과는 농업 노동 생산성에서의 급증이 네덜란드와 영국에서 시작되었다는 것을 강조하는데, 이 나라들은 17세기부터 19세기에 암울한 성장 기록을 가진 스페인과 같은 경제보다, 더 인구가 조밀한 곳이었다.

제2장의 [그림 2.3]은 도시화의 발전의 일반적인 관점을 제시했다. 그것은 유럽에서 국가 간에 큰 차이가 있었다는 것을 회상시킬 것이다. 1100년경 도시화는 한결같이 낮았지만, 이탈리아는 예외였고, 그때부터 계속 도시 직업이 성장하여 1500년에 가장 선진적인 영역에서는 35~40%에 달했다. 그러나 이 지역들은 부분적으로 식량을 수입에 의존했다. 전 유럽의 경우 도시화는 더 완만하

여 1100~1700년에 약 3~4%에서 약 12%로 증가했다. 그러나 도시화는 총인구에서 비식량 생산자의 비중에 대한 부정확한 가이드일 수 있다. 예컨대, 이탈리아에서는 농부가 소규모 도시 지역에 거주했으나 영국은 그와 반대였다. 거주민이 5,000명 이상인 도시에 살고 있는 사람에 의해 측정된 도시화율은 약 10~15%였지만 비식량 생산자의 비중은 40%에 가까웠다. 그러나 우리가 일차적으로 비식량 생산 인구의 증가를 살필 때, 더 나은 자료가 없다면, 도시화율에서의 변화는 그 목적에 유용하다. 비식량 생산 인구가 10%P 증가할 때, 그들을 지탱하기 위해 농업 노동 생산성은 어느 만큼 증가하여야 하는가? 그 답은 어쩔 수 없이 근삿값인데, 그 추정치는 소득 분배, 도시-농촌 간 소득 격차, 소득이 증가할 때 식량에 대한 (한계) 지출 성향 등에 대한 가정에 민감하기 때문이다. 그러나 그럴듯한 답은 농업 노동 생산성의 2~3배 증가이다. 사실 도시화 수준이 낮은 때 도시화의 1%P 증가는 대략적으로 농업 노동 생산성에서 10% 증가를 의미한다. 그 이유는 일차적으로 지주나 도시 엘리트를 포함하였음에 틀림없는 도시 인구는 농업 인구 이상의 소득 수준을 가지기 때문이다.

4.3 임금과 소득 분배

많은 경제사가들은 실질 임금 데이터를 이용하여 소득 성장과 생산성 성장을 추론한다. 그 논리는 간단하고 일견 호소력이 있다. 실질 생산성이 증가하면 임금이 증가할 것으로 기대된다. 그리고 숙련된 종사자들이 충분히 공급되어 있는 유럽의 가장 도시화된 영역들은 가장 높은 임금 수준을 가졌던 것이 사실이다. 예컨대, 1500~1700년에 런던과 암스테르담의 임금 수준은 바르샤바의 약 2배였다. 수준에서의 차이에도 불구하고 유럽의 모든 도시들은 움직임에서 유사성을 가졌음은 강조할 가치가 있다. 예컨대, 런던과 이스탄불에서의 움직임의 유사성은 주목할 만하다. 두 도시는 17세기 무렵에 성장이 둔화하는 국면에 진입하였으며 18세기에는 가속되었다. 그러나 유럽의 상이한 부분 간의 임금 움직임의 동조화는 유럽 노동 시장의 통합의 신호로 해석되어야 하는 것은 아니다. 그 현상은 차라리 꽤 경직적인 **명목 임금**과 유럽 식량 시장의 기본적인 통합이 결합된 효과이다.

일반적으로 도시 종사자의 **실질 임금**, 즉 소비재의 가격에 의해 디플레이트된 명목 임금의 전개는, 서부에 있는 선도적인 중심지를 제외하면 17~18세기의 유럽에 대해 우울한 이미지를 제공한다.

그러나 실질 임금의 전개에서의 변화를 일인당 소득의 변화를 지시하는 것으로 해석하는 데에는 주의할 필요가 있는데, 임금은 소득 분배에 의해 영향을 받기 때문이다. 국민 소득은 임금 소득과 자본으로부터의 소득인 이윤과 토지로부터의 소득인 지대로 구성된다. 단순하게는 지대와 이윤이 임금에 비해 증가하여 실질 단위로 일인당 국민 소득은 실질 임금의 정체에도 불구하고 증가할 수 있음을 의미한다. 논거는 Box 4.3에 좀 더 상세하게 탐구된다.

실질 (일급) 임금은 흑사병의 최초 발생 이후 1세기 동안의 인구 감소의 결과로써 일반적인 노동 부족에 주도되어 15세기 중반에 최초로 역사상 정점에 도달했다. 종사자는 더 높은 임금, 더 짧은 시간, 더 많은 휴일을 협상하였을 뿐만 아니라 낮은 농산물 가격으로 인해 편익을 얻었다. 1450년부터 1600년까지 노동 부족이 완화되었을 때 실질 일급 임금은 일반적으로 떨어졌다. 왜냐하면

Box 4.3 **왜 실질 임금 데이터는 일인당 실질 소득 변화의 빈약한 가이드인가?**

산업화 이전 시기에 획득될 수 있는 임금 데이터는 거의 전적으로 일급 임금에 대한 증거를 이용하여 만들어진다. 일급 임금 데이터로부터 어떻게 국민 소득을 추론하는가?

국민 소득 Y는 다음과 같이 쓰여질 수 있다.

$$Y = Lwd/s.$$

L은 종사자의 수, w는 일급 임금, d는 연간 종업 일수, 마지막으로 s는 국민 소득에서 임금의 몫이다. $s = (1-p)$인데, p는 경제에서 비노동 소득의 몫이다.

일인당 소득 y의 식을 원한다면, 그 경제의 총인구인 P로 위 식을 나눈다. 그때 다음과 같은 일인당 소득의 식을 얻게 된다.

$$y = lwd/s.$$

l은 총인구에서 종사자의 비중이다.

우리는 총인구에서 종사자의 몫 l, 종업 일수 d, 총소득에서 임금 소득의 몫 s라는 추가적인 세 변수를 통제하지 않는다면 일급 임금의 변화만으로부터 일인당 소득의 변화를 추론할 수 없다는 것을 쉽게 알 수 있다. w와 다른 변수 간에 체계적인 상관관계가 있을 수 있다. 산업화 이전 경제에서 노동의 공급 곡선은 후방 굴절되어 있었다는 사실과 결합된 것인데, w와 d 간에는 역의 관계였다는 증거가 있다. 종업 일수는 흑사병 이후 15세기에는 예외적으로 낮아, 약 200일이었다고 알려져 있는데, 산업혁명까지 증가하는 경향이 있어, 75일 정도 늘어났다. 임금의 감소는 l의 증가를 의미하는 여자와 아동에 의한 가계 노동 공급의 보상적인 증가를 촉발시킬 수도 있다. '근면혁명'에 관한 문헌은 노동 참가와 종업 일수는 산업혁명 이전 1세기 남짓 동안 증가하는 경향에 있었다고 주장한다. 도시화가 진행될 때 새로운 상품에 대한 시장이 성장하고, 여성과 아동은 아마도 임금 노동 공급을 늘렸을 것이다.

결과들이 변수들의 변화에 어느 만큼 민감한가는 위 공식을 이용하여 알아볼 수 있다. 간단한 예로 충분하다. 일급 임금이 1인데, 25% 떨어져서 0.75가 되었다고 가정하자. 게다가 연간 종업 일수는 200에서 280으로 증가하고, 총인구에서 종사자의 비중은 40%에서 50%로, 즉 l이 0.4에서 0.5로, 증가하였다고 가정한다. 총소득에서 노동 소득의 몫 s는 0.5로 불변이다. 실질 임금의 30%의 하락은 실제로 약 13%의 일인당 소득의 증가와 양립 가능하다.

상품 가격은 올랐지만 명목 임금은 그렇지 않았기 때문이다. 그러나 노동자들은 아마도 자신의 식단을 바꾸어 그것에 적응했을 것이다. 15세기의 식단에는 고기가 많았지만 16세기에는 빵, 맥주, 죽이 더 많았다. 생존 수준 이상의 소득을 향유한 소비자들은 식량 가격의 상대적 상승으로 비식량 상품을 더 많이 소비하도록 유도되었다. 식단에서의 이러한 변화는 실질 임금 디플레이터의 상품 구성이 고정되어 있기 때문에 실질 임금 추계에서는 무시되었다. 게다가 실질 임금은 보통 일급 임금으로 기록된다. 그러나 종업 일수는 15세기의 역사적 저점으로부터 산업혁명까지 증가했는데, 그것은 많은 경제사가들이 '소비자 혁명'으로 기록한 것을 설명한다. 더 장기간 동안 종사한 사람에 의해 향유되는 증가된 연간 소득은 그들에게 필수품 이외의 상품에 소비할 수 있는 잉여 소득을 부여했는데, 그것은 도시 생산자에 의해 만들어진 재화에 대한 수요 주도적 증가가 발생한 이유 중의 일부이다. 이 설명은 식량 생산 종사자에 비하여 도시 직업의 증가가 관측되는 것과 부합한다.

이러한 해명에도 불구하고, 실질 임금의 전개, 특히 1550~1650년 간의 감소의 1세기는, 종사자에게 불리한 방향으로의 소득 분배의 이동이 있지 않았다면, 총요소 생산성이 양의 증가율을 가지는 것과 화해하기 어렵다고 결론내지 않을 수 없다. 그러나 가계 소득은, 더 많은 시간 및 여성과 아동의 노동력 참가의 증가 때문에, 임금의 정체에도 불구하고 증가할 수 있다. 이것은 설탕, 담배, 차, 커피와 같은 새로운 '중독적인' 생산물의 소비의 증가에 동반된 '근면혁명'이 있었다는 논거의 일부이다. 세계적 규모로 거래된 새로운 상품의 도입은 보통 경제적 진보의 신호이다.

4.4 대분기: 유럽은 언제 앞섰는가

경제사에서 지속되는 질문 중의 하나는 왜 산업혁명은 다른 곳이 아닌 서유럽에서 일어났는가이다. 우리가 논의했듯이 유럽은 두 번째 밀레니엄으로 들어오기까지 선도적인 문명에 비해 뒤처져 있었으며, 일부 역사가들은 유럽이 18세기 말까지 중국이나 인도를 앞서지 않았다고 주장한다. 그것이 진실이라면 산업혁명은 왜 다른 동등한 선진적인 경제들이 아니라 유럽에서 일어났는가라는 질문은 꽤 구미가 당긴다. 중국 연구자 케네스 포머란츠(Kenneth Pomeranz)와 이른바 캘리포니아 학파는, 에너지 제약을 해소하는 대안은 연료용 목재를 키우기 위해 희소한 토지를 사용하는 것이었기 때문에, 서유럽에서 석탄 저탄지가 에너지 제약을 해소하기에 유리한 위치에 있어 운이 좋았다고 주장한다. 유럽이 중국이나 인도와는 달리 아메리카로부터 식량과 농업 원재료의 수입에 한층 의존하면서 에너지 집약적인 제조업에 집중함으로써 토지 제약으로부터 벗어나도록 경영되었다는 점이 유럽의 성공의 비밀이라고 보는 점에서 그 설명은 맬서스적인 성향을 가진 것이다. 이 논거는 상당한 흥미와 논쟁을 야기했다. 산업혁명 직전 유럽과 아시아 양쪽에서의 발전 수준의 커다란 지역적 차이에 대한 인식은 지속적인 영향력을 가졌다. 1750년까지 인도는 세계에서 섬유의 주요한 생산국이자 수출국이었으며, 중국은 상당히 중요하고 정교한 제조업의 중심지들이 있었다. 18세기 유럽에서 많은 **중상주의적** 정부는 중국의 도자기와 인도의 날염 무명(cotton print)을 모방하는 국내 제조업을 보조하였다. 그러나 문제의 핵심은 유럽이 중국, 일본, 인도의 소득 수준에서 언제, 왜 분기하였는가이다. 단지 최근에야 비교할 수 있는 임금과 국민 소득에 대한 체계적인 연구가 출현했는데, 그 연구 노력의 일반적인 성과는 대분기의 시작을 중세 말이나 근세에 두고 있다.

대분기가 산업혁명 직전이나 산업혁명 동안에 일어났다고 믿었던 한 가지 이유는 아시아와 유럽의 제조업 영역에서의 실질 임금이 근세 시기에는 많이 다르지 않았다는 논거와 연결되어 있었다. 우리는 위에서 실질 임금 계열의 해석과 연결된 문제(Box 4.3을 보라)를 언급하였으며, 명목 임금을 실질 임금으로 변형하는 **디플레이터**의 선택과 결합된 추가적인 문제를 이제 고려할 것이다. 이른바 곡물 임금, 즉 명목 임금을 곡물 가격으로 나눈 것을 비교하면, 이후 산업혁명의 집이 된 유럽의 핵심 중심지와 인도 및 중국 간의 임금의 격차는 1550년경에 꽤 작았고, 1700년까지도 작은 수준에 머물렀다. 하지만 그 이후부터 곡물 임금은 영국에서 상당히 더 높게 되었다. 곡물 임금을 사용하는 논리는 그것이 일상 소비의 중요한 부분에 대한 명목 임금의 구매력을 포착한다는 것이다. 이상적으로는 곡물만이 아니라 소비재 바스켓의 가격을 디플레이터로 사용하여야 하지만 다른 소비재에 대해서는 신뢰할 만한 가격 데이터를 얻는 것이 매우 어렵다. 대신 은 임금, 즉 명목 임금을 은의 가격으로 디플레이터한 것을 보면, 1550년경에 중국과 인도에 대한 영국의 선도는 이미 실질적이었다는 것이 판명되었다. 인도의 은 임금은 영국 임금의 약 20%였고(더 떨어지고 있었으며) 중국의 은 임금은 약간 더 높게 시작되었지만, 영국 임금에 비하여 하락하고 있었다.

상이한 결과들을 어떻게 해석해야 할 것인가? 첫째, 영국과 중국 및 인도를 비교할 때, 은이나 또는 섬유나 향신료와 같은 다른 교역재와는 달리, 이 기간에 곡물은 국제적인 교역재가 아니었다는 것을 고려하여야 한다. 국제적인 교역재는 일가의 법칙을 따른다. 즉, 비교역재와는 달리 모든 시장에서 거의 같은 가격에 팔린다. 의미 있는 실질 임금의 디플레이터는 사람들이 교역재와 비교역재를 모두 소비하기 때문에 양자를 포함하여야 한다.

발전된 경제는 덜 발전된 경제들에 비해서 한결같이 더 높은 임금과 가격을 가진다는 것은 잘 알려진 사실이다. 특히, 비교역재는 덜 발전된 경제에서는 낮은 가격을 받는데, 그 이유는 국제적으로 거래되지 않기 때문이다. 유럽에서 스웨덴과 같이 주변적이고 덜 진전된 국가들은 1500년경에 네덜란드나 영국 등에 비해 곡물 가격이 상당히 더 낮았다. 그래서 1550~1599년경에 곡물 임금은 거의 동일했지만, 임금은 열악했다는 것을 결합하여 판단하면, 곡물 가격과 명목 임금은 중국과 인도에서 낮았으며 영국에서 높았음을 의미한다. 그리고 영국에게 진실인 것은 서유럽의 다른 선진적인 부분에서도 진실이었다. 이제 명확한 직관을 얻었다. 교역재의 비교역재에 대한 상대 가격이 영국에서보다 중국과 인도에서 더 높았다면, 소비는 교역재와 비교역재로 구성된다고 가정할 때, 실질 임금은 인도와 중국에서 더 낮았음에 틀림없다. 임금이 식량(곡물)과 공산품 양자의 소비를 허용할 만큼 충분히 높다는 것은 그 자체가 경제 발전의 신호이다. 그러므로 중국과 인도 종사자가 1600년경에 영국 종사자와 거의 동일한 양의 곡물을 구입할 수 있었다고 하는 것은 거의 유지될 수 없다. 아시아 소비자들이 비교역재(곡물) 뿐만 아니라 교역재(예컨대, 섬유와 향신료)를 사는 정도만큼 실질 임금은 곡물 임금보다 더 낮다.

앵거스 매디슨(Angus Maddison)은 산업화 이전 시대를 포함한 비교 국민 소득 데이터를 수집하는 데 개척자였다. 비록 그의 추계치의 상당수가 정확한 추계치라기보다는 어림짐작임을 보여 주고 있지만 말이다. 그렇지만 그것들은 그로닝겐 대학에 기초를 두고 '매디슨 프로젝트'의 후원으로 현재 개정되고 있다(www.ggdc.net/maddison/maddison-project/home.htm을 보라). 대부분의 경우, 유럽에 대한 새로운 추계치들은 매디슨에 의해 주어진 것보다 유럽 소득 수준에 더 긍정적인 평가를 주는 경향이 있음이 판명되었다. 그 추계치는 취약하고 재평가되기 쉽다는 것은 강조되어야 한다. 그러나 새롭게 출현한 일반적인 그림은 유럽과 아시아 간의 분기가 산업혁명 훨씬 이전에 시작되었다는 관점을 확인하고 있다.

[표 4.2]에 나타나듯이 1500년경에 중국과 영국 간에 소득 수준의 차이가 적었지만 이탈리아 및 네덜란드에 비하여 격차는 더 컸다. 이탈리아에서 일인당 소득은 높은 수준에서 정체하고 있었지만, 아시아와의 차이는 증가했는데, 이어지는 수세기 동안 중국과 인도에서 소득이 떨어졌기 때문이다. 심지어 영국과의 상대적인 격차는 더 벌어졌다. 가령 스웨덴과 스페인 같은 유럽의 주변부 국가는 1600년경 중국과 비슷한 소득 수준을 가지고 있었지만 그들은 더 낮은

[표 4.2] 1300~1850년 유럽과 아시아 국가들에서의 일인당 GDP

(단위: 1990년 국제 달러)

연도	영국	네덜란드	이탈리아	스페인	일본	중국	인도
1300	755		1,482	957	560*		
1400	1,090	1,245	1,601	885		960	
1500	1,114	1,483	1,403	889		1,127	
1600	1,123	2,372	1,244	944	791	977	682
1700	1,563	2,403	1,350	880	879	841	622
1800	2,080	1,752	1,244	962	876	597	569
1850	2,997	2,397	1,350	1,144	933	594	556

주: * 1280년을 의미함.
출처: S. N. Broadberry, *Accounting for the Great Divergence*, mimeographed Figuerola Lecture.

소득으로 떨어지지 않도록 관리되었다. 왜 유럽의 대부분은 근세에 달성된 상대적으로 높은 소득 수준을 유지하도록 관리되었는가? [그림 4.1]로 돌아가면 유럽이 수확 체감과 기술 진보 간의 균형을 잡는 행동을 더 성공적으로 관리하였다고 주장하고 싶은 유혹을 느낀다. 한 가지 결정적인 차이는(특히, 인도와 관련하여, 그러나 우연히 훨씬 더 잘 행한 일본과는 덜 그렇지만) 출산율을 줄이는 유럽에서의 만혼의 습관이다. 제3장에서 언급했듯이 유럽 가계들은 결혼 중에 가족계획을 실천하는 경향이 있었다. 이러한 실천은 유럽에서 수확 체감을 훨씬 덜한 문제로 만들었다. 제6장에서 더 탐구할, 주목할 만한 가치가 있는 다른 요인은, 종교적이고 정치적인 권위들에 의해 구속되지 않고 체계적인 질문을 수단으로 하여 자연을 통제하려는 유럽인들의 독특한 탐구이다. 기술 변화에 대한 이러한 개방성은 새로운 유용한 지식의 더 신속한 채용에 공헌했다.

요약

산업화 이전 경제는 인구 성장의 부정적 효과와 긍정적 효과들의 균형을 유지하는 경향이 있어서 소득이 생존 수준 이상의 수준에서 유지되었고, 유럽의 더 선진적인 일부 지역에서는 장기간 동안 느리게 증가하도록 하는 효과를 낳았다. 인구 성장은 비록 토지 제약이 구속력을 가질 때 노동에 대한 수확 체감과 잠재적으로 결합된다 할지라도, 분업과 주로 실행에 의한 학습, 새로운 지식의 신속한 채용을 통한 기술 진보 양자를 자극한다. 유럽은 아시아와 달리, 결혼 연령이 더 높아 출산율을 감소시키고 잠재적으로 생존 자녀의 질을 증가시켰다. TFP와 노동 생산성 상한 추계치는 매년 거의 0.2%의 성장률이었음을 보여 주며, 일인당 소득은 실질적으로 생존 수준 이상이었고 상대적으로 높은 수준에 머물거나 느리게 증가했다.

부록 **총요소 생산성 측정에 대한 쌍대 접근법**

한 경제에서의 산출물의 실질 가치-고정 가격에서의 국민 소득-은 Y라 하고, K(자본), L(노동), T(토지)라는 생산 요소들에 대한 실질 단위에서의 지불의 합과 동일하다.
따라서

$$Y = rK + wL + iT. \tag{1}$$

r은 자본 단위당 이윤, w는 노동자당 임금, i는 토지 단위당 토지 지대이다.
한 변수에서의 비례적 변화는 *에 의해 표시하는데 로그 차분에 의해 다음 식이 얻어진다.

$$Y^* = s_K (r^* + K^*) + s_L (w^* + L^*) + s_I (i^* + T^*). \tag{2}$$

s는 노동과 자본 및 토지의 소유자 각각에게 가는 국민 소득의 몫을 나타낸다.
이 식을 다시 정렬하면 다음의 식이 된다.

$$Y^* - (s_K K^* + s_L L^* + s_I T^*) = s_K r^* + s_L w^* + s_I i^*. \tag{3}$$

이 식의 좌변은 그것이 텍스트에서 표현된 대로 전통적인 TFP 식의 공식적인 정의이다.

TFP = 산출물에서의 증가 - (노동 투입 + 자본 투입 + 토지 투입)에서의 가중된 증가

즉, TFP는 산출물의 성장에서 투입물의 가중된 합의 성장을 뺀 것이다. (3)의 우변은 좌변과 동등한데 TFP에 대한 쌍대 접근법이라 불린다.

$$TFP = s_K r^* + s_L w^* + s_I i^*. \tag{4}$$

- 노동과 총요소 생산성의 수준 및 성장을 측정하는 유용한 시도는 R. C. Allen, 'Economic structure and agricultural productivity in Europe, 1300-1800', *European Review of Economic History*, 4(1)(2000), 1~26에 포함되어 있다. 이 논문은 Persson의 방법(이하 참조)을 일인당 소득의 독립적인 추계치와 결합한다.

- 이미 언급한 프랑스의 중요한 연구는 P. Hoffman, *Growth in a Traditional Society: The French Countryside 1450-1815*(Princeton University Press, 1996)이다.

- 도시화율에서의 변화로부터 농업에서의 생산성 변화를 추론하는 방법은 K. G. Persson, 'Labour productivity in medieval agriculture: Tuscany and the Low Countries', in B. M. S. Campbell and M. Overton(eds.), *Land, Labour and Livestock, Historical Studies in European Agricultural Productivity*(Manchester University Press, 1991), 124~143에서 탐구된다. 이 장은 농업 부문에서의 노동 생산성을 도출하는 정확한 공식을 개발한다. 필요한 데이터는 도시화율에서의 변화, 일인당 소득에서의 농촌에 대한 도시의 비율, 식량 순무역과 식량에 대한 한계 소비 성향 등을 포함한다. 본문에서 보고된 결과들은 농촌 소득에 대한 도시 소득의 비가 1분의 5이고, 식량에 대한 한계 소비 성향은 0.5, 즉 소득 증가의 절반은 식량을 위해 사용되고, 나머지는 도시 상품에 사용된다는 가정으로부터 도출된다.

- 실질 임금과 소득 분배에 대해서는 P. Hoffman, D. S. Jacks, P. A. Levin and P. Lindert, 'Real inequality in Europe since 1500', *Journal of Economic History*, 62(2)(2002), 322~355를 보라. 이 논문은 1500년부터 2000년까지의 시기 동안 U자형

의 불평등의 발전을 주장한다. 그것은 1650년경까지 증가하고 1650년에 안정화되며 1800년 이후 더 평등성을 향해 변동한다.

● 비교적 전망 속에서 실질 임금의 장기 진화를 고찰한 두 가지 유용한 논문은 R. C. Allen, 'The great divergence in European wages and prices from the Middle Ages to the First World War', *Explorations in Economic History*, 38(2001), 411~447 과 S. Özmucur and S. Pamuk, 'Real wages and standards of living in the Ottoman Empire, 1489-1914', *Journal of Economic History*, 62(2)(2002), 277~321이다. 대분기 논쟁에 대해서는 K. Pomeranz, *The Great Divergence, China, Europe and the Making of the Modern World Economy*(Princeton University Press, 2000). S. Broadberry and B. Gupta, 'The early modern great divergence: wages, prices and economic development in Europe and Asia, 1500-1800', *Economic History Review*, 59(1)(2006), 2~31을 보라.

● 제3장과 제4장에서의 추론의 상당한 부분은 K. G. Persson, *Pre-Industrial Economic Growth*(Oxford: Basil Blackwell, 1988)에서 더 엄밀하게 개발되었다. 네덜란드의 경제사가 Jan Luiten van Zanden은 근세 네덜란드의 특별한 성취에 대해 광범하게 썼다. 예컨대, Taking measure of the early modern economy: historical national accounts for Holland in 1510/14', *European Review of Economic History*, 6(2)(2002), 131~164를 보라.

5

제도와 성장

제도와 성장

5.1 제도와 효율성

제도는 게임의 규칙이다. 제도 중 일부는 법에 의해, 다른 것은 상호적이고 자발적인 동의에 의해, 상당수는 특권적인 엘리트들의 (강압적인) 힘에 의해 지켜진다. 제도 중 일부는, 신뢰와 공약(公約, commitment)처럼 비공식적인 것이고, 가령 유한 책임 회사와 같은 것은 19세기 말까지 그랬던 것처럼 설립되려면 입법가들에 의한 조정 작업이 필요했다.

현대 경제사가들은 제도의 효율성 증진 효과를 언급하는 것으로 제도를 설명하는 경향이 있다. 그것은 대부분의 제도들에 잘 맞는데, 제7장에서 화폐의 출현 및 지속적인 사용뿐만 아니라 은행의 진화를 설명할 때 사용할 방법이다. 복지 국가 제도는 사적 보험과 자본 시장에서의 잠재적인 시장 실패를 해소하는 방식에 의해 설명된다(제10장). 사적 소유권은 공동적 소유권의 비효율성을 해결하는 것으로 보일 수 있다. 이것은 공유지의 비극으로 알려져 있다. 공유지의 비극은 자원의 사용에 대한 어떤 제약도 없다면 발생할 수 있는 자원의 낭비에 대한 은유이다. 모두가 자원(가령 숲)에 접근하면 그것의 사용에 대해 중앙 집중적으로 계획된 제약이 없는 한 과도하게 개발하게 된다. 과도한 개발은 각 개인 사용자가 다른 사람에게 비용을 발생시킨다는 사실, 즉 기술적으로는 **외부성**이라 알려진 것으로부터 유래한다. 어떤 개인이 자신이 사용하기 위해 벌목한다면, 자신뿐만 아니라 다른 사람들이 미래에 획득할 수 있는 나무를 줄인 것이다. 그러나 다른 사람이 지는 비용은 사적 비용에 들어가지 않기 때문에 개별 사용자들에게 영향을 주지도 억제하지도 않는다. 개별 행동의 사회적 비용은 사적 비용보다 더 크다. 현재 아프리카의 대부분에서 각 가계는 음식을 요리하기 위해 나무를 필요로 하기 때문에 산림 벌채는 심각한 문제이다.

현재 전 세계가 직면하고 있는 문제는 어로전관수역에 대한 접근의 문제인데, 그것은 어업권을 규제하려는 시도임에도 불구하고, 역사적으로는 어장을 훼손하는 경향을 가졌다. 역사를 통하여 보면 토지와 다른 자원이 희소하게 될 때 공유지는 사유화되어 왔다. 이 과정은 18세기부터 인구 성장률이 증가할 때 강화되었다. 그러나 공유지의 사유화는 제도 변화가 동반하는 문제를 조명한다. 새로운 제도는 비효율성 문제를 해결할 수 있지만, 달갑지 않은 분배적 효과를 만들어 낸다. 18~19세기에 공유지의 사유화에서, 공유 자원에 더 의존하였던 사회의 빈곤한 부류들은 공유지의 폐쇄 이후 그들의 접근이 거부되었을 때 부정적인 영향을 받았다.

일단 제도가 자주 복지와 소득 분배에 특수한 효과를 갖는다는 것을 인정하면, 우리가 사용하는 효율성 개념의 의미를 천착할 필요가 있다. 경제학자들은 이른바 **파레토 효율성**에 집착하는 경향이 있다. 파레토 효율성은 다른 어떤 사람이 나빠지는 것이 없이는 어느 한 사람도 더 좋아질 수 없는 상황을 지칭한다. 제도 변화는 자주 분배 효과를 포함하므로 그 개념이 역사 분석을 제한한다는 것을 알게 된다. 결과적으로, 우리는 효율성을 증진하는 제도 변화에 대해 말할 때, 복지의 순증을 가져오는 어떤 변화도 포함시킬 것이다. 예컨대, 농노제의 폐지는 지주를 더 나쁘게 만들지만 이러한 손실은 노동자에게 최선의 고용을 선택하도록 자유를 주는 노동 시장으로부터의 이득보다 더 적었다.

상당수의 경제학자와 경제사가들이 저지르는 오류는 하나의 제도는 바로 그것이 지속적이기 때문에 효율적이라고 가정하는 것이다. 그러나 제도는 그것이 변화에 저항할 정치력을 가지게 된 사회 그룹의 이익에 봉사하기 때문에 생존할 수 있다. 아래에서 논의할 농노제와 노예제가 그 예이다. 수공업자 길드와 같은 유럽 경제사에서의 다른 지속적인 제도들도 해석이 엇갈리는 주제이다. 길드는 특별한 분야(예컨대, 제빵업)에서의 생산자들의 협회이다. 길드는 외부자로부터의 경쟁을 억제하고 자기들 직업으로의 진입을 규제하며 도제의 훈련을 관리하였다. 또한 가격을 고정시키고 생산물에서의 특정한 품질 표준을 유지했다. 분명한 해석은 시장이 빈약하고 효율적으로 작동하지 않는 경제적 맥락 속에서 길드를 효율적 제도로 보는 것이다. 수공업 길드에 대한 공통적인 비판은 그들이 바로 **지대 추구**적 클럽, 즉 가격을 조작하고, 소비자를 착취하고, 기술 진보를 지연시키는 일종의 **카르텔**이었다는 것을 견지한다. 그러한 비판의 기원은 길드를 담합 행위와 제약적 관행으로 비판한 애덤 스미스와 같은 초기 자유주의자들에게까지 거슬러 올라갈 수 있다. 그러나 길드는 일부 행위자가 시장력이나 정치력을 가지는 빈약한 시장에서는 비효율성을 해결한다고 주장하는 반대의 목소리도 있다.

수공업자 길드가 기술 혁신과 생산물 혁신을 지연시킨다는 비난은 도전 받아 왔다. 강력한 견해들이 제기되었지만 추정된 손실의 규모에 대한 정확한 추계는 제시되지 않았다. 대부분의 논거는 선험적인 추론에 기초해 있는데, 그것은 완전 경쟁 시장이라는 반(反)사실적 상황 속에서 카르텔과 독점의 기대된 효과를 언급하는 논거들이다. 그런 반사실적인 것과 비교된다면, 길드의 영향을 부정적으로 평가하는 결론에 이르게 된다. 물론 문제는 반사실적인 것이 사실적이 아니라는 것이다. 즉, 시장은 자주 균형 산출물을 만들어 내기에는 너무 박약했다.

길드는 기술 진보를 방해하는가? 중세 시대는 느린 생산성 성장의 시기였지만, 길드가 운영하는 도시 부분에서의 생산성 성장이 농업 부문에서보다 더 느렸다는 증거는 없다. 노동 생산성의 변화에 대한 직접적인 추정치는 농업에서 연간 약 0.15에서 0.25라는, 근대적 기준으로 본다면, 완만한 성장률을 보여 준다. 그러나 도시 거래에서의 생산성 성장은 더 높았던 것으로 보인다. 그레고리 클라크는 영국에서 못 생산에서의 노동 생산성 성장은 연간 약 0.4였다고 주장한다. 많은 비농업적 생산물의 상대 가격이 떨어지고 있었다고 기록되는 경향이 있음은 지적되어 왔다. 스웨덴의 주요한 수출품인 철의 가격은 1300년과 1500년 사이에 다른 가격에 비해 일관성 있게 떨어지고 있었다. 노동 비용(주요한 생산 비용)에서의 완만한 증가를 가정하면, 대략적인 결론은 못 산출에서의 생산성에 대한 클라크의 추계와 유사하게 그 부문에서 노동 생산성의 의미 있는 성장이 있었다는 것일 것이다. 스웨덴의 조선업의 경우에도 유사한 결과가 기록되어 있다.

길드의 힘은 도시의 경계를 넘어 확장되지 않았고, 두 번째 밀레니엄의 전반부에 모든 종류의 산업에서 에너지의 원천으로 광범위하게 채택된 수차는 도시 한계의 내부이든 외부이든 자연적 조건들이 유리한 곳에 주로 설치되었다. 소비자가 길드에 의해 착취당했다고 주장하지만, 생산자 길드와 소비자 간의 단순한 이분법은 방어되기 어렵다. 길드의 구성원은 물론 생산자이자 소비자였다. 그러나 그것은 비효율적 성과를 배제하지 않는다. 길드는 근대 브랜드와 몇 가지 유사성을 갖는 생산물에 대한 품질 표준을 설정하기도 했는데, 그것은 불완전 경쟁의 형태이지만, 분명히 근대 자본주의 경제들에서 없어지는 것이 아니다. 게다가 어떤 길드들은, 예컨대 지배적인 섬유 부문의 길드들은, 구성원들이 장인(고용주)의 지위를 얻지 못할 때 점차 노동조합 기능들을 발전시켰다.

이 학술적인 논쟁은 아마 끝이 없을 것이다. 그러나 애덤 스미스가 길드를 공격했을 때 그들은 이미 중요성을 상실하고 있었고, 중세 시대 이래 작동하여 온 이후 19세기에 대부분의 유럽에서 결국 해체되었다. 중세 시대를 통해 북서 유럽과 발틱 해에서 활발히 활동했던 독일 한자(Hansa)와 같은 상인 길드는 외국 도시에서 권리가 침해받을 때 구성원의 권리를 방어한다는 분명한 역할을 가졌다. 한 명의 상인은 한 도시에 공급을 중단한다는 신뢰성 있는 위협을 줄 수 없었지만, 상인 집단으로서의 한자는 그렇게 할 수 있었다. 한자는 도시에 대해 통상 금지를 선포하고, 공급의 차단이 치명적일 때 도시로부터 값어치 있는 양보를 얻을 수 있었다. 구성원에 대한 이러한 서비스는 외국 상인들이 자주 차별적이고 임의적인 방식으로 취급받았던 무역 환경에서 필수적이었다.

5.2 제도적 설명의 특수성

제도가 그것이 가지고 있으리라 주장된 효율성 증진 특성들에 의해 설명될 때, 논거는 특수한 형태의 인과적 구조에 기초한다. 다음의 설명을 보라.

'(t_0에) 정부가 세금을 줄였기 때문에, (t_1에) 소비가 증가했다.'

이 문장은 시점 0에 세금을 줄인 정부의 행동이 시점 1에 발생한 소비의 증가라는 효과에 선행하여 발생한 것을 암시한다. 조세의 감면이 증가된 소비를 야기한다.

한 제도의 효율성 증진 효과를 상기시키는 제도의 설명들은 근본적으로 다르다. 예컨대,

'(t_0에) 사적 소유권은 전개되었는데, (t_1에) 그것이 자원에 대한 공동적 접근의 비효율성 문제를 회피하기 때문이다.'

이 설명의 독특한 본성은 시간 구조가 역전되었다는 것이다. 즉, 사적 소유권 제도는 비효율성 문제의 해소라는 유익한 효과 이전에 발생했다. 우리는 이러한 인과적 구조를 귀결 설명(consequence explanation)이라 부르는데, 이것이 다음 단계에 발생할 유익한 귀결들에 의해 설명되기 때문이다. 주의해서 사용한다면 부적절한 형태의 설명은 아니다. 다원적 전통 속의 진화론적 생물학은 다음과 같은 귀결 설명에 기초해 있다.

'새는 가벼운 뼈를 가지고 있는데, 그 특성은 그들이 날 수 있는 능력과 포식자로부터 도망갈 수 있는 능력을 증진시키기 때문이다.'

그러나 이 설명은 가벼운 뼈를 가진 새의 생존 기회가 증진되는 것을 보증하는 자연 선택이라는 특수한 기제에 기초해 있다. 우리가 설명하려고 하는 가벼운 뼈와 같은 특수한 특성은 무작위적 돌연변이와 자연 선택을 통해 발전할 수 있으며, 가벼운 뼈와 같은 생명을 증진하는 특성을 가진 종이 생존하는 것은 그와 같은 과정에 의한다. 그것은 잘 알려진 적자생존이다.

역사와 사회과학에서 타당한 귀결 설명을 만들어 내기 위해서 우리는 효율성 증진 제도가 선택되고 존속하는 것을 보장하는 기제를 필요로 한다. 이 장의 나머지 절에서 우리는 작동할 수 있는 기제들을 탐구할 것이다. 자연 선택과 시장의 경쟁적 선택 간의 유비는 때때로 적절할 수 있다. 예컨대, 왜 어떤 기업들은 자본의 소유자에 의해 운영되고, 다른 것은, 생산자 지향적인 협동조합에 관한 것으로써, 몇 가지 필수적인 투입의 공급자에 의해 운영되는가를 설명하려고 할 때 그렇다. 제도의 효율성에 관한 진술은 자주 효율적인 성과를 선택하는 그럴듯한 기제를 특정함이 없이 그것의 지속에 단순히 기초해서는 타당하지 않다. 그러나 우리는 은행 규제처럼 비록 혁신적인 금융 제도들이 규제자보다 항상 앞서 있었던 듯하지만, 제도의 의도적인 고안은 역사 속에서 실천되었고 실천되어 왔다는 것을 인식할 필요가 있다. 우리는 제도가 이해 집단에 봉사하거나, 더 나쁘게는 단지 우연적이었다는 것 이외에 다른 제도의 합리적 근거를 항상 발견할 수 있는 것은 아니다.

5.3 근대 경제의 특성

우리는 산업화 이전 유럽에서 소득 수준과 성장률이 국가 간에 차이가 났던 것을 관찰하였다. 자원 제약, 특히 토지 제약은 대체로 소득과 부정적으로 상관되어 있었던 것은 아니다. 유럽에서 인구가 밀집한 지역은 일반적으로 더 풍요로웠다. 이들 지역은 다변화된 수요를 가진 정규적인 상품 시장에 접근권을 가졌다. 그리고 토지, 자본, 노동에 대해 효율적으로 기능하는 시장들이 인구가 덜 밀집된 지역에서는 빈약하게밖에 발전하지 않았다. 얀 더프리스(Jan de Vries)와 아드 반 데르 바우데(Ad van der Woude)는 16세기와 17세기의 더취(Dutch) 경제(오늘날 네덜란드라 불리는 것)를 '최초의 근대 경제'로 명명했는데, 그것은 근대 경제의 모든 제도적 특성들을 소유했기 때문이다. 예를 들어 원활하게 기능하는 시장에 대한 자유로운 접근, 진전된 분업, 소유권(심지어 지적 소유권, 즉 특허)을 존중하고 집행하는 정부이다. 생산 요소 시장들이 성장을 촉진한다는 아이디어는 자유 노동이 가장 좋은 보수, 즉 가장 생산적인 기회를 찾는다는 그럴듯한 가정에 기초해 있다.

유사한 논거는 자본과 토지에도 응용된다. 토지가 비효율적인 방식으로 사용되면, 그 토지를 더 효율적으로 사용할 수 있다고 생각하는 어떤 사람은 토지의 원소유자에게 거부할 수 없는 가격을 제시하려고 할 것이다.

절약의 문화는 네덜란드에서 만연하였는데, 지위가 출생에 의해 획득된 권리가 아니라 노력에 연계되었기 때문이다. 토지와 노동 시장의 이른 발전은 유럽의 다른 부분과는 달리 봉건 귀족들이 결코 농촌 경제를 지배하지 않았다는 사실과 관련되었다. 관용의 정신으로 말미암아 네덜란드는 종교적 · 정치적 박해에 의해 자신의 나라로부터 쫓겨난 재능 있는 이민자들에게 안전한 피난처가 되었다. 북부 이탈리아의 도시 국가나 영국과 같은 다른 경제들은 이러한 특질들을 많이 가지고 있었으며, 이탈리아는 자본 시장 혁신과 계약 체결 및 계약 집행에 있어 선구자였다는 것은 진실이다. 그러나 네덜란드 경제는, 이탈리아가 정교한 분업 수준에서 정체하고 있었던 때인, 16세기와 17세기에 독특한 역동성을 보였다. 네덜란드는 애덤 스미스나 유럽의 많은 계몽적 엘리트들보다 훨씬 낮은 권위를 지닌 사람들에 의해 상찬되었고, 모형 경제로 간주되었다. 그러나 네덜란드의 경우 좋은 제도가 자기 유지적인 성장을 위한 필요조건이 지만 충분조건은 아니라는 것을 보여 준다. 19세기 초에 모형 경제는 더 이상 네덜란드가 아니라 영국이었는데, 영국은 네덜란드로부터 진보적인 것이라 간 주되는 것을 빌려 오는 데 주저하지 않았다.

네덜란드와 영국은 경제 성장에 도움이 되는 다른 제도적 특성(정치적 행정에 대한 제약)들을 공유했다. 입헌 군주제는 영국에서 명예혁명(1688~1689)으로 설립되었지만, 18세기 말 또는 19세기 초까지 유럽 대부분의 국가는 시민들에게 세금을 부과하고 임의적인 방법으로 사람들에게 특권을 거래하도록 허용하는 데 있어 거의 무제한적인 권리를 갖는 절대 군주들에 의해 통치되었다. 국민 소득에서 차지하는 세금 부담은 꽤 낮았지만, 임의적이고 오류 투성이인 조세 사정이 상업 활동을 교란시켰다. 의회가 군주의 힘을 제한하는 데 성공하지 못한 그런 나라에서, 미래 조세에 대한 불확실성과 일부 사람에게 정부 특권이고 다른 사람에게는 경제 활동에의 진입 장벽이 되는 것에 대한 불확실성은 투자에 부정적인 영향을 미쳤다.

오늘날 네덜란드와 벨기에를 구성하는 북부와 남부의 저지대 국가의 상이한 발전은 흥미 있는 이야기를 말해 준다. 북부 저지대 국가인 네덜란드 공화국은 16세기 말에 독립하였다. 독립 전쟁 자금은 대개 상인 그룹에 의해 조달되었고 네덜란드 경제는 발군의 성장을 했다. 남부 저지대 국가는 억압적인 정치적·종교적 구조를 가지는 스페인 통치 하에 남았다. 네덜란드 공화국은 번영하였다. 그런데 초기에 더 부유했던 남부 저지대 국가의 능력 있는 상인들과 은행가들은 런던이나 네덜란드로 이주하면서 남부는 경제 쇠퇴의 장기 국면에

들어갔다. 근세 시기에 이미 역사로부터 중요한 교훈이 있었던 것 같다. 이를테면 자기 유지적인 경제 성장은 약탈적인 도둑 정치를 하는 정부와 양립할 수 없는 것이다.

5.4 역사 속에서의 시장 실적

경제학의 기본 원리로부터 도출된, 시장이 효율적인 성과를 창출한다는 아이디어는 중요한 통찰이지만, 의심과 역사의 복잡성을 견지하면서 이 낙관적인 메시지를 평가할 필요가 있다. 한편, 시장이 자생적으로 출현하는 경향이 있다는 것과 그것이 억압되었을 때 전형적으로 '암시장'이 출현한다는 것은 명백하다. 그러므로 사람들은 그것의 효율성 때문에 시장을 선호한다는 것은 의심할 바 없는 것이어야 한다. 현물 시장(spot markets)은 많은 공식적 또는 법적 구조 없이도 작동할 수 있다. 미래 인도와 지연된 지불 또는 다른 시장으로의 전달을 포함하는 시장은, 비록 거래자들 간의 신뢰가 비용이 덜 들기 때문에 자주 선호된다 해도 더 많은 법적 구조뿐만 아니라 계약 수행을 필요로 할 것이다. 그래서 시장 교환이 자생적으로 나타난다면 교환 부재나 **선물 교환**(gift exchange)과 같은 다른 형태의 교환보다 더 선호될 수 있다는 것은 명백하다. 하지만 모든 시장 교환이 경제학 교과서에 서술된 방식대로 작동하는 것은 아니다.

시장들은 거의 완벽하지 않고 시장의 실적은 역사 속에서 변화했다. 시장 효율성을 획득하는 데 있어 주요한 문제 중의 하나는 상품과 서비스에 대한 정보를 얻는 것이 어렵고, 처리 비용이 높다는 사실이다. 가격은 한 상품에 대한 모든 관련된 정보를 요약하는 것으로 가정되지만, 경제학은 가격이 실제로 어떻게 설정되는가에 대해 많은 것을 말해 주지 않는다. 우리는 균형에서 시장을 청산하는 가격이 만연할 것이어서 수요와 공급이 같아질 것이라고 배운다. 지리적 거리에 의해 분리된 시장에서의 가격 설정 과정을 살펴보면, 가격 설정에 있어 몇 가지 통찰을 얻을 수 있다. 우리는 발틱 해안의 단치히(Danzig: Gdansk)와 암스테르담의 밀의 가격을 연구해 보면 수출지인 단치히에서의 가격에 암스테르담까지의 운송비를 더한 것으로 표현될 수 있는 암스테르담에서의 균형 가격이 있다는 것에 주목한다. 이 균형 관계는 **일가의 법칙**이라 불린다. 그러나 균형 가격은 거의 구현되지 않음에도 불구하고, 암스테르담과 단치히 간의 가격 차이는 항구적으로 운송 비용으로부터 괴리되지는 않는다는 의미에서, 즉 일가의 법칙에서 균형 가격은 '끌개'(attractor)로서 작용했다. 괴리가 있었지만, 운송 비용과 동일한 가격 격차로 수렴하도록, 일가의 법칙은 가격을 조건지웠다. 조정 과정은 효율적인 우편 체계의 도입 이전에는 매우 느렸지만, 19세기 중반 전신 및 상업 신문의 도입과 함께 결정적인 진전이 이루어졌다. 그 이전에는 피사라는 시장에서의 가격이 마르세이유라는 시장에서의 가격 변동에 반응하기까지 수 개월이 걸릴 수 있었다. 그러나 전신이 1850년대에 유럽을 연결하고 1860년대와 1870년대에 전 세계를 연결했을 때, 코펜하겐에서의 가격은 시카고와 같이 멀리 떨어진 시장에서의 가격 변화에 즉각적으로 반응할 수 있었다.

가격이 시장 청산 가격으로부터 멀리 떨어져 있을 때 무슨 일이 일어나는가? 답은 간단하다. 즉, 시장은 청산되지 않는다! 무역과 교환은 억제되고, 연기되며, 제약되지만, 가격에 대한 흥정은 계속된다. 가격이 **시장 청산 가격** 이상이라면 수요는 제약되어, 시장 청산 가격에서보다 더 적을 것이다. 그러나 시장 청산 가격 이상의 가격은 초과 공급으로 이어질 것이고, 가격이 시장 청산 가격으로 조정되어 내려올 수 있는 것은 바로 이 과정에서이다. 가격이 시장 청산 가격 아래에 있다면 초과 수요가 있을 것이지만 공급은 제한될 것이다. 시장 청산 가격은 일가의 법칙처럼 일종의 끌개이다. 대부분의 역사를 통해, 시장은 빈약했는데, 그것은 참가자들이 적었고 광범하게 흩어져 있었으며 정보를 얻기 힘들었고 느리게 전송되었다는 것을 의미한다. 잠재적인 거래자들은 자주 금지되거나 제약되었으며, 거래와 생산은 완전한 잠재력 아래 수준에 두어졌다는 것을 쉽게 상상할 수 있다. 거래 제약의 경제적 비용을 측정하는 것은 어렵지만, 우리는 상인이나 제조업자들이 흩어진 생산자나 그들의 대리인들을 매년 열리는 대시나 계절적인 대시에 모으는 것으로 그 문제를 해결하는 것을 관찰한다. 이러한 대시 중 일부는, 12세기 중반부터 샹파뉴 지역에서 열렸던 대시처럼 진정으로 전 유럽적이었다. 한편, 다른 대시는 1년에 몇 차례 열리는 더 국지적인 것이었다. 대시가 해결하고 있는 문제는, 그것이 없다면, 시장은 너무 적은 참석자를 가진 빈약한 것이 되어 가격 설정 과정이 잘 되지 않을 위험이 짓누르고 있었다. 수천 명의 참가자를 갖는 대시는 명백하게 더 풍성하고 거래를 완결할 수 있는 가능성이 증가하여 생산과 무역을 증진시킨다.

　　시장은 시간이 지남에 따라 더 효율적이 되었는가? 그 질문에 대한 간단한 답은 없다. 효율적인 시장은 많은 참가자와 값싸고 빠르게 신뢰할 수 있는 정보의 흐름을 필요로 한다. 그 점에서 시장 효율성을 위한 조건은 상당히 그리고 비가역적으로 증진되었다. 전신 도입 이전과 이후의 대서양 횡단 무역을 살펴봄으로써 느린 정보 전송의 비용을 측정하려는 시도가 이루어졌다. 전신 이전에는 설명되지 않는 가격 격차, 즉 상품 가격의 5~10%인 운송 및 다른 거래 비용과 관련되지 않는 수출 허브 가격과 수입 허브 가격 간의 차이가 있었다. 그래서 그 차이가 소멸하면, 그것은 동일한 규모의 과세의 하락과 동등하고, 유의미한 복지 이득이 있게 된다. 이 측면에서 주요한 변화는 전신과 상업 통신이 도입된 19세기 후반의 첫 번째 글로벌라이제이션의 시대에 나타났다. 국제 무역에서 일가의 법칙은 예컨대 1870년 이후보다 그 이전에 더 빈번하고 심각하게 위반되었다. 그러나 19세기 정보혁명 이전에 정보 전송에서 느린 변화가 일어났다. 상업 정보의 규칙적인 발송을 동반하는 우편 제도가 17세기 초부터 발전했다. 부정적인 측면에서, 규모의 경제는 근대 경제에서 더 뚜렷했는데, 기업은 시간이 지나면서 특히 20세기에 더욱더 커졌다. 그 귀결로서 상당히 큰 기업들이 경쟁 당국에 의해 억제되지 않으면 국가적이고 초국가적으로 시장 지배력을 행사할 수 있었다. 결론적으로 시장 효율성은 역사적으로 느리고 신뢰할 수 없는 정보에 의해 방해받았지만 이제는 대기업의 시장 지배력 때문에 위험에 처해 있다.

5.5 토지와 노동 시장의 진화: 농노제의 성장과 쇠퇴

위에서 언급한 바와 같이, 경제학자들과 역사학자들에 의해 만들어진 공통적인 실수는, 제도가 만연하고 오래 지속되었기 때문에, 제도에 효율성 증진 특성을 귀속시킨다는 것이다. 여기에 있는 논리는 비효율적인 어떤 것도 역사의 심판에서 살아남지 못할 것이라 보는 것 같다. 즉, 비효율적인 제도는 사라져야 한다. 그러나 제도는 사회의 특별한 계급(예컨대, 토지 소유자)에게 유리하다는 점에서 자주 분배적인 귀결을 가지며, 비효율적임에도 불구하고 오랜 기간 지속될 수 있다. 유럽에서의 농노제는 명백하게 효율성을 증진시키는 특성들이 없음에도 오래 생존한 제도의 한 예이다. 농노제와 부자유 노동이 노동의 효율적 사용이 아닌 몇 가지 이유가 있다. 그리고 이 이유들은 태업과 높은 감시 비용과 관련된다. 농민들은 흔히 생존 물자를 키울 수 있는 작은 대지를 가졌으며, 지주의 토지에 부역 노동을 수행했다. 그러나 자기 자신의 생존을 위해 대지에서 일하는 것은 자신의 이익 속에서 수행된다는 점에서 자기 감시적이다. 지주의 토지에서 일하는 것은 그렇지 않다. 노동이 부족하다면 저조한 실적을 보인 농부를 쫓아낸다는 지주의 위협은 신뢰성이 없으므로 농부는 태업할 모든 이유를 가지는데, 이것은 지주가 농부의 작업을 밀접하게 감시하여야 함을 의미한다. 그러나 지주는 여전히 토지 지대를 얻는데, 지주들은 농부들이 토지에서 일하도록 만들고, 부가가치가 감시 비용을 초과하기 때문이다.

중세 경제는 처음에는 부자유의 성장을 목격했고 그 이후에는 부자유의 쇠퇴를 목격했는데, 부자유는 본질적으로 시장에서의 자유 계약의 권리의 부정이다. 그러나 결국 부자유는 모든 시장에서 개인들의 계약할 권리를 인정하는 체계에 길을 내주었다.

선구적인 성장 경제학자로 잘 알려진 에브세이 도마(Evsey Domar)는 그가 인정했듯이 농노제와 노예제의 불완전한 이론임에도 불구하고 설득력을 지닌 이론을 제안했는데, 도마는 농부가 한계 생산물을 지급받을 때 토지 소유 엘리트가 지대를 추출하는 문제에 초점을 두었다. 토지가 풍부한 경제에서 한계 생산물은 대략적으로 평균 생산물과 동일한데, 그것은 지주가 한계(=평균) 생산물을 지급받는 자유로운 농부로부터 토지 지대를 추출할 수 없음을 의미한다. 그 문제의 본질은 농부의 자유이다. 즉, 누구를 위해 일할 것인가를 선택할 자유와 지리적 이동성의 자유이다. 'Net leybeigen, dann sye haben freien zug'(농노제가 아니라면, 그들은 자유의 열차를 갖는다)라는 현대 독일 속담에 있는 것처럼 농노가 아닌 것은 당신에게 떠날 권리와 새롭고 더 좋은 계약을 협상할 권리를 준다. 결과적으로 토지 지대는 노동자의 자유가 부정되지 않는 한 0으로 수렴할 것이다. 토지가 풍부한 경제에서 토지 지대를 보호하기 위해 지주들은 '자유의 열차'의 권리에 의해 주어진 교섭력을 제약할 필요가 있었다. 즉, 농노제는 본질적으로 지주가 노동자의 이동성을 부정하거나 제약하는 방법이었다.

부자유 농민 가계로부터 추출한 지대는 시대와 장소에 따라 변했다. 한 조각의 경작 가능한 땅을 사용할 권리와 공동지에 접근할 권리를 얻는 것에 대한 교환으로 농부들은 현물이나 화폐, 또는 영주의 토지에서 수행하는 부역 노동으로 지대를 지불했다. 그 외에 결혼, 결혼승인료, 대지의 세대 간 이전 등에 연계된 여러 종류의 요금이나 벌금, 상속세, 그리고 입장 요금이 있었다. 지주와 농노화된 농부 또는 예농 간의 계속되는 갈등이 있었는데, 그들은 자신에게 부과된 새로운 또는 오래된 요금에 저항했다. 영역을 순시하는 데 있어 효율성은 자유로운 프런티어 토지로 이동할 위험을 실제로 감수하는 도망자의 발생 정도를 결정했다. 도마의 전망에서 보면 농노제의 쇠퇴는 수세기 동안 지속된 인구 증가 이후 노동 부족이 토지 부족에 의해 대체되었을 때 발생했다. 노동은 토지를 얻으려 노력하고 자유 프런티어 토지에서 한계 생산물이 충분하게 감소할 때 토지 지대는 오를 것으로 기대할 수 있었다. 지주는 이제 노동으로부터 지대를 추출하는 데 강압적인 명령을 사용하거나 개인의 권리에 제약을 두는 것이 아니라 시장력에 의존할 수 있었다. 비록 우아하고 단순하지만 도마의 이론은 유럽 경험의 복잡성을 포착할 수는 없다.

서유럽에서 부자유의 타이밍은 로마 제국의 붕괴 이후 상당한 시간적 지체를 가지고 재출현했음을 주장한다. 중세 시대의 부자유에서 본질적으로 새로운 요소, 즉 농노가 자신의 영주의 사적 정의에 복속된다는 사실은 9세기와 10세기에 출현했으며 프랑스의 많은 지역에서는 한 세기 정도 더 빨랐다. 로마의 쇠퇴는 중앙권력과 지방권력 양자의 약화와 자신의 노동과 토지에 대한 농부의 권리의 증가와 결합되었다고 느껴진다. 로마 문명의 손길이 닿지 않은 지역에서 농부들은 독립성과 자기 소유의 전통을 가졌고, 귀족제는 약했다. 유럽의 많은 부분은 여전히 기독교로 개종되지 않아서 지주로서의 교회도 부재했다. 로마 쇠퇴 이후 수세기 동안 약화된 귀족제는 노동의 이동성에 제약을 부과하거나 농민들을 주요 수혜자로 갖는 **수요 독점적** 카르텔의 규율을 설정할 만한 충분한 능력이 없었다.

농노제의 강압적인 요소가 첫 번째 밀레니엄기의 마지막 수세기 동안 강화되었을 때, 여전히 개간될 수 있는 토지들이 있었고, 자주 귀족들은 노동을 끌어들이거나 지키기 위해 더 관용적인 계약을 제공함으로써 시장 압력에 굴복해야 했다. 카탈로니아나 저지대 국가처럼 지리적으로 분리된 영역들은 이 조건을 잘 보여 준다. 귀족제적 재생의 타이밍이 대륙 유럽 국가들 간에 달랐음에도 불구하고, 일반적인 추세가 있었다고 느껴진다. 이탈리아의 다양한 부분에서 기록된 농민들의 저항은 그 과정을 어느 정도 지연시킬 수 있었고, 비록 지역적 차이가 시간이 지남에 따라 감소하는 경향이 있기는 하지만, 조그만 영역 내에서도 영주의 강압력에는 큰 차이가 있었다. '재정복' 하에 있었던 스페인의 중세사에서 가장 명확하게 보이듯이, 대개 정착 지역은 노동이 희소한 프런티어 지역의 농민들의 합의 위에 건설되었다.

농노제는, 토지 소유권이 교회나 세속의 엘리트의 관리 하에 집중되는 것에 선행되지 않았을지 모르지만, 그것과 명백하게 결합되어 있었다. 사실 귀족제적 부담과 강제 노역의 부과는, 자주 카롤링거 왕조의 점령이나 8세기 말 동부 독일(작센)의 복속과 같은 군사적인 합병의 귀결이었는데, 9세기 중반에 지방 농민들로부터의 맹렬한 저항에 부딪쳤다. 귀족제적 토지 약탈의 과정은 8세기에 추동력을 얻었는데, 그것은 자유 보유 농민들을 주요한 희생자로 하였으며, 때때로 대개 성공하지 못한 농민 봉기로 이어졌다. 유럽의 다른 부분에서 지방 영주들은 국가의 약점의 어떤 흔적을 활용하여 국가가 이전에 거두었던 조세나 수수료를 자신들이 거둘 권리를 주장했다.

11세기와 12세기에는 예농에 의해 지불되는 벌금을 증가시키려는 시도들이 목격된다. 자유 농민은 완전히 일소되지는 않았지만 중요성은 감소했다. 그러나 토지 보유 엘리트의 강압력은 결코 절대적이지는 않았다. 농민의 관습적인 권리들은 영주의 맹공격을 저지하였지만, 영주는 법정을 운영하고 기록을 보유하는 자로서의 우위를 가졌다. 그러나 지방 귀족의 사법권은 증가하였는데, 농민들에게 부정적인 귀결을 가졌다. 'Mals usos'(남용) 또는 나쁜 관습, 즉 임의적인 강제 징수는 소작농과 자유 보유농 모두에게 부과되었다. 그러나 어떤 주어진 지역에서는 무거운 부담을 진 농노로부터 더 가벼운 부담을 지는 자유로운 소작농뿐만 아니라 자유로운 보유자까지 매우 다양한 계약적 형태들을 전형적으로 볼 수 있었다. 사회적 지위의 개선을 경험한 종사자의 그룹은 노예였는데, 농노와 같은 법적 지위로 승격되었다. 유럽에서의 부자유의 정도에 대한 잘못된 이해는 부분적으로 기록물의 획득 가능성에 의해 부여된 편의(偏倚)

의 귀결이다. 영주 토지(특히, 교회 토지)는 기록을 유지했고 또 남아 있다. 반면에 자유 보유 농민들은 기록을 유지하지 못했다.

노동력의 정확한 구성은 잘 알려져 있지 않지만, 대개 농노는, 크리스토퍼 디어(Christopher Dyer)의 말로 표현하면, '상당한 소수'(a substantial minority)였다. 비록 이러한 일반화는 영국을 참조하여 접합한 것이지만, 많은 독립적인 농민들을 가진 스칸디나비아를 예외로 한다면, 중세 서유럽에서는 아마도 대체로 진실이었을 것이다.

통합된 영주 토지, 즉 장원이 농노제의 설립과 더불어 중요성을 얻을 때조차도 농민 가계들은 농업 생산의 주요한 자리를 차지하고 있었다. 장원은, 영주의 장원에서 부역 노동을 수행하도록 되어 있는, 농노에 의해 작업되는 토지를 갖는다. 부역 노동의 정도와 성격은 변했지만, 주당 1일과 3일 사이에서 변하는, 통상 주당 수일로써 표현되기도 하고, 또는 동등하게 연간 수주로써 표현되기도 했다. 농노도 자신의 소비와 시장을 위해 경작하는 자기 소유의 작은 토지를 가지고 있었다. 생산 경영의 이러한 형태는 통상적으로 믿어지는 것보다 덜 광범하였으며 덜 영구적이었다. 대륙 학자들이 자주 이분제(bi-partite)로 부르는 장원적 조직 형태는 가장 광범하게 확산되어 있는 지역에서조차도 농업 생산자의 과반수를 고용하지 못했다. 게다가 농노제는 반드시 교회 또는 세속 영주에 의해 관리되는 토지에서의 부역 노동과 결합되어 있는 것도 아니었다. 전체 영주 토지 또는 그 대부분이 영주에게 지대를 지불하는 농민이 관리하는 작은 토지로 세분된 것도 꽤 통상적이었다.

장원적 조직으로의 변동이 왜 9세기에 추동력을 얻었는가는 명백하지 않으며, 범유럽적인 현상도 아니었다. 장원적 조직의 핵심은 루 아르 강과 라인

강 사이의 지역, 즉 이전 카롤링거 제국에 위치해 있다. 후에 동쪽으로 확산되었지만 남부 프랑스, 스칸디나비아와 동유럽에서는 실제로 부재했거나 약했다. 이탈리아에서 장원은 덜 통합되었고 영주의 권리는 주요 지역(예컨대, 토스카나)에서 거의 부재했다. 노예에 의해 작업되었던 고대의 플랜테이션과 장원적 생산 경영 간에는 어떤 직접적 연계도 없다. 사실 장원적 경영은 프랑스에서 8세기 말까지 출현하지 않았으며, 이탈리아와 다르게 고대에 플랜테이션 생산의 역사가 없었던 저지대 국가의 일부에서는 아마 1세기 정도 더 빨랐을 것이다. 영국 장원은 노르만 정복 이전으로까지 거슬러 올라갈 수 있는데, 그것은 장원제가 노르만에서 들어온 것이라는 주장을 무효화한다. 사실 노르만의 본고장, 즉 프랑스의 노르망디는 거의 어떤 장원의 흔적도 찾을 수 없다. 더 나아가 장원 생산이 총농업 생산의 상당한 부분이었다고 해도, 그것은 아마도 농업 산출물의 지배적인 원천은 아니었을 것이다. 영국에서 13세기 말까지 생산 형태별 토지의 분배는 경작 가능한 농지의 약 4분의 1이 직접적인 장원 경영 하에 있었으며, 동일한 몫이 자유 토지였고, 자유 소작인과 부자유 소작인이 그 나머지를 경작했다는 것을 보여 준다.

스웨덴과 노르웨이는 개간할 수 있는 토지에 비해 노동이 부족하다는 특징을 가진 예외적인 곳이었다. 그곳의 농부들은 유럽 대륙에서처럼 귀족적 권위에 굴복하지 않았다. 왕은 종교개혁 이전에 특히 최근의 정착 영역(예컨대, 북부 스웨덴)에서 토지의 실질적인 소유자가 되었고, 잠재적인 정착자의 이동성을 제약하는 데 어떤 관심도 없었다. 14세기 후반과 15세기 중반에 노동 부족이 극심하게 되었을 때 스웨덴과 덴마크에서 임차인을 토지에 긴박시키려는 시도는 있었지만 농노제는 도입되지 않았다. 노예제는 대륙보다 스웨덴에서 더 나중에 소멸되었지만, 이전의 노예는 농노가 아니라 소규모 소작농(crofter)이 되었다. 스웨덴에서 자유 보유자가 단일한 가장 중요한 직업 그룹으로 남았으며, 흑사병 이후 덴마크에서처럼 장원적 생산은 감소하고, 광범하지는 않은 영지(demesnes)가 점차 농민 가계에 임차되었다. 왕의 땅을 경작하는 농민들은 국가에 세금만을 지불하였고, 귀족들이 보유한 토지를 경작하는 소작인들은 세금은 면제되었지만 지대를 지불했다. 실제 세금과 지대 간의 차이는 모호하게 되었다. 덴마크와 남부 스웨덴의 덴마크 영역은 달랐다. 유틀란트를 예외로 하면 중세 말까지 장원적 생산은 더 지배적이었지만, 농노제는 성공적으로 도입되지 않았다. 덴마크에서 농노제의 늦은 도래와 전염병으로 심각한 타격을 받은 유틀란트에서 농노제의 부재는 카르텔 규율을 설정하는 데 있어 영주들의 무능력뿐만 아니라 농민의 저항도 연관된 것으로 보인다. 희소한 노동에 대한 영주 간 경쟁이 너무 심해서 14세기 말에 농노제를 도입하려는 시도는 왕의 도움의 손길에도 불구하고 실패했다.

농노제의 타이밍, 빈도와 성질은 중세 유럽에서 실체적으로 변화했다. 도마(Domar)가 농노제의 추동력으로 토지가 풍부한 경제에서 지대를 추출하는 문제를 지적한 것은 올바랐다고 해도, 부자유한 요소들을 도입하고 유지하는 데 있어 교회나 세속의 지주의 능력은 다양한 조건들에 의존했다고 보인다. 지주는 정착 지역으로 토지의 소유권을 확장할 수 있어야 하는데, 국가가 이들 영역을 잠재적인 수입원으로 보거나 이들 영역이 효율적인 권위를 수행하기에 너무 넓은 한 쉽지 않았다. 이것은 로마 제국의 붕괴 이후 인구 감소가 소농의 강화와 결합된 이유를 설명한다. 게다가 지주들은 카르텔의 내재적 불안정성을 극복해야 했는데 그들의 토지의 많은 부분이 공지(空地) 상태일 때 그것은 어려웠다. 그러나 귀족이 다른 영주 토지로부터 노동을 빼오려는 유혹을 억누를 수 있을 때조차, 지대의 부담은 탈주한 농노의 **기회비용**을 어느 정도 반영한다. 농민 가계가 프런티어에서 개간할 수 있는 토지를 가진 지역에서 자주 그랬던 것처럼 강압이 성공적이지 않으면, 영주는 자신의 노동을 지키기 위해 더 가벼운 부담을 부과했다.

농노제 출현의 조건들은 노동 부족, 작고 감소하는 독립적인 농민, 교회와 세속 엘리트의 관리 하에 있는 토지의 높은 집중, 낮은 도시화 수준, 교회와 세속 지주의 긴밀한 네트워크와 마지막으로 귀족 계층에 협조하는 국가인 것으로 보인다.

서유럽에서 흑사병 전후 특히 이후의 농노제의 쇠퇴는 장원 생산의 감소와 연관되어 있다. 저지대 국가들에서의 장원 조직은, 도시 그리고 다른 영주 토지와 북서부 독일을 포함하는 토지 개간의 영역으로 농민들의 이탈 및 이주의 기회가 증가하여 만들어진 긴장을 버티지 못했다. 그래서 도시에 부여된 영주의 사법권으로부터의 독립은 신속한 변환에 도움이 되었다. 장원제의 쇠퇴는 부역 노동의 해소 또는 완화와 결합되었다. 장원 조직의 쇠퇴는 토지 개간이 계속되는 많은 영역을 가진 저지대 국가에서 빨리 시작되었고 이미 12세기에 많은 지역에서 완료되었다. 농노의 해방은 흑사병 이전에 대체로 완료되었는데 유럽의 다른 부분에서는 그때 막 시작되었다. 프랑스에서 해방의 물결은 13세기 중반에 시작되었다고 기록되었으며 유사한 경향은 유럽 대륙 곳곳에서 보인다. 그렇지만 조정되고 빠른 이행이 아닌 느리고 점진적인 것이었다. 그러나 오랜 습관은 항상 슬그머니 사라지지는 않았다. 예컨대, 15세기 동안 카탈로니아에서 꽤 늦은 해방, 남용(mals usos)에 대한 투쟁, 임의적이고 경합적인 벌금

등은 극심한 사회 갈등을 동반하였다. 14세기 중반까지 프랑스에서 해방의 과정은(완성되지 않았다 해도) 명백하게 진행중이었지만, 영국에서는 매우 초기 단계에 있었다. 북부와 중부 이탈리아에서 농민 공동체가 도시 엘리트의 지원을 자주 받으며 지방 영주에 대한 대항력을 형성하였을 때인 12세기와 13세기에 해방은 추동력을 얻었다. 이러한 공동체의 일부는 영주의 (심한) 간섭으로부터 자유로웠다.

유사 농노적인 관습의 점진적인 소멸은 소작권의 세대 간 이전의 성질 변화에 의해 가속되었다. 다음 절에서 논의할 것처럼, 농민은 권리 양수인이 진입 부담금과 소작권에 연계된 다른 의무들을 감당하겠다는 의무를 수용한다면, 소작권을 이전할 수 있는 조건부 권리를 가졌다. 흑사병 이전에는 이러한 이전의 대부분은 가족 내에서 또는 가까운 친척 간에 이루졌다. 그러나 흑사병 이후 소작권을 받기 원하는 상속자가 없는 것이 꽤 통상적이었다. 유휴지를 갖고 있는 영주들은 집단적으로 행동할 수 없어서(즉, 수요 독점적 카르텔과 유사한 불안정성을 가져서) 잠재적인 소작인에게 양보해야 했다. 농노제가 폐지될 때 소작권의 내재적 성질도 변화했다. 토지 임대는 정해진 계약 기간을 가진 시장 주도적 계약으로 되었다.

현물 부담의 화폐 지대로의 전환은 중세 시대에 진행 과정 중에 있었는데, 그것은 경제의 화폐화가 증가되는 것을 반영했다. 9세기 초기에 경제적 거래는 지불 및 회계 수단으로 화폐 사용에 크게 의존했다. 실제적인 지불은 화폐와 상품 양자에 의존할 수 있었다고 해도 현실적인 회계는 통상적으로 통용 화폐로 표현되었다. 이전의 학자들은 이것을 중단 없는 과정으로 보았지만 보다 최근의 학자들은 그 과정의 일반적인 방향을 부정하는 것은 아니지만 퇴보의 기간에도 주목한다. 농업 생산 조직에서 더 심각한 변화, 즉 장원 생산의 해체는 부역 노동의 화폐 지불로의 대체를 자극했다. 화폐로의 대체는 우선 매우 상업화되고 화폐화된 지역에서 발생한 것처럼 느껴진다. 영주가 자신의 토지를 농민에게 임대될 구획들로 변형하도록 강요받았을 때, 부역 노동에 대한 필요는 감소됐다. 지대가 장기간 명목 단위로 고정되고 인플레이션이 지속되면 지대를 지불하는 소작인들에게는 뜻밖의 이득의 시기이다. 우리는 영주들이 이러한 조류를 거슬러 지대가 실질 단위에서 안정되도록 보장할 수단으로써 부역 노동을 재도입하려는 시도들을 목격하는데 통상적으로 오래 가지 못했다. 또 다른 방법은 임대 계약 기간을 더 짧게 하여 지대를 더 자주 재협상할 수 있도록 하는 것이다.

우리는 이렇게 복잡한 정보의 역사적 집합을 통합된 접근법으로 요약할 수 있는가?

1. 농노제는 1000년 이전과 이후 수세기에 집중되었지만, 소농 인구의 상당한 소수(substantial minority) 이상에게 영향을 미치지는 않았다.

2. 농노제는 노동을 차지하기 위한 영주 간 경쟁을 극복하는 데 도움을 주는 국가의 암묵적 또는 능동적인 동의를 얻은, 교회와 세속 엘리트의 관리 하에 있는 임계 수준 이상의 토지 집중을 전제한다.

3. 대륙적인 서유럽에서는 가량 700년 이전과 1500년 이전 스칸디나비아와 동유럽의 경우에 놀고 있는 많은 땅의 존재는 영주들의 수요 독점적 카르텔 형성을 어렵게 하거나 불안정하게 만들었다.

4. 흑사병 이전 세기에 서유럽의 대부분에서 농노제의 자발적인 해소는

합의적인 것이었고, 시장력에 의해 주도되었다. 어떤 의미에서 강압은 지주가 지대를 추출하는 데 더 이상 필요하지 않았다고 할 수 있다.

5. 흑사병 이후 영주들은 희소한 노동을 얻기 위해 경쟁하고 있었으며, 한결같이 낮은 임금을 강요하는 데 동의할 수 없었다. 그래서 그들은 중앙 권위체들로부터의 마지못한 지지나 저항에 직면했고, 귀족 계층의 사적 사법권의 외부에 있으면서 도망친 농노나 소작인에게 안전한 피난처가 된 도시의 성장에 직면했다. 노동과 토지의 시장은 마침내 승리했다.

그래서 임대지와 자유지 시장은 모두 점차 중요하게 되었으며 특히 장원 또는 대토지 경영 농업의 쇠퇴 이후에 그러했다. 소농은 토지 보유의 크기와 관련하여 더 계층화되었던 것 같다. 미천한 출신의 일부 농민들은 소작지와 자유지의 보유를 증가시켜 경영했는데, 임금 노동으로 소득을 보충할 필요가 있는 소작농이나 소규모 토지 보유 농민 또는 무토지 농민에 의해 공급되는 고용 노동에 부분적으로 의존했다.

근대적인 노동 시장의 진화는 중세 시대까지 거슬러 올라갈 수 있다. 노동 시장의 한도는 유럽 경제의 재생 이래 계속 성장하고 있었는데 14세기에는 상당하였다. 가장 선진적인 유럽 지역의 경우 성인 인구의 절반 정도가 임금 노동에 포함되어 있었다고 주장하는 추계치들이 있다. 그러나 그 임금 노동의 많은 부분은, 특히 농촌 지역에서, 계절적인 것이었기 때문에 항상적인 임금 노동의 상태에 있는 성인 인구의 비중은 더 적었다. 농촌 임금 노동은 가내 공업자나 토지가 없는 종사자에 의한 수확 작업과 같이, 농업적 순환의 피크에 집중되었으며 가내 공업자나 토지가 없는 종사자는 어느 정도 수확철 이주 종사자들이었다. 농촌과 도시 지역 간의 양방향적인 흐름이 있었는데, 일용 노동자가 도시를 떠나는 때인 수확철에 도시 일급 임금이 증가한다는 사실로부터 관찰된다. 그러나 농촌 가계, 특히 여성은 양모 선대제 산업에서 직조공이나 방적공으로 도시 기업가를 위해 청부제 임금으로 작업하고 있었다. 이 작업은 전형적으로 농업에서 노동에 대한 수요가 계절적으로 낮은 시점에 있을 때 수행되었다. 그래서 처음 정교화된 토지와 노동 시장을 발전시킨 유럽의 지역들, 주로 북서 유럽은 대개 산업화의 최초의 채용자가 된 지역이었다. 이에 대한 명백한 설명이 있다. 노동력의 상당한 부분이 관습적인 의무에 의해 영주에게 제약되어 있는 한, 공업을 위한 노동의 충분한 공급은 없으며 성장하고 있는 도시 인구를 부양할 수 있는 활발한 농업 부분도 없다.

5.6 기업과 농장

농업 개혁의 귀결로서 가계에 기초한 농장의 상대적인 중요성은 증가했으며, 대영주 토지는 줄어들었다. 총농업 생산에서 영주 토지의 생산의 몫은 자주 과장되었는데, 영주 토지가 기록을 보관한 유일한 생산자였기 때문이었다는 점을 여기에서 지적한 것은 중요하다. 대영주 토지에 의해 지배된 경제로써 통상 간주된 중세 영국은 농민 가계 생산의 비중이 상당했다. 토지를 임차하는 농민과 자가 소유자는 농업 생산물의 대부분을 생산했는데, 아마도 중세 시기에도 75% 정도였을 것이다. 토지 소유권은 매우 불평등하게 남아 있었지만 대토지 소유자는 가족 노동과 소수의 고용된 일꾼을 사용하는 경작 가계에게 점차 자신의 토지를 임차하는 것을 선택했다. 서유럽에서 가계가 운영하는 강화된 농장은 18세기와 19세기의 현상이었다. 하나의 큰 대지로 토지 보유를 집중하기 이전, 이른바 개방 경지 농업은 유럽의 주요한 부분에 편재되어 있었는데, 그곳에서 가계는 마을 주변의 수많은 작은 지조로 흩어진 토지를 소유하거나 임차했다.

개방 경지적 구획은 농부들이 쟁기질, 파종, 제초, 그리고 수확에서 협조하거나 협조하도록 강요했다. 역사가들은 거대한 영역 위에 흩어진 토지의 조그만 지조를 가지는 이러한 일견 비실용적 체계의 지속을 퍼즐로 생각했다. 개방 경지 농업에서의 효율성 증진 특성을 발견하려는 많은 시도들이 있었다. 경제사가 매클로스키(D. McCloskey)와 연관된 한 가지 설명은, 전 마을에 걸쳐 흩어진 토지를 가짐으로써, 모든 토지를 한 위치에 집중한다면 실질화될 수 있는, 국지적 수확 충격과 결합된 위험을 가계는 최소화한다고 주장한다. 다른 설명들은, 경작 마을과 같은 소규모 공동체들은 상호 지원 위에 건설되었고 경지 구획에 의해 수행되는 협조는 모두의 산출물을 극대화하기 위해, 구성원들이 다른 사람들의 노력을 감시할 수 있도록 한다는 점을 지적한다. 기술적인 결정주의의 요소는 다음과 같은 설명에 잠복해 있다. 이를테면 발토판을 가진 무겁고 깊게 자를 수 있는 쟁기는 효율적으로 작동하기 위해 몇 마리의 황소를 필요로 했다. 그런데 각 가정은 기껏해야 한 마리의 황소를 마련할 수 있었기 때문에 중세 초기(Box 3.3을 보라)에 도입된 중쟁기는 긴 지조의 토지와 협조적인 작업 노력에 적합하였다. 이러한 설명들은 서로 배타적인 것은 아니지만, 개방 경지 농업의 합리적 근거를 발견하려는 독창적인 시도임에도 불구하고, 상당수의 경제사가들은 여전히 그 속에서 하나 이상의 퍼즐을 발견하고 그렇게 느낄만 하다고 생각한다.

경작 가계들이 때때로 야심차고 근대화하려는 개혁가들에 의해 강요되어서, 개방 경지 농업을 포기하고 자신들의 농장을 통합하였을 때 제조업 기업은 소규모 생산에서 벗어났다. 왜 농업이라는 한 분야에서는 생산하는 단위나 기관이 가계에 연결된 채로 남아 있는 반면, 공업이라는 다른 분야에서는 단위가 더 커지고 있었는가?

게다가 농업에서 종사자(농민 가계)는 토지를 소유하거나 임차하고, 지대를 포함한 모든 경비를 주고도 만약 남는 소득이 있다면 그것을 받게 되는 자, 즉 **잔여재산 청구권자**이다. 공업에서 종사자는 자본을 소유하거나 고용하지 않고, 공장 소유자에게 고정된 임금으로 고용되며 공장 소유자가 잔여재산 청구권자가 된다. 왜 종사자는 농민처럼 생산 수단을 소유하거나 고용하지 않는가?

이 질문에 대한 대답은 뒤로 미루고, 왜 농업과 공업은 생산 단위의 규모와 관련하여 상이한 경로를 따라 발전하였는가에 집중하자. 농업은 자연이 생산의 조건과 속도를 지시한다는 점에서 대부분의 다른 부문과는 다르다. 작업은 광활한 야외에서 수행되고 종사자에 의한 노력의 질은 수확 때까지 쉽게 평가할 수 없다. 자연적인 사고들이, 부정적이든 긍정적이든, 파종과 수확 간에 개입하는 것 같고, 노동자의 노력의 효과와 자연의 효과를 분리하는 것은 어려워서 그렇다. 그래서 농업 종사자는 자신의 노동에 대해 완전하게 보상되지도 않을 것이며, 태업에 대해 완전하게 처벌되지도 않을 것이다. 규모의 경제가 충분히 크다면 감시를 증가시키는 것이 가능하지만 규모의 경제의 잠재력은 농업에서 더 적을 것 같다. 그래서 토지 소유자는 경작 가계에게 자신의 땅을 빌려

주거나 판매하는 경향이 있는데, 경작 가계의 자신에 대한 감시 비용은 정의상 0이다. 즉, 당신이 자신을 위해서 일한다면 당신 자신을 속이지는 않는다. 공업에서 작업 노력을 감시하는 것은 더 쉽다. 종사자들은 공장 현장에 있는데, 많은 경우 기계와 생산 고안, 가령 컨베이어벨트는 생산의 속도를 결정한다. 생산물의 질은 통상적으로 평가되고 종사자에 의한 과실은 꽤 쉽게 검출될 수 있다. 작업 노력의 보상과 통제 체계들은 비용이 들지 않은 것은 아니지만, 공업에서는 생산 과정이 농업에서처럼 자연에 의해서가 아니라 인간의 독창성에 의해서만 제한되기 때문에 규모의 경제는 더 크다.

　근대 대규모 기업의 출현 이전에 제조 활동은 독립적으로 일하는 가계 내에서 또는 영어로는 putting-out(선대제) 체제로 알려진 이른바 선대제(Verlag) 체제 내에서 수행되었다. 그 체제는 생산자에게, 즉 장인 가족이나 농민 가계의 가족 구성원에게 운영 자본, 즉 원재료 투입을 제공하는 상인에 의존한다. 생산자들은 생산된 단위당(가령 생산된 옷당) 지급받는데 그렇게 함으로써 작업 노력의 감시 문제를 극복한다. 규모의 경제는 생산물의 판매와 투입물의 구매에서 추구될 수 있지만, 생산은 근대적 기업처럼 집중화되지 않는다. 생산자들은 가계 단위로 전형적으로는 도시 지역과 농촌 지역에 모두 위치했다.

　산업화 초기에 규모의 경제는 고정 투자는 임계 규모 이상이어야 했기 때문에 비롯되었다. 직물 방앗간은, 그 이름에 드러나듯이, 처음에는 증기력으로 직조되는 것이 아니라 에너지의 원천으로 수차에 의존했는데, 수차를 건설하는 데에는 명백한 규모 효과가 있었다. 이러한 차이는 생산 단위의 규모에서 크고 증가하는 차이를 설명할 수 있는데, 왜 자본 소유자가 그 이외의 다른 방법이 아닌 종사자를 고용하는가를 반드시 설명할 수 있는 것은 아니다. 노동자 경영 기업을 설립하기 위해 종사자들이 자본을 차용하는 세계를 생각할 수도 있지만 그것은 거의 발생하지 않는다. 그것이 발생하지 않는 명백한 이유 한 가지는 산업화의 초기 국면에는 자본 시장이 잘 발전되지 않았고 불완전하였다는 것이다. 초기 산업 기업가들은 가족과 친구로부터 차입에 의존했고, 은행 경영자들은 가난한 자보다는 부자의 친구 중에 있었던 것 같다. 존재하는 노동자 경영 기업의 소수의 사례에 대한 최근의 연구는 그런 기업은 자본가 기업이 직면하는 것보다 신용 제약에 더 구속된다는 것을 보여 준다. 게다가 기업을 경영하는 것은 본디 위험하고, 부자는 가난한 사람보다 더 위험을 잘 감당할 수 있다. 당신이 부유하다면 당신은 당신의 투자를 더욱 다변화할 수 있다. 종사자들은 가난하고, 그들의 빈약한 부를 노동자 경영 기업에 투입한다면 다변화할 수 없다. 높은 위험 노출은 그런 기업의 형성을 억제할 수 있다. 이러한 설명에는 **경로 의존**이 작동한다. 경로 의존에 기초한 설명에서 특별한 제도는 가장 효율적일 필요는 없다. 그것은 설립되기에 충분할 만큼만 효율적일 것을 요구한다. 아마도 독특하고, 심지어 우연적인, 역사적 조건에 의해 일단 설립되면, 그것은 자기 자신의 성공의 씨앗을 뿌릴 것이고, 심지어 더 효율적인 대안조차 배제할 것이다. 자본가 기업의 맥락에서 최초의 조건들(가령 자본 시장의 불완전성과 위험 회피)은 특별한 제도에 더 유리한데, 그것은 그때 대안적인 선택지들을 덜 개연적이게 하기 때문에 확정되는 경향이 있다. 자본 소유자들이 누대에 걸쳐 전승되는, 경영 기술이나 기업가적 관념을 획득할 때, 경로 의존은 대안적인 것들을 제한한다.

그러나 이것은 이 사례에 대한 완전한 설명은 아니다. 자본가 기업은 노동자 경영 기업보다 경쟁적인 환경에서 더 적합한 것으로 입증되었다. 왜냐하면 그것은 소유자의 수익을 극대화한다는 유일한 목표를 갖기 때문이다. 노동자 경영 기업은 다양한 목표의 집합을 갖는다. 그것은 최초 소유자를 없어도 좋은 것으로 만들지 않을 것을 포함하는데, 노동 절약적인 기계의 도입을 지체시킨다. 그러나 노동 절약적 기술 변화를 갖는 경쟁적인 환경에서는 빠른 기술 진보가 장기적인 생존을 위해 필요하다. 노동자 경영 기업은 통상적으로 소유자들의 노동 생명에 의해 제한되어 더 짧은 시평(time horizons)을 갖기 때문에 투자 전략은 달라진다. 그러므로 이러한 전망에서 노동자 경영 기업의 역사적 실패는 '가장 적합한' 조직적 형태가 시장에서 선택된다는 사례이다. 그렇기 때문에 과도하게 축하할 이유는 없다. 다수의 자본가 기업은 일상적으로 실패하고, 필요하다면 피고용자들을 해고하기에 좋기 때문에 생존하는 기업들도 실패한다. 노동자 경영 기업들은 공업에서는 드물다고 해도 법률 서비스, 광고, 건축과 같은 서비스 생산에서는 그렇게 드물지 않다. 그 이유는 작업 노동의 질을 감시하는 것이 어려워서, 파트너 간의 이윤 공유의 형태로 노동과 지불 간의 직접적 연결이 있도록 기업은 설정되기 때문이다.

5.7 협동조합과 자물쇠 효과

많은 영역에서 자본가 기업의, 즉 잔여재산 청구권자인 소유자들(의 대표)에 의해 경영되는 기업의 지배는, 19세기 말에 기업에 의해 처리되는 주요한 투입물의 공급자들(의 대표)에 의해 경영되는 협동적 기업에 의해 도전받았다. 잘 알려진 예들은 스칸디나비아에 소재한 낙농 협동조합인데 버터로 생산될 우유를 공급하는 농부들에 의해 소유되었다. 대부분의 경우 이러한 기업들은 후발자였지만, 덴마크 경제사가 잉그리드 헨릭센(Ingrid Henriksen)에 의해 입증되었던 것처럼, 덴마크에서는 1882년에 최초의 협동적 기업이 설립된 이래 20년 내에 기득적인 자본가 기업을 구축했다. [표 5.1]을 보라.

덴마크의 낙농 협동조합은 자주 농업 수출국으로서 덴마크의 성공의 주요한 이유 중의 하나로 간주되지만, 실제 협동조합적 조직 형태는 공업의 모든 분야에서 동일하게 성공적이지는 않았고 심지어 다른 나라에서는 한 분야에서도 성공적이지 않았다.

왜 협동조합은 다른 데에서보다 생산의 일부 업종에서 더 널리 퍼진 것처럼 느껴지는가? 예컨대, 협동조합 제재소와 종이 생산자, 고기 생산자, 유제품과 와인 농장은 있지만, 협동조합 자동차 제조업이나 협동조합 강철 생산자는 없다. 여기에서 제시된 설명은 다른 기업이 그들에게 투입물을 공급하는 것에 어쩔 수 없이 의존할 때 모든 기업이 직면하는 문제에 초점을 두었다. 이러한 공급자 중의 일부는 자물쇠 권력(hold-up power)으로서 일반적으로 이야기되는 것을 악용할 수 있다. 그것은 그들이 제공하는 투입물의 가격과 질에 대해 권력을 행사할 수 있거나 짧은 예고 후에 공급을 중단할 수 있다는 것을 의미한다.

낙농 협동조합의 진화는 유익한 정보를 주는 사례이다. 그들이 출현하고 궁극적으로 자본가 낙농 기업을 구축했던 당시, 운송 기술과 투입물인 우유의 질을 평가하는 기술은 거의 발전하지 않았다. 우유는 상하기 쉬운 생산물이기 때문에 기업들은 제한된 지리적 영역 내에서 임계 규모 이상의 공급자에 의존하지 않을 수 없다. 공급자가 기회주의적으로 행동할 수 있는 범위는 인도된 우유의 질을 평가하는 방법의 불완전성에 크게 기인하고 있었다. 낙농 기업은 동

[표 5.1] 1888~1909년 협동조합 유제품 제조 공장과 소유주 유제품 제조 공장의 수

연도	협동조합	소유주
1888	388	468
1894	907	215
1898	1,013	260
1901	1,067	209
1905	1,087	207
1909	1,163	255

주: 소유주형은 영주 경영을 제외한다.
출처: I. Henriksen, 'The Transformation of Danish Agriculture 1870-1914', in K. G Persson(ed.), *The Economic Development of Denmark and Norway Since 1870*(London: Edward Elgar, 1992), 172.

의한 표준에 따라 우유를 인도하지 않는(예컨대, 우유에 물을 더한다든지 하는) 공급자를 처벌할 신뢰성 있는 위협을 수행하는 것에 어려움이 있었는데, 각 기업은 제한된 지리적 공급 영역으로부터의 공급에 의존하기 때문이었다. 기업은 대안적인 용도가 없는 고정 자본에 투자함으로써 '묶이게 되는' 반면, 농부는 낙농업으로부터 고기 생산이나 농작물로 전환할 수 있었다. 그래서 낙농업자는 장기 인도 계약에 관심을 갖지만 농부는 그렇지 않다. 장기 계약에 따라 합의된 양을 공급하는 것을 거부함에 의해 자물쇠 권력을 행사할 수 있는 공급자와 직면할 때 기업이 기업 내에 그 공급 사슬을 통합하려고 시도하는 것은 일반적이다. 이른바 수직적 통합이다. 예컨대, 공급자가 독점이 되면, 차량 제조 기업은 이전에 외부 공급자로부터 구입하였던 강철 생산을 통합하는 것을 선택할 수 있다.

노벨상 수상자인 경제학자 코즈(R. Coase)로부터 영감을 받은 근대 기업에 대한 기존 설명은, 기업은 전형적으로 중간재 생산을 기업에 내부화함으로써

시장 교환에서의 높은 거래 비용을 회피한다고 주장한다. 그것은 수직적 통합으로 알려져 있다. 외부 기업과의 값비싼 협상 대신에 기업은 그 투입을 스스로 공급한다. 그러나 19세기 말 농업에서 농장 노동자가 되기 위해 자신의 재산을 매각하는 데 관심을 가진 독립적인 농부들의 군집은 없었다. 그러므로 농업에서의 소유권 구조가 전제될 때 수직적 통합은 선택지가 아니었다. 농장 일은 경제적 활동만큼이나 삶의 방식이었다. 협동조합 낙농 기업들은 조합원-소유자측의 기회주의적 행동의 위험뿐만 아니라 공급자로부터의 장기적인 약속의 필요에 직면했다는 것은 명백하다. 협동조합 낙농업은 사실 우유를 공급하는 농부들에 의해 소유된 수직적으로 통합된 기업이었다. 조합원들은 장기 계약에 스스로를 구속해야 했으며 잔여재산 청구권자가 되었다. 기회주의적 행동의 문제는 품질 요구를 깼다는 것이 발각된 사람에게 엄한 처벌을 함으로써 해결되었고, 협동조합은 조합원들의 행동을 감시하기 위해 정보 제공자를 사용했다. 구성원이 잔여재산 청구권자이었으므로 그들은 다른 구성원을 감시하고, 부정행위를 보고하는 데 관심을 가졌다. 규칙을 깬 조합원은 협동조합에 투자했던 돈을 포함하여 조합권이 박탈될 수 있었다. 자본가 낙농 기업에서는 소유자가 잔여재산 청구권자이므로 공급자는 다른 공급자의 부정행위를 감시하고 보고하는 데 관심이 없었다.

협동조합이, 생산의 동일한 분야에서조차, 모든 나라에서 동등하게 성공적이지 않은 것은 위의 두 번째 점과 관련된다. 그러므로 덴마크와 아일랜드가 자주 비교되는데, 아일랜드는 역사적으로 중요한 영국 시장에 공급한 주요 국가였지만, 1880년대부터 급속하게 덴마크에게 시장 점유율을 잃었다. 이 이유에 대해서는 여전히 논쟁이 되고 있지만, 한 가지 주목할 만한 차이는 아일랜드 협동조합 유제품 제조 공장이 소유주 유제품 제조 공장에 대한 경쟁력을 획득할 수 없었다는 점이다. 이것은 적어도 부분적으로는 영국법보다 덴마크법이 협동조합을 명백하게 더 지원하려고 했다는 법률 체계의 중요한 차이에 기인했다고 느껴진다. 이것은 특히 공급자와 위에서 언급된 유제품 제조 공장 간의 중요한 수직적 계약을 구속력 있게 수행하도록 하는 데 있어 협동조합 유제품 제조 공장의 능력과 관련된다. 이제 우리의 대상은 계약의 중요성이다.

5.8 계약, 위험 및 계약 집행

계약은 자주 자생적으로 발전되는데 위험을 줄이고 계약 상대방의 기회주의적 행동을 제한하는 경향이 있다.

상업, 제조업 그리고 선운에서 위험을 줄이는 방법은 파트너십 계약이었다. 유동 자금을 가진 사람은 다수의 상업 활동에 투자할 수 있고, 각 상인들은 그때 전형적으로 다수의 투자자를 갖는다. 투자자는 상인이 이윤을 얻는 데 실패할 위험을 떠안지만 계약은 자주 이윤에 관한 훌륭한 수익을 규정한다. 원격지 무역은 필연적으로 상인과 투자자 간의 정보의 비대칭성을 포함했다. 파트너십은 19세기에 장기 자본에 대한 필요와 함께 더 발전했다. 그래서 유한 책임 모형은 효율성을 증진하는 제도의 훌륭한 예이다. 투자자는 그들의 주식에 대해 양의 수익을 기대하지만 투자된 돈을 잃을 위험을 감수한다. 그러나 투자자는 그가 소유한 주식의 회사가 축적한 손실이나 부채에 대해서는 책임을 지지 않는다.

구형의 파트너십은 무한 책임과 결합될 수 있었고 서로 신뢰하면서 위험 애호자인 사람에게 파트너십을 제한했다. 그러므로 산업화 초기에, 파트너십의 구성원으로 자주 가족과 친구를 채용했는데, 그것은 조달할 수 있는 자본의 양을 제약했다. 신용 협동조합은 19세기 농촌 지역에서 발흥했던 일종의 저축 은행으로 조합원 간에 무한 책임을 졌다. 다른 말로 하면, 조합원은 다른 조합원에 의한 채무불이행에 대해 책임을 질 수 있어서, 조합원은 다른 사람이 기회주의적으로 행동하지 않는다는 것, 즉 자신의 이익을 위해 다른 사람의 신뢰를 악용하지 않는다는 것을 신뢰해야 했다. 계약은 거의 완전할 수 없고 집행에 많은 비용이 들기 때문에 신뢰 관계는 사회가 작동하도록 하는데 극히 중요하다. 신뢰는 어떤 의미에서 현대적인 용어에서는 사회적 자본이라 부르는 것에 대한 자기 집행적인 문서화되지 않은 계약이다. 사회는 광범한 상호 불신 속에서 적절하게 작동할 수 없다. 신용 협동조합이 번성한 북부 이탈리아와 그것이 뿌리를 내리는 데 실패한 남부 이탈리아의 신용 협동조합의 상이한 발전 경로는 남부 이탈리아, 즉 메초조르노(the Mezzogiorno)가 필요한 사회적 자본을 결여했다는 사실과 관련되어 있다고 주장한다.

노동 시장과 상업에는 매우 다양한 계약 형태가 있다. 굉장히 효율적인 어떤 유일한 계약 형태는 없고, 차라리 몇 가지 충분히 효율적인 계약 형태들이 공존한다는 의심은 역사적 기록에 의해 지지되었다. 이론가뿐만 아니라 역사가들의 주의도 끌었던 한 특별한 제도는 산출물을 반분하는 계약, 이른바 분익소작이다.

종사자가 고정된 임금을 지급받는 공업 기업에서와 달리, 농업에서는 농민이 고정된 지대를 지불하는 것이 아니라 산출물의 몫을, 자주 절반을 나누어 주는 것으로 토지를 임차하는 것이 통상적인 관행이었다(프랑스어로는 metayage 이고, 이탈리아어로는 messadria이다).

분익 계약(share contract)은 소작 농부가 고정된 지대를 지불하는 계약적 배치에 비해 노동 노력을 줄인다. 고정된 지대의 경우 더 많은 산출물을 생산할 유인이 더 높은데, 일단 고정된 지대를 지불하면 소작인은 모든 산출물을 차지할 수 있기 때문이다. 반면에 분익 소작농은 단지 한계 산출물의 일정 몫만을 받았다.

분익 소작 계약(sharecropping contract)의 노력 감소 효과가 이렇게 명백함에도 불구하고, 고대부터 현재까지 분익 소작 계약의 광범한 사용을 관찰하게 되므로, 이론가와 역사가들은 숨겨진 효율성 증진 특성들을 찾으려 했다. 사고의 한 줄기는, 분익 소작은, 고정된 지대가 아니라 산출물의 고정된 몫만을 지불하므로 수확이 나쁜 시절에 지대는 자동적으로 감소하기 때문에 소작 농민의 위험을 줄인다는 점을 지적했다. 그러나 고정된 지대 계약 하의 소작농에게 풍성한 수확을 갖는 해까지 지대 지불을 연기하는 것을 허용하는 것이 통상적인 관행이었다. 그러므로 확장된 기간에 걸쳐 보면 고정 지대 소작농은 분익 소작농보다 더 많은 지대를 지불할 필요가 있었는지는 결코 명백하지 않다. 다른 저자들은 분익 소작 계약의 산출물 감소 효과는 소작농이 토지를 과도하게 착취하는 것을 멈추게 한다는 것을 지적하면서 미덕을 당연한 것으로 만들었다. 토지 임차 계약 하에서 고정 지대 소작농은 단기적으로는 토지(또는 과실)를 과도하게 착취하여, 장기적으로는 부정적인 귀결을 가질 것으로 기대될 수 있다. 그러나 이것은 임차가 단기적인 계약일 때만 진실이다. 토지 소유자가 임대를 확장한다면 소작농은 장기적으로 부정적인 귀결을 가지는 단기 이익을 획득하는 행

Box 5.2

왜 분익 소작은 작업과 산출물을 감소시키는가?

한 생산자는 영주에게 고정된 지대를 지불하고 있고, 다른 한 생산자는 영주에게 생산물의 일정한 몫을 지불하고 있다는 점을 제외하고는 모든 점에서 동질적인 두 생산자를 살펴보자. 고정 지대는 14펜스이고, 분익 계약은 생산자가 지대로 산출물의 절반을 지불하도록 규정한다. 작업 시간당 산출물은 4펜스의 값어치가 있다. 고정 지대 생산자는 처음 3.5 작업 시간으로부터 14펜스의 지대를 지불하고 모든 한계 생산물을 차지한다. 무엇이 총작업 시간을 결정할 것인가? 답은 작업의 기회 비용, 즉 여가와 휴식의 가치에 의해 한계가 설정된다는 것이다. 당신이 더 많이 작업하면, 당신이 여가의 시간에 더 높은 가치를 부여한다. 여덟 번째 작업 시간은 2.5펜스의 기회 비용(여가 가치)을 갖는다고 가정하자. 산출물의 가치인 4펜스가 작업의 기회 비용인 2.5펜스보다 더 크기 때문에, 명백하게 고정 지대 생산자는 여덟 번째 시간을 작업할 것이다. 그러나 산출물 4펜스의 절반은 영주에게 지불하여야 하는데, 남는 것, 즉 2펜스는 작업의 기회 비용인 여가의 가치 2.5펜스보다 더 적기 때문에 분익 소작농은 여덟 번째 시간을 작업하지 않을 것이다. 고정 지대는 분익 계약에 비하여 작업 노력을 촉진하는데, 이 특별한 예에서 영주는 두 생산자로부터 추출한 지대가 동일하게 14펜스이기 때문에(이것은 쉽게 입증될 수 있다) 동등하다.

위에 유혹되지 않을 것이다. 소작농은 자주 임대에 대한 상속 권리를 획득하는데, 그것은 소작농에게 그들의 토지를 개선할 유인을 준다.

그러나 우리가 분익 계약이 계약 당사자들에게 효율적이라고 믿을 때조차도, 그것은 대안적인 제도, 즉 고정 지대 계약 하에서보다 더 적은 산출물과 연관되므로 사회적인 관점에서 산출물을 극대화하는 제도는 아니었다.

5.9 비대칭적 정보, 평판, 그리고 자기 집행적 계약

현물 교환(spot exchange)을 위한 시장들은 자생적으로 발전하고 최소한의 제도적 틀만을 필요로 한다. 현물 교환은 자주 국지적이므로 구매자와 판매자는 서로 잘 알아서 신뢰가 형성될 수 있다. 마찬가지로 계약을 존중하지 않는 거래자들은 평판을 잃음으로써 처벌될 것이며 종국적으로는 사업으로부터 내쫓기게 될 것이다. 원격지 거래는 지불과 상품의 인도가 일치하지 않기 때문에 다르다. 상인들은 전형적으로 다른 시장에서의 교환을 완성하기 위해 대리인을 고용하는데, 그러면 이른바 주인과 대리인의 문제가 발생하기 때문에, 특수한 문제들이 제기된다. 주인과 대리인의 문제란 대리인이 주인, 이 경우에는 상인의 이해에 반하여 자신의 이해를 위해 정보의 비대칭성을 악용할 수 있다는 것을 의미한다. 대리인은 주인이 알지 못하고 입증하는 데 어려움을 가지는 어떤 것을 안다.

스탠포드 경제사가 아브너 그라이프(Avner Greif)는 정보가 느리게 전달되고 접근하기 어려웠던 시대인 중세 무역에서의 매우 다양한 계약들을 연구했다. 대리인의 적절한 행동을 감시하는 것의 어려움이 주어질 때, 이상적인 계약은 자기 감시적일 필요가 있다. 즉, 대리인이 정직하게 행동하는 것이 자신의 이해에 맞도록 해야 한다. 달리 말하면, 정직으로부터 얻는 장기적인 이득이 부정행위로부터 얻는 단기적인 이익보다 더 많아야 한다. 그것을 보장하기 위해 평판은 중시되어야 한다. 대리인은 자신의 상인이 아니더라도 상인의 동료인 누군가에 의해, 부정행위가 적발될 수 있다는 것을 알아야 한다. 그러므로 상인들은 힘을 합하여 대리인의 부정행위를 보고했고 부정직하게 행동한 것이 발각된 대리인을 고용하지 않는 데 동의했다. 대리인은 미래 고용을 위해 평판이 중요하다는 것을 알기 때문에 합의된 행동의 표준을 지키는 데 관심을 가진다.

민족 그룹들인 유대인, 북부 이탈리아에서 온 롬바르드인, 프레밍인 그리고 독일 한자는유럽 전역에 걸쳐 활동했으며, 폐쇄적이고 배타적인 네트워크를 형성했다. 대다수 주요 도시들은 유대인의 길(Rue Juive)이나 롬바르드 가(Lombard Street)를 가진다. 상인이나 금융업자들이 민족 계열에 서로 집착하는 것에 대한 한 가지 가능한 해석은 민족 그룹은 공통적인 신념과 언어를 공유하기 때문에 민족성이 구성원의 행동에 대한 정보의 보급을 촉진한다는 것이다. 평판은 상업뿐만 아니라 사회적 삶에서 자주 만나는 꽤 밀접한 그룹 내에서 반복된 접촉에 의해 형성되고 파괴된다.

요약

명백하게 비효율적인 제도를 연구자들이 독창적으로 설명하는 것은 인상적이지만 항상 성공적이지는 않다. 제도는 그것의 귀결에 의해 설명되지만, 선택 기제는, 진화 생물학에서의 맹목적이고 편향되지 않은 자연 선택 기제와는 달리 기득권의 이해를 향해 편향될 수 있다. 그러나 일부 제도를 설명하는 데 어려움을 가질 때조차 그 결론은 비관적이지 않다. 때때로 역사가 우리에게 트릭을 행하는 것뿐이다.

대체로 많은 제도는 효율성을 증진하는 속성들 때문에 존재한다. 몇 가지만을 언급하면, 협동조합, 유한 책임 회사, 신뢰, 소유권, 화폐, 은행, 정치적 행정에 대한 견제와 균형, 그리고 독점체의 규제이다.

● 노벨상 수상자 Douglass C. North는 제도와 경제 성장에 대한 영향력 있는 저자이다. 예컨대, 그의 *Institutions: Institutional Change and Economic Performance* (Cambridge University Press, 1990)를 보라. 더 광범한 범위에서 Daron Acemogolu와 James A. Robinson은 번영의 형성에 있어서 포용적이고 비약탈적인 제도의 중요성을 강조한다. 그러나 그들의 역사 이야기는 국가를 성공하게 만들기보다 실패하게 만든 제도의 지속을 지적한다. *Why Nations Fail, The Origins of Power, Prosperity and Poverty*(Crown Publishers, 2012)를 보라. 무엇보다 근대적인 제도의 중요성을 탐구한 자세하고 잘 연구된 사례는 J. De Vries and A. van der Woude, *The First Modern Economy, Success, Failure and Perseverance of the Dutch Economy, 1500-1815*(Cambridge University Press, 1997)이다.

● 제도의 역사적 분석에서 잠재적인 오류에 대한 통찰력 있는 개관을 제공한 것으로 S. Ogilvie, 'Whatever is, is right? Economic institutions in pre-industrial Europe', *Economic History Review*, 60(4)(2007), 649~684를 보라.

● 개방 경지 경작에 대한 문헌은 계속 늘어나고 있다. D. McCloskey의 영향력 있는 논문 'English open fields as behaviour towards risk', *Research in Economic History*, 1(1976), 124~170을 보라.

● 본문에서 언급된 장인 길드에 관한 두 관점은 S. R. Epstein, 'Craft guilds in the pre-modern economy: a discussion'와 S. Ogilvie, 'Rehabilitating the guilds: a reply', *in Economic History Review*, 61(1)(2008), 155~174 and 175~182에 의한 반응에서

인용된 배경 문헌에 잘 나타나 있다.

- 분익 계약에 대해서는 F. Galassi, 'An econometric model of farm tenures in 15th century Florence', *Economica*, 65(1998), 535~556을 보라. 그것은 이론적인 문헌에 대한 참고문헌도 있다.

- 협동조합은 Ingrid Henriksen에 의해 논의되어 왔는데, 예컨대 'Avoiding lock-in: co-operative creameries in Denmark, 1882-1903', *European Review of Economic History*, 3(1)(1999), 57~78을 보라.

- 중세 무역 계약은 Avner Greif에 의해 많은 논문과 *Institutions and the Path to the Modern Economy: Lessons from Medieval Trade*(Cambridge University Press, 2006)라는 저서 속에서 혁신적인 방식으로 분석되었다. Greif의 정신을 이어받는 분석에 대해서는 Y. Gonzalez de Lara, 'The secret of Venetian success: a public-order, reputation-based institution', *European Review of Economic History*, 12(3)(2008), 247~285를 보라.

- E. Domar는 그의 'The causes of slavery and serfdom, a hypothesis', *Journal of Economic History*, 30(1)(1970), 18~32에서 농노제에 대한 간단한 이론을 개발했다.

- 근대 기업들은 그들이 최종 소비를 위한 상품을 생산할 뿐만 아니라 일부 중간 투입물도 생산한다는 점에서 자주 수직적으로 통합되었다. R. Coase는 그것이 투입물의 생산이 기업 안으로 내부화된다면 회피될 수 있는 시장 교환에 포함된 거래 비용이 있다는 사실과 관련되어 있음을 주장했다. 'The nature of the firm', *Economica*, 4(16)(1937), 386~405를 보라.

6

지식, 기술 이전과 수렴

지식, 기술 이전과 수렴

6.1 산업혁명, 근면혁명과 산업적 계몽

산업화 이전 시대는 많은 획기적인 혁신과 개선을 목격했지만, 그것들은 전형적으로 실행에 의한 학습에 의해 생성되었다. 생산자는 사물이 작동했던 것을 배우지만, 왜 사물이 작동했는가에 대한 제한된 이해를 가졌다. 17세기부터 '자연의 법칙들'에 대한 더 많고 더 좋은 지식을 얻는 것에 결정적인 노력이 기울어졌다. 그러나 영국 산업혁명(기간 1770~1830)이 과학적 발견들에 기초했다고 믿는 것은 잘못이다. 자연을 더 심오하게 이해하기 위한 결정적인 발걸음은 이 시대에 취해졌지만, 이러한 성취는 생산 기술에 바로 충격을 주지는 않았다. 18세기의 발명을 상징하는 증기기관은 이러한 규칙을 확증하는 예외이다. 토머스 뉴커먼(Thomas Newcomen, 1663~1729)에 의해 개발된 증기기관은 대기압, 공기의 무게와 진공의 본성 등에 관련하여 이탈리아인 갈릴레오 갈릴레이(Galileo Galilei, 1564~1642)와 에반젤리스타 토리첼리(Evangelista Torricelli, 1608~1697), 네덜란드인 크리스티안 하위헌스(Christiaan Huygens, 1629~1695)와 독일인 오토 폰 게리케(Otto von Guericke, 1602~1686) 등에 의한 이전 세기부터의 과학적 탐구의 결과에 의존했다. 뉴커먼의 동시대인들은 의미 있는 공헌을 했는데, 특히 프랑스 발명가 드니 파팽(Denis Papin, 1647~1712?)은 피스톤을 발명했다. 제1세대 증기기관에서 증기는 실린더에서 응축되어 진공을 창조하고 그 후 피스톤은 대기압에 의해 실린더 안으로 밀려 들어갔다.

경험적 검증과 결합된 추상적인 이론적 탐구로부터 분출된 기술의 대량적인 돌출은 19세기 후반까지 대체로 그 세기의 마지막 10년에도 도래하지 않았다. 그러나 자주 제한되거나 결점을 가진 이론적 지식과 결합된 체계적인 실험들은 산업혁명 이전 또는 산업혁명 동안 더 일반적으로 되었다는 것을 부정하고 있는 것은 아니다.

과학의 역할에 관한 이러한 오해는 영국을 '최초의 산업 국가'로 만든 것에 대한 전통적인 역사적 서술에서 경제 성장의 매우 낙관적인 평가에 공헌했다. 산업화 이전 시대의 무기력함은 성장률이 빠르게 급증했다는 추정과 대조되었다. 이러한 관점은 20세기 마지막 수십 년 동안 니콜라스 크래프트(Nicholas Crafts)와 닉 할리(Knick Harley)가 주도한 수정주의 학자들에 의해 수정되었다. 그들은 산업혁명이라기보다는 산업적 이행이 있었고, 영국에 초점을 두는 것은 전 유럽적인 지적 계몽이 진행되고 있었다는 사실을 은폐한다고 주장했다. 조엘 모키어(Joel Mokyr)가 이름 붙인 산업적 계몽은 19세기의 혁신적인 과학혁명의 전주였는데, 그것은 19세기 후반 경제를 변형시켰을 뿐만 아니라 20세기 대부분의 생산 기술도 계속 지배했다. 게다가 버클리 경제사가인 얀 더프리스(Jan de Vries)가 근면혁명이라 부른 것, 즉 소비자 행동에서의 근본적인 변화가 산업혁명을 선행하였고 촉발하였다. 그는 산업혁명 이전의 1세기 동안 모든 가계 구성원들이 판매 가능한 상품의 생산자로서 또는 노동 공급의 확장으로 시장 참여의 정도를 더 높였다고 기술했다. 작업일은 증가해서 일급 임금이 많이 변하지 않았을 때조차 가계 소득은 증가하고 있었다. 증가된 소득은 새로운 상품에 대한 욕구로 분출되었다. 산업혁명의 선행 조건에 대한 수요 측면의 비전은 전통적인 해석에서의 공급 측면적 편향, 즉 기술 진보가 더 광범한 인구층이 그 상품에 접근할 수 있도록 만들었다는 견해를 교정하는 기능을 했다.

산업혁명의 개념은 경제 생활의 급진적이고 급격한 변화를 의미한다. 산업혁명을 빠른 성장과 새로운 기술, 증기와 같은 에너지 원천의 광범한 도입 및 급속한 확산과 결합시킨 것은 산업혁명에 대한 전래 동화 중의 일부이다. 프랑스혁명기(가령 1789~1795년) 동안 프랑스혁명을 인지하지 못하고 살았던 사람은 아무도 없었고, 대부분이 흥분했지만, 산업혁명기 대부분의 동시대인들은 산업혁명을 자각하지 못했다. 이 시기에 활동한 경제학자들은 자원 제약 때문에 지속적인 성장이 불가능하다고 확신하고 있었다. 사실 수십 년 동안의 더 높은 성장의 귀결을 생활 수준의 향상으로 인식할 수 있게 된 1850년경까지 산업혁명의 개념은 형성되지 않았다.

경제사가들은 최근에 산업혁명의 전통적 관점에 대해 점점 더 불만족하게 되었다. 일부는 그 개념 자체가 잘못 이름 붙여진 것이라고 주장한다. 새로운 기술이 도입되었다는 것은 진실이지만, 그것이 채택된 속도는 이전에 믿었던 것보다 훨씬 느렸다. 이러한 기술의 대부분은 '범용', 즉 많은 다른 사업에 활용할 수 있는 것이 아니라 부문 특수적인 것이었다. 다시 말하지만, 한 가지 가능한 예외는 증기기관의 개발이었다. 18세기 대부분 동안 그것은 석탄 광산에서 물을 퍼 올리는 데에만 거의 사용되었다. 초기 증기기관은 매우 에너지 비효율적이어서 값싼 화석 연료를 필요로 했기 때문에 석탄 광산에 위치하는 것이 적절했다. 석탄은 부피가 큰 상품이므로 당시 일반적인 운송 기술을 이용하여서는 장거리 수송을 할 수 없었다. 에너지원이자 동력으로 화석 연료를 도입한 것은 혁명적인 함의를 갖는데, 그것들은 인간과 동물의 근력, 그리고 (더 천천히) 풍력과 수력을 대체했기 때문이다. 증기기관이 개선될 때 실제로 마력-시간당 석탄 소비량이 계속적으로 감소했다. 18세기 초부터 약 175년에 걸쳐 1마력시를 만들어 내는 데 사용된 석탄은 거의 45분의 1로 떨어졌다. 산업혁명의 초기 국면 동안 공업을 위한 주요한 에너지원은 수력이었고, 그것은 공장들이 방앗간(mills)으로 불리우는 이유였다. 즉, 기계는 수차에 의해 구동되었다. 19세기 중반까지 증기기관은 운송에 영향을 주지 못했다. 속도와 효율성을 계속 증가시키고 있던 돛은 19세기 말까지 원거리 해상 운송의 지배적인 형태였으며, 20세기 처음 수십 년 동안에도 구축되지 않았다.

최근에 인식된 것은 산업혁명이 처음에는 특정 분야, 특히 섬유 산업, 더 정확하게는 면직물의 방적과 방직에서의 혁명적인 변화에 국한되었다는 것이다. 그 과정에서 면화처럼 기계화된 방적에 쉽게 적용될 수 없었던 섬유인 아마를 면화가 대체했다. 그러나 방적은 중세 이래로 계속적으로 발전되어 왔다. 돌이켜 생각해 보면, 산업화 이전 시대의 혁신들의 일부는 방적 바퀴를 돌리는 발 페달 또는 방사유도장치(flyer)를 이용한 기계적인 실 말기를 도입하는 것처럼 간단한 것들로 보인다. 방적 바퀴를 돌리는 발 페달은 이전에 바퀴를 돌리기 위해 사용하였던 한 손을 해방시켰다. 그래서 산업혁명의 재해석은 당시 발생했던 기술 변화가 과학적인 발견이 아니라 시행착오의 결과였다는 것을 나타낸다. 혁신가들은 과학자라기보다는 숙련된 장인들이었으며, 다시 말하지만, 과학이 생산 과정과 신상품의 개발에서 주요한 혁신력으로 들어오는 것은 영국 산업혁명 이후 거의 1세기가 지난 19세기 후반까지는 아니었다. 그러나 숙련된 장인이 과학자로서 훈련받지 않았다는 사실이, 숙련된 장인들이 과학적인 심성, 자연에 대한 합리적 태도, 새로운 과정을 고안하려는 충동, 실험으로부터 배우려는 의지 등을 갖지 않았다는 것을 의미하지는 않는다.

이 모든 것은 1770년부터 1830년 동안의 경제 변화의 혁명적 충격보다는 연속성을 강조하는 것처럼 보인다. 그리고 진실로 성장 회계는 성장 수치를 상당하게 수정하였다. [표 6.1]은 콜(W. A. Cole)과 딘(P. Dean)의 선구적인 작업으로 대표되는 전통적인 관점과 크래프트(N. F. R. Crafts)와 할리(K. Harley)와 같은 '수정주의' 경제사가들의 새로운 작업 결과를 같이 제시한다. 실제로 최근의 수정의 결과는 산업화 이전 성장과 산업혁명 초기 국면의 성장 간에 많은 차이가 없음을 강조한다.

쉽게 알 수 있는 것처럼, 주요한 수정은 산업적 돌파의 시기로 추정된 시기인 1780~1830년에 관한 것이다. 그 시기에 일인당 성장률은 이전 추계의 약 3분의 1로 감소되었다. 사실 일인당 산출물 성장은 산업화 이전 시기에서보다 약간 더 높을 뿐이다. 총요소 생산성(TFP) 성장은 제4장에서 보고된 것처럼 중세와 근세 농업에서 우리가 발견한 숫자와 거의 같은 수준이다. 새로운 결과가 옛 결과와 다른 주요한 이유는 (1) 이전 추계치는 총공업 산출물에서 구산업들에 비해 새롭고 빠르게 성장하는 산업(예컨대, 면)에 너무 많은 가중치를 주었다는 것과 (2) 총경제에서 공업 부문의 크기는 과장되었다는 것이다. 단지 소수의 새로운 공업 부문이 실제로는 급격한 변형과 빠른 성장을 경험했으므로 다른 산업

[표 6.1] 산업혁명기 동안 영국에서의 TFP의 성장과 국민 생산 성장의 신추계와 구추계

(단위: %/년)

연도	TFP	수정된 추계치		딘(Dean)과 콜(Cole)	
		국민 생산	일인당	국민 생산	일인당
1700~1760		0.69	0.31	0.66	0.45
1760~1780	0.14*	0.70	0.01	0.65	−0.04
1780~1801	0.14*	1.32	0.35	2.06	1.08
1801~1831	0.41	1.97	0.52	3.06	1.61

주: * 0.14의 TFP 성장은 1760~1800년 전 기간에 대한 추정치이다.
출처: N. F. R. Crafts, *British Economic Growth during the Industrial Revolution*(Oxford: Clarendon Press, 1985), 그
리고 Crafts와 Harley 수정에 기초한 TFP 추계치는 J. Mokyr, 'Accounting for the Industrial Revolution', in R.
Floud and P. Johnson(eds.), *The Cambridge Economic History of Modern Britain*(Cambridge University Press,
2004), 1~27.

의 가중치는 전체 성장에 중요한 영향을 미칠 것이다. 근대 공업의 정확한 상대
적 규모를 알지 못하므로, 저자들은 상이한 가정을 만들었는데, 통상 새로운 부
문의 실제 가중치를 과장했다. 성장률에 대한 혼란의 다른 원천은 잘 알려진 지
수(index) 문제와 관련된 것이다(Box 6.1을 보라).

그럼 성장률을 이렇게 급격하게 수정한 관점에서 볼 때, 산업혁명에 대해
말하는 것은 합당할 것인가? 산업혁명을 더 높은 일인당 성장률로의 빠르고 급
격한 변화(애쉬톤(Ashton)의 말을 빌리면, 성장률에서의 빠른 상향 턴)를 의미하는 것으
로 본다면, 대답은 "아니오"이다. 영국에서는 19세기 중반 경부터 일반화되었
고, 산업화하는 유럽의 나머지에서는 19세기 말에야 일반화된, 근대 경제 성장
은 연간 일인당 1~1.5% 수준이었다.

그러나 조엘 모키어(Joel Mokyr)의 주장에 의하면, 점진적인 성장의 가속이라
는 관점은 그 시기에 번성했던 산업적 계몽을 그가 개념적으로 파악하도록 동

우리가 실질 경제 성장이라고 할 때, 우리는 무엇에 대해 말하고 있는 것인가?

우리가 국민 소득의 성장을 말할 때, 경상 가격 또는 명목 가격으로 표현된 성장률로부터 인플레이션을 차감했음을 의미하는 실질 성장을 언급하고 있다고 보는 것이 가장 의미 있다. 작년과 현재 사이에 경상 가격으로 표현된 국민 소득이 4% 증가했고 인플레이션이 4%였다면 실질 규모는 전혀 변하지 않았다.

공식적으로 **GDP 디플레이터**로 알려진 인플레이션을 추계하는 완벽한 방법은 없다. 그러나 인플레이션을 추계하는 데 잘 설정된 두 가지 방법이 있다. 우리는 가령 1770년의 산출물 구성(부가가치 몫)을 대표하는 고정된 상품 바구니를 이후의 날짜 가령 1800년 가격으로 비용 산출한 것을 고찰함으로써 인플레이션 또는 GDP 디플레이터를 계산할 수 있다. 우리는 산출물 구성을 1770년 가중치로 고정시켰으므로, 경상 가격에서의 어떤 증가는 가격 증가에 의존해야 한다. 그러므로 우리는 인플레이션의 척도를 갖는다. 이 방법은 라스파이레스 지수라는 이름으로 사용된다. 그런데 이 방법은 상대 가격과 산출물 구성이 변할 때 인플레이션을 과장할 위험이 있다. 다른 상품에 비해 가격이 증가한 상품은 다른 상품으로 대체될 것이며, 가격이 빠르게 상승한 상품들은 1800년의 총산출에서 더 적은 몫을 갖게 될 것이라고 보는 것이 그럴 듯하다. 그때 명백한 대안은 연말, 우리의 예에서는 1800년으로부터 계산된 산출물 가중치를 고정시켜 사용함으로써, 인플레이션을 측정하는 것인데, 이것은 파쉐 지수로 알려져 있다. 그러나 그 척도는 인플레이션율을 과소평가할 수 있다.

한 가지 타협은 피셔 지수로 알려져 있는데, 그것은 두 지수의 기하 평균이다. 점차 연쇄 지수가 사용되는데, 그것은 고정된 기준년 가중치를 사용하지 않고 시계열에서 새로운 해가 더해질 때마다 이전 해의 가중치를 사용한다. 생산물 품질 개선이나 새로운 상품을 만족스럽게 추적하기는 어렵기 때문에 디플레이터는 체계적인 상방 편향을 갖는다. 최근의 연구에 따르면, 디플레이터는 매년 1%P만큼 인플레이션을 과장할 수 있다. 그렇다면 실질 성장 수치는 심각하게 과소평가된다. 이 이슈는 6.3 (3)에서 논의할 것이다.

기부여 했던, 지적 분위기에서의 근본적인 변화를 보지 못하게 한다. 유럽은 자연의 법칙에 대한 합리적 탐구라는 새롭게 출현하고 있던 과학적 문화를 1세기 이상 가졌다는 점에서 독특했다. 자연은 구속되지 않은 체계적인 고찰에 의해 이해될 수 있었고, 이해될 수 있었던 것은 이용되고 통제되어야 한다. 자연과 생산에 대한 과학적 접근의 이러한 승리에서 강조할 만한 가치가 있는 두 가지 요소가 있다. 고립된 영국의 이야기가 아니라 전 유럽적인(유럽과 북부 아메리카에서의 유럽의 후예를 의미한다) 움직임이다. 증기기관은 영국에서 발명되었고 광범하게 확산되었지만 우리가 말했던 것처럼 17세기에 유럽 전역의 과학자들에 의해 수행된 이전의 실험들에 의존했다. 그래서 전기(electricity)의 이해에 대한 초기 (18세기 말과 19세기 초) 공헌자들의 이름은 다양한 국가적 배경을 드러낸다. 예를 들면 루이지 갈바니(Luigi Galvani, 1737~1798)와 알레산드로 볼타(Alessandro Volta, 1745~1827), 험프리 데이비(Humphry Davy, 1778~1829)와 그의 제자 마이클 패러데이(Michael Faraday, 1791~1867), 앙드레마리 앙페르(André-Marie Ampère, 1775~1836), 한스 크리스티안 외르스테드(Hans-Christian Ørsted, 1777~1851)(그는 코펜하겐 빌딩에서 살면서 연구했는데, 그 빌딩은 내가 근무하는 학과의 박사 과정 학생들이 자신들의 사무실로 사용하곤 하는 곳이다)와 독일인 게오르크 옴(Georg Ohm, 1789~1854)이다. 이후 전기를, 조명, 전기 통신과 전기 발전기(제노브 그람(Zenobe Gramme, 1826~1901), 벨기에서 태어나고 주로 프랑스에서 활동)와 모터 등 산업적 및 상업적으로 이용하는 데 필요했던 이해를 증가시키는 데 유용한 역할을 했던 여러 국적의 유럽인들이 있었다. 화학에서의 초기의 발전은 또한 유럽 전역의 학자들에 기인하는데, 스웨덴 사람 칼 빌헬름 셸레(Carl Wilhelm Scheele, 1742~1786)와 산소를 독립적으로 발견한 영국인 조지프 프리스틀리(Joseph Priestley, 1733~1804), 유럽에 필요없었던 발명품인 단두대의 불행한 희생자인 앙투안 라부아지에(Antoine Lavoisier, 1743~1794) 등이 그들이다. 19세기 후반에 화학은 연구 부서에서 일할 전문가를 산업계에 공급한 당시 확대되고 있었던 기술 대학들에서 교육받고 또 가르치고 있던 독일인에 의해 주도되고 있었다. 과학 학회가 연구자들이 새로운 결과를 제출하고 또 이후 유용한 지식을 대중화하고 확산할 포럼으로 형성되면서 새로운 지식에 접근하는 비용은 떨어졌다. 유용한 발명의 카탈로그가 편집되었고 산업 박람회가 조직되었다. 그리고 그 시대의 여행 작가들이 다른 나라에서 사용되는 생산 방법과 생산물을 보고했으며, 최선의 사례 또는 더 좋은 사례로 간주되면 본국에 전파했다. 19세기는 개선의 시대였다.

우리가 북부 아메리카의 유럽 후예들을 포함시킨다면, 비록 동유럽과 이벨리아 반도와 라틴 아메리카의 유럽 후예들과 같이 일부 지역은 거의 의미 있는 공헌을 하지 못했다 할지라도, 산업적 계몽은 독특한 유럽적 현상이었다. 상업적 목적을 위한 자연의 통제에 과학을 이용하는 방향으로의 변동은, 기술적 정체가 세계의 나머지를 특징지우는 시기에 발생했다. 이슬람의 황금시대는 12세기에 종언을 고했고, 중국이 스스로 선택한 고립은 근세 시기의 정체로 이어졌다. 유럽은 새로운 지식에 기반한 기술에 의해 추동되는 자기 유지적인 경제 성장이라는 독특한 자리에 설 수 있도록 만반의 준비가 되어 있었다. 산업혁명이 영국에서 최초로 발생한 것은 더 우연적인 것일 수 있다. 일부 경제사가들은 산업혁명이 영국에서 일어나지 않았다면 다른 어떤 곳에서 일어났을 수 있는데 그곳은 유럽 안이 틀림없고, 아마도 10년 내지 20년 정도 지체되었을 것이라고 확고하게 주장한다. 이러한 주장 아래에는 유용한 지식의 유익한 축적을 위한 유럽의 독특한 제도적 조건들로 말미암아 더 높은 항구적인 성장으로 올라서기 시작했다는 평가가 있다.

산업혁명 이전 또는 산업혁명 동안에 형성된 과학 학회들은 지식에 대한 공개적인 접근과 관련되어 있으며, 그러므로 상을 수여했고, 혁신자들이 특허를 추구하는 것을 억제하도록 했다. 특허는 물론 제한된 기간 동안 접근 비용을 증가시킴에도 불구하고, 비록 그 지식의 이용을 혁신자에게 수수료나 로열티를 지급하는 것에 제한하지만, 특허가 보호하는 지식이 공적 영역에 남도록 한다. 그러나 특허는 확장되더라도 추상적이고 이론적으로 획기적인 발견 분야에는 거의 없었고, 상업적으로 실행 가능한 지식의 응용 분야에만 있었다. 그럼에도 불구하고 특허권은 딜레마를 드러낸다. 사회적인 관점에서는 모든 유용한 지식이 자유롭게 획득될 수 있는 것이 이득이다. 공유지의 비극(제5장 5.5 절을 보라), 즉 이용으로 자원이 고갈될 위험은 지식의 공유지에는 적용되지 않는다. 그러나 특허권이 제공하는 유인이 없다면 지식의 유용한 응용들을 만들어 내는 발명률은 더 낮아질 것이라는 주장은 그럴 듯하다. 특허권이 초기 산업화하는 혁신에서 가령 19세기 초에 결정적이었는가에 대해서는 결론적인 결과없이 논쟁되어 왔다. 자주 명성과 평판이 주는 만족으로 충분하게 또는 그렇게 많은 혁신가를 유지했다고 생각했지만, 혁신가들 중 상당수는 18세기 말에조차 특허권 획득 절차를 위해 투쟁하고 있었음이 드러나고 있다. 19세기 후반에 발명가들은 출원서를 제출하러 특허 사무소에 쇄도했다. 그 이유는 많은 획기적인 혁신들은 동시적이고 독립적으로 발전하였기 때문이다. 그것은 상당한 사례에서 길고 고통스러운 특허권 소송으로 이어졌다. 토머스 에디슨(Thomas Edison, 1847~1931)은 1877년에 '말하는 전화'의 특허를 신청했다. 즉, 미국 특허 사무소에서 그의 특허 번호는 474230이었으며, 동시에 몇 명의 다른 사람들이 유사한 출원서를 제출했는데, 그중에는 1876년에 알렉산더 그레이엄 벨(Alexander Graham Bell, 1847~1922)이 신청한 것도 포함되어 있었다.

[그림 6.1]은 각국의 특허 출원율의 실체적인 변동과 상승 추세를 보여 주는데, 상승 추세는 제1차 세계대전의 발발에 의해 깨졌다. 우리는 위에서 산업적

[그림 6.1] 1860~1916년 다양한 유럽 국가에서의 연간 특허 출원

(단위: 주민 1,000명당)

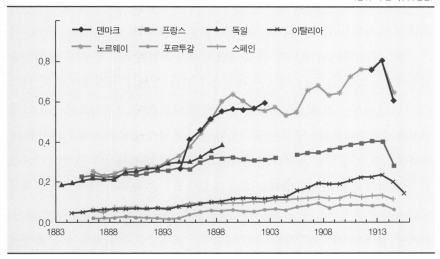

출처: WIPO 통계 데이터베이스.

계몽과 19세기 과학적 돌파에서 이베리아 반도가 빠져 있었던 것은 주목할 만하다고 지적하였는데, 이것은 스페인과 포르투갈의 낮은 특허 출원의 수에 의해 다시 증명되고 있다. 다른 한편으로 스칸디나비아 국가들은 심지어 프랑스와 비교하여도 잘하고 있었다. 특허 출원은 한 나라에서의 과학적 공동체의 활력을 보여 줄 뿐만 아니라, 한 사회가 세계의 다른 곳에서 생산된 새로운 지식을 얼마나 잘 흡수하고 있었는가를 암시적으로 보여 준다. 이러한 통찰의 더 넓은 함의는 6.5절 이하에서 논의될 것이다.

특허 활동 수준에서의 차이에도 불구하고 제1차 세계대전 발발 때까지 모든 나라에서 점진적인 증가가 있었다. 전쟁은 사람을 죽였을 뿐만 아니라 특허

도 죽였다. 나라별 특허 출원의 패턴과 추세는 초등 교육과 중등 교육의 취학률과 유사하다. 스칸디나비아, 독일과 프랑스의 취학률은 높은 수준에서 증가하지만 남부 유럽은 뒤처져 있다.

자기 유지적이고 고도의 경제 성장이 이루어지는 새로운 시대는 일인당 성장에 심오한 영향을 준 세 가지 특성을 가졌다. 첫째, 19세기 중반부터, 과학에 기반한 지식이 경제 성장의 주요한 요인이 되었으며, 결과적으로 총요소 생산성은 증가했다. 둘째, 새로운 생산물과 생산 과정의 발명의 흐름은 투자를 자극하였으며, 노동자당 자본은 증가했고 그것은 노동 생산성의 증가로 이어졌다. 마지막으로 좀 더 정교화되는 기술과 생산 과정은 교육과 인적 자본 투자에 대한 수요를 증가시켰다. 새로운 직업들이 출현했다. 이를테면 엔지니어, 교사, 회계사, 물리학자와 화학자와 같은 대학에서 교육받은 과학자들이다. 과학에 기반한 생산 기술은 야금술과 같은 낡은 부문을 변형시키고, 전기와 화학을 활용하는 새로운 생산물과 서비스를 창조했다. 우리가 산업화 이전 시기부터 알고 있던 실행에 의한 학습 과정은 남아 있었지만, 과학에 기반한 기술은 성장에 대한 효과면에서 훨씬 더 강력한 것으로 판명되었다.

6.2 과학과 기업가 정신

새로운 아이디어 생성의 증가된 속도와 피용자당 인적 및 물적 자본의 증가는 근대 경제 성장의 시대에 주요한 기관차이다. 그러나 과학적 진리는 별로 평판이 나쁜 것은 아니었고 확실히 초기 과학에 응용되었다. 여전히 그것은 발명가들에게 올바른 방향을 가리켜 줄 수 있었다. 꽤 많은 19세기 발명가들은 공식적인 교육을 제대로 받지 못했지만, 그들은 끊임없는 시행과 실험을 실시하고, 그 결과를 비판적인 마인드를 가진 동료들과 교류하였다는 의미에서 그것은 과학적인 마인드를 배제하지는 않는다. 많은 혁신가들은 연구자로서가 아니라 기업가로서 더 숙련되고 더 독창적이었다. 바로 두 사람의 이름은 그 점을 드러내기에 충분하다. 알프레드 노벨(Alfred Nobel, 1833~1896)은 다이너마이트의 성공적인 상업화와 관련되는데, 그것은 중국 기원의 훨씬 덜 강력한 폭발물인 화약(gunpowder)을 1870년 이후에 대체했다. 그의 주요한 공헌은 산업적 이용에서 다이너마이트의 점화를 더 안전하게 만듦으로써 니트로글리세린을 덜 위험한 것으로 만든 것이었다. 다이너마이트는 광산업을 변형시켰고, 철도, 터널, 도로의 건설을 도왔다. 노벨의 성공적인 산업적 활동은 노벨 재단의 기금와 노벨상을 만들어 냈다. 굴리엘모 마르코니(Guglielmo Marconi, 1874~1937)는 (1909년에) 노벨 물리학상을 수상하였는데, 비록 무선 통신의 상업적 잠재력을 알아채는 데 실패한 몇 명의 연구자들이 그의 이론적이고 실험적인 작업을 앞지르고 있었지만, 그는 무선 통신의 상업화에 성공하였으며 연구자들 중에 가장 먼저 특허를 출원했다.

새로운 발견을 위한 과학적 기초는 1850년대 중반까지 자주 상당히 불안정했다. 화학의 연속적인 발전이 드러났을 때, 라브와지에, 셸레와 프리스틀리의 발견들은 결함 있는 이론에 의존했다. 이것은 과학적 발견의 초기 발전에서 드물지 않았다. 그러나 우연한 발견들은 이제 과학자들이 설명을 추구하도록 이끌었다. 열 아래서도 통조림에 의한 음식의 보존은 19세기 초부터 좀 더 상업적으로 사용되었는데, 어느 누구도 왜 음식이 성공적으로 보존되는가를 1860년경 공기 중의 미생물과 병원균에 대한 루이 파스퇴르(Louis Pasteur, 1822~1895)의 연구가 나올 때까지 완전하게 이해하지 못했다. 유용하고 우연적인 혁신으로부터 과학적 진전으로의 이와 같은 피드백은 산업화 이전 시기에는 불가능하거나 매우 드물었다.

6.3 새로운 지식의 영향: 뇌가 근육을 대체하다

18세기 말과 19세기에 출현한 새로운 기술은 종이와 강철과 같은 잘 알려진 상품에 대한 생산 과정을 개발하였을 뿐만 아니라 전적으로 새로운 생산품을 위한 서비스와 생산 과정을 열었다. 야금업과 종이 처리의 기본은 꽤 간단했고, 또 그렇게 남아 있었다. 종이 제조에서는 천연 섬유에서 셀룰로오스를 종이의 질과 내구성에 부정적인 영향을 미치는 다른 요소로부터 분리시켜야 한다. 이것은 기계적 처리와 화학적인 처리에 의해 행해진다. 이를테면 후자는 19세기 말부터 지배적인 방법이 되었다. 인간은 수천 년 동안 철을 사용해 왔다. 철은 원래 숯을 섞은 철광석에 열을 가하고 그 위에 공기를 불어넣음으로써 만들어진다. 용광로라는 단어는 이로부터 유래했다. 이와 같은 방식으로 만들어진 철은 탄소를 함유할 것이고, 그것은 철을 부서지기 쉽게 만드는데, 이른바 선철 또는 주철이다. 강철 제조에서는 선철로부터 탄소를 제거하고 요구된 질을 얻기 위해 다른 금속을 첨가한다. 선철 또는 주철은 강철 제조에서 투입물이다. 강철은 선철보다 열과 충격에 대해 더 내구적이다. 한편, 그것은 새로운 시대에 가장 중요한 재료가 되었으며 지금은 수백 가지의 특수한 변종 또는 품질을 가진 것으로 생산된다. 그것은, 가령 의료용 기구나 볼 베어링으로 사용하기 위해 강화될 수 있으며, 고층 건물의 골격을 형성하고, 크롬을 첨가하면 스테인리스 강으로 변한다.

19세기에 완전히 새로운 기술의 가장 중요한 단일 클러스트는 전기에 집중되어 있었다. 전기는 다수의 옛 생산 과정에 영향을 주었고, 많은 새로운 상품의 기초를 형성했다. 전기는 지금 범용 기술로 불리는 것이었는데, 그것은 일련의 응용을 만들어 냈고, 여전히 만들어 내고 있다.

각 기술의 발전에 대해 상세한 설명을 하는 대신에, 우리는 옛 기술(종이와 강철)과 새로운 기술(전기)을 예로 하여, 기술 변화의 일반적 특성에 대해 논의할 것이다.

일반적인 특성이란 어떤 것인가? 기술 진보는 (1) 자원 절약적이었고, (2) 자연의 제약, 특히 인간과 동물의 에너지에 대한 의존을 줄였으며, (3) 상품의 품질을 개선했고, (4) 새로운 생산물과 서비스를 개발했으며, (5) 산업용 자원 기반을 확장했다.

(1)~(2) 자원 절약과 자연 제약의 감소

이 두 가지 특성은 한 제목 아래에서 논의하는 것이 편리하다. 자원을 보존하고 자연에 의해 부과된 제약으로부터 인류를 자유롭게 하는 것은 기술 진보의 결정적인 특성이며, 19세기 또는 20세기에 새로운 것은 아니었다. 그러나 새로웠던 것은 이러한 특성들이 이전 역사에서는 알려지지 않은 규모로 작동하고 있었다는 것이다. 산업혁명은, 섬유 산업에서 수력이나 증기력으로 구동되는 방적과 방직으로 인간의 노동을 대체하는 것에 대한 저항이었던, 이른바 러다이트(Luddites)라는 종사자들의 저항과 결합되어 있었다. 형성기였던 1760년대부터 수십 년 동안 다수의 혁신들이 제니 방적기(1760년대 중엽)와 뮬 방적기(수차로 구동된 방적 장치) 그리고 다양한 기계화된 직기(역직기)를 통하여 방적과 방직에 필요한 많은 노동 시간을 크게 감소시켰다는 것은 틀림없는 진실이다. 그러나 19세기의 발명들은 체계적으로 노동 절약적이었던 것만은 아니었다. 그러나 옥스포드에 기반을 둔 경제사가 로버트 앨런(Robert C. Allen)은 영국의 산업적 돌파의 형성기였던 수 년 동안 영국에 독특한 특성은 값싼 에너지 자원을 가진 고임금 경제였다는 사실이었고, 그것이 일차적으로 노동 절약적인 발명들을 촉발했다고 주장한다. 섬유 산업 발명가들의 명예의 전당은 거의 대부분 영국인들로 구성되는데, 새뮤얼 크럼프턴(Samuel Crompton, 1753~1827), 토마스 하이스(Thomas Highs, 1718~1803)와 제임스 하그리브스(James Hargreaves, 1720~1778) 이들은 모두 방적에서 노동 절약적인 기계화에 공헌하였으며, 에드먼드 카트라이트(Edmund Cartwright, 1743~1823)는 역직기를 도입한 기계적 방직의 선구자였다. 발명가로서의 리처드 아크라이트(Richard Arkwright, 1733~1792)의 명성은 더 손상되었다. 카를 마르크스(Karl Marx, 1818~1883)는 사회주의적 성향을 가진 많은 사회 엔지니어들에게 영감을 주었는데, 아크라이트를 '다른 사람들의 발명의 도둑' 이라 불렀다. 그러나 아크라이트는 가장 성공적인 기업가였으며 그의 공장에서는 섬유 생산의 모든 단계가 기계화되었다. 그러나 가장 흥미 있는 장치는 자카르 직조기(1801)로 생산 과정에 미리 프로그램된 통제를 도입했기 때문이다. 프랑스인 조제프 마리 자카르(Joseph-Marie Jacquard, 1752~1834)는 18세기 초 프랑스의 전임자들에 의한 설계를 기반으로 하였다. 자카르 직조기는 펀치 카드의 지시에 따라 직조하도록 함으로써 복잡하고 세련된 패턴을 기계적으로 직조하는 것을

Box 6.2 **산업혁명은 왜 영국에서 시작되었는가?**

　생산 과정과 생산물에서의 개선을 탐구하는 산업적 계몽은 전 유럽적 운동이었고, 그래서 자연적으로 제기되는 질문은 산업혁명은 왜 전 유럽적 운동이 아니었는가이다. 그것은 의심할 바 없이 영국에서 시작되었고, 그 후 유럽 대륙으로 이전되었다. 경제사가들은 오랫동안 영국을 선구자의 지위에 앉힌 독특한 환경의 집합을 탐구했다. 전통적으로 인간 또는 동물의 노동을 대체하는 증기기관을 발전시키는 데 영국이 우위를 차지할 수 있도록 한 요인으로 값싼 석탄 매장량의 존재를 지적하는 설명들이 있었다. 최근 학자들은 영국이 다른 곳보다 유의미하게 더 높은 실질 임금을 가졌다는 사실에 초점을 둔다. 이 사실은, 로버트 앨런(Robert C. Allen)에 의해 가장 강력하게 구조화된, 기업가들이 노동 절약적인 기계를 탐구하고 실행하도록 유발한 것은 고임금이었다는 해석에 영감을 불어넣었다. 이 관점은 면화 산업의 기술적 특성들에 적합한 것으로 보인다. 그러나 비평가들은 설복되지 않고 있다. 실질 임금이 대륙에서보다 더 높은 반면, 종사자들은 더 잘 부양되었고, 더 강했으며, 그래서 전체적으로 더 생산적이었다. 그것은 생산 단위당 노동 비용이 가령 프랑스에서보다 영국에서 반드시 더 높지는 않았다는 의심을 자아냈다. 그래서 증기력이 생산에서 풍차나 수차만큼 인간 노력을 대체하지 않았다는 사실이 주어지면, 석탄과 증기력의 중요성은 의심받게 되었다. 그러나 이러한 변형은 주로 산업적 변형이 유럽 대륙에서 시작되고 있었던 19세기에 주로 발생했다. 논거의 다른 줄기는 산업혁명에서 발명들은 독특하게 노동 절약적이었다는 관점에 대한 논박이다. 어떤 산업들에서는 진실일 수 있지만 일반적으로 적용되지 않을 수 있다. 산업 기술은 노동을 절약하는 방향으로 체계적으로 편향되었다기보다 차라리 모든 형태의 자원, 즉 에너지, 자본, 중간재와 노동을 모두 절약하는 것이었던 것 같다.

　앨런은 자본 집약적인 산업 기술들은 저임금인 유럽에서는 수익성이 없었다는 것을 경험적으로 확증하거나 이론적으로 증명하기보다는 가정한다. 그러나 영국에서 처음 도입된 산업 기술들은 영국과 대륙 유럽 간의 임금 격차가 많이 변하지 않은 19세기에 유럽 대륙에 성공적으로 이전되었다.

　그렇다면 18세기 말에 영국에서 지도적 역할을 부여한 독특한 속성은 무엇이었는가? 모건 켈리(Morgan Kelly), 코막 오 그라다(Cormac ó Gráda)와 조엘 모키어(Joel Mokyr)는, 물리적인 힘, 키와 인지적인 기술 등에서 보인 더 나은 영양학적 수준에 의해 드러난 노동력의 질이었다고 주장한다. 그들은, 새로운 기계와 새로운 생산물의 도입은, 원활하게 기능하고 적응력이 있었던 도제 제도에 의해 공급된 숙련을 갖춘 종사자들을 필요로 했다고 주장한다.

　그것은 전체 스토리인가? 아마도 아닐 것이다. 논쟁은 수세기 동안 계속되어 왔으며, 의심할 바 없이 계속될 것이다.

가능하게 만들었다. 펀치 카드는 패턴을 위한 프로그램이었고, 기술은 일차적으로 노동 절약적이었지만, 아이러니하게 노동 비용이 낮은 프랑스에서 기원하였다. Box 6.2를 보라.

그러나 자원 절약적인 편향은 다른 부문에서도 전형적이었다. 전통적인 강철 제조는 매우 느렸고, 많은 석탄과 노동 시간을 소비했다. 강철 제조에서 두 가지 중요한 기술적 돌파는 대량 생산된 값싼 강철을 위해 만들어졌는데, 그것은 노동 시간과 석탄을 절약했다. 즉, 베세머 전로와 지멘스-마르텡 평로법이다. 베세머 전로는 헨리 베세머(Henry Bessemer, 1813~1898)의 이름을 딴 것으로서, 불순물을 줄이고, 철을 탈탄화하기 위해 용융된 선철에 차가운 공기를 불어넣는다. 이 전로의 크기는 시간이 갈수록 증가했으며 강철 제조 공정의 시간은 반 시간으로 감소되었다. 그러나 강철 제조에서 생성된 많은 열이 허비되었다. 윌리엄 지멘스(William Siemens, 1823~1883)가 새로운 공정을 고안하였으며, 에밀 마르텡(Emile Martin, 1814~1915)이 그 공정을 완성하였는데, 함께 연구를 하지 않은 두 사람은 특허에서 그 공정을 공유하는 데 간신히 동의했다. 지적 재산권에 대한 갈등이 평화적으로 해결된 드문 사례였다. 이른바 지멘스-마르텡 공정은 연소에 필요한 신선한 공기가 주입되는 벽돌방을 예열하는 데 고온 가스를 재사용함으로써 연료 절약에 대한 요구를 명백하게 해결했다. 도달한 온도는 극히 높아서 섭씨 1,600도 이상이었다. 시간이 지남에 따라 적절하게 개선된 이 방법은 더 비용 효율적인 방법이 도입된 20세기 중반까지 강철 제조에서 중요했다(상세한 것은 아래에 있는 (4)를 보라).

전기의 발견과 이용은 다른 자원의 절약뿐만 아니라 자연의 제약의 완화를 잘 보여 준다. 외르스테드(H. C. Ørsted)와 마이클 패러데이(Michael Faraday)가 발견한 전자기의 원리에 기초한 전동기는 가정용과 산업용 모두 상업적으로 유용한 장치로 개발되는 데에 오랜 시간(1890년대까지)이 걸렸다. 그러나 일단 개발되자 전동기는 운동 에너지로 변환되는 전기의 높은 비율과 유연성 때문에 산업에서 동력원으로 증기에 대해 우위를 차지했다. 그러나 전동기는 이전의 에너지원들에 의해 부과된 위치 제한을 느슨하게 한 20세기 초까지 산업용으로 깊숙하게 파고들지는 않았다. 이전 세기에 산업의 위치는 방아를 돌릴 물의 획득 가능성에 의해 결정되었었다. 증기기관이 경제적으로 실행 가능하기 위해서는 임계 규모 이상의 값싼 석탄을 필요로 했다. 전동기는 이러한 제한이 없었다. 그것은 가계의 팬부터 기관차까지 어느 것을 위해서든 광범하게 다른 양의 힘을 제공할 목적으로 만들어 낼 수 있었다. 중심적인 에너지원을 가지고, 이것에 축대로 기계들을 연결하는 것이 아니라, 전기망이 주어지면 각 기계는 자신의 전동기에 의해 구동될 수 있다. 전기는 처음에는 증기기관으로부터 얻은 기계적 에너지에 의해 생산되었고, 후에는 훨씬 에너지 절약적인 증기 터빈에 의해 생산되었다. 어떤 의미에서 전기 발전기는 전동기의 역이다. 1870년대 말에 발명된 증기 터빈은 에너지의 보다 효율적인 사용자임이 증명되었고, 여전히 화석 연료나 핵에너지로부터 전기를 만드는 주요한 생산자이다. '전기 시대'의 초기인 1880년대에는 전기는 국지적인 사용을 위해 국지적으로 생성되었다. 장거리 전력 전송은 상당한 손실을 포함했다. 전기의 생산과 소비 모두 낮은 전압에서 가장 편리하지만, 높은 전압은 전송 중의 손실을 줄일 것이다. 마이클 패러데이(Michael Faraday)에 의해 규정된 원리들을 다시 사용하는 변압기는 생산 지점에서의 저전압의 전기를 전송을 위해 고전압으로 바꾸고, 그 후 소비 지점에서 저전압으로 되돌려 놓는다. 이것은 증기 터빈의 규모의 경제를 활용하는 발전소 건설을 자극했다. 지리적인 거리가 덜 제약적일 때, 터빈을 구동하는 흐르는 물의 운동 에너지는 전기를 생성하는 데 사용될 수 있고, 그때 전기는 멀리 떨어진 소비자와 경계를 넘어 전송된다. 변압기는 1890년대에 도입되었다. 장거리 전력 전송 기술은 생산의 위치와 소비의 위치 간의 연결을 끊고, 수력과, 더 최근에는, 풍력에게 두 번째 생명을 주었다.

보다 일반적으로 20세기에 생산 공정의 전기화와 19세기 마지막 수십 년 동안 발명된 다른 원동기, 즉 내연기관의 개발은 인간과 동물의 근육에 의해 공급되는 생물적 힘을 석탄 및 석유와 같은 화석 연료에 의해 생산된 무생물적 힘으로 대체했다. 뇌가 근육을 대체했다.

(3) 품질 개선(그리고 품질 차별화)

산업 시대의 낭만적 비평가들(예컨대, 영국에서의 미술 공예 운동)은 기계로 만든 상품들에 대해 지레짐작한 조악함과 염가를 개탄했다. 사치품은 기계화된 생산을 특징짓는 긴 표준화된 생산 운행에는 적합하지 않았던 것이 사실이다. 그러나 산업 시대는 품질 개선과 품질 차별화를 보였다. 때때로 품질 차별화는 품질의 일반적인 하락으로 잘못 이해되었다. 그러나 값싼 저질 생산품은 때때로 완벽한 감각을 만든다. 싼값에 대량 유통되는 신문의 확산은 오래 지속되지 않은 상품인 종이의 생산에 의해 가능하게 되었다. 신문은, 문서 보관소에 있는 신문의 나쁜 상태를 개탄하는 역사가들의 의견을 제외하면, 오래갈 것을 의미하지는 않는다. 다행스럽게도 대부분의 이러한 원천들은 전자 형태로 이제 이용할 수 있다.

우리가 기술 변화에서 얻은 복지 이득을 측정할 때 품질 개선의 문제는 의미 있게 된다. 실질 임금은 명목 임금을 생활 비용 지수로 디플레이트한(나눈) 것이다. 그 지수는 품질이 일정한 상품의 묶음에서 가격 변화를 추적한다고 가정한다. 그러나 생산물의 품질 변화는 측정하기 어렵다. 이것은 기술 변화로부터 얻은 진정한 이득의 추계에 편향을 낳을 수 있다. 다른 부문들에 비해 특정 부문에서의 빠른 기술 진보는 통상 생산된 상품의 상대 가격에서의 하락으로 변환된다. 그러나 생산물의 품질이 개선되면 바로 언급된 사례에서 당신은 개선된 상품에 덜 지불하기 때문에 그것을 통제하여야 한다. 문제는 많은 생산물의 품질 개선을 정확하게 평가하기 어렵다는 것이다. 예일 대학의 경제학자인 윌리엄 노드하우스(William Nordhaus)는 품질을 정확하게 측정하는 것이 가능한 영역, 즉 빛을 고찰했다. 빛은 루멘시로 측정할 수 있는데 빛에 대한 종래의 가격 지수들은 어떤 심도 있는 품질 통제를 포함하지 않았다. 빛의 역사는 전기 시대의 충격의 많은 예 중의 하나이다. 예를 들면 전기 전구는 초나 가스 램프, 등유 및 석유 램프 등 다양한 조명 장치들을 대체했다. 오늘날까지 빛의 주요한 원천으로서 전구의 존속은 19세기 말의 주목할 만한 기술적 생명력의 다른 예이다. 지칠 줄 모르는 미국의 발명가였던 토머스 에디슨은 전기 조명을 개선하는 데 애쓴 많은 사람들 중의 한 명이었다. 비록 그는 경제적으로 효율적인 조명 체계를 만드는 방법을 이해하고 있었지만 백열등을 최초로 선보인 사람은 아니었다. 백열등의 원리 위에 만들어진 최초의 전구는 1878년 영국에서 선보였는데, 조지프 윌슨 스완(Joseph Wilson Swan, 1828~1914) 덕분이었다. 뒤이은 기술적 정교화는 전구 속의 필라멘트를 개선하는 것이었는데, 필라멘트의 저항이 백열등을 생성한다. 처음에 스완과 에디슨은 천연 탄화 섬유를 사용했지만, 세기의 전환기에 루멘의 면에서 효율성 이득과 전구의 수명 때문에 금속 필라멘트가 주류를 이루었다. 빛에 대한 기존의 가격 지수들은 이러한 품질 개선을 무시하는 경향이 있었는데, 노드하우스에 따르면 그 무시는 빛(루멘)의 가격의 진실된 하락을 심각하게 과소평가한다. 그의 추정에 따르면, 빛의 진정한 가격은 1800년과 1900년 사이에, 기존의 가격 척도들과 비교할 때 연간 3~4% 정도로 떨어졌다. 그러나 그의 품질을 조정한 가격 평가와 기존의 평가 간의 괴리는 19세기 중반까지는 실제로 일어나지 않았다. 빛은 대부분의 가계 예산에서 작은 부분밖에 차지하지 않았지만, 품질 개선의 무시는 시간에 걸쳐 실질 임금 증가를 유의미하게 과소평가할 수 있다. 전반적인 영향을 측정하려는 시도는 미국 경제에 대해 만들어져 왔다. 인플레이션은 연간 약 1.1%만큼 과대평가되었다고 결론이 나고 있는데, 그 대부분은 품질 개선을 정확하게 평가하는 문제 때문이다. 우리가 20세기의 후반에 평균적인 유럽 경제에 그 값을 적용하여 실질 임금 개선을 재계산하면, 기존의 추정법을 사용할 때 실질 임금 개선은 연간 2%이지만, 진실한 실질 임금 성장은 기존 접근법보다 약 70% 높게 된다.

(4) 새로운 제품과 생산 공정

19세기는 전례가 없을 만큼 많은 혁신들이 만들어졌다는 점에서 독특한데, 그것들은 완벽한 형태로 여전히 우리 주변에 있고 우리의 삶을 지배하고 있다. 예를 들면 기계화된 섬유 생산, 전기, 전기로 구동되는 모터와 가전 제품(최초의 토스터는 1909년에 특허를 얻었다), 전구, 내연기관과 자동차, 무선 통신, 전화, 종이의 통합된 생산, 화학의 진전에 의해 생성된 새로운 물질들(플라스틱), 철근 콘크리트, 고품질의 강철과 합금 등이다.

건축업은, 처음에는 새로운 기술의 영향을 받지 않았기 때문에 흥미롭다.

그러나 19세기 중반부터 값싼 강철의 공급 증가가 건축 기술을 혁명화했고, 이러한 기술은 21세기에도 지배적인 상태로 남아 있다. 19세기 초에 주철은 교량과 건물뿐만 아니라 세부 장식에도 사용되기 시작했다. 그러나 주철의 인장 강도가 약하여 어려움을 겪었는데 강철 공급의 확장은 더 나은 대안을 제공했다. 강철은 1889년 파리 만국 박람회를 위해 에펠탑이 건설되었을 때 고층 건물의 골격으로 제공될 수 있다는 것을 확인해 주었다. 강철은 철근 콘크리트(1854년에 처음 특허됨)의 필수적인 구성품이 되었고, 현재도 그러한데, 철근 콘크리트는 20세기에 주된 건축 재료가 되었다. 콘크리트는 로마인의 발명품으로 시멘트와 모래와 물의 혼합물이다. 개선된 시멘트는 19세기 초에 출현했지만, 대도약은 강철이 콘크리트 내에 들어간 철근 콘크리트였다. 그것은 콘크리트의 높은 내구성 및 압축 강도와 강철의 높은 인장 강도를 결합한 것이다. 불충분하게 철근이 보강된 콘크리트는, 부패한 건축업자들로 인해 피해자들이 반복적으로 경험하는 것처럼, 지진과 같은 충격에 매우 민감하다.

20세기에 발명된 유일한 새로운 원동기인 제트엔진조차 19세기에 그 뿌리를 두고 있다. 그것은 결국 내연기관에 들어 있는 원리의 응용이다. 혁신가 니콜라우스 오토(Nicolaus Otto, 1832~1891)의 이름을 딴 오토 사이클이라 불리는 4행정 내연기관에서는 피스톤의 상방 이동에 의해 압축되는 실린더 안으로 들어간 연료가 공기 또는 산소와 혼합된다. 즉, 압축된 가스는 (다양한 디젤 내연기관 내에서) 점화나 열에 의해 폭발하여 높은 압력을 생산하는데, 그 압력은 다른 피스톤을 구동하는 고압을 생성한다. 독일 엔지니어가 내연기관의 초기 발전을 주도했지만, 가격을 낮추어 일반 사람들도 차를 구입할 수 있도록 한 생산 과정의 합리화는 미국에서 헨리 포드(Henry Ford, 1863~1947)에 의해 개시되었다. 첫 번째 내연기관은 증기기관의 더 유연한 대안물로써 산업용으로 고안되었다. 그러나 생산된 힘의 단위당 질량이 현저하게 줄어들어 엔진 크기는 감소했다. 내연기관은 모터 사이클(1885)에 처음 사용되었고, 이후 오늘날 우리가 알고 있는 자동차로 발전하는 객차(coaches, 1886)용으로 사용되었다. 자동차는 1920년대에 미국에서 대중을 대상으로 생산되기 시작했지만, 유럽에서 그와 같은 확산은 1930년대의 대공황과 제2차 세계대전에 의해 지연되었다. 그러나 일찍이 1900년에 모터의 효율성이 급격하게 증가하면서 모터의 크기는 감소했다. 최초의 내연기관은 동력 생산에 대한 무게로써 측정된 질량/힘 비율이 극히 높아서, 1901년에 이미 최첨단 메르세데스 엔진의 질량/힘 비율은 최초의 엔진의 3.5%였을 뿐이다!

농업에 근본적인 영향을 준 한 가지 새로운 생산물은 질산염의 공업 생산이다. 농부들은 제3장에서 논의했듯이 문명의 여명기 이래 질소 공급의 제약 문제와 싸워 왔다. 우리가 대기의 거의 4분의 3을 구성하는 질소에 둘러싸여 있다는 사실이 주어지면, 19세기 화학자들의 도전은 그런 풍부한 공급 속에 있는 질소를 사용할 수 있는 고정화 과정을 발견하는 것이었다. 프라츠 하버(Fritz Haber, 1868~1934)는 암모니아를 생산하는 촉매를 사용함으로써 마침내 1909년에 성공했는데, 암모니아는 산화를 통해 질산염 및 아질산염으로 변형된다. 20세기에 농업 수확량에서의 극적인 증가를 위한 전제조건은 그렇게 창조되었다. 이 극적인 혁신은 인조 비료라는 새로운 상품 생산의 좋은 사례일 뿐만 아니라, 다음 절에서 논의할 것, 즉 자원 기반 확충의 좋은 사례이다.

(5) 자원 기반의 확장

종이 제조는 프랑스인 니콜라스 로버트(Nicolas Robert)가 18세기 말에 '젖은' 펄프로부터 시작해서 '마른' 종이로 끝나는 연속 공정을 고안하려고 시도했을 때 시작된 기계화 과정을 겪었다. 이후 세련화된 과정은 그 권리를 사들인 영국인 기업가의 이름을 딴 포드리니어(Fourdrinier) 과정으로 알려졌다. 인쇄 용지에 대한 수요의 증가는 기존의 펄프 원료였던 제조용 넝마, 대마, 짚으로는 충족하기 어려웠다. 목재는 공급이 풍부했지만 그것을 적절한 원료로 만들기 위해서는 화학의 발전이 필요했다. 1850년경에 발명되어 현재도 여전히 쓰고 있는, 목재로부터 펄프를 만드는 초기의 기계적인 방법은 값은 쌌으나 질이 낮은 종이를 생산했는데, 낮은 품질은 종이의 사용을 제약했다. 그것은 신문 보관소를 방문하는 사람들이 확인할 것처럼 곧 부스러지거나 노랗게 변색되었다. 목재를 펄프의 적절한 값싼 원천으로 만드는 화학적 문제는 극복될 수 없는 것이 아니었다. 펄프는 아황산염 또는 황산염 수용액 속에 부서지거나 분쇄된 목재를 넣고 쪄서 생산했다. 개선된 방법은 순수한 셀룰로오스 생산을 지향했다. 놀랄 것도 없이 1870년대에 주도적인 혁신가들은 나무의 공급이 원활한 나라, 즉 미국, 독일, 스웨덴 출신의 화학자와 엔지니어였다. 초기에는 아황산염 방법이 우위를 차지했지만 장기적으로는 용지의 산도가 용지를 부스러지기 쉽게 한다는 단점을 가졌다. 황산염 방법으로는 크래프트 용지를 생산했다(크래프트는 힘을 의미하는 스웨덴어이자 독일어로서, 독일 및 스웨덴 출신의 발명가를 기리는 것이다). 그 과정은 강하고 값싼 종이를 생산하지만 표백하기는 어렵다. 이 방법의 환경적 결함, 즉 수질 오염은 20세기 후반 또는 그 이후까지 적절하게 해결되지 않았다.

베세머 전로는 값싼 강철의 대량 생산을 가능하게 했지만, 대륙에 아주 많았던 인 함유량이 많은 철을 사용할 수 없어 자원 제약에 직면했다. 헨리 베세머(Henry Bessemer, 1813~1898)는 영국인이었고, 윌리엄 켈리(William Kelly, 1811~1898)에 의해 미국에서 독립적으로 발견된, 그의 방법은 영국에서 생산되는 철광석의 타입에서만 잘 작동했다. 그 문제는 인 함유량이 많은 철광석에 적용할 수 있는 방법을 실험하도록 야금학자들을 끌어들였다. 사촌 간인 시드니 길크리스트 토마스(Sidney Gilchrist Thomas, 1850~1885)와 퍼시 칼라일 길크리스트(Percy Carlyle Gilchrist, 1851~1935)가 마침내 문제 해결에 성공했고, 1870년대 말에 특허를 취득했다. 부수적으로 그 과정에서 찌꺼기로 회수된 인은 농업에서 비료로 사용할 수 있었다.

6.4 19세기 발견의 지속적 영향과 20세기의 성취

19세기 말의 과학적 발견들의 가장 놀라운 요소는 그것들이 20세기에 지속적으로 영향을 주었다는 것이다. 내연기관은 1890년대부터 자동차에서 사용되었지만 1900년에 세계의 자동차의 총대수는 1만 대를 넘지 않았다. 유럽에서는 제2차 세계대전 이후까지 자동차가 대량 소비용 상품으로 도약하지 않았다. 우리는 19세기 후반에 생각되었지만, 20세기에 더 발전하고, 대중 소비의 품목이 된 수많은 다른 상품들을 간단하게 소개할 수 있다. 예를 들면 전화, 축음기 및 녹음기, 카메라와 영화, 라디오를 포함한 무선 통신, 20세기 농업에서 수확량을 극적으로 증가시킨 화학 비료, 내구적인 플라스틱, 다이너마이트, 비스코스, 수십 년의 실험 후 19세기 말에 현재의 디자인을 얻은 자전거 등이다. 강철 제조는 공장과 용광로의 크기가 증가함에 따라 급격하게 변화했다. (지멘스–마르텡 전통 속의) 평로는, 본질적으로 더 정교한 베세머 전로, 이른바 염기성 산소로가 평로를 대체한 때인 20세기 중반까지 주도적인 기술로 남았다. 베세머의 원래 디자인에서 공기는 탈탄화된 용융 선철을 통해 주입된다. 베세머는 공기 대신 순수한 산소를 사용하는 것이 더 좋다는 것을 이해하고 있었지만, 그 당시에 순수한 산소를 합리적인 가격에 생산할 수 없었다. 베세머의 직관을 더 발전시킨 것은 1940년대 스위스의 야금학자 두러(Durer)의 작업이었다. 산업적 응용에서 이것은 오스트리아에 있는 두 강철 공장의 위치를 본따 린츠–도나비츠(Linz-Donawits) 방법이라 불렸지만, 기술사가 바츨라프 스밀(Vaclav Smil)이 지적한 듯이, 베세머–두러(Bessemer-Durrer) 방법이라 부르는 것이 더 적절한 것이다. 지멘스는 전기를 사용하여 야금하는 방법을 실험했는데, 20세기 전반 동안 더 실험된 후, 이 방법은 특히 강철 제조를 위해 고철을 재활용하는 데 일반적으로 응용되었다.

20세기 초가 되자 혁신 과정의 무게 중심은 신세계로 이동했다. 미국은 일인당 소득과 교육 및 연구에 지출되는 GDP의 몫의 면에서 유럽의 선도 경제들을 능가했다. 미국의 제조업 부문은 19세기 후반에 실체적인 생산성 이득을 성취했다. 미국의 선도는 부분적으로는 생산 과정의 선구적인 합리화 때문에 부분적으로는 혁신적인 연구와 개발에 전념하는 노력 때문에 유지되었다. 생산의 합리화는 때때로 자동차 제조업자였던 헨리 포드(Henry Ford)의 이름을 딴 '포디즘'으로 불리는데, 각 노동자가 제한된 수의 과업을 반복적으로 하는 분업의 원리에 기초했다. 그것은 생산물을 컨베이어벨트로 이송하는 데에 쉽게 응용될 수 있었다. 포드 공장에서 차량 새시는 전동기에 의해 구동되는 와이어로 옮겨졌다. 자동차 제조업은 대량 생산에 적합한 표준화된 생산품을 도입했다. 이른바 모델 T-포드는 가격이 계속 내려가면서 거의 1,500만 대가 생산되었는데, 그것은 최종 생산물로 조립될 부품의 수를 (100개 이하로) 감소시키고 표준화함으로써 가능하였다. 미국 제조업자들은 거대한 국내 시장의 이점을 활용하였고 대량 생산 기술을 고안할 수 있었다. 유럽 산업들은 국내 시장이 더 작고 유럽 각지의 소비자의 선호가 더 이질적이었기 때문에, 규모의 경제에 있어 동일한 잠재력을 갖지 않았다.

네이선 로젠버그(Nathan Rosenberg)는 오래 전에 이 점을 지적하였고, 스티븐 브로드베리(Stephen Broadberry)는 그 논거를 더 발전시켰다. 그는 미국의 표준화된 대량 생산을 유럽의 '유연하고 주문 생산형인' 생산 기술과 대조시켰다. 전자는 긴 생산 운행을 위해 목적에 맞도록 만들어진 기계를 사용하였으며, 후자는 소비자들의 다변화된 욕구를 충족하도록 숙련 노동자들을 사용하였다. 유럽 경영자들은 전간기에 미국 산업 기술을 연구했지만, 그것들은 제2차 세계대전 이후까지 유럽 산업에 널리 전파되지는 않았는데, 일부 국가에서는 이른바 이 과학적 경영이 노동조합의 맹렬한 저항에 부딪쳤다. 개선된 분업은 수치 제어 기계의 도입에 의해 자동화로 나아갈 수 있었다. 예컨대, 금속판은 기계를 프로그래밍하여 특정한 형태를 자동으로 절단할 수 있다. 원래 이것은 펀치 카드에 저장된 단순한 프로그램에 의해 행해졌으며 앞서 논의된 자카르 직조기와의 관련성은 명백하다. 마이크로 프로세서의 발전과 함께 완전한 규모로 멀티 테스팅을 하는 기계(로봇)로 나아가는 것이 가능하게 되었지만 그것은 1960년 이후의 현상이다. 여전히 그것은 생산에서 인간 사용의 심각한 변화를 잘 보여 준다. 로봇이 차를 용접하고 도색하며, 인간의 육체적인 힘은 로봇을 지시하는 프로그램을 고안하는 두뇌력으로 대체된다.

　20세기의 가장 중요한 범용 기술(즉, 다수의 활동, 부문 그리고 산업에 유용한 기술)은 전기 컴퓨팅이다. 현대 컴퓨터는 모든 종류의 정보 처리와 전송을 이메일과 월드 와이드 웹을 이용하여 하기 때문에, '컴퓨팅'과 '컴퓨터'라는 단어는 점차 부적합한 용어가 되고 있다. 기계 계산기는 유럽에서 17세기에 처음 고안되었는데, 고트프리트 라이프니츠(Gottfried Leibniz, 1646~1716)와 블레즈 파스칼(Blaise Pascal, 1623~1662)과 같은 그 시대의 수학자와 철학자가 관여하였다. 상업적으로 성공한 계산기는 대개 덧셈에 사용되었는데, 1870년대와 1880년대에 개발되었고, 1890년 이후 생산이 빠르게 확장되었다. 스웨덴에서 훈련받은 엔지니어 윌고트 오드네르(Willgodt Odhner, 1845~1905)는 러시아에서 활동하는 동안 일련의 계산기를 개발했다. 그의 산업은 그보다는 오래 살아남았지만 1917년 러시아 혁명을 넘어서지는 못했다. 그 회사는 스웨덴으로 이동했고, 현재 저자 중의 한 명은 초기 학술 연구를 오드네르(Odhner) 계산기를 사용하여 계산했는데, 그 때까지 그 계산기는 버로우즈 디자인을 채택했다. 미국에 기반을 둔 다른 발명가 겸 기업가인 윌리엄 버로스(William Burroughs)는 단순한 더하기 기계(때때로 그렇게 불렸다)의 노동 생산성 영향을 추계했는데, 그는 기계적인 덧셈이 종이와 펜을 사용한 수 계산에 비해 속도가 6배 빠르다는 것을 발견했다. 이것은 상당한 증가였지만 컴퓨터 성능에서의 인상적인 증가에 비하면 왜소한 것이다. 비록 미국 산업이, PC를 개발하는 것과 컴퓨터를 프로그래밍하고 운용하는 데 있어 단순화된 가이드 라인을 개발하는 것을 포함하여, 상업적 기회를 더 잘 개척했음이 증명되었지만, 그런 컴퓨터는 1940년대에 대서양 두 편에서 동시에 개발되었다. 현대 컴퓨터는 기계적 계산기가 할 수 없었던 기능이나 서비스를 수행하기 때문에 현대 컴퓨터의 광범한 사용에 의해 창출된 진정한 비용 감소는 평가하기 어렵다. 그러나 계산하는 데 있어 현대 컴퓨터의 비용 절감만을 보는 것으로도 정말 놀라운 결과를 얻게 된다. 예일대 경제학자인 윌리엄 노드하우스(William Nordhaus)는 앞서 언급한 빛의 가격의 진정한 하락을 평가하는데 사용한 것과 유사한 방법을 응용했다. 그는 간단한 성과 척도인 초당 계산을 구하고 수작업적 계산에 비교하여 성과 증가를 측정했다. 이를 통해 비용 감소는 2006년 고정 가격으로 7.3×10^{13}이었다는 것을 발견했다. 빛의 가격과 같이 성과에 기초한 추계는 실질 산출과 실질 소득에 대한 기존의 측정들은 새로운 생산물의 가격에서의 진정한 하락을 과소평가하는 경향이 있음을 보여 준다. 그것은 기존의 가격 지수가 가격 변화 추계에서 상방 편향을 가지는 경향이 있음을 의미한다. 실질 산출물은 명목 가격으로 측정된 산출물을 가격 지수, 즉 GDP 디플레이터로 나눔으로써 측정되므로, 그 결과는 실질 산출물을 과소평가하는 것이 될 것이다.

6.5 기술 이전 및 캐치업

이전에 언급한 것처럼 지식은 **비경합재**라는 특별한 성격을 갖는데, 그것은 지식이 사용될 때 소진되지 않는다는 것을 의미한다. 유용한 지식은 한번 생산되면 접근 비용이 낮을 때 '공짜 점심'이다. 특허 보호는 접근 비용을 증가시키지만 일시적으로만 그렇다. 당신이 비경합재를 사용하여도 다른 사람들이 그것을 사용하는 것을 방해하지 않는다. 이 때문에 지식은 소비와 생산의 공간에서 우리를 둘러싸고 있는 경합재와 근본적으로 다른 것이 된다. 기계(예를 들어 자카르 직조기)는 경합재이지만 그 고안에 합체된 기술은 비경합재이다.

지식은 비경합재일 뿐만 아니라, 과학적 지식은 특별한 분야(예를 들어 기계, 야금 또는 화학)의 모두에게 접근 가능한 용어로 기술된다. 그것은 실험이 반복되고 검증되고 개선될 수 있다는 것을 의미한다. 기술이 특허받을 때조차도 그것들은 공적 영역에 있으며 개선될 수 있다. 예컨대, 전화는 단 한 명의 발명가의 생산물이 아니라, 성취된 개념의 여러 부분에 기여한 여러 사람의 생산물이다.

지식은 청사진에 의해 작업 기술로 변형되는데, 청사진은 새로운 아이디어의 급속한 이전을 돕는다. 19세기 말에 유럽 대부분의 국가들은 연구와 개발(오늘날의 R&D)을 따르거나 참가하는 사람들을 보유했다. 어떤 나라는 다른 나라보다 더 선진적이었다. 그러나 아이디어의 본성이 주어지면, 적어도 새로운 기술을 추구하고 흡수하며 응용하는 것을 선호하는 제도를 가진 국가들 간에는, 기술적 정교함에서의 차이가 시간이 지남에 따라 사라질 것으로 기대된다. 세계의 과학적 이해를 향한 변동은, 위에서 지적한 것처럼, 범유럽적 현상이었다. 그러므로 유럽은 기술 이전을 위해 필수적인 제도적 요구 조건들을, 비록 정도의 차이가 있기는 하지만, 가지고 있었다고 생각될 수 있다. 이 제도적 요구 조건들은 모지스 아브라모비츠(Moses Abramovitz)가 '사회적 능력'이라고 불렀던 것인데, 이것에는 과학적이고 기술적인 문제에 대해 해독력을 가지고 있는 일부 대중, 교육의 임계적인 최소 수준, 혁신적인 기업가를 지원하는 은행 제도, 그리고 물론 제5장에서 논의한 근대 경제의 일반적인 제도적 특성 등을 포함한다.

주어진 시점에서 일인당 소득의 국가 간 비교는, 완벽하지는 않다고 해도, 기술 수준에 대한 비교적 정확한 지표이다. 그러므로 후진적인 경제들은 프런티어 기술 경제들에서 발명된 우월한 기술을 응용하여 편익을 얻을 수 있다. 그렇기 때문에 기술 이전은 후진적인 경제가 더 빨리 성장하는 것, 즉 캐치업을 가능하게 만들 것임에 틀림없다. 기술이나 지식의 선도 경제와 격차가 클수록, 이전받을 수 있는 지식이 더 많이 있다. 이 가설은 일반적으로 베타 수렴으로 알려진 것이다. 그래서 상대적으로 후진적인 경제들은 일단 성장이 시작되면, 선진적인 경제보다 더 빨리 성장할 것으로 기대될 수 있다. 이것은 몇 세대에 걸친 경제사가들에게 알려져 있었다. 러시아계 미국 경제사가 알렉산더 거센크론(Alexander Gerschenkron)이 주장하였던 것처럼, 가난한 국가들은 후발성의 이익을 가진다. 이러한 현상이 발생하는 세 가지 분명한 이유가 있다. 첫 번째는 위에서 논의한 것처럼 기술 이전이다. 두 번째는 집계화된 경제의 수준에서 작동한다. 국민 생산은 그 경제의 모든 부문의 산출물의 합이다. 대규모 기업에 의해 지배되는 부문은 많은 소규모 기업을 갖는 부문보다 자주 더 효율적이라는 점에서, 생산성 면에서 부문들 간에는 차이가 나는 경향이 있다. 예컨대, 금속 제조업은 보통 소규모 소매 기업보다 노동 생산성이 더 높다. 시간이 지남에 따라 가장 덜 효율적인 부문들은 구축되는 경향이 있다. 이를테면 19세기 말에 농업 부문은 유럽에서 노동력의 30~75%를 점했는데, 이제 그 몫은 3~7%로 감소하였다. 그 과정에서 농업은 노동 생산성 면에서 공업과 비견될 수 있는 부문이 되었지만, 1세기 전에 대부분의 유럽 국가에서 농업의 노동 생산성은 공업 부문의 절반이었을 뿐이었다. 비교적인 관점에서 보면 대부분의 선진적인 경제들에서 옛 형태의 부문들은 매우 적은 비중만을 차지하는 경향이 있고, 상대적으로 후진적인 경제에서는 처음에 큰 전통적 부문들을 안고 있었다. 결과적으로 상대적으로 후진적인 경제들은 노동과 다른 자원을 전통적인 부문에서 근대적인 부문으로 재배치함으로써 쉽게 선진적인 경제를 캐치업할 것이다. 이것은 구조 변화에 의한 수렴이다. 구조적 효과는 덜 효율적인 부문에서 더 효율적인 부문으로의 노동 이동 때문에만 일어나는 것은 아니라는 점은 강조해 둘 만하다. 바로 그 과정에서 덜 효율적인 부문은, 비효율적인 단위들이 밀려 나가기 때문에, 자신의 생산성 수준을 증가시키는 경향이 있다.

수렴의 맥락에서 호출된 세 번째 요소는 더 모호한데, 성장 이론에서의 통찰로부터 도출된다. 노벨상 수상자 로버트 솔로(Robert Solow)와 연계된 제1세대 성장 모형은, 몇 개의 나라가 처음에는 더 가난했고, 더 낮은 자본과 노동 비율을 가진다는 사실을 제외하고는, 모든 점에서 동일한 세계 경제들 간에 수렴이 발생한다고 예견했다. 이 경제들은 전형적으로 처음에 더 많이 저축하고 투자해서 높은 성장률을 향유할 것이다. 이를 통해 자본에 대한 수확 체감이 작동할 것이고, 후진적 경제들은 선도 경제들의 소득과 성장에 접근할 것이다. 그러나 성장 이론의 후속적인 발전들은 그 기대를 덜 결정적인 것으로 만들었다. R&D 지출을 제공하는 데 있어 정부의 행동은 상이한 성장 경로를 창출할 수 있고, 수확 체감의 가정은 의문시되어 왔다.

제1차 세계대전 이전 40년 동안 유럽 대부분의 국가들은 일인당 GDP 성장이 연간 1~2%에 있었는데 전간기 동안 이 중 많은 국가들의 성장률은 떨어졌다. 1950년 이후 20년은 유럽이 이제까지 경험한 가장 빠른 연간 3~5% 성장을 목격했지만, 그 이후 성장은 다시 연간 2~3%로 떨어졌다. 성장의 절반은 교육,

자본, 노동과 같은 요소 투입에 귀속되고, 나머지 절반은 총요소 생산성에 귀속됨을 어림짐작할 수 있다.

[그림 6.2]~[그림 6.4]에서 우리는 1870년부터 1975년까지 약 100년 간을 세 기간으로 나누어 많은 유럽 국가들의 성장 성과를 도시했다. 수직축 위의 일인당 소득의 연평균 성장을 수평축 위의 1990년 고정 국제 달러로 표시한 초기 소득, 즉 초기 일인당 GDP에 대해 도시하였다. 세 기간은 제1차 세계대전 이전의 유럽 산업화의 첫 번째 파고, 세계대전과 전간기, 마지막으로 이른바 유럽 성장의 황금시대인 1950~1973(5)년이다. 우리는 어떤 종류의 패턴을 발견할 것이라 기대하는가? 최초에 후진적인 경제들은 기술적 캐치업을 할 수 있는 더 많은 범위

[그림 6.2] 1870~1914년 일인당 GDP의 연간 성장률(%)과 1870년 일인당 GDP

(단위: 1990년 고정 국제 달러)

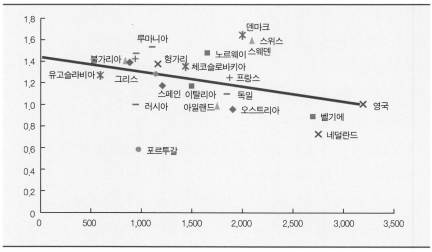

주: 그림 속의 몇 개 국가들은 모든 시기에 국민 국가가 아니었고, 국민 국가였던 몇 나라들은 그 이후 소멸되었다. 활용 가능성에 따라 현재 또는 역사적 경계들이 사용되었다.

출처: A. Maddison, *The World Economy: Historical Statistics*(Paris: OECD, 2003)의 Tables 1c and 3c.

[그림 6.3] 1870~1914년 일인당 GDP의 연간 성장률(%)과 1914년 일인당 GDP

(단위: 1990년 고정 국제 달러)

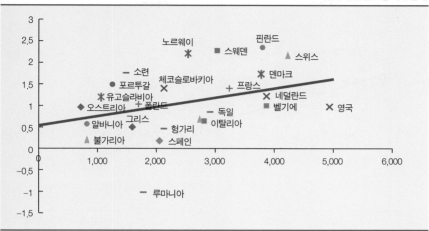

주: 그림 속의 몇 개 국가들은 모든 시기에 국민 국가가 아니었고, 국민 국가였던 몇 나라들은 그 이후 소멸되었다.
활용 가능성에 따라 현재 또는 역사적 경계들이 사용되었다.
출처: A. Maddison, *The World Economy: Historical Statistics*(Paris: OECD, 2003)의 Tables 1c and 3c.

를 가지므로(결국 그들 모두는 가장 좋은 기술을 사용하지 않기 때문에 가난하다) 우리
는 그들이 더 빨리 성장할 것이라 기대하지 않을 수 없다. 게다가 후진적인 경
제들은 노동자당 더 적은 자본을 가지고 있으므로 수익성 있는 투자, 즉 더 높
은 자본 수익률에 대한 장밋빛 전망이 있다. 높은 투자율은 경제 성장을 자극하
는데 영국에 수렴했거나 영국을 넘어섰던 경제들은 모두 더 높은 투자율을 가
졌다는 것이 판명되었다. 투자와 총요소 생산성 성장률 간에는 국가와 기간에
걸쳐 꽤 강건한 양의 상관관계가 있다. 이 관계에 대한 가장 명백한 설명은 투
자가 새로운 기술의 도입과 연계된다는 것이다. 유럽에서 후진적인 경제들은
서비스와 농업에서 더 큰 전통적 부문을 가지고 있었다. 그러므로 낮은 생산성

[그림 6.4] 1950~1975년 일인당 GDP의 연간 성장률(%)과 1950년 일인당 GDP

(단위: 1990년 고정 국제 달러)

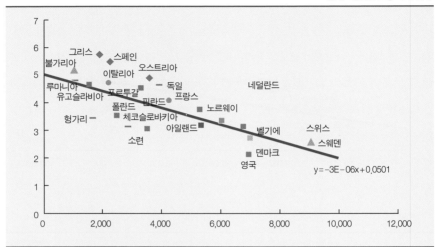

주: 그림 속의 몇 개 국가들은 모든 시기에 국민 국가가 아니었고, 국민 국가였던 몇 나라들은 그 이후 소멸되었다. 활용 가능성에 따라 현재 또는 역사적 경계들이 사용되었다.
출처: A. Maddison, *The World Economy: Historical Statistics*(Paris: OECD, 2003)의 Tables 1c and 3c.

을 가진 전통적 부문에서 높은 생산성을 가진 근대 부문으로 노동력의 구조적 재배치를 실시함으로써 더 많은 이득을 볼 것이다.

이러한 모든 요소들은 초기 소득과 이후 성장 간에 음의 관계가 있음을 주장한다. 두 개의 기간, 즉 제1차 세계대전 이전과 제2차 세계대전 이후에는 이 기대가 충족된다. 우하향하는 직선은 **선형 회귀분석**에 의해 생성되었다. 최초에 부유한 나라 영국은 제1차 세계대전 이전에는 덜 부유했던 스칸디나비아 국가들(스웨덴, 노르웨이, 덴마크)만큼, 그리고 제2차 세계대전 이후의 시대에는 남유럽(이탈리아, 스페인, 포르투갈)만큼 빠르게 성장하지 못했다. 그러나 세계대전과 전간기의 시대는 달랐다. 회귀분석은 양의 관계를 주장한다. 즉, 초기에 일인당 GDP가 더 높으면 이어지는 시기에 일인당 GDP 성장률도 더 높다. 1914~1950년에 기술 이전의 결정적인 기제인 무역, 자본, 사람에 대한 개방성이 결여되었다는 사실은 세계대전/전간기와 다른 두 기간 간의 차이를 설명한다. 대조적으로 1870~1914년 시기에는 비록 관세가 없지는 않았지만, 유럽 역사에서 첫 번째 자유 무역의 시대였다. 그리고 사람의 국제적인 이동, 즉 대량 이민의 시대였는데, 두뇌와 아이디어의 이동성을 의미한다. 마지막으로 전례없는 자본 이동성의 시대였는데, 그것은 자주 자본재, 즉 기계와 운송 장비가 그것을 갈망하는 국가로 수입되기에 이르렀다.

1950~1975년에는 전간기로부터 승계된 무역 제약이 감소되었다. 무역의 성장은 GDP 성장보다 2~3%P 더 빨랐다. 무역의 증가는 국내 기업들의 조정을 강제하고, 조정하지 않은 기업들은 생존하지 못하였기 때문에 생산성 수준을 향상시켰다. 황금시대는 유럽에 대량적인 미국 투자가 이루어진 시기였다. 자본은 기술을 쫓아다녔고 그 반대도 마찬가지였다.

대조적으로, 두 번의 세계대전은 국경을 효과적으로 봉쇄했다. 경제들은 덜 거래했고, 민족주의는 외국적인 어떤 것에 대해서도 의심을 품었다. 전간기는 국제 협조와 무역에 대해 개방성을 갖는 짧은 전주기를 가졌다. 그러나 곧 무역 제약과 민족주의의 재생, 그리고 1929년 대공황의 발발 이후 편협한 태도에게 길을 내주었다. 세계 무역은 급격하게 감소했고 지적 교환은 억제되었다. 지식 이전의 가장 중요한 채널은 나치 독재로부터 도망친 많은 능력 있는 과학자들이었다. 이러한 조건이 주어질 때 초기 소득과 성장 간의 양의 연계는 의미 있는 것이 된다. 최초에 부유한 경제들은 이미 가장 큰 기업들뿐만 아니라 대학의 연구 중심에 연구 부서를 설립했기 때문에 기술 이전에 덜 의존했다. 게다가 그들은 충분히 높은 저축률을 가져서 국제 자본 시장의 붕괴가 무역과 투자에 덜 문제가 되었다. 중요한 역사적 교훈은 전간기 경험으로 나온다. 즉, 개방성은 가난한 국가들에게 특별한 이득이 되는 것으로 보인다.

그림들은 과소 성과 또는 과도 성과에 대한 통찰도 부가적으로 보여 준다. 회귀선은 특정한 초기 소득이 주어졌을 때 일인당 GDP에서의 기대된 성장을 나타낸다. 한 나라가 그 선 아래로 떨어진다면 그 나라는 과소 성과국이고, 그 위에 위치한다면 그 나라는 과대 성과국이다.

영국은 명백하게 1950년부터 1975년까지 과소 성과국이었지만, 1870~1913년에는 기대 수준의 성과를 가졌다. 유럽 대륙에서 산업화의 첫 번째 물결 동안 다른 유럽 경제들보다 영국의 성장은 더 낮았는데, 기술 리더로서 영국은 다른 유럽 경제들로부터의 기술 이전을 통해 더 적은 이득을 얻었다. 위에서 설명한 이유들 때문에, 미국 기술들은 쉽게 적용될 수 없었지만, 영국은 유용한 기술들을 흡수하고 새로운 것을 개발하려는 것에 내키지 않았을 수 있다. 1870~1975년 전 기간 동안, 일인당 GDP는 프랑스, 독일, 스칸디나비아 국가들에서는 연간 약 2%로 성장했지만, 영국에서는 단지 약 1.2%였다. 독일은 첫 번째 시기에는 그것의 초기 소득이 주어질 때 기대된 것만큼 성과를 보이고 있었고, 그 이후에는 과대 성과국이었다. 그러나 과대 성과의 일부는 제2차 세계대전의 귀결인 1950년 스스로 자초한 낮은 초기 소득 때문에 야기된 것이었다. 이른바 Wirtschaftswunder (경제 기적)의 일부는 재건 효과였다.

첫 번째 시기에 처음에 가난했던 유럽 국가들의 성과는 곰곰이 살펴볼 가치가 있다. 그들 중의 일부는 잘했지만, 모두가 지식 이전을 환영하게 된 것은 아니었다. 대개 잘한 국가들은 국민 소득에서 무역이 차지하는 비중이 높았다. 제1차 세계대전 이후에 오스트리아로부터 떨어져 나온 오스트리아-헝가리 제국의 일부, 즉 헝가리와 체코슬로바키아(양국 모두 소득 사다리의 하단에 있다)는 전쟁 전에는 과대 성과국이었지만, 오스트리아는 그렇지 않았다는 점은 주목할 만한 가치가 있다. 그리스, 아일랜드, 스페인, 포르투갈은 그때 과소 성과국이었다. 사실 그 나라들의 유럽 평균으로의 캐치업은 황금시대까지 시작되지 않았다. 최초 소득 면에서 1870년의 아일랜드는 스웨덴과 덴마크라는 두 과대 성과국과 많이 다르지 않았고, 그들 모두는 자주 유럽 주변부라는 범주 속에 함께 뭉뚱그려졌다. 지리적으로 그것은 올바르게 보이지만 경제적 의미에서도 그러했을까? 우리는 제1장에서 핵심 시장과의 근접성과 유사성이 무역을 자극할 수 있고 간접적으로 성장을 자극할 수 있다고 지적했다. 그리스는 유럽 중심 경제로부터 떨어져 있어서 이 점에서 명백한 문제를 가졌다. 포르투갈은 가장 가까운 무역 파트너로 뒤처진 나라 스페인을 가졌고, 주요한 무역 파트너로 느리게 성장하는 영국을 가졌으므로 명백하게 장애를 받았다. 아일랜드는 영국과 역사적 유대를 가졌고 영국의 곤경을 공유했다. 다른 한편으로 스칸디나비아 경제들은 그 근방에 역동적인 독일을 가졌고, 서로 많은 양을 거래했다.

스칸디나비아 국가들은 모든 시기에 기대된 것보다 더 잘했다. 그것은 상대적으로 높은 질의 교육 체계와 특허 출원 통계에서 볼 수 있는 바와 같이 생동적인 기술적 지식인들 때문이었다고 보고 싶은 유혹을 받는다. 우리는 이미 유용한 지식의 개발에 이들 작은 국가들의 놀라울 만큼 적극적인 참여를 언급하였는데, 그것은 높은 수준의 기술 능력을 드러낸 것이다. 소국이어서, 그들은 모든 시기에 높은 무역/소득 비율로 측정되는 바 가장 개방된 경제였다(무역은 자원을 덜 효율적인 생산 단위와 부문으로부터 더 효율적인 생산 단위와 부분으로 돌림으로써 성장을 촉진한다). 1914년부터 1950년까지 그들의 상대적으로 좋은 성과는 경제 정책 선택과 관련되었을 수 있는데, 제10장에서 논의할 것처럼, 특히 과대평가된 통화의 빠른 평가 절하가 그것이다.

그리스, 이베리아 반도 국가들과 아일랜드는 19세기 말의 과학적 돌파에서 눈에 띄게 소외되어 있었다. 아일랜드는 사실 기술적 리더들을 캐치업한 마지막 유럽 국가였다. 런던과의 근접성은, 아일랜드의 재능 있는 많은 주민들이 영국 또는 미국으로 떠났으므로, 다른 면에서 은총이자 저주였을 수 있다. 유럽 국가 중에서 아일랜드만이 황금시대에 이르기까지 대부분의 해 동안 인구가 감소하였다. 1930년대에 도입된 정책 선택은 아일랜드의 빈약한 성장 성과를 설명하는 주요한 요인으로 느껴지는 데 황금시대까지 계속되었다. 정치적인 독립에도 불구하고, 아일랜드는 자신의 통화를 영국 파운드에 고정시켰다. **국민 소득**에서 투자가 차지하는 비율은 1970년대까지 유럽 평균에 도달하지 못했고, 대공황기에 도입된 보호주의는, 유럽의 다른 국가들이 이미 무역 자유화의 길 위에 있었던 1950년대 말까지 남아 있었다. 그리고 후속 정부들은 외국 투자에 대해 양면적인 태도를 가졌다.

우리는 1980년에서 2010년의 시기와 1990년에서 2010년의 시기에 대해 [그림 6.2]-[그림 6.4]에서 했던 것과 같이 유사한 수렴 검정을 했다. 이 시기에 유사한 국가의 샘플에게 어떤 수렴이나 발산도 없었다. 즉, (1980년과 1990년 각각) 초기 소득은 이후 성장에 어떤 효과도 없었다. 이것은 흥미로운 결과인데, 아마 경제 정책이 변화하는 시기였다는 사실과 관련되었을 것이다. 많은 국가들은 1980년대와 1990년대에 스스로 부과한 긴축 정책을 실험하고 있었다. 사회주의 계획으로부터 시장 경제로의 이행에 있었던 국가들은 매우 다양한 궤적을 보여 준다. 폴란드와 같은 일부 국가는 만족스러운 성장을 했지만 러시아와 같은 다른 나라들은 더 실망스러운 성장 기록을 가졌다.

분석의 틀로써 국민 국가를 사용하는 것은 때때로 오독을 가져올 수 있다. 예컨대, 스페인은 모든 지역이 후진적인 것은 아니었다. 북부 지역, 특히 카탈로니아는 북부 이탈리아가 그랬던 것처럼, 더 전형적인 유럽 패턴을 따라 산업화했다. 처음에 유럽의 가장 가난한 나라들이 집거한 동부 유럽의 성장 성과는 일반화하기 어렵다. 그들은 황금시대에, 그리고 사회주의적 계획 체제 하에서 루마니아와 불가리아와 같은 예외가 있었지만, 과소 성과국이었다. 초기 소득이 주어질 때, 러시아(그때 USSR 경계 내에 있었던 사회주의 체제)는 극히 높은 투자 성장을 동반한 강요된 산업화의 시대인 1915~1950년 기간에만 다른 국가들보다 더 잘했다.

지식은 이전 가능하다는 사실이 주어지면, 성과의 차이를 설명할 때 제도적 조건들을 보는 것은 자연스럽다. 초기에 과소 성과국이었던 경제들은 덜 발전된 교육 체계와 덜 진전된 은행 체계를 가지고 있는 경향이 있었다. 예컨대, 1870년에 학교에 취학한 5~14세 아동의 비율은 스웨덴에서는 거의 60%였지만, 이탈리아와 아일랜드에서는 30% 바로 위였다. 그러므로 성장 성과에서의 차이에 대한 완전한 이해는 조금 더 섬세한 것들을 요구한다. 먼저 독일과 영국에 초점을 맞추어 보자.

6.5.1 왜 독일은 늦은 산업 국가였는가 … 그리고 왜 일단 성장하기 시작하자 영국보다 더 빨리 성장했는가

이 본질적인 질문에 대한 짧은 대답은 독일(특히, 프로이센 지역)이 19세기까지 자기 지속적인 경제 발전을 위한 제도적 전제 조건들을 갖지 못했다는 것이다.

네덜란드 공화국(the Netherlands)과 영국 같은 첫 번째 근대 경제들에게는 갖추어져 있었던 제도적 전제 조건은 재화와 생산 요소, 즉 노동, 토지, 자본을 위해 효율적으로 기능하는 시장들이다. 토지 개혁(프러시안 군대가 나폴레옹에 의해 굴욕적으로 패배한 후인 1807~1821년에 부과된 이른바 쉬타인 하르덴베르크 개혁)이 도입될 때까지 토지 시장도 노동 시장도 적절하게 작동하지 않았다. 그러나 이러한 전면적인 개혁은 토지에 잘 정의된 소유권을 도입했고, 더 효율적인 노동 시장을 창출했다. 개혁은 영주의 통제로부터 노동을 자유롭게 했지만, 그 개혁으로 노동하는 사람들은 공유지에 대한 관습적인 권리를 박탈당했다. 그 귀결로써 농촌 지역뿐만 아니라 성장하는 도시에서도 작업을 찾는 토지없는 프롤레타리아와 함께 새로운 사회적 분할이 출현했다. 토지 소유권을 가진 농부 계급은 고용된 노동자에 의존하는 대토지 소유를 따라 발전되었다. 개혁의 경제적 귀결은 농업에서의 노동 생산성의 증가였다. 노동의 탄력적인 공급은 재산권 소유 계급에게 유리하도록 소득 분배를 바꾸었는데, 저축과 공업에의 투자를 자극했다.

게다가 생산성 성장의 중요한 요소는 규모의 경제로부터의 이득이기 때문에 시장의 규모도 중요했다. 독일은 우리가 지금 알고 있는 것처럼 1870년대까지 통일된 국가로 출현하지 못했다. 그러나 이 국민 형성은 통화 개혁과 관세 개혁을 통한 경제 통합의 긴 과정에 의해 준비되었다. 19세기 초 독일은 서로 다른 통화와 거래를 억제하는 관세를 가진 많은 소규모 정치적 단위로 구성된 지리적 영역이었다. 그러나 프로이센 관세 동맹(1818)은 이른바 관세 통합(1833)으로 완결되는 후속적인 경제 통합을 촉발했다. 관세 통합은 이후 수십 년에 걸쳐 지리적 범위를 점진적으로 확장했다. 관세 통합, 즉 **관세 동맹**에 의해 창출된 무역에 대한 자극을 따라 공동 화폐로 이어지는 통화 제도의 단순화가 일어났다. 그래서 19세기 중반에 독일(또는 조금 뒤에 독일로서 알려지게 된 것)은 근대적 경제 성장으로 이륙할 준비가 되어 있었다.

독일이 일단 성장하기 시작하자, 영국보다 더 좋은 성과를 보였다. 일인당 GDP에서 독일의 성장은 영국보다 더 높았을 뿐만 아니라, 1873년부터 1973년까지 100년에 걸쳐, 19세기 말에 출현한 새로운 선도 경제인 미국의 성장률보다 조금 더 높았다. 영국에 비할 때 독일의 일인당 소득은 1870년에는 약 50%였지만, 제1차 세계대전 전에는 약 65%로 증가했다. 제2차 세계대전으로 인하여 1950년 독일의 상대적 지위는 영국의 60%로 다시 떨어졌지만, 1973년에 독일은 소득 격차를 없앴다. 이것은 독일의 예외적으로 빠른 성장과 영국의 예외적으로 느린 성장 때문이었다. 그러나 1914년으로 거슬러 올라갈 때 독일에서 상당수 공업 부문들은, 화학과 야금을 포함하여, 영국의 상응하는 부문보다 노동 생산성이 더 높았는데 영국은 금융 서비스와 소매에서는 선두를 지켰다. 스웨덴도 1910년경에 몇 가지 제조업 부문에서 영국 노동 생산성 수준을 캐치업하게 되었다.

영국과 비교할 때 독일에서의 극적인 성장은 1870~1913년과 1950~1973년 두 시기에 일어났다. 이때 독일의 성장은 영국에 비해 거의 두 배였다. 이 두 시기 모두 독일은 상대적으로 낮은 소득 수준에서 출발했다. 그러나 독일의 황금시대의 캐치업의 상당 부분은 전시 파괴 이후 얻은 재건 효과였다.

이것은 완전한 이야기인가? 영국은 조금 부유하거나 더 부유한 경제들보다 덜 급속하게 성장하고 있었기 때문에, 대답은 "아니오"이다. 왜 영국은 1890년에 선두 경제로서 간주된 미국처럼 또는 다수의 대륙 유럽 경제들, 예컨대 프랑스와 독일이 황금시대 기간에 했던 것처럼, 빠르게 성장하지 못했는가? 우리가 영국 성장 패턴을 이해하기를 원한다면, 우리는 그밖의 것, 사람, 연구, 자본에 대한 투자에서의 차이를, 그리고 제도적 설정의 차이를 살펴보아야 한다.

6.5.2 인적 투자와 자본 투자

문자 해독률과, 한 연령 그룹의 상이한 교육 수준별 비율인, 취학률의 면에서 미국은 예외적으로 두드러졌다. 영국 엘리트 대학들은 자연 과학들을 가르치는 데 충분히 배려하지 않았다는 주장이 자주 반복되는데, 그것은 결국 영국경제의 성장을 지체시켰을 수 있다. 독일은 숙련 노동을 훈련하는데 우월한 체계를 가졌던 것으로 보인다. 그러나 이러한 형태의 관찰은 인상주의적인 것이어서 너무 강한 결론을 정당화하지는 못한다.

일인당 GDP의 면에서 영국이 선도적인 지위를 유지할 수 없었던 것에 대한 논의의 상당수는 상대적으로 낮은 투자율(즉, GDP에 대한 순 투자의 비율)에 초점을 맞춘다. 대개 영국 국내 투자는 제2차 세계대전 이후까지 예외적으로 낮거나 미국의 투자율의 거의 절반, 그리고 대다수 산업화하는 유럽 국가들보다 실질적으로 더 낮은 것으로 나타난다.

많은 경제사가들은 영국 투자자들이 국내 조건들에 대한 적절한 정보를 갖지 않았다고 말해 왔는데, 다른 사람들은 낮은 투자는 본국에서 고수익 투자 기회가 부족했을 뿐만 아니라 외국 투자에 대한 선호를 반영한 것일 수 있다고 지적해 왔다. 그렇지만 제도가 중요하다! 낮은 국내 투자는 유망한 투자 기회를 모색할 수 없었던 부적절한 금융 제도에 기인했었다. 19세기 말에 세계의 주된 은행가로서 영국의 역할은, 아마도 내국 투자는 무시될 정도에 이를 만큼, 런던의 금융가(the City of London)를 외국 투자 기회에 대한 정보가 풍부한 곳으로 만들었다. 자주 투자자는 본국 편향(home bias)이라 불리우는 것을 가졌음이 논증된다. 그것은 투자자들이 국내 자산과 외국 자산 간에 최적으로 다변화하지 않았다는 것을 의미한다. 그러나 영국의 경우 논거는 역전된다. 예컨대, LSE 경제사가 윌리엄 케네디(William Kennedy)는 영국 금융 제도는 대륙의 유사한 제도들과는 달리 '올바른' 투자 대상을 뽑아내지 못하고, 사실상 많은 유망한 기회들을 놓치고 있었다고 논증한다. 다른 한편으로 독일에서 기업들은 자주 특별한 산업 부문을 목표로 하고, 투자 기회와 소규모 기업을 큰 단위로 합병하는 편익에 대한 정교한 지식을 발전시킨 특수 은행에 의해 서비스받고 있었다. 독일의 (유니버셜) 은행은 투자 은행으로 기능하였고, 독일 공업이 프런티어 기술에서 강한 존재감을 형성할 수 있는 능력을 육성하는 데 신용을 공여하고 있었다.

적어도 19세기 마지막 사분기까지 외국 자산의 경우 이윤이 더 높았다는 사실을 반영한 것인데, 영국 저축의 상당한 부분은 사실 외국 투자로 이어지고 있었다. 국내 투자와 외국 투자의 합계는 GDP의 몫으로 볼 때, 프랑스나 독일에서의 국내 투자보다 (많이) 더 낮지는 않았다는 점은 지적할 만한 가치가 있다. 낮은 영국 투자는 영국에서 노동자당 높은 자본 부존과 관련되었다는 가설은 타당하지 않다. 사실, 피용자당 자본 스톡은 미국과 비교할 때 영국에서 놀라울 만큼 적었다. 즉, 1913년에는 미국의 피용자당 자본 스톡의 약 3분의 1이었고 1950년에는 약 60%였다. 이러한 차이의 이유는 자본 집약적이고 노동 절약적인 자본 장비로 나아가는 길을 닦았던 미국 산업화가 형성된 시기에 있어 노동의 희소성과 관련된다.

투자의 양에서 차이가 있었을 뿐만 아니라 부문별 방향에서도 차이가 있었다. 영국 투자의 상당수는 전통적 부문에서 이루어지는 경향이 있는데 그 부문의 생산물의 세계 무역이 매우 느리게 성장하고 있었기 때문에 그 부문들은 낮은 성장 잠재력을 가졌다. 영국 수출 지배력은 자동차와 비행기, 전자 제품과 농업 장비와 같은 빠르게 성장하는 첨단 기술 산업에 있지 않고, 저임금 생산자와 곧 치열한 경쟁을 하게 될 섬유와 같은 산업에 있었다. 영국 산업은 '일몰' 산업과 느리게 성장하는 시장, 즉 식민지를 포함하는 **영연방** 국가들로부터 벗어나 다변화하지 못하는 무능력으로 고통을 받았다. 다른 한편으로 미국과 독일 산업은 첨단 기술 산업에서 뛰어났는데, 그 산업들이 빠르게 성장하는 수요를 누렸다.

영국 국내 투자는 1914년 이전에는 예외적으로 낮았지만, 1950년 이후에 비록 높은 저축률과 투자 체제의 선구자인 일본보다 상당히 아래에 있기는 했지만, 유럽적 규범에 수렴하였다. 일본의 체제는 이후 한국, 대만 그리고 더 최근에는 중국과 같은 다른 아시아 경제들에 의해 모방되었다.

6.5.3 연구와 개발

우리는 생산성 성장과 **R&D** 지출 간의 강한 양의 관계를 기대한다. 미국의 대기업들은 최초로 19세기 말에 새로운 생산품과 생산 과정을 개발하기 위해 응용 연구를 위한 별도의 부서를 설립했다. 그 이래 연구에 대한 지출은 일관되게 미국에서 더 높았는데, 그것은 미국을 혁신적인 산업에서 안전한 리더로 유지시켰다. 그러나 독일은 19세기에 순수과학과 응용과학에서 선도 국가로 출현했으며, 아돌프 히틀러가 독일의 가장 뛰어난 과학자들을 그렇게 많이 쫓아낼 때까지 독일은 안전하게 그 역할을 해냈다. 독일의 대학들은 그 이래 그들의 이전의 영광을 다시 얻지 못했다. 1870년 이후 초기 몇 년 동안 독일에서 사적 연구 지출은 아마도 **카르텔**이 영국과는 달리 금지되지 않았다는 사실에 의해 자극받았다. '먹고 먹히는' 경쟁으로부터 약간의 보호를 누린 기업들은 연구에 대한 지출을 할 가능성이 더 높다고 알려져 있다. 그 이유는 카르텔 가격 형성이 기업들이 연구에 대한 경비를 만회할 수 있게 한다는 것이다. 그러므로 강철, 화학, 전기 장비에서의 독일 카르텔들은 정확하게 목표가 설정된 R&D 지출을 자극함에 의해 이들 산업들이 초기에 수월하게 되는 데 도움을 주었을 수 있다. R&D 지출은 측정하기가 어렵기로 악명이 높은데, 그것은 20세기 말에 선도적인 산업 국가들 간에는 GDP의 약 3%로 수렴하는 것처럼 보인다.

6.5.4 노사 관계

경제 성과에서 영국과 독일의 차이와 연계되었던 다른 요인은 노사 관계의 상태이다. 과거에 영국에서 노동조합은 산업보다는 기술에 기초했다. 어떤 주어진 산업에서 종사자들은, 각각 특수한 기술을 대표하는, 다수의 조합(이른바 '복수' 노조들)에 의해 대표되었다. 계량경제학적 고찰은 생산성 성장에 대한 조합의 부정적 영향을 탐지할 수 없었지만, 노동자가 '복수' 노조에 의해 대표 된다면 부정적 영향이 있었다. 이것은 복수 노조의 맥락에서는 한 특수한 노조 는 임금 협상과 새로운 기술의 도입에 대한 협상 모두에서 '자물쇠'(hold-up) 권 력을 얻을 수 있다는 사실로 설명될 수 있다. 한 기업에서 핵심 기술을 대표하 는 조합은 다른 사람들의 희생으로 자기 자신의 이해를 위해 싸움으로써 많은 것을 얻을 수 있다. 그 함의는 영국이 새로운 기술에 더 느리게 적응했을 것으 로 기대될 수 있다는 것인데, 그것은 총요소 생산성 성장의 더 낮은 율로 결과 한다. 사실 이 기대는 경험적 자료에 의해 지지되었다. 1950년부터 1975년까지 총요소 생산성 성장은 독일과 프랑스 수준의 약 3분의 1이었을 뿐이다. 독일과 달리, 영국에서 노동조합은 각 기업 또는 국가적 수준에서 고용주들과 긴밀하 게 협조하지 않았다. 독일과 스칸디나비아에서 노동조합은 미래의 더 높은 임 금을 위해 때때로 노동 절약적인 새로운 기술의 도입에 대해 교섭하기를 원하 고 있지만, 영국 노사 관계에서는 협동적 정신이 그렇게 풍부하지는 않으며, 이 것은 아마도 근대화를 지체시켰을 것이다. 그러나 노동조합뿐만 아니라 고용 주들도 기술적 관성에 대해 비난받아 왔다. 되돌아 볼 만한 가치가 있는 역설적 인 사실은 영국인이 소유한 자동차 산업은 실제로 1950년 이후에 전멸하였지 만, 영국은 다른 노사 관계와 경영과 작업 관행을 가진 공장에서 일본 자동차의 주요한 생산자로 남았다는 것이다.

영국은 1950년에 유럽 소득 리그에서 정상이었지만, 독일과 프랑스를 포함 한 유럽의 많은 경제들은 황금시대에 영국을 추월했다. 영국의 암울한 성장 기 록에 공헌한 마지막 요인은 비교적 큰 국유화된 강철과 석탄 부문이었는데 그 것의 총요소 생산성은 극히 낮았다. 그러나 20세기 말에 영국은 1980년대 제도적 개혁 시대 이후의 반격을 계속하고 있다.

6.6 장기에서의 수렴: 세 가지 이야기

덜 부유한 경제들은 성장 촉진적인 제도들을 도입하고, 선도 경제로부터 차용한 최상의 기술을 활용하면, 그 경제들은 적어도 비율적인 면에서는 선도 경제의 소득 수준에 수렴할 것으로 기대할 수 있다. 그러한 수렴의 패턴은 1870년대 이래 유럽에서 식별될 수 있었는가? 짧게 대답하면 "예"이다. 그러나 수렴의 속도와 시점은 달랐다는 것이 판명되어, 우리는 이제 왜 어떤 유럽 경제들은 19세기 말에 수렴 과정을 시작하였지만, 다른 국가들은 1950년 이후까지 그 과정을 시작하지 못했는가를 설명하려고 시도할 것이다.

[그림 6.5]~[그림 6.7]은 시그마 수렴으로 알려진 경제적 수렴에서의 세 궤적을 보여 주는데, 시그마 수렴은 1990년 고정 달러로 표현한 일인당 소득(로그)의 국가 간 수렴이다. 우리는 수직축에서는 일인당 GDP의 로그를 측정하고, 수평축에는 시간을 두었다. [그림 6.5]에서 미국의 일인당 GDP는 아르헨티나와 스칸디나비아의 그것과 비교되었다. 스칸디나비아 경제들이, 상대적으로 보면, 꽤 잘했을 때인 1930년대 대공황기를 제외하면, 스칸디나비아의 성장 패턴은 독일 및 프랑스와 대체로 유사하다. 우리가 보는 것은, 1930년대 동안을 (다시 한번) 제외하면, 미국의 선도의 지속이다. 1950~1973년 동안의 황금시대에만 수렴이 있었고, 그 이후에는 소득 격차가 안정적으로 남아 있지만, 비율적인 면에서는 1870~1914년에서보다 더 적다. 제2차 세계대전 직후의 소득 격차가 컸던 것은

[그림 6.5] 1860~2000년 아르헨티나, 스칸디나비아와 미국에서의 일인당 로그 GDP

(단위: 1990달러)

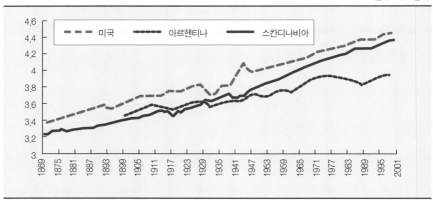

주: 그림 속의 몇 개 국가들은 모든 시기에 국민 국가가 아니었고, 국민 국가였던 몇 나라들은 그 이후 소멸되었다.
활용 가능성에 따라 현재 또는 역사적 경계들이 사용되었다.
출처: A. Maddison, *The World Economy: Historical Statistics*(Paris: OECD, 2003)의 Tables 1c and 3c.

스칸디나비아의 캐치업 잠재력을 나타내는데, 그것은 진실로 활용되었다. 미국의 선도는 미국의 지식과 기술 창출에서의 우월성과 연계된다. 아르헨티나의 성장 궤적은 상이하고, 덜 낙관적인 이야기를 들려준다. 황금시대까지 그것의 소득 수준은 스칸디나비아와 대개 비슷한 수준이었다. 다시 말해서 대공황 이전에는 약간 그 위에 있었고, 그 이후에는 약간 아래에 있었다. 미국 및 유럽과의 소득 격차는 증가했지만 아르헨티나를 위해 울지는 않았다. 아르헨티나의 암울한 성장은 그 자신이 만든 것이다. 많은 1차 식량과 원재료 생산 국가들처럼 아르헨티나는 1930년대의 대공황에 의해 심각한 타격을 받았다. 그리고 처음 성장을 부양하려고 수입 대체 공업화 프로그램을 착수했지만 전후 시기에 궁극적으로 실패했다. 20세기 후반의 일련의 대중 영합적 정치가들은 정부

[그림 6.6] 1860~2000년 독일, 아일랜드, 체코슬로바키아와 이탈리아에서의 일인당 로그 GDP

(단위: 1990달러)

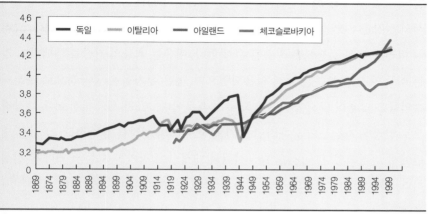

주: 그림 속의 몇 개 국가들은 모든 시기에 국민 국가가 아니었고, 국민 국가였던 몇 나라들은 그 이후 소멸되었다. 활용 가능성에 따라 현재 또는 역사적 경계들이 사용되었다.
출처: A. Maddison, *The World Economy: Historical Statistics*(Paris: OECD, 2003)의 Tables 1c and 3c.

지출을 하여 조세 부담을 원하지 않은 대중들을 즐겁게 하려고 하였는데, 그것은 반복된 채무 불이행이 없이 관리되기에는 너무 큰 외국 부채를 만들었다. 아르헨티나의 경제적 실패는 대개 정치적 실패이다.

[그림 6.6]은 기술과 생산품의 선도적인 새로운 조달자로 된, 초기 캐치업 공업 국가인 독일, 머뭇거린 추적자 이탈리아, 심한 늦깎이 아일랜드를 추적한다. 처음에 일인당 소득에서 발산이 있었다. 반면 수렴의 첫 번째 국면은 이탈리아의 경우 1900년경에 상대적으로 빠른 성장과 함께 시작했다. 그러나 그 진전은 전간기와 전시 파괴에 의해 엎질러졌다. 독일과 이탈리아 모두 황금시대의 초기에 화려하게 성장했는데, 부분적으로는 그들이 전쟁에 의해 타격을 받아 1914년의 그것과 유사한 낮은 소득 수준에서 출발했다는 사실에 기인한다.

재건 효과와 기술적 캐치업의 잠재력의 결합된 영향은 양국에서 높은 투자율을 자극했다. 높은 투자는 높은 총요소 생산성과 상관관계를 가지므로 양국에서의 성장은 1950년대 초에 제2차 세계대전 이전의 소득을 다시 획득했다. 그러나 이러한 높은 성장률은 지속될 수 없었다. 이유는 최상의 기술을 채택하여 얻는 이득의 상당 부분은 이미 활용되었으며, 높은 투자율은 궁극적으로 자본의 수익률을 낮추어 다시 투자율을 낮추기 때문이다. 제2차 세계대전 이후 즉각적으로 양국은 자신들의 잠재적인 장기 성장 이상의 성장률을 가졌고, 그 성장 패턴에서 진정되었다. 이것은 황금시대의 대성장에 참가한 모든 국가에게 진실이다. 일인당 GDP에서의 장기 성장은 연간 2~2.5%였는데, 황금시대 성장은 자주 두 배만큼 높았다. 아일랜드의 성장 성과는 '셀틱 타이거'라는 닉네임을 얻은 때인 최근에 갈채를 받았다. 그러나 성장 패턴을 살펴보면, 황금시대에 잠자는 곰의 그것과 더 같았다는 것이 판명된다. 1950년에 이탈리아의 소득 수준과 유사한 것에서 출발하였는데, 20세기 말까지 뒤처졌다. 타이거 경제가 된 모든 장점에도 불구하고, 아일랜드 사람들이 2000년경까지 이탈리아와 독일인의 생활 수준과 동일한 생활 수준을 향유하는 것을 유효하게 막았던 것은 황금시대에 성장 기회를 잃어버린 것임을 인식하여야 한다. 경제사가 코막 오 그라다(Cormac Ó Gráda)와 케빈 오록(Kevin O'Rourke)에 따르면, 아일랜드의 보호된 국내 시장은 기업들을 작고 국제적으로 경쟁력이 없도록 만들었다. 그러므로 규모의 경제로부터의 이득의 어느 것도 활용될 수 없었다. 과도하게 문제를 단순화하는 위험이 있지만, 아일랜드의 캐치업은 그 나라가 황금시대의 말에 자유 무역으로 개방될 때까지 시작되지 않았다는 것은 주목할 가치가 있다. 역사적 교훈은 아일랜드와 스칸디나비아와 같은 작은 경제의 경우 개방성은 성장의 전

[그림 6.7] 1860~2000년 프랑스, 스페인과 영국에서의 일인당 로그 GDP

(단위: 1990달러)

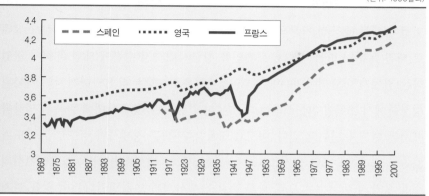

주: 그림 속의 몇 개 국가들은 모든 시기에 국민 국가가 아니었고, 국민 국가였던 몇 나라들은 그 이후 소멸되었다. 활용 가능성에 따라 현재 또는 역사적 경계들이 사용되었다.
출처: A. Maddison, *The World Economy: Historical Statistics*(Paris: OECD, 2003)의 Tables 1c and 3c.

제 조건인 것처럼 보인다. 스칸디나비아는 아일랜드보다 훨씬 더 일찍 그 교훈을 배웠다. 체코슬로바키아는 1945년 이후 사회주의적 계획을 모험하였던 경제 중 가장 선진적인 것 중의 하나이고 성장 잠재력을 가지고 있었다. 제10장 10.4절에서 고찰할 것이지만, 사회주의적 계획의 모순이 훨씬 더 성장을 제약하기 시작하고 있었던 1970년대 중반까지 아일랜드의 암울한 성과를 뒤쫓고 있었다.

세 번째 다른 이야기는 [그림 6.7]에 나타나 있는데 영국은 프랑스 및 스페인과 비교된다. 프랑스에서 전시기 소득 충격을 무시하면 영국에 대한 프랑스의 장기적인 수렴을 식별할 수 있다. 사실 프랑스는 황금시대 말에 영국을 추월했다. 다시 제2차 세계대전 직후 화려한 성장은 자세히 살펴볼 가치가 있다. 프랑스는 5년도 안 되어서 장기 추세(과거 소득에 기초한 소득 곡선의 선형 보간(linear interpolation)을 상상하라)를 다시 획득했다. 사회적 자본, 인적 자본, 제도가 남아 있었기 때문에 물적 자본의 파괴에도 불구하고 그것이 가능하였고, 정상 상태로 빠른 복귀가 만들어졌다. 스페인은 황금시대까지 수렴에 대한 흔적이 없었다는 점에서 이탈리아와는 달랐다. 스페인은 1850년부터 1950년까지의 기록된 성장률에서 소득을 2배로 하는 데 88년이 걸렸지만, 황금시대에 관측된 성장률에서는 단지 13년이 걸렸다. 마드리드에 기반을 둔 경제사가 린드로 프라도스(Leandro Prados)와 조안 로서스(Joan Rosés)는 제2차 세계대전 이후 스페인에서의 소득 성장의 대분출은 모두 빠른 총요소 생산성과 연결되었다는 주장을 견지하는데, 총요소 생산성은 생산 과정에서의 기술 진보와 조직 혁신의 영향에 대한 최선의 척도이다. 1930년대의 시민전쟁과, 계속 스페인을 통치하였던, 권위주의적 민족주의 정권은 1920년대에 짧은 개방의 시기를 끝냈고, 황금시대에 점진적으로 경제를 개방할 때까지 캐치업이 가시적인 효과를 가지지 않았다. 내향적이고 권위주의적인 정책들이 가져온 다른 효과로는 불평등성이 증가하였고, 스페인이 개방할 때까지, 그 추세는 붕괴되지 않았다는 것이었다. 외국무역과 외국 투자는 다른 나라에서처럼 새로운 기술의 담지자들이었다. 기술 진보는 뒤늦은 출발자들에게는 농업에서 특히 중요하였는데, 노동력의 높은 비중이 낮은 소득의 직업에 묶여져 있기 때문이다. 1950년까지 스페인과 포르투갈은 노동력의 절반 정도가 농업에 종사하고 있었는데, 스웨덴에서의 20%와 영국에서의 5%와 대비된다. 농업 개발에서의 노동 절약적인 편향은 과소 고용된 농촌 노동력을 공업적 직업을 위해 풀어 주었고, 우리가 구조 수렴 효과라 부르는 것을 촉발했다. 농업에서의 낮은 생산성 직업으로부터 제조업으로의 노동의 탈출은 평균 노동 생산성을 올렸다. 그 과정은 농업과 공업 모두에 투자가 없이는 가능하지 않다. 경제가 캐치업을 시작하는 시점은 농업적 변형의 시작과 연계된다.

6.7 왜 유럽은 미국 경제와의 소득 및 생산성 격차를 줄이지 못하고 있는가

근대 경제사에서 수수께끼 중의 하나는 미국과 유럽 간의 지속적인 일인당 소득(즉, 일인당 GDP) 격차이다. 우리는 19세기의 마지막 1/3까지 거슬러 올라가 추적할 수 있다. 초기의 차이에 대한 설명들은 노동 생산성에서의 차이에 초점을 두었으며, 미국에서 노동의 희소성이 좋은 보수를 받은 미국 노동을 절약하는 기술을 선호하였다고 주장했다. 미국은 풍부한 토지 자원과 천연자원의 혜택을 받았다. 다른 사람들은 미국에서는 거대한 동질적인 시장이 표준화된 상품의 생산에 좋았다고 지적하는데, 그것은 생산자들이 규모의 경제를 활용하도록 허용하였다. 그러나 유럽이 거대한 통합된 시장으로 되었다는 사실에도 불구하고 격차는 지속되었고 여전히 상당하다.

6.6절에서 지적하였듯이 유럽은 실제로 미국의 일인당 소득에 수렴했던 한 시기가 있었는데, 그것은 황금시대(1950~1973)였다. 그 시기는 선도 경제, 즉 미국으로부터의 대량 기술 이전의 시기였으며, 유럽 내 무역이 빠르게 증가한 시기였다. 그러나 1970년대 중반 이래 소득 격차는 유럽에 비해 미국이 거의 25% 정도의 소득 '프리미엄'을 갖는 것에서 대체로 일정한 상태를 유지하고 있다(여기에서 유럽은 2004년 이전의 EU의 15개 회원국을 의미하고, 그 이후 EU에 가입한 발틱

국가들과 다른 이전의 소비에트 블록의 구성원들은 배제되었다).

제6장에서의 논거에 따르면, 선진 기술의 채택을 위한 조건을 공유한 경제 간에는 수렴이 기대된다. 그렇다면 왜 이것은 일어나지 않고 있는가?

자료를 더 자세히 보면 더 복잡한 패턴이 드러난다.

노동 시간당 GDP로서 정의되는 노동 생산성을 살펴보면, 그때 유럽은 황금시대 이후조차도 1990년대 중반까지 미국과의 격차를 계속 줄이고 있었다. 일인당 GDP는 왜 미국에 비해 증가하지 않았는가? 답은 미국 노동자들과 달리 유럽인들은 여가에 대한 강한 선호를 가졌다는 것이다. 1960년과 2010년 사이에 일인당 노동 시간은 유럽에서 거의 35% 떨어졌다. 원칙적으로 노동, 그리고 노동과 함께 오는 소득과 소비 대신에 여가를 선택하는 것에는 잘못된 어떤 것도 없다. 사람들이 그렇게 한다면 그들이 여가로부터 받는 복지 또는 효용은 더 많은 소득과 소비로부터 받는 것보다 더 큼에 틀림없을 것이기 때문이다. 그러나 비판가들은 유럽에서는 더 높은 한계 소득세제가 노동에 대한 유인을 왜곡시키기 때문이라고 지적하는데, 그것은 유럽 사람들이 더 적은 시간 동안 노동하는 이유 중의 일부일 수 있다. 그러므로 해석은 경합하고 있다. 노르딕 국가들과 같이 한계 세율이 높은 국가에서도 생산 연령 인구당 노동 시간의 수는 유럽 평균 이상이고, 가계 노동 공급은 미국에서보다 더 높다.

1995년에 노동 시간당 GDP는 유럽과 미국에서 실제적으로 동일했지만 그 이후 격차는 다시 증가하여 10년 동안 약 10%가 되었다. 그것은 그런 짧은 시기에 주목할 만한 변화이다. 질문은 생산성 경주에서 이러한 방향 전환 아래 놓여 있는 것은 무엇인가이다.

바르트 반 아크(Bart van Ark), 로버트 인클라르(Robert Inklaar), 메리 오마호니

(Mary O' Mahony)와 마르셀 팀머(Marcel Timmer)들이 둘러싼 그로닝겐 팀에 의한 최근의 논문은 이 문제를 명백하게 하는 데 도움을 준다. EU KLEMS 데이터베이스(www.euklems.net)를 기초로 하여 유럽 경제들에서 투입물과 산출물에 대한 매우 세분화된 데이터 세트에서 생산성 추세를 분석할 수 있다.

저자들이 1990년대 중반부터 유럽 생산성의 둔화를 설명하기 위해 제공한 것은 ICT, 즉 정보 및 통신 기술의 상이한 영향과 주로 관련된다. ICT는 우리가 통상 범용 기술이라 부르는 것인데, 그것은 특수한 산업을 위해 재단된 것이 아니라 광범위한 경제 활동과 부문에서 잠재적으로 유용한 것을 의미한다. 사실 한 기술의 여러 부문에 걸친 사용의 정도는 경제의 성공을 드러낸다.

반 아크(van Ark) 팀의 전략은 투자와 생산성 성장에서의 차이를 주도하는 것을 알기 위해 산업 레벨에서 생산성 성장을 분석하는 것이다. 결론은 유럽은 ICT 기술을 채택하는 데 더 느렸고, 그것은 여러 부문에 걸쳐 덜 광범하였다. ICT의 범용적 성격은, 다른 말로 하면, 충분하게 인지되지 않았다. 미국에서는 서비스 생산에 ICT를 중용하였고 생산성 성장에 대한 공헌은 상당하였다. 1995년 이후 집계된 총요소 생산성 성장의 거의 절반은 그것이 공헌했다. 유럽에서 스웨덴, 네덜란드, 영국만이 그 패턴을 따랐다. 그러나 유럽의 나머지 국가들은 뒤처졌다. 그래서 전체로서의 유럽의 경우 생산성 차이의 약 3분의 2가 도매와 소매, 호텔과 레스토랑 그리고 운송과 같은 소수의 지체된 서비스 부문에서 기인한다. 다른 한편으로 제조업 생산성 격차는 꽤 작았다.

우리는 이 부문별 패턴을 설명할 수 있는가? 제조업은 서비스보다 더 높은 정도로 세계 시장 경쟁에 노출되어 있다. 그러므로 비효율성은 서비스 생산에 남아 있을 수 있고, 국내 경쟁이 자극되지 않는다면 근대화할 욕구는 더 적어질 것이다. 많은 유럽 국가에서 서비스 생산은 생산성 변화를 지연시킬 수 있는 진입 장벽에 의해 둘러싸여 있다.

요약

이 장은 근대 기술 진보의 역사와 특색 그리고 지식의 특별한 성격, 즉 비경합재인 것에 초점을 두었다. 수용하는 국가에 개방성과 기본적인 사회적 · 교육적인 능력이 있다면, 비경합적인 유용한 지식은 기술적 선두 국가로부터 지체된 국가로 이전될 수 있다. 두 가지 중요한 기대가 확증된다. 상대적으로 가난한 유럽 국가들은, 일단 그들이 근대적 경제 성장의 국면에 들어가면, 평균 이상의 성장률을 가지고, 장기적으로는 소득 수준의 수렴이 있었다. 그래서 늦은 출발자들은 선두 경제와 더 큰 소득과 기술 격차에 의해 분리되어 있다면 더 빨리 성장하는 경향이 있다. 아일랜드, 체코 공화국, 러시아와 발틱 국가와 같은 이전 사회주의 경제들과 같은 후발 주자에게도 그것은 진실인데, 이들 국가들은 황금시대에 기술적 캐치업으로부터의 이득을 대부분 놓쳤었다. 어느 정도 사회주의 블록이 우월한 기술에 접근하는 것을 부정한 것은 냉전 정책이었지만, 제10장에서 볼 것처럼 그것은 주로 잘못된 투자 정책의 효과였다. 후발자에 대한 교훈은 기술하기는 놀라울 만큼 쉽지만 배우는 것은 어렵다. '더 좋은 유용한 지식에 대한 거의 자유로운 접근이 있지만 그 지식을 흡수하기 위해서 당신은 제도적 세트를 만들었는지 확인하라.'

유럽은 황금시대에 미국과의 소득 격차의 일부를 겨우 줄였지만, 그 이래 그것은 일정한 수준에서 남아 있었다. 왜 유럽은 계속 격차를 줄여나가지 못했는가는 많은 요인들에 의해 설명될 수 있다. 유럽인은 평균적으로 연간 더 적은 시간 일하고, 약간 더 높은 실업을 가지는데, 그것은 일인당 소득에 영향을 미친다. 유럽의 **총요소 생산성**은 둔화된 것처럼 보이는데, 그것은 새로운 기술의 채택에서의 경직성을 보여 주는 것일 수 있다.

무역과 외국 투자에 대한 개방성은 소득의 성장과 상관관계를 갖는다. 대개 일인당 소득의 성장은 거의 같은 힘을 가진 두 요인으로 분해될 수 있다. 이를테면 첫 번째는 인적 자본과 물적 자본의 성장, 두 번째는 총요소 생산성이다. 선도 경제를 예외적으로 캐치업했던 시기 동안 총요소 생산성은 두 요소 중 더 중요했다.

유럽 국가들은 수렴의 대분출의 시점에 차이가 있다. 스칸디나비아, 독일 그리고 프랑스는 19세기 마지막 1/3의 시기에 산업화와 빠른 성장을 시작할 제도적 능력을 가졌지만, 그 과정은 이탈리아에서는 더 주춤거리고 있었다. 세계대전들과 1930년대는 국제적 자본 이동을 막았고, 무역 관계뿐만 아니라 이민의 흐름에서의 붕괴를 목격했다. 그에 따라 기술 이전과 수렴을 촉진한 경제적인 힘은 작동하지 않았다. 기술 이전으로부터 편익을 보지 못하고, 과학적 공동체가 약한 국가들은 황금시대까지 수렴력의 영향을 받지 않은 상태로 있었다. 체코슬로바키아와 같은 국가는((그림 6.6)을 보라) 제2차 세계대전 이전에 정교화된 기술적 전통을 가지고 있었는데, 소비에트 타입의 계획에 의해 부과된 제도적인 구속복 속에 있었으며, 공산주의 블록의 붕괴까지 서유럽 경제들에 비해 뒤떨어졌다. 소유권, 민주주의, 자본 수입과 시장 등의 회복은 러시아를 포함한 이전 소비에트 블록 경제들에게 강력한 효과를 가졌는데, 그것은 제도 변화의 강력한 효과를 20세기 말에 보여 준 시위였다.

더 읽을거리에 대한 제안

(제10장 아래에 있는 제안도 보라)

● 역사적 국민 계정의 매우 유용한 원천은 그로닝겐 대학에서 얻을 수 있는데, www.ggdc.net/databases/hna.htm을 검색해 보라.

● 미국과 유럽 기술의 차이는 H. J. Habakkuk, *American and British Technology in the Nineteenth Century*(Cambridge University Press, 1962)와 N. Rosenberg, *the Introduction to The American System of Manufactures*(Edinburgh University Press, 1969)에 의해 탐구되었다.

● S. N. Broadberry는 생산성 측정과 생산성 비교에 대해 광범하게 저술했다. 그의 저작의 좋은 개관은 *The Productivity Race: British Manufacturing in International Perspective, 1850-1990*(Cambridge University Press, 1997)에서 제공된다. 그의 홈페이지는 장기 비교 GDP 추계의 업데이트를 제공하여 유용하다.

● Joel Mokyr는 기술과 경제 발전에 대한 혁신적이고 영향력 있는 관점을 제공한다. 그의 아이디어는 처음 *The Lever of Riches: Technological Creativity and Economic Progress*(New York: Oxford University Press, 1990)에서 발전되었다. 더 최근의 정교화된 견해는 *The Gifts of Athena: Historical Origins of the Knowledge Economy*(Princeton University Press, 2002)를 참조하라.

- 19세기와 20세기의 기술에 대한 백과사전적 서베이는 Vaclav Smil의 *Creating the Twentieth Century: Technological Innovations of 1867-1914 and Their Lasting Impact*(Cambridge University Press, 2005)와 *Transforming the Twentieth Century: Technical Innovations and Their Consequences*(Cambridge University Press, 2006) 에서 제공된다.

- 산업혁명에 선행하는 소비자 행동과 시장 참가에서의 변화는 Jan de Vries, *The Industrious Revolution: Consumer Behavior and the Household Economy 1650 to the Present*(Cambridge University Press, 2008)에서 탐구되었다.

- N. F. R. Crafts는 산업혁명에 대한 우리의 관점을 바꾸었다. 그의 *British Economic Growth during the Industrial Revolution*(Oxford: Clarendon Press, 1985) 을 보라.

- R. C. Allen은 동일한 주제에 대한 새로운 조망을 제공하는데, 산업혁명을 설명하는 한 가지 독특한 특색은 영국이 고임금 경제였다는 사실이라고 주장한다. 그의 *The British Industrial Revolution in Global Perspective*(Cambridge University Press, 2009)를 보라. Morgan Kelly, Joel Mokyr와 Cormac Ó Gráda가 'Precocious Albion: a New Interpretation of the British Industrial Revolution' in *Annual Review of Economics*, 6(2014), 363~389에서 앨런의 가설을 비판적 엄밀함 아래 놓았다.

- 이른바 황금시대(1950~1973)에 수렴과 급속한 경제 성장을 창출한 힘은 집중적으로 논의되어 왔다. 대표적인 참고문헌의 목록뿐만 아니라 새로운 통찰도 제공하는 최근의 논문은 Tamás Vonyö, 'Post-war reconstruction and the Golden Age of economic growth', *European Review of Economic History*,

12(1)(2008), 221~241이다.

- 고전은 A. Gerschenkron, *Economic Backwardness in Historical Perspective* (Cambridge, Mass.: Harvard University Press, 1962)이다.

- M. Abramovitz, 'Catching up, forging ahead and falling behind', *Journal of Economic History*, 46(2)(1986), 385~406은 우리가 캐치업의 조건과 기제에 대한 생각을 출발시키는 것을 돕는다.

- N. F. R. Crafts와 G. Toniolo는 *Economic Growth in Europe since 1945*(Cambridge University Press, 1996)에서 잘 고려된 서문과 함께 국가별 연구의 매우 유용한 컬렉션을 편집했다. 스페인에 대한 부가적인 통찰은 L. Prados de la Escosura and J. Roses, 'The sources of long-run growth in Spain, 1850-2000', CEPR Discussion Paper 6189, 2007 and forthcoming in *Journal of Economic History*, 69(4)(2009)에서 제공된다.

- 품질 개량이 있을 때 인플레이션 추정에서의 편향의 문제는 William Nordhaus, 'Quality change in price indexes', *Journal of Economic Literature*, 12(1)(1998), 59~68에서 논의되었다.

- 미국-유럽의 생산성 격차는 두 개의 최근 논문에서 논의되었다: Marcel P. Timmer et al., *Economic Growth in Europe, A Comparative Industry Perspective* (Cambridge University Press, 2010); Stephen N. Broadberry, *Market Services and the Productivity Race 1850-2000: British Performance in International Perspective* (Cambridge University Press, 2006).

7

화폐, 신용 그리고 은행업

화폐, 신용 그리고 은행업

7.1 화폐의 기원들

우리들은 지역들과 국가들이 자신들의 **비교 우위**를 개발하는 경제에서 진전되는 직업적 다변화가 가져오는 분업의 이익이 산업화 이전 경제의 생산성 증가를 가져오는 주요한 원인 중의 하나라는 것을 배웠다. 그러나 이 이득은 생산자들 간의 교환의 전문화가 더 진전되지 않고서는 얻을 수 없다. 교환 수단으로서의 화폐는 직업적·지역적 분업을 따라 발전했다. 5000~6000년 전 최초의 화폐는 각인된 주화가 아니라 지불 수단으로서 일반적으로 수용되는 금속의 표준화된 주괴였다. 중국과 그리스 문명은 근대 주화와 같은 각인된 주화를 도입했다. 화폐의 이점을 이해하기 위해 그것의 역사적 선행 형태들과 대안들을 찾아보는 것은 가치 있는 일이다. 한 상품과 다른 상품을 양자 간에 직접 교환하는 이른바 물물 교환은 거래 당사자 간의 **욕망의 일치**를 요구한다. 당신이 신발 한 짝을 밀과 교환하고자 한다면, 당신은 신발 한 짝을 원하는 밀을 가진 누군가를 발견해야 한다는 것을 의미한다. 욕망의 일치를 발견하는 데 필요한 짝 짓기 과정에는 매우 많은 시간이 소모되는데, 시간은 희소하고 대안적인 용도를 갖기 때문에 중요하다. 물물 교환은 높은 탐색 비용과 결합되어 있을 뿐만 아니라, 무역은 균형을 이루어야 하기 때문에, 무역량을 잠재적인 수준 아래로 감소시킬 것이다. 그러나 참가자가 교역하기 원하는 규모가 꼭 균형을 이루는 것은 아니기 때문에, 그 경우 '최소' 거래자가 무역량을 결정할 것이다. 예컨 대, 직조업자는 합의한 가격에서 빵을 옷으로 교환하기를 원하는 제빵업자를 발견할 수 있는데, 직조업자는 제빵업자가 팔기를 원하는 만큼 많은 빵을 사려고 하지 않을 수 있다. 결국 빵은 옷보다 더 부패하기 쉬우므로 통상 매일 소량 구매된다. 그래서 양자 간의 균형 거래에 의존할 때 거래된 양은 이 특별한 예에서 옷 제조자, 즉 '최소' 거래자에 의해 제약될 것이다.

물물 교환에서 가격 패턴은 가격이 단일한 회계 단위인 유로로 표현되지 않기 때문에 그렇게 투명하지는 않다. 이를테면 밀의 가격은 철, 소금, 옷 등으로 표현될 것이다. 한 덩어리의 빵의 가격은 철 15그램 또는 옷 5센티미터, 소금 110그램일 수 있다. 가격은 빵이 교환될 다양한 상품들의 단위 수이다.

화폐의 진화는 사회가 어떻게 도구와 제도를 발명하고 발전시키는가를 보여 주는 좋은 본보기인데, 제도는 거래 비용과 위험을 줄여서 무역과 특화를 자극하는 귀결을 낳는다. 더 구체적으로 말하면, 화폐의 발명은 욕망의 불일치의 문제를 해결하는데, 뒤의 예처럼 화폐가 자생적으로 발전할 수 있음을 우리는 상상할 수 있다. [그림 7.1]에서처럼 4명의 생산자인 제빵업자, 농부, 대장장이, 양조업자가 등장하는 욕망의 불일치의 경우를 고려하자. 농부가 쟁기를 얻기 위해 대장장이에게 자신의 모든 밀을 팔아야 할 때 문제가 일어난다. 대장장이

[그림 7.1] 욕망이 일치하지 않을 때 밀의 화폐로의 자생적 진화

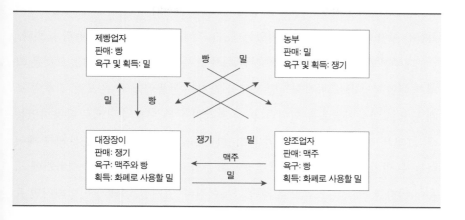

는 자기 자신의 소비를 위해 밀이 아니라 빵과 맥주를 원하고 있다. 제빵업자가 밀을 필요로 한다는 것이 알려지면 그는 밀을 화폐의 세 가지 기능 중의 하나인 지불 수단으로 채택한다. 그는 밀을 소비할 의향이 없지만, 그것을 받는 데 거북해하지 않는다. 왜냐하면 밀을 약 3년 동안 저장할 수 있다는 것을 알기 때문이다. 그래서 밀은 화폐의 두 번째 기능인 가치의 저장 기능이 있는 것으로 가정되는데, 이것은 대장장이가 맥주와 빵이 필요하게 될 때까지 구매를 위해 밀을 사용하는 것을 미룰 수 있다는 것을 의미한다. 양조업자는 맥주를 팔아 빵을 얻기를 원하는데, 제빵업자는 맥주에는 관심이 없다. 그러나 대장장이와 맥주를 밀로 교환함으로써, 양조업자는 빵과 교환할 수 있는 밀을 얻는다. 암묵적으로 밀은 화폐의 세 번째 기능인 회계의 단위로 사용되었는데, 수행한 교환에서 쟁기, 빵과 맥주는 밀의 단위로 가격이 매겨졌기 때문이다. 예컨대, 빵 한 덩어

리는 밀 0.2kg의 비용이 들 수 있고, 맥주 1리터는 밀 0.5kg으로 가격이 책정된다. 화폐로서의 밀은 전적으로 가설적인 것은 아니다. 예컨대, 고대 이집트에서 곡물은 광범하게 화폐로 사용되었는데, 그 후에도 주화가 부족할 때면 그랬다.

대부분의 역사 동안, 화폐는 상품 화폐로 특징지워질 수 있는데, 그것은 화폐가 대안적인 용도와 장식적인 용도를 가지는 상품인 금과 은 또는 진주와 조개 등으로 만들어졌음을 의미한다. 한 조각의 은은 지불 수단으로 유용하였는데, 그것은 진행 중인 거래를 위해 적절한 무게와 가치를 갖도록 무게를 재어 나눌 수 있기 때문이다. 비록 오랫동안 표준화된 주화는 거래를 수행하기에 도움이 된다면 더 작은 조각으로 계속 나누어질 수 있지만, 거래가 빈번해지면 표준화된 화폐 단위 금액을 개발하는 것이 실용적이다.

어떤 상품도 원리적으로는 화폐로 사용될 수 있지만, 일부 상품은 다른 것보다 더 좋다. 우리는 부패하기 쉬운 상품과 가격 변동이 심한 상품을 배제하는 것은 가치 저장 기능을 적절하게 수행할 수 없기 때문이다. 화폐의 가치 저장 기능은 어떤 상품(예를 들어 가령 옷)의 판매자가 판매 순간에 다른(예를 들어 양털) 것을 구매하기를 원하지 않고, 구매를 다음 달 또는 다음 해로 연기하기를 원하는 문제를 해결한다. 유럽에서 상품 화폐는 역사적으로 금과 은 등의 귀금속, 때로는 구리로 만들어졌다. 화폐는 낯선 사람 간에 일상 거래에 사용되어야 하므로 화폐는 지급 수단으로 광범하게 수용되기 위해 쉽게 인식될 수 있어야 한다. 게다가 선택된 상품은 무게 대비 가치가 높을 필요가 있는데, 그렇지 않으면 그것은 저장하거나 시장으로 운반하기가 쉽지 않기 때문이다. 이것은 중요한 특성인데, 이 때문에 구리는 (소규모 화폐 단위 금액이나 토근을 제외하고) 화폐용 금속의 대상에서 제외되고, 금과 은이 선호된다. 산업화 이전 주전 기술은 꽤 원시적이어서 위조 화폐를 만들기 쉬웠다. 19세기까지 위조 방지 주화는 개발되지 않았다. 공식적인 화폐 단위 금액이나 액면 가치와 같거나 근사한 내재 가치를 가진 주화(그래서 완전 화폐(full-bodied coins)라 불린다)는 위조자가 상당한 이윤을 얻지 못하도록 한다. 위조자가 금이나 은의 함량 또는 금속의 순도를 줄이려고 시도하면, 곧 발각될 것이다. 주요 시장에는 유통 중인 화폐의 순도를 분석하는 전문적인 환전상이 있었기 때문이다.

7.2 유럽에서 화폐 제도의 재생: 주화와 환어음

로마 제국의 쇠퇴와 함께 유럽은 정연한 화폐 제도를 잃었다. 무역은 다른 이유 때문에 감소되었고, 더 활기찼던 비잔틴과 아랍 문명에서 온 주화들이 옛 로마 주화와 함께 유통되었다. 정규 주화가 없어진 상황에서, 단순한 물물 교환이 야기하는 비용과 제약을 회피하기 위해, 소금이나 곡물과 같은 다른 상품들이 화폐 대체물로 사용되곤 했다. 카롤링거 제국과 함께 화폐 제도가 재생되었는데, 이 제국은 화폐 단위 금액의 계층 원리를 도입했다. 그것은 유럽의 화폐에 지속적인 영향을 미쳤고, 영국에서는 십진법 체계가 도입된 1970년대까지 살아 남았다. 1파운드의 은은 240페니(데나리)로 나뉘는데, 각각은 대략 은 1.7그램을 포함하며, 후에 12페니는 1실링 또는 소우(솔리두스)라 불렸으며, 결과적으로 20실링이 1파운드(리브라)가 된다. 그런데 페니는 오랫동안 주조된 유일한 주화였다. 무게 1.7그램인 은 한 조각은 1카롤링거 페니에 상당하는 물건을 산다. 그러나 주전소는 주화를 주조할 때 자주 주화의 액면 가격의 5~10% 가량의 요금을 부과하였는데, 이른바 **화폐 주조** 요금(seigniorage fee)이다. 이 요금은 실제 주전 비용인 화폐 주조료(brassage)를 감당하기에 충분하여서 정부가 수입을 올리는 방법이었다. 그런데 정부는 주화의 품질 저하, 즉 주화의 금이나 은 순도를 낮추어 자금을 조성하려는 유혹을 받는다. 그러나 결국 그 실행은 문제를 야기하였는데 그것은 좋은 화폐(즉, 완전 화폐)는 유통이 중단되고, 결국 인플레이션 과정을 진행하기 때문이다.

균일한 주전의 시기는 카롤링거 제국보다 일찍 끝났으며, 곧바로 도시들과 군주들이 주화를 주전할 권리를 맡게 되었고, 은 함량은 지역에 따라 크게 달라졌다. 상이한 기원을 가지고 상이한 화폐 단위 금액을 가진 화폐들이 유럽 전역에서 유통되어, 주화의 금속 함량의 비율로 환산된 환율을 평가하는 직업인 환전상이 출현했다. 신성 로마 제국에서만 약 70개의 다른 통화가 사용되었으며, 500개 이상의 주전소에서 주조되었다. 실제적으로 중요한 모든 시장 마을은 두 번째 밀레니엄의 첫 번째 세기에 1개의 주전소를 소유하거나 얻을 수 있었고, 통치자에게 주조이차는 주요한 수입원이었는데, 이것은 주화의 은 함량의 장기적인 감소로 이어졌다. 품질 저하가 인플레이션에 미친 영향은 화폐의 은 함량의 감소보다는 적었다. 변화하는 인플레이션율과 유통되는 화폐의 다양성은 무역이 주로 국지적일 때 아마도 무역에 큰 장애는 아니었을 것이다. 국제 무역에서는 **환어음**의 사용이 점차 확대되었다. 소규모 무역을 위해 사용되는 적은 화폐 단위 금액으로 주조된 토큰 주화의 유통도 있었다. 금화는 특히 플로렌스와 베니스에서 주조된 것(또는 그밖의 지역에서 주조된 모조품)이 국제 결제에 사용되었고, 정치적인 협상에서 통치자 간의 지불에 사용되었다. 은화와는 달리, 플로린과 베네치아의 금 더컷은 수세기에 걸쳐 금 함량이 매우 안정적이었다는 점은 주목할 만하다. 물론 내재 가치를 갖는 화폐의 사용은 비용이 많이 들었다. 마모만으로도 금속은 매년 0.5% 정도 감소했다. **불환 지폐**가 광범위한 규모로 발전하지 않은 것은 주로 위조의 위험에 기인한다. 통용되는 주전 기술로는 위조 방지 주화를 생산할 수 없었다. 좋은 화폐를 식별하는 일반적인 방법은 귀금속의 함량을 평가하는 것이었는데, 그것이 화폐의 위조를 막았다.

화폐 시장은 시간이 지남에 따라 점차 순조롭게 통합되었다. 화폐 시장 통합의 정도는 일가의 법칙이 통용되고 있는가를 고찰하여 평가할 수 있다. 이 맥락에서 **일가의 법칙**은 모든 시장에서 동일한 은/금 가격 비로 사용 중인 통화들이 교환되어야 함을 의미한다. 지역들과 국가들 간에 은/금 가격 비에 편차가 있었지만 근세 시대 이전에 그 비율의 분산은 유의미하게 감소했다. 최근 연구에 따르면 상품 시장 통합은 화폐 시장 균일성을 선행한다. 무역이 확장되는 곳에서 화폐 수렴으로 향하는 변동이 있었다.

시간이 흐르면서, 새로운 화폐 단위 금액이 주전되어, 다종의 페니가 있게 되었다. 소액권 주화가 때때로 부족하였던 것은 지속적인 문제였다. 소규모 **토근**, 즉 내재 가치가 없는 주화가 더 고액의 화폐 및 완전 화폐와 고정된 비율로 태환되게 된 19세기까지 그 문제는 적절하게 해결되지 않았다. 그러나 소규모 일상 구매에서 사용된 자생적으로 출현한 토근의 역사적 사례는 많다.

화폐는 상품들의 국지적 현물 교환에서 가장 유용하다. 국제적 또는 지역 간 교역은 더 정교한 지불 수단을 요구하는데, 무역항에서 무역항으로 정화(즉, 금화와 은화)를 운반하는 것은 (절도의 위험 때문에) 위험했으며 성가셨기 때문이다. 중세와 근세 시기 동안에 일어난 일련의 금융 혁신으로 지불 수단으로서 상품 화폐의 사용은 최소화되었지만, 동시에 가치 저장과 회계 단위로서 화폐는 유지되었다. 그래서 이 혁신은 신용을 도입했다. 수출업자는 상품을 선적할 때에 지불을 요구할 수 있지만, 수입업자는 상품이 도달하여 검사하고 팔 수 있을 때까지 지불을 유예하기 원했다. 지중해 항구들과 런던 또는 브뤼주 간의 유럽 내 무역에는 수 개월이 소요되곤 했다. 13세기 또는 14세기부터 수용되어 광범하게 사용되었고 20세기 초까지 국제적인 지불을 지배하였던 도구는 환어음이었는데, 무역 상대방 간에 주화나 금괴의 실제 이동을 최소화했다. 환어음은 본질적으로 미래의 특정한 시점에 채무자가 채권자에게 지불한다는 약속이다.

여전히 값비싸고 위험하였던 귀금속 화폐의 선운을 최소화하면서 상품의 흐름을 허용한 것이 환어음의 본질적 영향이었다. 제도들은 발전했고, 그래서 은행의 총계정 원장에서 단순한 부기 전송을 통하여 상인들이 보유한 계정 간에 채무와 채권은 상계될 수 있었다. 이러한 조작은 환전상, 그리고 예금을 터놓고 상이한 계정 보유자 간에 청산하는 은행에 의존했다.

환어음의 초기 발전은 이탈리아 상인 은행가들이 주도했으며, 유럽 대서양 연안의 주요 항구로 이탈리아인의 이민 덕분에 유럽 전역으로 퍼졌다. 발틱해와 북서 유럽에서 독일인에 의해 운영하는 한자 동맹은 더 늦게야 환어음의 사용을 수용했다. 환어음은 처음에는 무역을 촉진하는 도구로 출현하였지만, 시간이 지남에 따라 점차 금융적인 신용 수단과 화폐의 대체물이 되었다. 그것은 '내국' 거래에서도 광범하게 사용되었는데, 가령 영국 내에서 어음이 유통될 때 통화 환이라는 요소는 사라진다.

어음은 본질적으로 주어진 미래 날짜에 주어진 액수를 채권자에게 지불한다는 채무자의 의무이므로 매우 위험한 도구일 수 있다. 채무자가 지불하겠다는 자신의 약속을 불이행하게 되면 어떻게 되는가? 대부분의 거래 도시들은 채무자가 자신의 의무를 지키도록 강제하는 법적 절차를 가지고 있었다. 지점이나 동일한 민족의 특파원을 사용하는 것은 부채의 상환에서 채무 불이행의 위험을 최소화하는 방법이었다. 제노아에서 사기를 친 앤트워프에 있는 제노아 출신의 대리인은 더 효과적으로 처벌될 수 있는데, 그의 고향과의 연계는 단절될 것이고, 그의 명성은 가족의 명성과 더불어 무너질 것이기 때문이다. 환어음의 확산에 수반하여 근대적인 수표처럼 한 사람에게서 다른 사람에게로 더 안전하고 손쉽게 양도될 수 있는 것을 만들려는 시도가 있었다. 그러나 어음의 양도 가능성이나 유통 가능성을 증가시키려는 시도는 많은 법적 장애에 직면했는데, 15세기와 16세기 동안에 해결되었다. 연쇄적인 어음 양도에 참가한 각 사람은 어음이 만기가 될 때 채무 지불 약속을 존중한다는 것을 보증하는 데 책임질 수 있어야 했다. 결과적으로 어음은 연쇄적인 상업 거래에 사용될 수 있었고 많은 은행의 유동 자산이 되었는데, 그것은 은행이 현금을 필요로 할 때 되팔 수 있었기 때문이다. 예금 은행은 예금자에 대한 부채를 축적했는데, 그 예금의 일부만을 지불 준비로 가지고 나머지는 수익성 있는 자산이나 대중에 대한 대부에 투자했다. 그것은 근대적 상업 은행의 업무의 탄생, 이른바 **부분지불 준비은행**의 탄생인데, 14세기에 이탈리아에서 설립되어 유럽의 다른 상업 중심지로 확산됐다. 그러나 초기 은행업의 역사는 빈번한 파산의 역사였는데, 은행은 자신의 예금 중 아주 적은 몫만을 지불 준비로 가지는 경향이 있었고, 은행업은 상업적 성공을 평가하기 어려운 채무자들의 감시도 포함하고 있었기 때문이다. 그래서 은행은, 파산 소문 때문에 사람들이 예금을 현금화하려는 뱅크런(bank runs)에 취약했다. 베니스와 암스테르담과 같은 정교한 금융 구조를 가진 도시에서 당국들은 장기간 또는 단기간 동안 부분지불 준비은행을 전적으로 금지하고 공공 청산 은행을 설립하는 것으로 대응했었다.

저지대 국가들에서 이 업무가 일반적으로 사용된 것은 16세기에 들어서였다. 이 시기에 어음 할인이 앤트워프에서 도입되었다. 어음 할인이란, 금융 중개 기관이 만기 이전에 어음을 할인하여 매입하는 것을 의미한다. 할인은 곧 활발하게 활성화되었고, 앤트워프 금융업자들이 16세기 말에 종교 박해를 피해 런던으로 몰려들었을 때, 이 두뇌 유출은 새로운 금융 도구와 업무의 보급에 기여하였다.

16세기와 17세기에 금융 혁신은 암스테르담, 앤트워프, 브뤼주, 쾰른, 그리고 나중에 런던 등의 도시에 집중되었다. 그러나 16세기 '지금 기근'(bullion famine) 동안의 파산 때문에 당국들이 때때로 사적 금융 기관들을 의심하게 되었으며, 선도적인 상업 중심지(베니스, 바르셀로나, 함부르크, 암스테르담)들은 적절한 지불준비를 보유하거나 부분지불 준비은행업을 그만두는 것이 요건인 공적 예금 은행을 설립했다. 1609년에 설립된 암스테르담 은행(Amsterdamsche Wisselbank)은 가장 성공적인 은행 중 하나이며 청산 은행 기능을 수행했는데, 그것은 국제 무역에 관여한 많은 계정 보유자 간의 채무와 청구를 상호 결제하는 것이다. 이 은행은 좋은 평판을 구축한 덕분에 유럽의 외국 무역에 관여하는 대부분의 주요 회사들이 이곳에 계정을 설정하였으며, 이로 인해 17세기 유럽에서 가장 중요한 은행이 되었다.

은행들은 안전하면서 이자가 붙는 유동 자산을 필요로 했기 때문에 활발한 어음 시장은 예금 은행 체계의 발전에 중요한 요소가 되었다. 19세기 말에 정보 기술과 지점을 가진 국제 은행 제도의 발전은(처음에는 국내 거래에서 이후 국제 무역에서) 어음의 역할을 바꾸었다. 은행은(그중 일부는 국제적 범위를 가지는데)

국제 지불을 관리하고 무역업자와 기업에게 당좌 대월 약정을 제공했다. 점진적으로 환어음은 지불과 신용의 수단으로서의 우위를 상실했다.

7.3 장기적으로 본 고리대금업과 금리

은행은 차입자에게 이자를 부과하고 예금자에게 이자를 지불한다. 그러나 이자는 오랫동안 교회와 정치 당국 모두로부터 신중한 비판 아래 있었다. 초기 기독교 사상은 어떤 양의 이자율도 고리대금으로 보았고, 기독교적 신념과 양립할 수 없는 것으로 보았다. 교회는 이후에 무역과 경제 활동이 신용에 대한 수요와 사용을 증가시킬 때 더 유연한 입장을 채택했다. 고리대금업의 금지는 차입자에게 연간 기준으로 보통 50% 이상, 때로는 100% 이상의 높은 이자율을 부과하면서 자금을 필요로 하는 사람을 착취하는 채권자에 대한 반대를 지향하는 것으로 해석하는 것이 합리적이라는 것이다. 그러므로 정치 당국은 훨씬 더 낮은 이자율을 부과하는 공공 전당포의 설립을 지지했다. 이 전당포는 자선 목적을 가지고 있었고 이탈리아에서는 수도원 경영의 자선 전당포(montes pietatis)로 불리웠는데, 중세 이탈리아에서 널리 퍼져 있었지만 중세 후기부터는 북서 유럽에서도 발견되었다. 전당포는 상업적 대부는 하지 않고, 일시적인 경제적 어려움을 해소하기 위해 단기간 신용을 필요로 하는 일반 사람들이 주로 이용하였다. 교회는 이자율을 차입자가 전당포에 예탁한 상품의 저장 비용에 대한 지불로 해석하였다. 모든 형태의 이자가 중세 후기 스콜라적 담론에서 고리대금업으로 취급되지는 않았다. 차입금을 반환하지 않은 차입자에게는 대부

계약서를 존중하지 않은 수수료가 부과될 수 있다. 때때로 그 수수료는 사전에 합의되었는데, 그것은 이자를 지칭하는 다른 단어가 되었던 것 같다. 더 중요한 것은 대부된 화폐는 이자율에 대한 합법적인 근거가 되었다. 차입자가 빌린 화폐에 대해 대안적인 수익성 있는 용도를 가지고 있다면, 그때 대여자는 빌려주는 것이 실제로는 손실을 감수하는 것이어서 보상받아야 하는 것이었다. 모든 신학자가 동의한 것은 아니지만, 16세기에 신학적 논쟁에서 이자 있는 대부에 대해 훨씬 더 관용적인 견해가 근거를 얻고 있었고, 그것은 세속적인 고리대금업 입법에도 영향을 미쳤다. 이것은 종교개혁과 연결된 것은 아닌데, 가톨릭처럼 개신교의 상이한 유파들도 이 문제에 대해 편이 나뉘었기 때문이다. 그러나 개신교들은 중재자의 역할에서 물러나 정치 당국이 이자율 규제의 역할을 담당해야 한다는 것을 받아들였다. 그러므로 대개 교회는 부과된 이자율이 너무 높지 않은 한 '고리대금업'에 대해 눈을 감았다. 그래서 신용과 부채는 중세 후기 사회 어디에나 있었다. 브뤼주는 분주한 무역 및 거래 도시로 그것을 보여주는 사례이다. 국제 무역에서 브뤼주의 역할은 브뤼주의 금융 인프라스트럭처를 더 정교하게 만들었는데, 일반 사람들은 모기지를 가진 집에서 살거나 또는 모기지를 가진 영주로부터 임대하는 것이 전형적이었다. 오래전에 지불 기한이 지난 부도 어음과 같은 다른 형태의 신용도 있었다. 부채가 있다면 물론 신용도 있다. 대체로 부동산은 담보로 잡혔다. 숙박업주, 전당포 주인과 환전상들은 금융망의 중추를 형성하고 있었고, 후자는 실제 지불과 분리된 요구불 계정과 주화의 교환에서 청산 및 이전을 발전시키고 있었다. 지불 서비스는 대개 수출 지향적인 거래에 사용되었던 것 같다. 환전상은 그 도시의 매우 적은 부분을 차지하는 가장 활동적인 상인들과 제조업자에게 봉사했는데, 그중에는 숙박업자와 상당한 비중을 차지하는 외국 상인을 포함한다. 일부 상인은 숙박업자에게 화폐를 예치하는데, 숙박업자는 다시 환전상에게 예치하여, 직접적 또는 간접적으로 청산과 이전 서비스를 제공함으로써 일종의 중개 기관으로 기능했다.

예컨대, 롬바르드인과 유대인 같은 소수자들이 대부자나 환전상으로 허용되고 자주 인가받았지만, 그들은 법적 불안전성과 공적 경멸에 의해 고통받았는데, 가끔 그들의 활동에 대한 일제 단속으로 이어졌다. 전당포는 일부 도시에서는 '고리대금업'으로 인가받았지만 대개 무역이나 투자가 아니라 소비를 위한 단기 신용을 제공했다. 대개 단기 대부에 대한 이자율은 장기 대출보다 더 높았다.

고리대금업 금지가 이자율 수준에 효과가 있었는지, 있었다면 어떤 효과가 있었는지는 명확하지 않다. 사실 그것은 기독교인이 아닌 고리대금업법에 제약받지 않는 악덕 사채업자나 대부자의 손 안으로 차입자를 몰아넣었다. 어떻게 보면 실제로 고리대금업이 되고, 어떻게 보면 합법적인 이자율도 되는 커다란 불확실성이 있었기 때문에 대부가 제약되어 이자율이 올라갈 수 있었다. 시간이 지나면서 이자율은 감소하는 경향에 있었다. 상업적 대부의 이자율은 12세기에서 14세기에 보통 10~20%의 범위에 있었지만, 그 후 한 자리로 떨어졌고, 18세기와 19세기에는 5% 또는 그 이하로 떨어졌다. 이것은 실질 이자율이 19세기에도 20세기에서처럼 낮았음을 의미한다.

7.4 지폐의 출현

효율적인 지불 수단의 진화에서 다음번 결정적인 단계는 은행권, 즉 지폐의 출현인데 그것은 현금 거래를 위한 주화보다 들고 다니기가 더 쉬웠고 생산 단가도 더 낮았다. 지폐의 내재 가치는 무의미하여서 은행권은 상품 화폐가 아니었다. 어떤 면에서는 은행권은 환어음의 '돌연변이'였는데, 그것은 서면 배서하여 어음을 양도 가능하고 융통 가능하게 만드는 데 포함된 위험과 거래 비용을 줄였다. 은행권은, 어음을 양도 가능하게 만드는 데 필요한 지정 과정에 의해 창출된 책임의 사슬을 요구하지 않기 때문에, 환어음에 비해 명백한 우위를 가진다. 이제 중요한 것은 은행권을 발행하는 은행의 평판뿐이다. 대중이 은행을 신뢰하면 그들은 은행권을 지불 수단으로 수용했다. 지폐가 유통된 처음 2세기 동안, 은행권은 요청에 의해 완전 화폐와 태환될 수 있다는 점에서 상품 화폐와의 연계를 유지했다. 처음 은행권을 발행한 은행은 이윤을 극대화하였고, 평균적인 소비자는 은행의 지불 능력에 대한 완전한 정보를 가지지 못했기 때문에 많은 나라에서 은행이 적은 통화 단위(low denominations)의 은행권을 발행하는 것을 금지했다. 그 이유는 그들이 정금, 즉 완전 화폐와 거의 태환되지 않는다고 믿어 그런 은행권을 과잉 발행하는 경향을 가진다고 의심받았기 때문이다. 은행권을 금이나 금화와 교환할 자격은 20세기 전간기까지 사라지지 않았는데, 그때 사적 은행권 발행 은행은 발권력을 독점하는 공적 중앙은행에 의해 대체되었다.

처음에 지폐는 자생적으로 발전했다. 상인은 금세공인이나 환전상에게 금이나 주화를 예치하면, 그 영수증을 지불 수단으로 사용할 수 있었는데, 대중들이 그 영수증의 발행자를 신뢰하는 한 그 영수증은 한 사람에게서 다른 사람에게로 건네졌다. 이것은 은행권의 비표준화된 형태로 간주될 수 있는데, 그런 영수증은 18세기에 표준화된 은행권이 광범하게 수용되기 전까지 오래 유통되었다. 이 영수증은 교환될 수 있는, 즉 금이나 완전 화폐로 태환될 수 있는, 종이 조각이었다. 그것을 받는 것은 영수증을 발행한 기관이 종이를 금으로 태환하겠다고 한 약속을 존중할 것이라 믿었음을 의미했다. 우리는 여기에서 **불환 지폐** 또는 **신뢰 화폐**의 기원을 본다. 한편 피두치아(Fiduccia)는 이탈리아어로 '신뢰'를 의미한다. 최초의 은행권은 놀랄 것도 없이 네덜란드 출신인 은행가 요한 팜스트루흐(Johan Palmstruch)가 이끄는 스웨덴 은행 스톡홀름 방코(Stockholms Banco)에 의해 발행되었다. 금융적·산업적 혁신의 확산은 이민에 의해 촉진되었다. 스톡홀름 방코는 대중에서 돈을 빌려주는 예금 은행이었다. 대출과 예금 영수증은 모두 은행권으로 발행되었는데, 그것은 은행에 대한 청구권이었다. 은행권은 근대 종이 수표처럼 표준화되었고, 그때 스웨덴에서 지불 수단으로 사용된 무거운 구리판보다 선호되었다. 구리판은 처리하기에 너무 무거워서 대안적인 지불 수단을 요청했다. 그러나 은행은 상당한 부채 전부를 존중할 수 있는 능력이 있을 것인지에 대한 대중의 신뢰를 잃고 뱅크런이 발생하여 그 짧은 역사(1657~1668)를 끝냈다. 대신 영국은 1690년대와 18세기 동안 은행권 발행 은행을 발전시키는 데 선구자가 되었다. 런던의 은행들은 후세기에 영국과 스코틀랜드 전역에 걸쳐 예금 제도, 할인, 청산 및 은행권 발행을 제공했다. 이를테면 1694년에 설립된 잉글랜드 은행이 가장 두드러지지만, 많은 지방 은행들도 그러했다. 은행권 발행 은행은 부분지불 준비은행업을 실행했다. 그들이 지불 준비로 가지고 있는 예치금은 그들의 총은행권 발행의 일부일 뿐이었다. 그 때문에 은행은 화폐 공급(즉, 그 경제에서 통화(은행권과 주화)와 예금의 합계)을 증가시켜서 경제의 화폐화에 공헌했다. 더 많은 사람들이 은행권을 사용하면, 그것을 사용하는 이점은 더 커진다는 의미에서 그것의 비용은 줄어들므로 은행권의 발전에는 선순환이 작동한다. 이를테면 대화에서 많은 언어가 아니라 하나의 언어를 사용하는 것과 매우 흡사하다. 은행에 의해 발행된 은행권은 대륙까지 퍼졌지만 19세기 초에서 중반까지는 불균등한 속도로 퍼졌다. 그러나 19세기 말에 대부분의 유럽 국가에서 국가와 중앙은행은 은행권의 발행을 독점하게 됐다.

통화 시스템은 상품 화폐의 사용을 경제화하고, 은행의 계정 간 이전을 통해 지불하며, 어음과 은행권을 사용하는 것으로 변해 가는 것이 일반적이었다. 그러나 은행권이 18세기와 19세기에 도입되었을 때 완전 화폐로 태환되었다. 지폐는 19세기에 점차 대중화되었지만 국가별로 큰 차이가 있었다. 18세기와 19세기에는 사적 은행권 발행 은행들이 자신의 의무를 존중하는 데 실패한 수많은 역사적 예들이 있는데, 그것은 대중의 의심을 촉진하고, 불환 지폐의 도입을 연기시켰다. 프랑스는 국가에 의해 발행된 지폐에 대한 이전의 악몽에 대한 경험 때문에 19세기까지 정화로 지불하는 것을 강하게 선호하였다. 반면에 스웨덴에서는 그보다 이른 19세기 중반에 대부분 지폐로 거래했다.

불태환 지폐(Non-convertible paper money), 즉 불환 지폐(fiat money)는 위기를 겪는 짧은 기간에 사용되었으며, 1930년대에 국제 금본위가 최종적으로 붕괴한 이후에야 정연한 방식으로 등장했다. 그때 사적 영리 은행에 의한 은행권 발행은 소멸했다. 왜 근대 지폐가 수용되는 데에는 그렇게 오랜 시간이 걸렸는가? 결국, 순수한 지폐를 사용하는 것은 상당한 사회적 절약을 가져온다. 첫째, 지폐의 생산 비용은 완전 화폐의 생산 비용의 일부이다. 둘째, 중앙은행이 했던 것처럼 많은 금 준비를 가지고 있는 것은 양의 이자율을 산출하지 않는 지불 준비를 가지는 것을 의미한다. 경제사가인 론도 카메론(Rondo Cameron)의 사고 실험에 의하면, 프랑스가 금 준비를 자본재 수입에 사용하였다면, 19세기 말 프랑스 경제의 성장률을 유의미하게 증가시키는 긍정적인 효과를 가졌을 것으로 나타난다.

불환 지폐가 느리게 수용된 이유는 발행자가 은행권을 너무 많이 발행하려는 유혹을 가지지 않을 것이라는 것에 대한 대중의 신뢰가 요구되었기 때문이다. 은행권을 너무 많이 발행하는 것은 인플레이션의 불을 지피고, 화폐의 구매력을 약화하게 된다. 은행권의 정화로의 태환은 종이가 금만큼 좋다는 것을 대중에게 보증하는 것이다. 사적 은행이 자신의 은행권을 발행했던 18세기와 19세기에 신중함이 없는 은행은 자신이 발행한 은행권의 가치가 액면 가격 이하로 떨어지는 것을 볼 것이다. 자유 은행업(즉, 중앙은행이 없는 체계)을 옹호한 사람들은 신중하지 못한 은행들이 고객들에게 버림받을 것이라 믿었고, 그것은 결과적으로 모든 은행을 훈련시킬 것이라 믿었다. 은행들이 은행 제도의 집단적 평판을 개선하도록 관리한다면, 그것은 **공공재** 같이 될 것이고, **무임 승차자의 문제**가 있게 된다. 어떤 한 은행은 은행 체계의 좋은 평판을 악용하려는 유혹에 넘어가서 보수적인 위험 감수라는 불문율을 깰 수도 있다. 은행업의 역사에서 반복적인 금융 위기가 보여 주는 것처럼 금융의 세계에서 한 은행의 지급 불능은 전체 은행 체계에 전염시키는 효과를 가질 것이다. 그 이유는 고객들, 즉 예금자들은 은행이 자신의 상태에 대해 가지는 정보를 가지고 있지 않기 때문이다. 그러므로 한 은행에서 완전히 드러난 문제가 그 은행에만 있는 고립된 현상인지 일반적인 재앙의 신호인지를 판단하기 어려워서 예금자들은 예방적인 차원에서 자신들의 돈을 인출할 것이다. 그러므로 지급 불능과 지급 불능의 전염적 효과를 막기 위한 **최종 대부자** 기제를 가지는 감독 기관을 설립하는 데에 거의 모든 은행이 관심을 갖는다. 그런 대리인은 적어도 원리적으로는 은행 구성원들에 의해 설립될 수 있다. 그러나 구성원이 주도하는 감독 기관의 공정성은, 구성원들이 또한 경쟁자들이기 때문에 성취되기 어렵다. 한 은행이 파산의 위험에 놓이면 경쟁자들이 구출하기 위해 반드시 달려들지는 않을 것이다. 그리고 모든 은행이 금융적 스트레스로 위협을 받는다면 은행 연합이 최종 대부자 기제를 처리하기는 어렵다.

그래서 중앙은행의 존재 이유는(유럽 어느 곳에서도 알려져 있는) 은행 패닉으로 이어질 수 있는 시장 실패의 특별한 세트를 억제하는 것이다. 19세기 후반에 형성된 대부분의 중앙은행은(잉글랜드 은행이나 방크 드 프랑스를 포함해서) 사적 은행을 변형시킨 것인데, 이후 자신들의 이윤을 추구하는 상업적 활동을 축소했다. 은행권 발행을 독점하는 중앙은행으로의 이행은 어떤 경우에는 19세기 말 이탈리아에서처럼 사적 은행업 체계에서의 특별한 위기와 연계되었다. 그러나 모두 그런 것은 아니다. 예컨대, 스웨덴에서는 엄격한 규제 체제가 사적 은행권 발행이 꽤 잘 작동하도록 허용한 것처럼 보인다. 비록 유럽 패턴을 바로 따라해서 그런 것이겠지만 이탈리아에서와 거의 같은 때에 은행권 발행에 대한 독점이 중앙은행에 승인되었다. 판명된 바에 의하면 어떤 규제 방식도(금융 위기의 효과를 완화시킬 수 있지만), 금융 위기를 근절시킬 수 있을 것 같지는 않다. 그 이유는 **부분지불 준비은행업**의 심장에 놓여 있다. 은행은 예금자에게 예금의 고정된 명목 가치대로 지급할 것이라 약속한다. 그러나 은행의 자산(즉, 그것의 대출 포트폴리오)은 예견치 않은 가치의 변동에 따라 달라진다. 그러므로 은행은 **최종 대부자**를 필요로 한다.

그러나 대중이 중앙은행도 의심하는 이유가 많이 있다. 대체로 처음에 그랬던 것처럼, 정부가 중앙은행에 대한 통제력을 행사한다면, 은행으로 하여금 정부에게 자유롭게 대출하라고 요구할 위험이 있었다. 결국 그것은 인플레이션의 불을 지피고 지폐의 불신을 가중시킨다. 금본위는 화폐 공급에 제한을 가하는데 금 준비에 의해 화폐 공급이 제약되도록 되어 있기 때문이다. 인플레이션적인 화폐 정책은, 국내 통화의 가치를 떨어뜨림으로써 중앙은행의 금 손실이 초래되는데, 중앙은행으로 하여금 대중에게 국내 자산을 팔도록(즉, 화폐 공급을 줄이도록) 강제한다(완전한 논의를 위해서는 제10장을 보라). 그러나 전간기의 재건 금본위제의 종말 이후 금과의 연계가 최종적으로 포기되었을 때, 어떻게 화폐 당국이 인플레이션적인 정책을 선택하지 못하도록 제한할 것인가에 대한 문제가 제기되었다. 두 가지 주요한 변화가 대중이 불환 지폐를 수용하는데 공헌했다. 즉, 책임 있는 정부와 독립적인 중앙은행이다.

20세기 초 유럽의 대부분에서 완전한 의회제 민주주의의 비약적 진전이 있기 이전, 대중에 대해 정부의 책임은 단지 부분적이었을 뿐이다. 높은 인플레이션에 대한 대중의 두려움을 가정하면, 책임 있는 정부는 중앙은행으로부터의 대출로 지출 자금을 마련하는 것을 억제할 것이라 기대할 수 있다. 하지만 비민주적인 정부는 반드시 그런 두려움을 가지는 것은 아니다. 그러나 그것이 항상 진실은 아니다. 제1차 세계대전 이후 프랑스, 독일과 같은 약한 정부는 유권자를 만족시키기 위해 공적 지출을 할 수밖에 없었지만 조세로 충분한 수입을 올릴 수는 없었다. 그때 전쟁 전 금본위제는 작동하지 않고 있었고, 제9장에서 논의할 것처럼 화폐 공급에 대한 약한 제약조차 없었다. 1920년대 중반의 화폐 개혁 이후, 인플레이션의 역사를 가진 국가들은 국립은행이 더 큰 자율성을 가지도록 승인하고 중앙은행 정책에 정부 개입을 제한했다. 영국과 스웨덴처럼 정부가 계속 화폐 정책에 대해 많은 말을 하는 나라에서, 1970년대와 1980년대의 인플레이션 경험은, 중앙은행이 1990년대 초에 정부 지시로부터 독립성을 얻어 공개된 인플레이션율을 목표로 설정하게 했다는 점에서 유사한 효과를 가졌다. 인플레이션이 낮은 한 대중은 지폐를 수용해 왔다. 그러나 인플레이션이 치솟으면 안정적인 외국 통화나 상품으로 옮겨갈 것이다. 그러한 행동에는 강력한 논리가 있다. 즉, 화폐는 상품을 사기 위해 거래에 사용되는데, 상품에 대한 구매력이 납득할 만큼 안정적인 한 지폐는 실용적이다.

7.5 은행은 무엇을 하는가

은행이 예금을 받아 대중에게 대출을 제공하기 시작할 때(즉, 부분지불 준비 은행을 실행하기 시작할 때) 외환을 제공하고 계정 간에 청산 서비스를 제공하여 무역을 활성화하는 것에 더하여 화폐 공급을 증가시킴으로써 그들은 명백하게 새로운 국면에 들어간다. 19세기에 은행은 저축자와 차입자 간의 중개자로서 자신의 역할을 확장했다. 그런 중개의 근거는 무엇인가? 그 질문에 대한 자명한 답이 있다. 즉, 은행은 저축자와 차입자 모두를 위해 거래 비용과 위험을 줄인다. Box 7.1은 저축자와 차입자가 직면한 주요한 문제와 은행이 중개자로서 행동하는 방법을 조명한다.

Box 7.1

은행이 하는 것

저축자의 관심	은행이 하는 것	투자자와 차입자의 관심
투자자를 평가하는 비용이 많이 듦.	은행은 투자자의 지불 능력에 대한 정보를 처리할 때 규모의 경제를 활용함.	기업은 현금 제약에 직면하고, 대부자를 찾는 비용이 큼.
저축을 다변화하지 못해 위험함.	은행은 다변화된 자산 포트폴리오를 보유함.	기업은 다수의 대부자에게 의존할 필요가 없음.
저축자는 유동 자산을 원함.	은행은 저축자의 유동성 수요에 맞추기 위해 지불 준비를 가짐.	기업은 고정 자본에 투자하기 위해 장기적인 계약을 요구함.
비대칭적 정보: 저축자는 차용인의 사적 정보에 접근하지 못함.	은행 업무는 관계적 은행업의 방법에 의하거나 빈약한 성과를 보인 차입자를 처벌하는 단기 신용 방법에 의해 기업을 감시하도록 위임받음.	기업은 그 자신의 이익을 위해 사적 정보를 활용함.

저축자가 광범하고 다양한 잠재적 투자 프로젝트에 대한 정보를 수집하고 평가하는 것은 시간 소모적이고 어렵다. 많은 프로젝트를 평가하여 단일 프로젝트에 자신의 모든 저축을 두는 위험에 대비하는 것이 필요하다. 게다가 어떤 사람(특히, 비전문가인 사람)이 투자자로서의 차입자가 진정한 위험을 숨겨 투자 계획의 전망을 더 좋게 알릴 수 있다는 점을 악용하고 있는가를 발견하기 어렵다. 이른바 정보의 비대칭이 있는데, 그때 투자자는 적절하게 감시되지 않는다면 자신의 우위를 이용할 수 있다. 그러나 소규모에서 중규모 저축자가 투자자를 감시하는 것은 실제적으로 불가능하다. 중개 기관이 필요한 이유이다. 은행은 차입자에 대한 정보를 수집하고 분석하는 데 있어 규모의 경제와 전문화의

이득을 활용함으로써 번창한다. 게다가 저축자는 자신의 자산이 유동적이기를 원한다. 즉, 그들은 짧은 예고 후에 자신의 예금을 돈으로 바꿀 수 있기를 선호한다. 차입자는 전형적으로 고정 자본인 토지, 빌딩, 기계에 투자하는 사람인데, 자신의 투자의 비유동성 때문에 채권자에게 장기 계약을 요구한다. 은행은 적절한 유동 지불준비(liquid reserves)를 보유하는 것으로 단기 부채(예금)를 장기 자산(대출)으로 변형하는 방법을 터득한다. 그 유동 지불준비는 예금자가 때때로 단기 예고 후에 돈을 인출하기를 원할 때 예금자에게 서비스하기 위해 사용될 수 있다. 좋은 평판을 형성한 은행은 뱅크런의 희생자가 되는 경우는 극히 드문데, 뱅크런이란 예금자의 대부분이 예금을 인출하는 상황을 말한다.

유럽의 경제 재생 초기 국면과 산업화 초기 국면에서 대출의 주요한 원천이었던 가까운 동료와 가족과 친척의 범위를 넘어서서 장기 대부자가 되려는 사람을 찾을 때 투자자도 정보 문제에 직면하게 된다. 그러나 기업의 규모가 증가하면 외부 기금에 대한 필요는 증가한다. 근세 은행은 주로 무역에 단기 신용을 서비스했는데, 19세기에는 산업이 점차 더 중요한 고객이 되었다. 그런데 장기 신용으로 바꾸려면 은행은 예금자들과 은행 자신의 이익을 위해 차입자의 성과를 감시할 필요가 있었다. 은행은 적절한 성과를 낳지 못한 차입자에게 벌금을 부과하는 것과 감독하는 것을 혼합하여 시행했다.

왜 이러한 감시와 중개의 체계는 뱅크런 속에서 붕괴되는가? 문제의 핵심은 이것이다. 은행은 예금을 받고, 양의 수익, 즉 이자율과 고정된 명목 가치로 예금자가 예금을 회수할 수 있는 권리를 약속한다. 그래서 은행은 자산의 포트폴리오를 관리한다. 그들은 차입자에게 고정된 명목 가치 대출을 제공하지만, 기초 자산은 불확실한 미래 가치를 갖는다. 불가피하게 은행은 때때로 잘못 계산하는데, 자산의 미래 가치를 평가하는 것은 내재적으로 어렵기 때문이다. 이 것은 사건의 연쇄를 촉발할 것이다. 이를테면 차입자는 대출을 상환할 수 없고, 예금자는 예금에 대한 두려움으로 그것을 회수하려고 달려들고, 은행은 유동 성 제약을 가져서 최종 대부자인 중앙은행이 없다면 실패할 것이다. 이러한 뱅 크런의 일부는 기초 체력(fundamentals) 면에서 보면 부당하지만, 예금자는 정보 의 비대칭성에 따른 다른 희생자일 뿐이다. 예금자는 은행가가 은행에 대해 하는 것을 알지 못하고 손실 회피적이면, 자신의 예금을 가능한 한 빨리 인출 할 것이다.

7.6 경제 성장에 대한 은행의 영향

은행은 세 가지 기제를 통해 경제 성장에 영향을 미친다. 이를테면 저축률 에 대한 영향, 저축 자금의 사용에서의 효율성에 대한 영향, 그리고 경제의 화 폐화 증가의 효과이다. 화폐화는 은행권을 발행하여 화폐를 창조하는(즉, 화폐 공급을 증가시키는) 부분지불 준비은행의 효과와 연계된다.

거대 도시 지역 외부로 은행이 확산할 때 **국민 소득**에서 저축이 차지하는 몫(저축률)이 실제로 증가하는 좋은 이유들과 증거가 있다. 우리는 산업화 이전 시기의 저축에 대한 적절한 자료를 가지고 있지 않지만 저축률은 국민 소득의 5%를 상회하지 않았다고 생각된다. 19세기 후반에 저축은 상당히 증가했는데, 국민 소득의 10~20% 사이에서 다양했다. 저축은 축장의 기회 비용을 증가시키 기 때문에 은행은 저축을 동원하는 데 필수적이었다. 가계는 현재 소비와 미래 소비, 즉 저축에 대한 선택을 한다. 저축에 대한 결정의 거래 비용과 위험이 감소하면 저축은 더 매력적이 되어 증가하고, 소비는 가계 소득의 비율로 볼 때 떨어질 것이다. 은행이 없다면 금과 은 같은 내구적인 '가치 저장' 상품의 소비 말고는 저축에 대한 어떤 가용한 대안도 있을 수 없다. 그러나 공공 금고 속에 금과 은을 축장해 두는 것은 잃어버린 기회를 나타낸다. 동일한 돈이 은행에 예금된다면, 그것은 투자자의 처분 하에 두어질 수 있다. 게다가 국내 저축과 국내 투자 간(경제 성장 간)에는, 강한 연계가 있다. 근세 시대에 은행이 성장에 미친 경제적 효과를 보여 주는 직접적이고 체계적인 증거는 빈약하다. 그러나 밴더빌트(Vanderbilt)에 기반을 둔 경제사가 루소(P. Rousseau)는 네덜란드 경제의 화폐화가 무역회사의 활동에 미친 영향을 고찰하여 17세기와 18세기에 강한 연계가 있었음을 발견했다. 현금 제약은 투자에 대한 심각한 장애였다. 더 중요한 것은, 루소는 (잉글랜드 은행의 예금과 부채, 주로 유통 중인 은행권에 의해 측정되는) 화폐화는 1730년부터 1850년까지, 산업혁명의 대부분 동안 산업 생산에 지대한 영향을 가졌음을 발견했다. 화폐화가 1% 증가하면 5년 후 산업 생산 2% 증가로 이어진다고 추정되었다. 이러한 발견은 은행이 저축을 동원하고, 화폐 창조의 과정을 활성화했던 것이 중요했음을 보여 준다.

  적거나 고만고만한 재산을 가진 시민들은 처음에는 은행을 마지못해 신뢰했다. 은행 실패는 18세기 말과 19세기 초에 빈발했다. 19세기 초에 유럽 전역에서 발전한 저축 은행은 (일찍 설립된 곳은 함부르크였는데, 1778년이었다) 일반 시민에게 안전한 예금을 제공하는 것을 의미했는데, 함의하는 바대로 일반 사람들을 은행 업무에 친숙하게 만들었다. 박애주의자와 지방 정부는 자주 저축 은행이 발전하는 초기 국면에 참가하여, 노령자와 어려움에 처한 일반 사람들의 자

Box 7.2

금융 위기와 은행 위기들의 해부학

금융 위기의 역사는 은행업의 역사만큼이나 길다. 대략적으로 말하면, 그런 위기들은 유동성 위기 또는 지불 능력의 위기라는 형태를 취하는데, 어느 것도 쉽게 다른 위기로 파급될 수 있다. 유동성 위기는 부분지불 준비은행업 바로 그 본질로부터 유래한다. 은행은 때때로 소비자들의 현금 요구를 충족하기에 필요한 유동성의 규모를 과소 추정한다. 유동성 위기는 자제심을 잃어 예상하지 못한 율로 자신의 예금을 인출하는 소비자의 전염 때문에, 지불 능력이 있는 은행까지도 포함하는 뱅크런으로 발전할 수 있다. 역사의 과정에서 유동성 위기들은 최종 대부자로서의 중앙은행이 발전하여 억제되었다. 그것은 대중들이 은행 제도를 다시 신뢰할 때까지 중앙은행이 은행 제도에 자유롭게 대부하는 것(이른바 배젓(Bagehot)의 규칙)을 의미한다. 예금 보험의 도입은 20세기 후반에 주로 전개되었는데, 소비자들이 은행이 부실한 경우에도 자신의 예금이 안전하다는 것을 알기 때문에 유동성 위기의 영향을 억제했다.

지불 능력의 위기들은 억제되기 더 어렵고, 소득과 성장에 심각한 영향을 주는 경향이 있음을 역사가 보여 준다. 그것들은 통상적으로, 금융 버블을 창조하는, 낮은 이자율, 급속한 화폐 증가 그리고 자산 가격의 상승과 연계된 과도한 위험 감수의 시기 이후에 나타난다. 가장 최근의 위기와 지난 150년에 걸친 주요한 글로벌 위기를 보면, 이자율에서 실질 GDP 성장률을 뺀 이른바 자연 이자율 격차는 위기가 발생하기 전 수 년 동안 매우 낮았다. 버블이 터질 때, 주식과 주택 가격은 25% 또는 심지어 50%까지 떨어진다. 이러한 위기들은 은행업의 내재적 특성들, 즉 은행이 보유하고 있는 전형적인 자산의 진정한 위험과 가치를 파악하기 어렵다는 점과 연계된다. 과도한 위험 감수의 예로는 어떤 충격에 타격을 받을 수 있는 특수한 산업들에 은행이 자신의 총자산의 큰 비중을 지니는 것과 같은 자산의 비(非)다변화도 들 수 있다. 자산의 가치가 감소하면 그것은 쉽게 증폭되는데, 금융 기관은 현금을 마련하기 위해 폭탄 세일(fire-sales) 단계로 나가도록 강요될 수 있다. 왜냐하면 그것이 자산의 가격을 더 끌어내리기 때문이다. 자산의 큰 비율은 이제 '부실 자산'으로 불리는 것, 즉 어떤 사람도 보기를 원하지 않는 더 정확하게는 사기를 원하지 않는 자산인 것으로 판명된다. 지급 불능에 대한 궁극적인 해법은 국가가 부실한 은행을 국유화하는 것이었다. 부실 자산의 가치는 아주 낮은 수준으로 떨어지기 때문에 국유화된 은행은 시장이 다시 신뢰를 획득한 이후에 더 높은 가격으로 판매할 수 있는 기회가 도래한다. 국유화와 이후 민영화가 성공적으로 이루어진 사례로 1990년대 스웨덴 은행이 자주 인용된다. 수많은 은행을 긴급 구제하는 비용은 처음에는 매우 클 수 있지만, 재민영화는 그 대부분을 벌충할 수 있다. 그러나 산출물이 급격하게 하락한다는 측면에서 거시 경제적 비용은 상당하다. 스웨덴의 사례는 꽤 전형적인데, 실업률의 급격한 상승으로 이어졌고, 저점에서 정점까지 약 5년의 오랜 지속 기간을 가졌다.

조를 증진하려고 노력했다. 그러나 신뢰가 취약하여서 저축 은행은 초기에 매우 보수적인 자산 전략을 추구해야 했다. 일부 나라에서 저축 은행들은 대중에게는 전혀 대부하지 않고 안전한 정부 부채에만 투자했다. 19세기 후기에는 비록 허용된 담보의 형태가 제한되기는 했지만 대부에 대한 제한은 완화되었다. 부동산과 토지는 안전한 담보로 간주되었으며, 토지 담보 대부를 안전한 것으로 인정하는 다른 기관들이 자주 국가의 도움과 지도를 받으며 발전하였다. 이것은 토지 개혁으로 성장하고 있던 농부 계급이 생산성을 증가시키는 경향이 있는 토지 개량을 위한 대부나 보유 토지의 통합을 할 수 있었던 때인 19세기에 특히 중요했다. 저축 은행은 원래 그것이 없었다면 전혀 저축할 수 없었던 저소득자와 중소득자들을 위해 고안되었고, 사실 그들을 끌어들였다. 저축 은행들은 위험한 투자를 주의깊게 회피하였지만, 그들은 인프라스트럭처 투자를 위한 자금 공급에서 중요한 역할을 하였으며, 시간이 갈수록 그들은 다른 은행과 별로 다르지 않는 자산 전략을 발전시켰다. 19세기 은행 발전에서 보이는 새로운 요소는 주식회사 은행의 출현이다. 이들은 예금자의 돈보다 투자자의 자본에 더 의존했다. 이 은행들은 유동성에 대한 예금자의 선호에 제약을 덜 받았으며 이 은행의 소유자들은 수익을 증가시키기 위해 덜 보수적인 대부 전략을 채택하도록 촉구했다. 이러한 은행은 저축 은행보다 더 높은 수준으로 상업과 산업의 자금 조달에 참여하는 것이 전형적이었다. 그러나 20세기 동안 이 두 형태의 은행 간의 차이는 감소했다. 주식회사 은행은 전국적인 지점을 구축하고 예금을 유치했고, 자주 저축 은행과 경쟁했다. 그러나 일부 주식회사 은행은 다른 방향으로 발전하여 산업 기업에 서비스하고, 인수 및 합병에 도움을 주는 순수한 투자 은행이 되었다.

은행은 차입자의 지급 능력과 투자 계획의 실행 가능성과 수익성에 대한 정보를 모으는 데 전문화했다(Box 7.1을 보라). 그렇게 하면서, 은행이 대부를 승인하기 이전에 수행되어야 하는 엄격한 기준을 설정하는 것이 전형화되었다. 그러나 차입자(이를테면 기업가)는 은행 경영자보다 기업가가 설립하였거나 운영하는 기업의 진정한 성격에 대해 더 많은 것을 알 수 있다는 점에서 정보의 비대칭이 있다. 이러한 정보의 비대칭은 차입자 측에서 잠재적으로 사기를 칠 수 있는 원천이다. 그러므로 은행은 규칙적으로 자신의 차입자를 감시해야 하고, 그들에게 대부를 승인할 때의 기대에 부응하지 못하면 그들을 처벌할 수 있어야 한다. 어떤 기관이 정보를 수집하고 감시하는 데 특화하면, 저축자가 금융 기관에 의해 중재되지 않고 개별적으로 투자할 때보다 차입자의 저축은 더 효율적으로 사용될 것이라고 보는 것이 더 그럴듯하다. 성장에 영향을 주는 다른 관련 요소들의 영향을 통제하면, 은행 심화(대체로 경제에서 금융 중개의 규모를 의미한다)가 투자나 생산성 증가와 양의 관계로 연계된다는 것을 20세기 후반 각국의 자료를 이용하여 경험적으로 확증한 횡단면 연구가 있다. 그러나 동일한 결과는 주식 시장의 심화에도 적용된다. 그리고 그것은 의미가 있다. 이를테면 은행 경영자는 가장 유망한 기술들을 선택하는 것을 목표로 하고 기업들을 감시하지만, 주식 시장에서는 조정되지 않은 많은 개별 거래자와 투자 기금 경영자가 동일한 일을 한다. 유럽 국가들은 19세기에 주식 시장과 은행 제도가 모두 발전하였지만, 이 두 형태의 금융 제도의 상대적 중요성은 달랐다. 기업의 설립에 대한 법적 틀이 여기에 중요한 영향을 미쳤을 수 있는데, 은행과는 다른 원천으로부터 자금을 조달하는 것이 어느 만큼 용이한가에 영향을 미치기 때문이다. 19세기 초에 영국에서만 잘 발전된 은행 제도를 가지고 있었는데, 광범한 지방 은행의 망과 런던에서의 강력한 중심으로 구성되었다. 그것은 대개 산업과 상업에게 단기 신용을 제공하고, 어음 할인과 예금 은행업을 했다. 유럽의 나머지에서는 위에 언급한 과업을 감당하기에 별로 적절하지 않은 금융 제도를 가졌다. 주식 시장도 은행도 모두 특별히 잘 발전되지는 않았다. 경제사의 선구자 중의 한 명인 알렉산더 거센크론(Alexander Gerschenkron, 1904~1978)이 발전시킨 논거가 있는데, 유럽 대륙에서의 이러한 후진성이 은행으로 하여금 그들과 산업 간의 긴밀한 연계를 설정하여 산업 개발을 촉진하는 데 더 적극적인 역할을 하도록 촉구했다는 것이다. 19세기 중반에 특히 프랑스와 독일에서 전개된 은행 구조는 많은 방식에서 영국 모델과 달랐다는 점은 사실이고, 많은 사람들은 대륙 유럽적 변종이 최상의 기업을 가려내는 데 더 좋았고, 은행-차입자 관계에 내재한 비대칭적 정보와 **대리인 문제**를 극복하는 더 좋은 수단을 개발하였다고 주장한다. 문제의 핵심은 은행들이 자신들의 감시 업무를 얼마나 잘하고 있는가이다. 상대적으로 낮은 성장이 보여 주듯이 빅토리아 영국(C. 1850~1900)은 실패했다. 비록 논란이 있지만 그것을 설명하는 잘 발전된 논거는, 영국의 실패는 부분적으로 저축이 산업에서 가장 수익성 있는 투자 기회로 향하도록 하는 금융 중개가 실패했기 때문이라는 것이다. 은행은 산업에 필요한 금융을 제공할 수 없거나 제공하려 하지 않았는데, 이 논거에 따르면, 그것은 산업적 진보를 둔화시켰다. 런던 경제 대학(London School of Economics)에서 연구하는 경제학자인 윌리엄 케네디(William Kennedy)는 영국 상업 은행가는 위험 기피적이어서 수익이 더 낮은 자산에 투자했고, 당시 전개되고 있었던 더 위험한 기술이 살아남기 어렵게 만들었다는 것을 보였다. 영국의 국제 금융에서의 탁월한 역할은 도움이라기보다는 장애물이었는데, 저축의 상당한 비율이 해외 자산에 투자되었기 때문이다. 다른 한편으로 대륙에서는 은행은 산업과 긴밀하고 오래 지속되는 관계를 개발하고, 새로운 기술에 투자하는 데 위험을 감수하는 방향으로 더 기울어져 있었다. 그래서 그들은 이 회사의 이사회에 참가하여 영향력을 확보했다. 영국 은행(British banks)은 상업 은행업에서는 탁월했는데, 그것은 어음 할인과 당좌대월, 예금, 청산과 같은 단기 신용의 제공을 포함한다. 이것은 영국 체계가 거래 은행업(transaction banking)이라는 명칭을 얻도록 했다. 독일과 프랑스에서 발전하고 있는 체계는 상업 은행업 기능을 가지지만 투자 은행업과 주택에 대한 모기지와 같은 많은 다른 서비스들도 추가했다. 이러한 은행은 광범하고 다양한 활동을 수용했기 때문에, 유니버셜 은행(universal banks)이라고 불리워진다. 유니버셜 은행 중 전부는 아니지만 일부는 특별한 기업에 대해 장기 지분을 취득하거나 다양한 기업 금융을 제공하는 것을 선호했다. 즉, 은행은 출발부터 성숙까지 한 기업을 따라가는 것이 전형적이었다. 이 접근법은 은행과 기업 간의 장기적 관계를 추구하지 않는 영국적 변종인 거래 은행업과 반대되는 것으로 관계 은행업(relationship banking)이라는 명칭을 얻었다. 일부 설명에서는, 19세기 마지막 1/3 동안 독일의 급격한 캐치업에서 독일 은행에 의해 추진된 관계 은행업이 주도적 역할을 했다. 그리고 이러한 노선의 논거는 어떤 점에서 영국 거래 은행업이 기술적 첨단에 있는 기업을 무시하고, 영국에서의 성장을 둔화시켰다는 논거의 맞은편에 있는 것이다.

그러나 이 관점은 최근 연구에서 개정되었다. 관계 은행업은 기업가와 은행 간의 신뢰 관계를 쌓아서 비대칭적 정보의 문제를 감소시켰고, 차입자에 의한 사기를 억제했다고 추정되었다. 은행과 기업 간의 단기 관계에서 일어나는 것과는 달리 정보가 소실되지 않는다는 점에서 장기 관계는 기업에 대한 정보를 모으는 비용을 절약했다. 관계 은행업은 거래형 은행이 자신의 고객에게 부과하는 현금 제약을 완화시킨다고 이전에는 믿어 왔는데, 역사적인 기록은 그 결론들을 모두 지지하지는 않았다. 게다가 영국 은행은 차입자를 엄밀하게 심사하는 더 효율적인 절차를 마련함으로써 은행과 기업 간의 장기 관계의 결여가 가져오는 불이익을 극복할 수 있었던 것 같다. 게다가 영국 대부업의 단기적 성격은 과장되어 왔다. 영국 은행은, 가령 독일 유니버셜 은행보다, 예금에 더 많이 의존했던 것은 사실인데, 그것은 영국 은행들이 더 많은 유동 자산, 즉 단기 신용을 보유하도록 강요했다. 그러나 단기 대부는 다음 시기로 이월되는 것이 일상적이어서, 첫 인상이 보여 주는 것보다는 덜 단기적인 것으로 만드는 효과가 있었다. 그리고 관계 은행업의 이점에 대한 논의들은 산업과 굉장히 긴밀한 관계를 가지는 은행 체계의 위험을 무시했다. 영국 은행은 대륙 은행과 비교하면 산업이 경기 침체기에 있을 때 채무 불이행 상태에 덜 빠지는 것 같다. 대륙 은행은 대기업에 깊이 관여하였으며 자주 자신의 대부를 특별한 산업 분야인 강철 또는 전기 엔지니어링에 집중했다. 한편, 관계형 은행업을 가진 나라에서 산업 침체기 동안 은행 실패가 일어난 다수의 예가 있다. 프랑스에서는 그 모델에 내재한 위험의 귀결로 은행이 관계 은행업 및 산업에의 장기 투자로부터 일부 발을 뺐다. 스웨덴에서는 국회의원들이 개입하여, 은행이 산업적 곤경에 노출되는 것을 제한하기 위해 은행들이 산업 금융에 개입하는 것을 규제했다. 최근에는 2008년에 시작된 금융 위기가 전 세계적인 금융 제도를 위태롭게 했을 때, 상업 은행업과 산업 은행업의 분리에 대한 새로운 요구가 제기되었다.

관계형 은행업은 기업에 좋은 성과를 확보하고 저축을 최선의 용도로 연결시켜 주는 데 더 효율적이었는가? 그리고 이 모형은 경제 성장을 촉진하는 데 더 좋았는가? 이것은 큰 질문인데, 큰 질문이 항상 그렇듯이, 어떤 결론적인 답은 없다. 문제는 관계 은행의 자산 포트폴리오가 거래형 은행보다 더 높은 수익을 가졌는가로 귀결되는데, 19세기 말에 영국 은행이 보유한 자산이 최적이 아니었다는 몇 가지 증거가 있다. 그러므로 우리는 빅토리안 영국의 상대적인 실패(즉, 주요한 대륙 경제처럼 빠르게 성장하지 않은 것)가 적어도 은행 제도와 관련된 어떤 측면이 있다는 가설을 배제할 수는 없다.

7.7 은행 대 주식 시장

산업, 은행, 운송 증권들이 19세기 후기에 도입될 때까지, 정부 부채와 무역 회사의 주식이 주로 거래됐던 주식 시장은 은행과 유사한 기능을 수행했지만, 그 수단이 달랐다. 주식 시장은 저축자가 위험을 다변화할 수 있게 했는데, 저축자에게는 유동적이지만 차입자에게 장기 공언(公言, commitment)을 주는 주식(equity), 즉 지분(shares) 또는 주금(株金, stocks)이라는 도구를 제공한다. 수천 명의 주주들은 주식 시장 이외의 어떤 중개도 없이 주식을 사고팖에 의해서 기업에 대한 통제를 행사한다. 주식 시장 거래자는 진입이나 이탈을 통해 통제를 행사하는 데 반해, 기업을 감시하는 은행 경영자는 자신의 관심을 말하고 필요하다면 차입자를 처벌한다. 기업에 대해 필요한 정보와 그 정보를 획득하는 데 포함된 비용은 막대한 다수의 대중이 주식 시장에서 직접적으로 투자하는 것을 배제했다. 예컨대, 1950년에 거의 모든 가계가 은행 계정을 소유했는데, 대부분의 유럽 국가에서 주식을 소유한 사람은 10% 미만이었다. 주식의 포트폴리오에 투자하는 **뮤추얼 펀드**는 개인 저축자들은 할 수 없는 정보 수집에서 규모의 경제를 활용하기 때문에 번창할 수 있었다. 특히, 20세기 마지막 1/3에는 총저축의 증가하는 몫이 뮤추얼 펀드로 전환했다. 그러나 뮤추얼 펀드의 지분을 구입하는 것은 위험 회피적 저축자에게는 그다지 매력적이지 않았는데, 뮤추얼 펀드는 지분에 대한 양의 수익을 약속할 수 없었고, 예금 원금의 명목 가치도 보장할 수 없었기 때문이다. 그러므로 이들 대안 중의 어느 하나만을 획득할 수 있는 상태에 비해 은행과 뮤추얼 펀드가 결합되면 총저축은 더 높아질 것이다. 유럽에서 주식 시장은 근대 은행업이 19세기 후반에 출현했을 때 발전했는데, 그것은 주식시장과 은행이 경쟁적이라기보다는 보완적이라는 것을 주장한다. 그러나 왜 은행업은 주식 교환소가 했던 것보다 더 일찍 정교한 발전의 수준에 도달했던가? 간단히 대답하면 은행과 주식 시장이 상이한 자산을 취급한다는 것이다. 주식 시장은 시장성 자산, 즉 그것을 발행하는 귀찮음을 감수하기에 충분히 큰 기업의 주식을 거래하는데, 은행은 비시장화된 자산을 거래한다. 은행은 건물, 재고 및 기계와 같은 비시장화된 자산을 담보로 기업에게 대출을 확장한다. 이러한 자산은 비시장화된 것이기 때문에 그것의 가치는 평가하기 어렵고, 은행에게 차입자의 현장 감시에 대한 동기를 부여한다. 19세기 중반 이전에는 매우 소수의 기업들이 시장성 자산을 제공할 수 있었고, 이들은 은행 자금 조달을 선호했다. 19세기 이전 주식 시장에서 거래된 주식은 전형적으로 규모가 큰 무역 회사의 주식으로 산업 기업은 거의 없었다.

유럽 내에서 자금을 제공하고 기업을 감시하는 데 있어 은행과 주식 시장의 상대적 중요성은 19세기 후반에 주목할 만큼 달랐는데, 이 차이 중 일부는 오늘날에도 남아 있다. 독일 은행은 기업에게 신용을 공급하고 통제를 행사했는데 일찍이 선두를 차지했고, 여전히 그렇게 하고 있다. 입장을 바꾸면 영국에서도 해당되는 사안이다. 동일한 기능을 수행하는 경쟁적인 제도의 공존은 수수께끼이다. 한 설명은 알렉산더 거센크론이 개발한 논거에 근거하는 것인 **경로 의존**이다. 그는 독일에서는 결정적인 형성의 시기에 거대 은행이 산업에 금융을 제공하는 데 적절했으며, 거대 은행은 뒤이어 주식 시장의 발전을 억눌렀다고 주장했다. 이 논거에 따르면 초기 조건들이 경쟁적 해법 중 어느 것이 지배적이 되는가를 결정했다. 보완성에 의거한 설명은 이 두 제도적 해법의 어떤 결합이 단 하나보다 더 좋다는 것을 주장하는데, 은행과 시장의 기업 감시는 모두 잠재적인 비효율성의 상이한 원천을 갖기 때문이다. 은행은 자주 실패하여 차입자와 대부자에게 심각한 부정적 귀결을 낳는다. 주식 시장은, 또 한편에서, 광범한 은행 위기의 시기에도 기능하는데 그 때문에 주식 시장은 은행의 본질적인 보완물이 된다.

완벽한 주식 시장에서 기업에 관한 모든 획득 가능한 정보는 주식 가격 속에 표현된다. 그러나 시장은 완전하게 효율적이지 않다. 주식은 항구적이지는 않지만, 기업의 효율적인 감시를 해치기에 충분히 긴 기간 동안 과도하거나 과소한 가격에 있을 수 있다. 새로운 기술을 활용하거나 새로운 생산물을 개발하는 기업의 근본적인 가치를 평가하는 것은 특히 어렵고 많은 비용이 든다. 그러나 주식 시장 투자자들은 자신이 수익성 있는 투자 계획에 대해 모은 정보를 사적으로 유지할 수 있는 방법을 갖지 못한다. 그런 투자자가 기업을 고찰하는 데 자원을 사용하고, 그 주식이 과소한 가격(또는 과대한 가격)에 있다는 것을 발견했다고 가정하자. 투자자는 자본 이득을 얻기 위해 그 주식을 사기(팔기) 시작할 때 새로운 정보는 그의 거래에 의해 드러날 것이고, 다른 사람들은 그를 뒤따라 가격을 올리거나 내릴 것이다. 이것은 주식 시장이 기업의 근본 가치를 연구하는 사람에게 충분하게 보상하지 않는다는 것을 의미하는데, 그것은 정보 수집에 대한 과소 투자로 이어질 것이다. 주식 시장 버블의 역사는 이 논거를 확증한다. 근본 가치와 관련없는 초과적인 가격 움직임은 전형적으로 정보를 수집하고 처리하는 데 많은 투자가 필요한 새로운 산업의 주식에서 발생한다. 불충분한 정보는 떼지어 움직이는 행태를 야기할 수 있다. 투자자는 정보를 적절하게 평가할 수 없을 때, 첫 번째 이동자의 행동이 튼튼한 지식에 기초했을 것이라 믿고 다른 투자자의 행동을 따른다.

기업과의 장기적인 관계를 개발하는 은행은 그들의 정보를 사적으로 유지하여 두기에 더 좋고, 그래서 기업의 근본 가치를 탐구하는 연구에 더 많이 투자하는데, 그것은 투자의 효율성을 개선할 수 있다. 그러나 관계 은행업은 비효율을 창출할 수 있다. 은행이 기업에 대한 내부 정보를 가지고 그 부채의 많은 것을 소유한다면, 이것은 그 은행에게 시장 지배력을 줄 것이고, 그 기업의 이윤의 더 커다란 몫을 확보하는 데 사용될 수 있다. 결론적으로, 기업이 은행에 완전히 의존하지도 않고, 주식 시장에 완전히 의존하지도 않는 경제가 최선의 해법일 수 있다. 역사는 양자 모두가 생존할 뿐만 아니라 번성하는 것을 허용함으로써 이것을 인정했다.

7.8 최근 금융 위기에 대한 생각들

심각한 금융 위기는 한번에 GDP의 5% 정도의 산출물 손실을 야기할 수 있다. 그것에 더하여 경제들은 충격 이후에 5년 또는 그 이상 동안 '추세 산출물' 이하에서 작동하고 있다. 여기에서 '추세 산출물'은 그 위기가 일어나지 않았다면 충격 이후 첫째, 둘째, 셋째 등등의 해에 기대되었던 산출물 수준을 의미한다. 그러나 높은 실업의 기간이 '이력 효과'(hysteresis effects)를 가진다면(즉, 실업의 장기적인 '정상' 수준이 오른다면) 심각한 금융 위기의 효과는 심지어 더 커질 수 있다. 심각한 위기 이후에 오랫동안 '정상' 실업의 상방 이동이 있는 듯하다.

가장 최근의 역사는 모든 금융 혁신들로부터 멀리 떨어지면 사회를 위한 순사회적 편익이 창출된다는 점을 부각했다. 그것은 신용 붐이 탈규제 또는 금융 제도에 대한 부주의한 감시와 연계되는 경향이 있음을 보여 준다. 지난 150년 동안 매우 빠른 신용 성장이 모든 금융 위기들을 선행했다. 금융 위기는 통상 새로운 규제 이니셔티브를 촉진하고 현재의 위기도 예외는 아니다. 예금 보험은 미국에서 대공황 이후에(1934) 도입되었다. 다른 나라들은 1960년대까지 미국의 예를 천천히 수용했지만, 오늘날 주요한 모든 경제는 비록 그 제도의 관대함에서는 차이가 있지만 예금자 보호를 도입했다. 현재(2015) 10만 유로의 예금은 대부분의 유럽 국가에서 보장된다.

19세기 은행업의 팽창은 자본이 예상되지 않은 충격에 대한 완충물로 간주될 수 있다는 사실에 의해 동기가 부여된 자본 요구와 관련된 (매우 다양한) 규칙과 결합되어 있다. 투자 은행, 즉 비금융 회사의 주식을 영향력 있는 규모로 가지고 있는 은행과 전통적인 예금 은행의 분리가 은행 규제에서 반복되는 주제인데, 이 규칙은 나라에 따라 그리고 시간에 걸쳐 변화했다. 은행 위기는 은행들에게 특별한 기업 또는 부문들에 너무 깊숙이 참여하지 못하도록 자주 규제자들이 개입하여 금지시키는 것을 고무했다. 그것이 대공황 이전과 이후에 일어났던 일이었고, 다시 의제가 되고 있다. 자본 요구는 증가하고 있으며, 은행 자산(대부)에 대한 더 적절한 위험 등급이 도입되고 있다.

예금자(즉, 일반 대중)의 관점에서 보면 대공황 이후 예금 보험의 도입은 이익이었고, 대중이 은행에 저축하려는 의향을 회복시켰다. 국내 저축은 국내 투자에 긍정적인 영향을 준다고 알고 있으므로, 우리는 예금 보험이 은행업 제도에서 신뢰를 복원시켰을 때, 이 규제가 가져온 성장 촉진적인 효과를 보려는 경향이 있다. 그러나 감독과 자본 요구가 더 느슨하게 감시된다면, 예금 보험은 은행을 더 모험적이고 덜 주의하게 만드는 경향이 있음을 보여 주는 증거가 있다. 시간이 지나면서, 특히 제2차 세계대전 이후에 은행들은 더 큰 단위로 합병했을 때, 그들 대다수는 대마불사(too big to fail)가 되었다. 그것은 은행가나 소유자들이 과도한 위험 감수에 참여하는 것을 고무시켰다. 이유는 성공한다면 투자자들은 더 높은 이윤을 얻고, 은행가는 더 많은 보너스를 얻기 때문이다. 그리고 그들이 실패한다면 국가에 의해, 궁극적으로는 세금 납부자에 의해 구제될 것이다. 대마불사 구제 조작은 이제 지급 불능 상태인 금융 제도에서 작동하고 있다는 것은 지적해 둘 가치가 있는데, 그것은 원래 지급 능력이 있지만 유동성 위기에 빠진 은행을 돕는 것을 의미했던, 중앙은행의 '최종 대부자' 기제에 깃들여 있던 원래의 의도와는 다르다. 은행의 소유자들은 심각한 손실에 의해 처벌받지 않았는데, 그것은 위험 감수가 성공하였을 때에는 후한 보상을 받지만, 과도한 위험 감수가 실패하였을 때에는 청구서를 받지 않음을 의미한다.

시간이 지나면서 은행이 지급 불능 상태에 대해 더 무관심하고 더 취약하게 되는 경향이 있다는 역사적 패턴을 우리는 인식할 수 있을까? 그렇다. 우리는 할 수 있다! 지난 100년 동안 은행의 자금 조성 성격과 은행 자산 구성에 영향을 미치는 위험 행태에 근본적인 변화가 있었다.

1970년부터의 금융 규제 완화 이전과 그 이후 은행 업무에는 주요한 차이가 있다. 그 이전에 은행 신용(즉 자산, 위의 정의를 보라)은 전반적인 화폐적 성장과 나란히 증가하고 있어서 은행 자산은 대개 GDP의 일정한 비율이었다. 은행은 예금을 신용 자금 조달의 주요한 원천으로 사용하였고, 레버리지 비율(즉, 주식에 대한 은행 자산)은 비록 단기적으로는 순환적으로 변동하였다고 해도, 장기적으로는 안정적이었다. 자산 측면에서 보면, 유동적이고 안전한 (그러나 수익률이 낮은) 유가 증권, 예컨대 국채가 자산의 큰 비중을 차지했다.

20세기 마지막 1/3은 은행업 업무에서 구조적 단절을 보여 준다. 신용 창조는 GDP나 화폐적 성장의 성장보다 더 빨랐다. 은행의 자금 조달은 예금 이외의 다른 원천에 더 의존하게 되었다. 예금 보험의 도입 이후 은행은 일반 대중의 불신에 의해 촉발되는 뱅크런으로부터 꽤 안전하게 되었다. 은행이 다른 금융 중개 기관으로부터 차입하는 새로운 형태는 전혀 안전하지 않았다. 2007~2008년의 위기가 명백하게 보여 주듯이, 뱅크런은 더 이상 예금자에 의해 주도되지 않고, 비예금 자금 조달의 고갈에 의해 주도되었다. 은행과 다른 금융 중개 기관은 서로 더 의존적이 되었다. 영국 모기지 은행 노던록(Northern Rock)은 최근 은행 위기의 상징이 되었는데, 2007년 여름 이전 10년 동안 급격하게 신용이 팽창하였다는 것은 교훈적이다. 총부채는 5배 이상 증가했지만, 그것은 주식이나 예금이 증가했기 때문이 아니었다. 그것은 일정하게 유지되었다. 자산의 전체 증가는 거의 대부분은 다른 금융 운영자로부터의 부채에 의해 형성되었다.

위에서 예로 든 노던록(Northern Rock)에서 볼 수 있듯이 레버리지의 이러한 증가 아래에는 은행 중개 구조에서의 변화가 있었다. 단순화된 은행업 모델에서(Box 7.1을 보라) 예금자(저축자), 그리고 궁극적인 차입자(투자자, 주택 소유자)로의 중개 기관으로서 은행을 생각하자. 그러나 중개 기관 중 가장 위험에 노출된 층위가 단기적인 차입(부채)에 극히 의존하게 되는 중개 기관들의 복잡한 층위와 더불어 은행 구조는 급격하게 변화했다. 2007년에 발생한 위기에서 빅 파이브 월스트리트 투자 은행은 자신의 대차 대조표의 25%를 매일 밤 이월시켰다! 자, 부채를 이월시키는 것이 불가능하게 된 밤들이 있다. 금융 부문은 왜 그렇게 심하게 단기 자금 조달에 의존했는가? 정상적인 조건 아래에서 이자율은 장기보다 단기 부채에서 더 낮았기 때문이다.

자산 측면에서 2007~2008년 위기가 표출되기 이전 40년 동안, 은행을 더 취약하게 만드는, 구조적인 변화가 있었다. 자산의 구성은 안전한(그리고 낮은 수익 자산) 것으로부터 더 위험하고 덜 유동적인 자산으로 변동했다. 장기적인 레버리지 수준이 증가했을 뿐만 아니라 대차 대조표의 양측(자산과 부채)에서 위험 노출이 증가했다. 이러한 변화를 주도한 것은 은행 규제가 느슨해졌다는 것과, 위에서 주장한 것처럼 은행이 대마불사가 되었기 때문에 구제될 수 있다는 지식을 은행가와 소유자가 악용한 것이다.

경제학자들은, 금융 제도를 실물 경제에 대한 수동적인 방관자로 간주하거나 경제 변동의 증폭자로 간주하면서, 금융 제도의 긍정적·부정적 영향 모두를 폄하하는 경향이 있다. 다른 한편으로, 경제사에서는 '신용 붐은 반드시 터졌다'는 것을 반복적으로 검출해 내는 전통이 있는데, 거시 경제적 충격은 실제로 금융 제도의 실패에 그 기원을 둘 수 있다. 모든 유럽 경제는 지난 200년 동안 한 번 이상 실물 활동에 실체적인 효과를 가진 '버블 붕괴' 위기를 경험했다. 19세기에 그것들은 자주 철도 건설의 급속한 팽창과 관계되었지만, 20세기는 보통 부동산 붐과 결합되었다. 현재의 위기는 한 예이다. 그 기제는 신용 붐이 부동산과 주식 가격(예컨대, 고기술 주식의 가격)을 유지될 수 없는 수준으로 끌어올리는 것이다. 신용 붐은 비현실적인 낙관주의를 동반하거나 불을 지피는 것과 같고, 은행에 의해 점증적으로 위험한 행동으로 번질 뿐만 아니라 규제자 측에서도 무시되는 것 같다. 근대 금융 제도에서 높은 상호 연계는 버블이 터지거나 신용이 고갈될 때 전체 금융 제도를 마비시키고, 투자와 무역은 떨어진다. 그 나머지는 모두가 아는 바이고, 불행하게도 그것은 반복된다.

요약

화폐 도구와 금융 중개의 역사적 발전은 시간에 걸쳐 실체적인 사회적 저축을 보여 준다. 반복적이고 값비싼 은행 위기는 그럼에도 불구하고 정교한 금융 체계로부터의 이득에 비하면 작은 것이다. 상품 화폐의 지폐로의 진화는 두드러진 예이다. 부분지불 준비은행의 발전은 또 다른 예이다. 은행과 같은 금융 중개 기관은 대중이 그것을 이용하는 데 필요한 신뢰를 발전시키는 데 오랜 시간이 걸렸고, 그것은 저축률과 투자의 증가, 그리고 성장에 공헌하였다. 각 금융 위기 이후 새로운 계획들이 은행가를 길들이기 위해 발족되었다. 2007~2008년 위기는 은행업의 역사에서 바로 그 하나이다. 큰 의제는 금융 위기를 저지할 수 있는 규제의 체계가 고안될 수 있는가이다. 지금까지 금융의 역사는 비관적인 평결을 주고 있다.

부록   환어음의 심화 탐구

환어음은 원래 단방향적인 무역 흐름에서 네 당사자를 포함하고 있다.

앤트워프의 비단 수입업자인 반 데르 비(van der Wee)가 제노아로부터 비단을 수입하고 있다고 상상하자. 제노아의 비단 무역업자 페데리코(Federico)에 의해 수출된 상품에 대해 대금을 지불하기 위해, 반 데르 비는 앤트워프의 지방 상인 은행가 반 데르 우드(van der Woude)로부터 어음을 산다. 후자는 어음의 발행인이고, 반 데르 비는 이른바 수취인 또는 송금인이다. 이것은 그 조작의 1단계이다(그림 7.2를 보라). 이 어음은 지방 통화로 결제되었지만, 비단 수출업자 페데리코, 이른바 피지급인이 받아야 할 제노아 통화로 화폐의 양을 명시했다 (2단계). 어음이 제노아에 도착할 때, 페데리코는 어음을 지방 상인 은행가 토니

[그림 7.2] 환어음

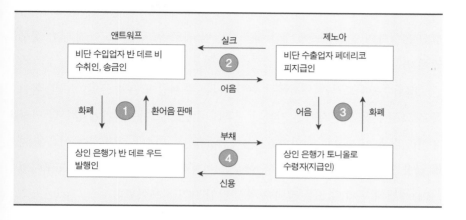

올로(Toniolo), 즉 수령자 또는 지급인에게 제시하는데, 그는 페데리코에게 제노
아 지방 통화를 지불한다(3단계). 이 과정에서 실제 화폐 이전은 엄밀하게는 국
지적이지만, 상품(즉, 실크)은 제노아에서 앤트워프로 이동했다. 화폐는 앤트워
프에 있는 송금인으로부터 발행인으로, 그리고 제노아에서 지급인으로부터 피
지급인으로 지불되었다.

그러나 제노바의 지급인인 상인 은행가 토니올로는 앤트워프에 있는 상인
은행가 반 데르 우드에게 단기 신용을 확장했다. 채권자 토니올로는 수수료를
부과함으로써 두 도시의 두 지방 통화 간의 환율에서의 차이를 활용하는 것으
로 보상받을 것이다. 환어음은 단기 신용의 도구이다. 어음이 만기가 되면, 상
인 은행가 반 데르 우드는 제노아 은행가 토니올로에게 자신의 부채를 상환해
야 한다. 그러나 대부분의 경우 그 부채는 앤트워프로부터 제노아로 화폐를 이

전하여 상환하지는 않을 것이다. 왜냐하면 양 당사자는 아마도 국제 무역에 관여하고 있어서, 양 당사자가 모두 제노아 은행에 계정을 가지고 있다면, 제노아 상인 은행가의 앤트워프에 대한 청구권은 반 데르 우드의 제노아에 대한 청구권에 의해 상쇄될 수 있다.

[그림 7.2]에 묘사된 사례에서 수입업자는 수취인 또는 송금인이지만, 환어음은 그 주문을 역전시키는 지불과 신용의 수단으로 기능하기에 충분할 만큼 유연하다. 돈이 필요한 수입업자는 어음 발행인의 역할을 가정하여 어음을 지방 금융 업자에게 판매할 수 있다. 어음은 전형적으로 단기적 신용의 도구이었는데, 예컨대 두세 달 또는 길어야 여섯 달인 단기 신용이었다.

더 읽을거리에 대한 제안

- 유럽에서의 비교적 전망을 곁들인 영국 은행업의 진화에 대한 탁월한 서베이는 S. Quinn, 'Money, finance and capital markets', in R. Floud and P. Johnson (eds.), *The Cambridge Economic History of Modern Britain*, Vol. 1(Cambridge University Press, 2004), 147~174이다.

- Y. Cassis(ed.), *Finance and Financiers in European History 1880-1960*(Cambridge University Press, 1992). 특히, 흥미 있는 것은 Richard Tilly가 독일 은행업에 대해 쓴 장이다.

- M. Collins and M. Baker, *Commercial Banks and Industrial Finance in England and Wales*, 1860~1913(Oxford University Press, 2003)은 영국 은행업의 장점과 단점

에 대한 균형잡힌 개관을 제공한다.

- C. Fohlin, *Finance Capitalism and Germany's Rise to Industrial Power*(Cambridge University Press, 2007)는 독일 은행업에 대한 전통적인 관점에 도전한다. Fohlin은 산업화에서 독일 은행의 역할에 대해 재해석하는데, 관계 은행업의 독특한 역할을 폄하한다.

- T. Guinnane는 독일과 유럽 은행 및 기업 구조에 대해 통찰력 있게 썼는데, 예컨대 'Delegated monitors, large and small: Germany's banking system 1800-1914', *Journal of Economic Literature*, 40(2002), 73~124를 보라.

- 고전은 A. Gerschenkron, *Economic Backwardness in Historical Perspective* (Cambridge, Mass.: Harvard University Press, 1962)이다.

- W. Kennedy, *Industry Structure, Capital Markets and the Origin of British Economic Decline*(Cambridge University Press, 1987). 영국 은행이 영국 산업을 근대화하는 데 실패했다고 논증하는 분석이다.

- R. Levine, 'Financial development and economic growth: views and agenda', *Journal of Economic Literature*, 35(1997), 688~726. 은행과 금융 중개 기관에 대한 이론적 문헌에 대한 간략한 요약이다.

- L. Neal, *The Rise of Financial Capitalism: International Capital Markets in the Age of Reason*(Cambridge University Press, 1990). 국제 자본 시장의 첫 번째 국면에 대한 선구적인 수량적 연구이다.

- P. L. Rousseau, 'Historical perspectives on financial development and economic growth', *Federal Reserve Bank of St. Louis Review*(2003), 81~106. 성장 초기에 은행의 역할이 유의하였는지를 계량경제학적으로 고찰한 드문 시도이다.

- A. Teichova et al.(eds.), *Banking, Trade and Industry: Europe, America and Asia from the Thirteenth to the Twentieth Century*(Cambridge University Press, 1997). Herman van der Wee와 Håkan Lindgren이 쓴 장은 특히 흥미 있다.

- 중앙은행의 진화에 대해서는 C. Goodhart, *The Evolution of Central Banks* (Cambridge, Mass.: MIT Press, 1991)를 보라.

- R. S. Grossman, *Unsettled Account: The Evolution of Banking in the Industrialized World since 1800*(Princeton University Press, 2010). 은행업의 최근 역사이다.

- C. M. Reinhart and K. S. Rogoff, *This Time It Is Different: Eight Centuries of Financial Folly*(Princeton University Press, 2009). 금융 위기와 외부 불균형 간의 관계에 대한 인상적인 경험적 연구이다. 국경을 넘는 금융적 흐름과 국가 부도 및 은행 위기 간에는 높은 상관관계가 있는 것 같다.

- H. S. Shin, 'Reflections on Northern Rock: The bank run that heralded the global financial crisis', *Journal of Economic Perspectives*, 23(1)(2009).

- M. Schularik and A. M. Taylor, 'Credit booms gone bust: Monetary policy, leverage cycles and financial crises, 1870-2008', *American Economic Review*, 102(2)(2012), 1029~1061, 7.8절에서 논의된 은행업 업무들에서의 근본적인 변화를 추적한다.

8

무역, 관세 그리고 성장

무역, 관세 그리고 성장

8.1 자유 무역과 그 귀결에 대한 비교 우위 논거

데이비드 리카도(David Ricardo, 1772~1823)는 각 나라들이 자신의 비교 우위의 이득을 얻기 위해 무역을 한다는 아이디어를 제안했다. 그의 모형에서 국가들은 상이한 재화를 생산하는 데 노동 생산성에서만 차이가 있고, 어떤 것을 생산하는 데 상대적으로 효율적인 나라는 그 재화를 수출해야 한다. 예를 들어 영국은 포르투갈에 옷을 수출하고 와인을 수입해야 한다. 이 이론의 중요한 함의는 국가들이 상품의 생산에서 절대적 우위를 갖지 않을 때조차도 무역을 해야 한다는 것이다. 이를테면 어떤 상품을 수출해야 할지 하지 말아야 할지를 결정하는 것은 한 나라가 다른 나라보다 그것을 더 잘 생산하는가가 아니라, 다른 상품에 비하여 상대적으로 잘 생산하는가이다. 그 논거는 기회비용의 개념과 관련되고, 산업화 이전 성장의 기초 중의 하나로서 우리가 제2장과 제4장에서 마주하였던 것과 동일한 아이디어이다. 인구 또는 '시장의 한도'가 확장할 때, 특화는 가능하다. 무역은 '시장의 한도'가 국경을 넘어서는 것을 허용하고, 그 나라들이 특화하도록 허용한다.

비교 우위의 개념은 자주 경제학에서 포착하기 가장 어려운 개념 중의 하나로 간주되는데, 그것을 이해하는 것은 매우 중요하다. 간단히 말하면, 한 상품을 생산하는 것은 다른 상품을 생산할 노동을 가져오는 것이어서 다른 상품을 잃게 된다(기회비용). 물론 무역이 없을 때 모든 상품을 생산하는 것은 필요하며 불가피하다. 그러나 무역이 가능하다면 한 나라는 상대적으로 잘 생산하는 상품에 초점을 맞추는 것이 최선인데, 그렇게 하면 상품을 가장 많이 생산할 수 있기 때문이다. 이 초과 산출물은 그때 상대적으로 생산을 잘하지 못하는 재화와 거래할 수 있어서 소비자 복지의 수준이 향상된다. 이것은 '무역의 이득'의 고전적 아이디어이다. 수치의 예는 부록에 제시하였다.

리카도의 이론은 20세기 초에 스웨덴의 2명의 경제학자 엘리 헥셔(Eli Heckscher)와 버틸 올린(Bertil Ohli)에 의해 정교화되었는데, 헥셔-올린(Heckscher-Ohlin) 정리로 제출되었다. 이 정리는 비교 우위가 노동 생산성에서의 차이가 아니라 생산 요소의 상대적 부존에 기초한다고 진술한다. 각 나라들은 그들이 상대적으로 풍부하게 가진 요소를 사용하여 생산된 생산물에 비교 우위를 가질 것이다. 예를 들면 자본이 풍부한 나라는 공산물과 같은 자본 집약적인 재화를 수출할 것이고, (다른 것을 수입하고) 반면에 토지가 풍부한 나라는 농산물과 같은 토지 집약적인 재화를 수출할 것이다. 헥셔와 올린의 모형은 Box 8.1에서 고찰할 것처럼 중요한 많은 이론적 결과를 산출했다.

다음에서 볼 것처럼, 역사 속에서 무역 패턴은 흔히 순수하게 시장이나 비교 우위에 의해 지배되지는 않았는데, 정부가 자주 수입품에 대한 세금인 관세

비교 우위에 대한 헥셔-올린 이해의 몇 가지 이론적 함의

헥셔-올린 모형은 몇 가지 중요한 이론적 결과를 산출하는데, 그중 일부는 다른 것보다 역사적으로 더 경험적인 지지를 발견했다. 아마 가장 중요한 것은 요소 가격 균등화 정리인데, 비록 임금에 관한 한 거의 경험적 지지를 얻지 못했지만, 그것은 자유 무역이 요소와 상품 가격을 수렴하도록 만들 것이라 진술한다. 이것은 제12장의 글로벌라이제이션과 시장 통합에 관한 논의와 관련된다.

립진스키(Rybczynski) 정리는 한 생산 요소의 양이 증가할 때 그 요소를 집약적으로 사용하여 생산하는 재화의 생산이 증가할 것이라고 진술한다. 이민이나 인구 증가에 따라 노동의 공급이 증가할 때 각 나라들이 공산품과 같은 더 노동 집약적인 재화를 생산하는 경향이 있기 때문이다. 예컨대, 대량 이민의 시대 동안 이것을 역사 속에서 관찰할 수 있다. 다른 예는 19세기 미국에서 프런티어로의 서진 운동에 따른 토지 공급의 증가이다. 미국은 이때 토지를 집약적으로 사용하는 농산물의 생산과 수출에서 세계의 리더가 되었다.

마지막으로 스톨퍼-사무엘슨(Stolper-Samuelson) 정리는 요소의 상대 가격은 산출물의 상대 가격에 의해 주도된다고 진술한다. 무역 개방은 상품 가격에 영향을 줄 것이므로, 그것은 노동에 비해 자본의 수익의 증가와 같은 요소의 상대 가격에도 영향을 줄 것이다. 비교 우위의 활용에 기인한 무역의 이득에도 불구하고 왜 각 나라들은 자주 무역을 억제하는가를 이해하는 것은 중요한데, 그것은 본문에서 더 깊게 탐구된다.

를 통하여 무역을 규제했기 때문이다. 왜 정부는 무역의 이익이 있음에도 이렇게 한 것일까? 이것은 부분적으로 헥셔와 올린에서 제시된 틀 내에서 이해될 수 있다. 실제로 2명의 미국 경제학자 스톨퍼와 사무엘슨은 무역 개방과 비교 우위에 기초한 무역으로의 움직임은 생산 요소의 상대적 수익을 바꿀 것이라는 것을 증명한다. 그들은 무역과 더불어 그 나라의 수출 재화의 가격이 올라갈 것이고, 그 나라가 수입하는 재화의 가격은 떨어질 것이라는 것을 보였다. 한 나라의 비교 우위가 자본재에 있다고 가정하면, 그때 수입될 토지 집약적인 농산물 대신에 자본재가 수출될 것이다. 이것은 수출재의 생산에 집약적으로 고용되는 자원을 소유한 사람인 자본가는 이득을 얻을 것이고, 토지에 이해를 가진 사람들인 지주 귀족 또는 농민들은 손해를 볼 것임을 의미한다.

그래서 무역과 무역 정책은 각국 내에서 분쟁의 원인이 될 것이라는 것을 역사는 우리에게 가르쳐 주는데, 한 나라가 무역을 개방할 때 승자와 패자가 생겨 다른 그룹은 다른 무역 정책을 지지할 것이기 때문이다. 그러므로 그것은 국가들 간의 갈등의 원인이 될 수도 있는데 자신의 농업을 보호하려는 국가들은 농산물에 비교 우위를 가진 나라들을 해치기 때문이다. 이 나라들이 공산물로부터 자신을 보호하는 것으로 보복한다면, 세계 무역은 쇠퇴할 것이고, 모든 나라는 손실을 볼 것이다. 이러한 이유로 보호 무역주의는 자주 제로섬 게임으로 간주된다. 즉, 각국의 이득 또는 손실은 다른 나라의 이득 또는 손실에 의해 균형을 이룬다.

8.2 역사 속의 무역 패턴: 19세기 무역과 20세기 무역의 차이

헥셔와 올린은 19세기 국제 무역의 패턴을 관찰하여 영감을 이끌어 냈다. [표 8.1]이 보여 주듯이, 19세기 무역은 대개 부문 간 무역이었다. 즉, 각 나라들은 상이한 부문과 산업의 상품들을 거래했다. 예컨대, 19세기 말에 영국 수출품의 80% 이상은 제조품이었고, 수입품의 80% 이상은 1차 산품이었다. 북서 유럽에서 그 상황은 각각이 약 50%여서 더 균형 잡혀 있었다. 그 밖의 지역에서 수출품은 1차 산품이 지배적이었고, 수입품은 제조품이 지배적이었다. 1913년 미국에서조차 수출품의 약 75%는 1차 산품이었다.

미국과 캐나다 그리고 오늘날 개발 도상국을 구성하는 많은 나라들은 원

[표 8.1] 1880~1913년 영국과 미국에서의 상품 무역 패턴

	수출			수입		
	1880	1900	1913	1880	1900	1913
무역의 몫(%)						
영국						
1차 산품	11.9	17.2	30.3	85.8	82.6	81.2
제조품	88.1	82.8	69.7	14.2	17.4	18.8
미국과 캐나다						
1차 산품	85.7	81.0	74.1	63.5	63.0	63.4
제조품	14.3	19.0	25.9	36.5	37.0	36.6

출처: A. G. Kenwood and A. L. Lougheed, *The Growth of the International Economy 1820-2000*(London: Routledge, 1999).

재료와 식량을 수출하고, 기계와 다른 제조품은 유럽 중심부와 영국에서 수입했다. 이것은 헥셔-올린 모형의 예측과 완전하게 부합한다. 이를테면 미국은 토지가 풍부한 나라여서 농업에서 비교 우위를 가졌다. 비록 미국은 1차 산품을 수입하지만, 이것은 기후적 이점을 가지는 열대 지역과 같이 그 자신의 비교 우위를 활용할 수 있는 지역으로부터 온 것이다.

그러나 미국과 캐나다는 덜 발전된 지역과 비교할 때 제조품의 수입 비중이 특히 높은 것은 아니었다. 단지 3분의 1 정도였다. 이것은 무역 패턴을 결정하는 것은 비교 우위만은 아니었다는 것을 보여 준다. 무역 정책 또한 중요하다. 즉, 양국은 자신의 제조업을 보호하고 점차 공산품에서 자기 충족적으로 되었다. 다음에서 설명할 것처럼 산업 수준에서 규모의 경제가 발생한다면(즉, 문제가 되는 상품의 추가적인 한 단위의 생산 비용이 산출량이 증가할 때 떨어진다) 보호할 이유가 될 수 있다.

[표 8.2] 1963~1999년 서유럽에서의 상품 무역 패턴

	수출					수입				
	1963	1973	1983	1993	1999	1963	1973	1983	1993	1999
서유럽 내 무역의 몫(%)										
	64	69	65	69	69	56	64	62	68	68
생산물의 몫(%)										
농산품	18	15	13	12	10	33	23	15	13	11
광산품	9	8	13	7	5	19	18	26	11	8
제조품	72	76	72	78	81	47	59	56	72	77

출처: 세계무역기구(WTO).

19세기에 무역은 헥셔와 올린의 이론을 따르는 것처럼 보였지만 20세기부터는 변하기 시작했다. 무역은 점차 부문 내 무역이 되었다. 즉, 각 나라들은 자신들이 수입하는 것과 유사한 상품을 수출했다. 사실 다른 산업 국가와의 무역이 1950년대 산업 국가 무역의 3분의 1 이상을 차지했으며, 20세기 말에는 2분의 1로 증가했다. 이 나라들은 유사한 상품을 생산하고 있었다. 이것은 처음에는 놀라운 것으로 보였다. 이를테면 왜 각 나라들은 그들이 자국에서 잘 생산할수 있는 상품을 수입해야 하는가? 그러나 한번만 돌이켜 보면 그것은 모든 시대에 일어난 현상임을 알 수 있다. 예컨대, 스웨덴은 차를 수출하지만 차를 수입한다. 덴마크는 의약품을 수입도 하고 수출도 한다. [표 8.2]는 이러한 변화를 보여준다. 서유럽은 자체 내에서 주로 거래하는데, 이것의 대부분은 제조품이었다.

이에 대한 한 가지 이유는, 특히 폴 크루그먼(Paul Krugman)의 새로운 무역 이론과 결합된 것으로써, 규모의 경제가 있다면 무역은 비교 우위에 기초할 필요가 없다는 것이다. 기업 수준에서 규모의 경제는 불완전 경쟁으로 결과한다. 기

업들은 규모의 이익을 가지므로, 기업이 클수록 더 효율적일 것이다. 독점적 경쟁의 모형은 이러한 환경이 그들이 생산하는 특수한 상품에서는 모두 독점인, 차별화된 상품을 생산하는 다수의 기업으로 어떻게 이어지는지를 묘사하고 있다. 그곳에서 각자는 각양각색의 생산물을 공급하는데, 추가적인 기업이 시장에 진입할 때 독점적 이윤은 경쟁으로 인해 사라진다. 그 생산품에 대한 시장이 클수록 더 많은 대기업들이 생산품을 제공할 수 있다. 그래서 자유 무역은 더 값싼 재화와 더 많은 다양한 상품에 대해 개방된다. 소비자는 다양성을 좋아하고 국제 무역이 가져오는 제품의 범위를 환영한다.

사실 세계 무역의 대부분은 (많은 덜 발전된 국가들을 포함할 때조차) 이제 공산품이다. 공산품에 대한 수요의 소득 탄력성은 농산품보다 더 크고, 이것은 소득이 세계적으로 증가했을 때 세계 생산과 무역이 공산품을 향해 일반적으로 이동함을 의미한다.

이 모든 것은 헥셔–올린 모형이 더 이상 타당하지 않게 되었다는 것을 의미하는가? 다양한 이유 때문에, 아니다. 가장 중요한 것은 산업 국가와 덜 발전된 국가 간의 무역은 여전히 일차적으로는 부문 간 무역이다. 예컨대, 독일과 중국 간의 무역을 고려하자. 독일은 숙련 노동이 풍부하게 부존되어 있지만, 중국은 비숙련 노동이 상대적으로 풍부하다. 그 결과 독일은 중국에 하이테크 기계를 수출하고, 중국은 섬유나 덜 정교하게 대량 생산된 소비 가전을 독일에 수출한다. 고려해야 할 다른 점은 부문 내 무역에 대한 우리의 정의와 관련된다. 앞에서 예로 들었던 것처럼 비록 덴마크는 의약품을 수입도 하고 수출도 하지만, 덴마크 의약품은 인슐린이나 항생제와 같은 특정 분야에 특화되어 있는데, 그것은 다른 종류의 의약품의 생산에 비해 덴마크가 향유하는 비교(기술) 우위를 반영한 것이다. 통계를 넓은 범주로 집계하면 비교 우위에 기반한 무역은 감추어져 버릴 수 있다.

8.3 무역 정책과 성장

무역은 오랫동안 '성장의 시녀'로 간주되었지만, 전통적인 무역 이론은 그런 관계를 상정하지 않았다. 왜냐하면 그것은 성장률을 전혀 논의하지 않았다는 단순한 이유 때문이었다. 그러나 위에 논의했던 것처럼, 무역은 단 한번의 복지 증진을 함의하는데, 무역의 진전과 함께, 이전에 비효율적으로 배분되었던 자원이 국제적 특화를 통하여 더 효율적으로 사용될 것이고, 생산은 증가할 것이기 때문이다.

무역은 또한 기술 변화를 통해 경제 성장에 영향을 미칠 것이다. 간단히 말하면, 기술 지식은 자본 장비에 합체되어 있기 때문에, 무역을 통해 이 지식이 국경을 가로질러 이동할 수 있어서 수취한 국가의 성장을 돕는다. 제1세대 성장 이론(솔로 모형)은 이것을 포착하는 데 실패했는데, 기술이 외생적인 것으로 고려되었다는 간단한 이유 때문이었다. 그러나 내생적 또는 '새로운 성장 이론'의 경우에는 그렇지 않다. 이것은 지식을 비경합적인 것으로 간주한다. 즉, 한 사람이 지식을 사용한다고 해서 다른 사람이 사용하는 것을 손상시키지 않는다. 이것은 한 나라가 다른 나라로부터 새로운 기술을 배우면, 원래 국가에서 그 기술이 사라지는 것은 아니라는 것을 의미한다. 그래서 기술적 노하우의 확산에 의해 무역은 성장을 촉진한다.

그러나 몇 가지 주의할 점이 있다. 새로운 성장 이론은 기술 변화를 연구와 개발에 대한 지출에 연계시켰다. 기업에 의한 지출이 이 투자의 기대 수익과 연계되므로, 높은 경쟁적인 환경은 실제로 R&D에 대한 지출이 줄어드는 것을 함의할 수 있다. 그들이 새로운 기술의 결과로써 받는 어떤 경쟁적인 우위가 그 경쟁자가 비배제성의 이익을 취할 때 약화할 것이기 때문이다. 그러므로 국제무역이 경쟁을 촉진하는 정도만큼 기술 진보와 성장에 부정적인 영향을 가질 수 있다. 물론 기업이 경쟁적인 환경에서조차 R&D에 투자할 유인을 가지는 것을 보장하기 위해 특허법과 같은 많은 제도들이 마련되어 왔다. 그러나 이러한 법은 국제적으로 집행하는 데 어려울 수 있다.

산업 보호로부터 이득을 얻는 가능성은 무역 정책의 영향이 어느 만큼 보호하는가뿐만 아니라 무엇을 보호하는가에도 의존한다는 것을 함의한다. 그러므로 무역 정책의 귀결은 매우 애매하게 된다. 예컨대, 보호가 농산물에 편향된 것이라면 상대적인 면에서 자본재를 더 싸게 만들 수 있고 따라서 투자를 자극한다. 그러나 관세가 농업에 비해 제조품을 지원한다면 생산성이 낮은 농업에서 생산성이 높은 제조업으로 노동의 재배치를 빠르게 할 수 있다고 주장되었다. 이것은 농업의 노동예비군을 공업으로 이동시켜 더 높은 성장률로 나타난다. 농업과 공업을 동시에 유리하게 하는 것은 불가능하므로 명백하게 모순된 것이다.

보호를 주장하는 가장 중요한 논거는 이른바 유치산업 보호이다. 이것은 이전 절에서 논의한 것처럼 19세기 미국의 산업 보호의 이야기와 관련된다. 기술 진보가 실행에 의한 학습과 동태적인 규모의 경제에 의해 도움을 받는다면, 이것은 보호 무역주의의 근거가 될 수 있다. 이 아이디어는 [그림 8.1]에 도시되

[그림 8.1] 보호를 위한 유치산업 논거

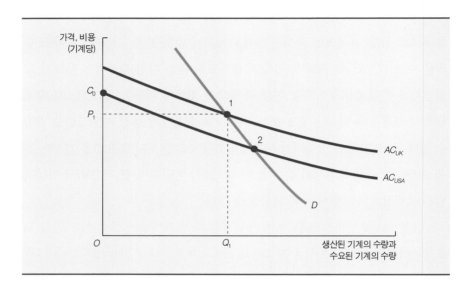

어 있다.

영국은 기존의 기계 생산자로 Q_1을 생산하는데 그 점에서의 수요 D가 주어진 평균 비용의 수준에서 만족되는 점 1에 있다고 상상하자. 1단위의 생산물을 생산하는 비용(AC 곡선에 의해 보인다)은 생산 수준과 함께 떨어지고 있다. 이것은 경험이 쌓여 기계를 더 싸게 생산하게 되는 실행에 의한 학습 때문일 수도 있으며, 더 많은 물량을 생산하면 더 싸지는 규모의 경제 때문일 수도 있다. 이 생산 수준에서 영국의 생산물 단위당 평균 비용은 P_1과 같은데 그것은 각 기계를 판매할 수 있는 가격이다. 비록 미국의 평균 비용 곡선이 영국보다 더 낮다할지라도 미국이 생산을 시작할 때, C_0 이하의 가격을 제시할 수는 없어서, 신생 산업은 영국에 의해 밀려날 것이다. 그러나 미국이 그 산업을 정착할 때까지 보호하기로 결정했다고 상상하자. 산출물이 확장될 때, 평균 비용은 결과적으로 영국을 밀어낼 수 있을 때까지 떨어질 것이고, 더 이상 보호는 필요 없게 될 것이고, 생산량과 가격은 점 2에 있을 것이다.

이 논거는 설득력 있어 보이지만 몇 가지 문제가 있다. 실제로 어떤 산업이 잠재력을 가지는가를 결정하는 것은 어렵다. 올바르게 보호하지 않으면 정부 지원에만 의존하는 산업을 창조할 것이고, 그 보호를 제거하는 데에는 정치적인 어려움이 있을 수 있다. 게다가 단순하게 생각하면 그들은 보호해 주는 환경에 적응하여, 그것을 제거하기 위해 필요한 경쟁력의 수준에는 결코 도달할 수 없기 때문에, 보호를 제공하는 것은 산업들의 경쟁력을 약화시킬 수 있다. 규모의 경제가 있는 어떤 환경에서 보호를 제거하는 이점은 때때로 동태적인 무역의 이득이라 언급되었다. 진짜 잠재력을 가지는 산업들은 장기적인 이득을 얻기 위해 단기적으로 차입할 준비가 되어 있는 사적 투자자들을 끌어들일 것이기 때문에, 사실 유치산업 논거는 실제로 그곳에 시장 실패가 있는가에 의존한다. 이러한 시장 실패는 투자자들이 자신의 수익에 대해 불확실성을 가지는, 그래서 투자할 준비가 되어 있지 않을 수 있는 신흥 국가들에서는 특히 실체적일 수 있다.

그래서 대체로 무역 이론은 무역이 성장에 미치는 영향에 대해서 명확한 것을 보여 주지 못한다. 그러나 경제사가들은 다양한 무역 체제에서의 세계의 역사적 경험을 살펴봄으로써, 그 관계에 대한 더 공식적인 경험적 탐구를 통해서 그 연결을 이해하는 데 도움을 줄 수 있다.

8.4 역사로부터의 교훈

8.4.1 중상주의에서 자유 무역으로

리카도의 비교 우위에 기초한 무역 이론은 곡물법의 기능에 대한 그의 관찰로부터 많은 영감을 얻었는데, 곡물법은 1846년에 오랜 정치적 캠페인 이후 공식적으로 폐지될 때까지 영국으로의 곡물 수입을 규제하였다. 곡물법의 폐지는 19세기 후반 무역 자유화의 물결을 위한 선례로 작용했으며, 1850년경부터 1875년까지 자유 무역의 첫 번째 시대를 가져왔다. 존 나이(John Nye)와 같은 일부 경제사가들은 영국이 자유 무역으로의 이러한 움직임을 이끌었다는 것에 대해 논박했지만, 곡물법과 영국에서 1846년 이전에도 관세가 떨어지고 있었던 중요한 무역이었던 밀 무역에서 관찰되는 증거가 있다.

농업은 유일하게 보호된 부문은 아니었다. 정부는 관세 수입에 크게 의존했는데, 자유 무역 시대 이전에 관세 수입은 전형적으로 총국가 소득의 10~50%였으며, 미국에서는 19세기 동안에도 높은 상태에 있었다. 17세기와 18세기 중상주의 시대 동안 관세는 자국 산업을 촉진하거나 보호하기 위해 사용되었다. 중상주의 정책은 국제 분쟁이 만연한 위험한 환경(부분적으로 무역 분쟁 때문이었다)에서 필요한 국제 준비금을 형성하는 것을 목표로 했다. 중상주의자들은 관세와 자국 산업에 대한 보조금은 수입을 줄이면서 수출을 촉진하므로 경상 수지 흑자를 만들어 낸다고 믿었다. 그러나 이것은 다른 국가들이 보복하지 않는 경우에 한했다. 물론 다른 나라들은 보복했다.

그러나 중상주의 시대는 무역 성장이 정체된 시기는 아니었다. 이 시대는 유럽이 대외 팽창을 하고 중상주의적 제국들은 유럽과 세계의 나머지 국가 간의 무역에서 상당한 성장을 보였던 시기였다. 최근 연구는 무역이 16세기부터 18세기까지 연평균 1% 이상 성장했으며, 이 무역은 제국주의 열강의 더 높은 성장률과 결합되었다고 주장한다. 그러나 이 무역은 정상적으로는 비경쟁 재화에서 일어났다. 이를테면 유럽 국가들은 자국에서 쉽게 생산할 수 없는 설탕과 면화를 식민지로부터 수입했다. 영국은 유럽 국가들이 자기 자신의 신흥 제조업을 보호하고 있는 시기인 산업혁명 기간 동안 미국 시장에 크게 의존했다. 그러므로 자신의 라이벌에 대한 영국의 군사적 성공은 자국의 팽창하는 산업을 위한 시장들을 확보하게 함으로써 산업혁명이 계속되는 것을 보장하는 데 도움이 되었다. 그럼에도 불구하고 세계 무역은 중상주의적 무역 장벽의 해체와 함께 실제로 도약했었다.

중상주의적 정책에 대한 자유주의적 비판이 18세기 말에 프랑스와 영국의 자유주의자들 간에 출현했다고 해도, 보호 무역주의적 장벽이 철거될 때까지는 상당한 시간이 걸렸다. 이것은 위에서 묘사한 스톨퍼-사무엘슨 정리와 관련된다. 예컨대, 곡물법들을 폐지하자는 운동에 포함된 이해 갈등이 있었는데, 희소한 자원인 토지의 소유자는, 그것이 제조업의 임금 비용을 증가시키면서 실질 임금을 낮춘다고 주장하는 산업가와 노동조합에게 대항했다.

피해를 입는 이해 당사자는 그들의 규모에 비해 무역 정책에 훨씬 큰 영향을 미칠 수 있는 경우가 종종 있다. 예컨대, 오늘날 비록 농부가 총인구 대비 매우 적은 수이지만, 농업은 유럽 연합 공동 농업 정책을 통하여 유럽에서 여전히 과잉 보호되고 있다. 그것은 유럽 소비자에게 더 높은 가격을 지불하도록 한다. 그 이유는 소규모 그룹은 무역 자유화에 의해 심하게 타격받을 수 있지만(결국,

그들은 직업을 잃을 것이다), 그밖의 모든 사람은 가격 하락의 잠재성에 의해서 한계적으로만 영향을 받기 때문이다. 그래서 농부는 조직화하고, 높은 가격을 보장하기 위해 정부에 로비하거나 그 밖의 사람들은 이러한 농부의 로비에 반대하기 위해 캠페인을 할 유인이 상대적으로 적다.

그러나 영국과 유럽에서 곡물법과 다른 보호 무역주의적 수단들은 폐지되었고, 승자와 패자 모두를 가져왔다. 이것이 가능했던 것은 전통적인 토지 엘리트의 희생 속에서 성장하는 도시 계급에게 유리하도록 정치 권력의 균형이 변화된 것을 반영했기 때문이다. 무역이 계속 증가하였기 때문에 그 영향은 완화되었고, 무역의 증가는 지출 계획 이상으로 국가 수입을 자동적으로 증가시켜서, 정부는 관세의 감소와 지출의 완만한 증가를 조화시킬 수 있었다.

1850~1875년은 유럽에서 첫 번째 자유 무역의 시대였는데 농산물과 공산물 모두에서 관세는 감소하였다. 1860년 영불조약 또는 콥든-슈발리에(Cobden-Chevalier) 조약은 전통적으로 최혜국(MFN) 조항을 사용한 이정표로 간주되었는데, 그것은 여전히 자유 무역 정책의 초석이다. 최혜국 원리는 두 나라 A와 B가 서로에게 최혜국 지위를 제공했다면, A가 제3국에게 더 낮은 관세를 제공하는 더 좋은 조건의 양여는 자동적으로 B에게도 제공된다는 것을 말한다. 양자 간 무역 협상은 그래서 다자간 귀결을 가질 수 있다. 제조업에 대한 새로운 대규모 데이터베이스를 이용한 안토니오 테나-준귀토(Antonio Tena-Junguito), 마케스 랑페(Markus Lampe)와 펠리페 타메가 페르난데스(Felipe Tàmega Fernandes)에 의한 최근의 연구는 이 자유화 과정이 이미 1860년대 이전에 세계 도처에서 진행 중이었고 영국에 국한된 것은 아니었다는 점을 강조한다.

[그림 8.2]는 가장 중요한 유럽 교역 국가들의 샘플에 대해 1850년 이후 자유

[그림 8.2] 유럽에서의 첫 번째 자유 무역 시대

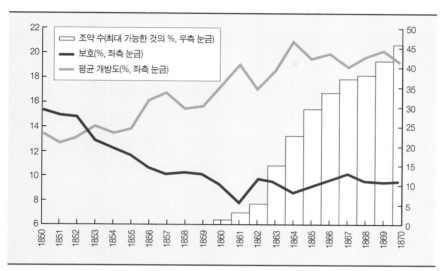

출처: O. Accominotti and M. Flandreau, 'Bilateral treaties and the most-favored-nation clause: The myth of trade liberalization in the nineteenth century', *World Politics*, vol. 60(2)(2008), 147~188(Figure 2, 158).

무역의 움직임을 제시한다. '보호'는 총수입품의 가치에 대한 관세 수입의 비율로 측정되었고, '개방성'은 GDP에 대한 수입의 비율이다. 서명된 양국 간 조약의 개수도 총가능한 것에 대한 퍼센트로서 제시되었다.

영국은 전간기까지 자유 무역국으로 남았다고 하지만, 다른 유럽 국가들은(처음에 관세가 감소되었지만) 19세기 마지막 20년 동안 결국 그들의 정책은 역전되었다. 특히, 미국으로부터의 값싼 곡물 수입은 지주들이 농업 보호를 위한 캠페인을 하게 했다. 일부 국가에서는 이른바 '철과 호밀'의 연합이 산업과 농업 모두를 보호해 주었던 독일에서처럼 자유 무역에 대한 더 일반적인 반응이었다. 독일과 미국에서 보호 무역주의자들은 보호를 위한 유치산업 논거를 참고했다. 그러나 이것에도 불구하고 수입 가치의 퍼센트로서의 관세 수입은 여전히 1850년 이전보다 더 낮았고, 독일과 프랑스에서조차 10%를 초과하지 않았다.

그러나 미국과 같은 신세계 국가들은 자유 무역의 움직임을 공유하지 않았다. 미국의 사례는 흥미로운데, 유럽과 대조적으로 지주들은 풍부한 자원의 소유자이고, 그래서 자유 무역의 덕을 볼 수 있기 때문이다. 다른 한편으로 노동의 희소성 때문에 도시 임금은 꽤 높아, 제조업 이해 관계자들은 값싼 수입으로부터 보호를 받기 원했다.

미국은 몇 가지 이유로 높은 보호 무역주의자였고, 그대로 머물렀다. 미국은 초기에는 정부 수입의 필요와 부분적으로는 국내 산업을 돕기 위한 의도적인 보호 무역주의적 정책 때문에 보호 무역주의자가 되었다. 그래서 관세율은 독립 이후에 증가했고, 비록 19세기 중반에 감소했지만, 1860년대 전반의 시민 전쟁은 전쟁 수행 자금을 조달하기 위한 재정 수입의 필요를 증가시켜서 다시 관세가 증가했다. 전쟁 이후 자국 시장에 공급하는 신흥 산업을 가진 북부의 주들이 승리하여, 남부의 면화와 담배 생산자의 수출 지향적 농업보다 신흥 산업 보호에 더 경주하였기 때문에 관세는 높게 남아 있었다.

8.4.2 전간기 국제 무역의 붕괴

20세기에 들어와, 전간기는 일반적으로 제약적인 무역 정책이 성장에 부정적인 효과를 미친다는 것을 보여 주는 대표적인 예로 해석되어 왔다. 비록 영

[그림 8.3] 1865~2000년 24개국의 평균 보호

(단위: %)

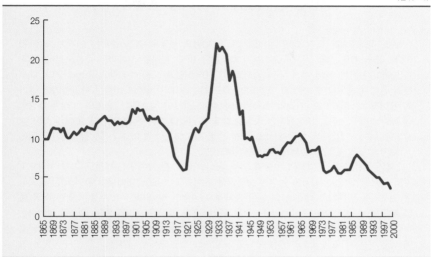

출처: M. Lampe and P. Sharp, 'Tariffs and income: A time series analysis for 24 countries', *Cliometrica*, 7(3)(2013), 207~235.

국, 덴마크 그리고 네덜란드와 같은 일부 국가는 전쟁 이후까지 자유 무역 국가로 남았다고 할지라도, 심지어 제1차 세계대전 이전에도 세계 도처에서 보호무역주의적 감정이 성장하고 있었다.

[그림 8.3]은 [그림 8.2]가 끝난 곳에서 시작되는데, 다시 총수입에서 관세 수입의 비중으로 정의된 '보호'가 도시되어 있는데, 이때에는 세계 24개국으로 구성된 다른 샘플에 대한 것이다.

전쟁 동안, 대부분의 국가들은 식량에 대한 관세를 줄였지만, 자유 무역은 1920년대까지 지속되었을 뿐이었고, 그때부터 각국은 더욱더 보호 무역주의자

Box 8.2	보호 무역주의를 반생산적으로 보게 만든 미국 상원의원 2명: 리드 스무트(Reed Smoot)와 윌리스 홀리(Willis Hawley)

보호 무역주의에 대한 어떤 논의에서도 1930년의 스무트-홀리 관세는 의제에 오를 것이다. 미국 관세 행정 중 이 조치는 이미 높은 미국 관세를 기록적인 수준으로 올렸다. 1932년에 관세는 관세 부과 수입 가치의 약 60%이었고 모든 수입품의 20%이었다. 대부분의 관세가 품목당 몇 센트로 특정되어 있으므로 관세의 퍼센트 비중은 대공황기에 물가가 떨어질 때 증가하고, 가격이 회복된 1930년대 중반에 감소했다. 입법의 시점은 대공황에 대한 반응이었음을 주장했지만 사실은 그렇지 않았다. 그것은 1920년대 초에 공화당 행정부에 의해 도입된 더 높은 관세를 향한 변동에서 마지막 법이었다. 더 장기적인 전망에서 보면 그것은 19세기 관세 정책으로의 복귀였다.

입법은 처음에는 농부들의 곤궁에 의해 동기되었다. 전 세계의 농부들은 가격 하락으로부터 고통을 받았고, 미국의 농부는 보조금을 요청했다. 1920년대에 정치를 지배한 공화당은 보조금에 반대하고 대신에 더 높은 관세를 제공했다. 그러나 주로 수출 지향인 미국 농업 부문을 수입에 대한 관세로 돕는 것은 불가능했다. 다양한 선거구민의 요구를 대변하는 특수한 이해 관계자들은 길고 복잡한 입법 과정을 장악했는데, 그 속에서 3,300개의 품목에 대한 관세가 고정되었고 밀짚 모자도 포함하고 있었다. … 대부분의 의회 구성원은 그들이 자신의 고향의 산업을 도왔다고 주장할 수 있었다. 미국의 농부들은 일반 소비자와 함께 순피해자였다. 스무트-홀리 관세는 세계를 분노하게 했고, 미국 수출을 감소시킬 보복 수단을 가져왔다.

더글라스 어윈(Douglas A. Irwin)의 새로운 책인 『시시한 번영, 스무트-홀리 그리고 대공황』(Peddling Prosperity, Smoot-Hawley and the Great Depression)(Princeton University Press, 2011)에서 국내 경제적 효과는 컸다기보다는 오히려 미미했음을 보여준다. 미국으로의 수입은 감소했지만, 그것은 수입되던 것을 국내에서 생산된 상품으로 의미 있게 수요를 전환하지는 못했다. 과세 상품 수입은 미국 GDP의 약 1.5%여서 적은 부분이었고, 이미 높은 수준에서 관세를 50% 증가시킨 것조차 국내 상품의 수요에 적은 영향만을 주었음을 기억해야만 한다. 1930년 이후 수입이 급격하게 떨어졌지만, 그 하락은 생산이 수축될 때 소득의 하락에 의해 주로 주도되었다고 보는 것이 진실이다. 관세 때문에 발생한 수입의 하락은 15%였다고 추계된다. 그러나 수출은 수입보다 더 떨어졌는데, 대개 세계 소득의 하락에 기인했고, 미국 상품의 구매자들이 국제적 신용을 얻을 수 없었기 때문이다. 그러나 미국 수출을 겨냥한 무역 상대국으로부터의 보복적인 수단들도 무시되어서는 안 된다. 국제적인 충격은 명백하게 관련된 모든 당사자에게 부정적이었다. 그것은 다른 정부들이 유사한 수단을 시도할 변명 또는 추동력을 제공했다. 1932년에 (영국) 연방에 도입된 대영 제국 내 특혜 관세는 회원국에게 미국이나 다른 외부인보다 영국 시장에 대한 특혜적 조치를 부여했으며, 미국의 중요한 시장인 캐나다는 보복적인 조치로 반응했다. 스무트-홀리법이 제정된 시점은 국제적 협조에 부정적인 귀결을 가졌음이 명백하다. 관세 수준은 1930년대에 전 세계적으로 증가했다. 다수의 국가들이 빌려서 감당할 수 있는 무역 수지 적자의 범위를 넘어섰기 때문에, 비록 관세는 스무트-홀리 입법이 없었어도 증가했겠지만, 스무트-홀리는 선례가 되었다.

대체로 스무트-홀리법은 반생산적이었고, 대공황과 어떻게 싸울 것인가와 같이 의회가 다른 간절한 현안들을 고려하여야 했을 때에 의회를 번잡하게 만들었다. 스무트-홀리 관세는 대공황을 촉발하지는 않았지만 미국에서 국내 수요를 부양하는 데 실패했고, 미국의 수출을 줄였으며 미국의 농부들을 돕는 데 아무것도 하지 않았다. 스무트와 홀리에 관련하여 유일하게 좋은 것은 보호 무역주의에게 악명을 주었다는 것이었다.

가 되었다. 그러나 각국이 외국 경쟁자를 희생시켜 자국 산업을 보호하고 촉진하려고 시도했다는 의미에서, 자유 무역으로부터 완전히 벗어나 중상주의적 사고로 복귀하게 한 것은 1930년대 세계 대공황의 발발이었다. 대공황은 그 자체로 무역 규모에 커다란 영향을 가졌으며, 이것은 특히 미국의 무역 정책에 대한 대응으로 촉발된 상호 무역 제한의 에스컬레이트된 '전쟁'에 의해 강화되었다. 1930년에 미국은, Box 8.2에서 상세하게 토론할, 악명 높은 스무트-홀리 (Smoot-Hawley)법을 제정하여 관세를 상당히 높였다. 이 환경에서 독립적으로 자유 무역 정책을 추구하는 어떤 나라가 성장에 대한 유익한 영향을 경험하는 것은 매우 어려웠을 것이다. 전간기의 해들은 빠르게 증가하던 세계 무역의 추세로부터의 이탈을 보여 주고 있다.

실질 단위로 세계 무역은 떨어졌을 뿐만 아니라, 거의 모든 국가에서 GDP에 대한 수출의 비율도 그러했다. 사실 무역/소득 비율은 1960년까지 1913년 이전 비율을 회복하지 못했다. 1850년부터 무역은 일인당 소득의 연간 증가율보다 1%P 또는 2%P 정도 더 성장하고 있었기 때문에 특히 주목할 만하다.

기존 무역 체제가 파편화된 이유는 간단했다. 대불황은 미국의 수입 수요를 줄였으며, 국제적 유동성의 부재 속에서 다른 국가들은 수출 실적이 하락했기 때문에 수입을 억제했다. 무역 규모에 대한 초기의 이러한 부정적 충격은 가격의 하락(특히, 식량과 원재료의 가격 하락)을 촉발했고 가격과 무역 규모의 하락의 결합은 수출 수익의 하락을 의미했다.

가격의 하락은 나라마다 달랐다. 식량과 원재료 생산자는 가장 심한 타격을 받았는데, 수출 가격이 자신들의 수입 가격보다 더 떨어졌기 때문이다. 이들 나라의 대부분은 적절한 국제 준비금을 가지고 있지 않아서 수출 수익이 떨어질 때 그들은 국제 자본 시장에서 차입하지 않으면 안 되었다. 그러나 대부의 주요한 원천이었던 미국 금융 제도는 더 이상 대부할 의사가 없었다. 그들의 수입 자금을 빌릴 수 없어서, 각 나라들은 경상 수지 균형을 회복하는 가장 빠른 방법으로 보호를 받았다(제9장에서 토론할 것처럼, 다른 대안은 금본위를 이탈해서 자국 통화를 평가 절하하여 경쟁력을 증가시키는 것이었지만, 대부분의 국가들은 영국이 1931년에 그렇게 할 때까지 머뭇거렸다).

최종 결과는 세계가 무역 블록으로 분할된 것이었다. 영국 연방은 구성원들의 특혜 조치를 마련하여 외부 무역의 희생 속에서 내부적으로 무역을 확장시키려고 했다. 독일도 쌍무적인 기초 위에서 무역의 행정적 규제 체계를 도입했다. 국제 준비금이 충분하지 않아서 독일은 서유럽 및 미국과의 무역에 사용하기 위해 그것을 할당했다. 동부와 중부 유럽 국가들의 경우, 비태환적인 'ASKI' 마르크로 지불을 수용하도록 강제할 수 있었다. 예컨대, 루마니아가 독일로부터 상품의 수입에 사용할 수밖에 없는 ASKI 마르크로 수출에 대한 지불을 받기 때문에 이것은 균형 무역을 강요했다.

8.4.3 제2차 세계대전 이후 자유 무역 체제의 회복

제2차 세계대전 이후 각 나라들은 무역 전쟁의 위험을 인식했다. 무역 제약을 제거하는 데 협조할 수 있게 된다면, 무역 자유화는 매우 위험한 일방적인 노력에 의존하지 않게 될 것이기 때문에, 그때 위기가 완화될 수 있다는 것을 알았다. 무역 분쟁을 해결하고 관세 인하를 협정할 국제적 틀에 대한 작업은 제2차 세계대전 동안 이미 시작되었다. 1850년 이후처럼 빠르게 진전되지는 않았는데, 많은 나라들이 경상 수지 제약을 가지고 있었고, 극단적으로 보호된 경제들을 빠르게 개방하는 것은 우선 순위를 가지지 않았다는 것이 주된 이유였다.

그러나 관세 감축 라운드는 1947년 제네바에서 열린 이른바 GATT(관세 및 무역에 관한 일반 협정)의 첫 번째 라운드에서 동의되었다. 해가 갈수록 GATT 협정에 합류한 국가의 수가 증가하였고, '케네디' 라운드와 함께 1960년대 번영기 동안에 주요한 돌파가 이루어졌다. 이에 따라 유럽 경제 공동체(이후 EU)와 같은 관세 동맹도 창조되었는데, 그것은 동맹 내 무역을 개방하여 외부에 관세 장벽을 세우는 것을 비용으로 하여 내부 무역의 증가를 가져왔다.

명백하게 농업은 GATT 협정의 외부에 두어졌는데, 유럽 연합(공동 농업 정책을 통하여)과 미국은 주로 농산물 수출에 의존하는 많은 가난한 나라들을 희생하면서 광범위하게 자신의 농업을 계속 보호하였다. 이것은 무역 관계에 반감을 만드는 경향이 있었고 개혁을 여전히 논쟁적으로 만들었다. 그러나 제조업과 같은 다른 산업들에서는 19세기 첫 번째 자유 무역 시대의 그것과 비견될 만한 수준으로 관세율이 감소하였다. 게다가 1987년에 시작된 우루과이 라운드는 공식적인 국제 조직인 세계무역기구(WTO)를 설립했는데, 현재 153개국을 구성원으로 가지고 있다(처음 GATT 협정에서는 23개 "계약 당사국"을 가졌던 것과 비교된다). 무역을 창출하는 관세 감축에 합의하였고 농산물 무역과 지적 재산권에 대한 논의가 시작되었다.

1986년 이래 재화에 대한 관세는, 매우 높은 초기 수준으로부터 개발 도상국을 위해 특별히 이루어진 감소를 포함하여, 세계 평균 26%에서 2007년에 정확히 8.8%로 떨어졌다. 무역은 세계 산출물보다 평균 2배 이상 빠르게 성장했고, 발전 도상국들은 자신의 수출 몫을 거의 2배로 하여 2007년에는 37%가 되었다. 가장 최근의 WTO '도하' 라운드는, 2001년에 출범했는데, EU와 미국으로부터의 농업 보조금에 대한 분쟁 때문에 실패했다. 게다가 2007~2008년의 금융 위기는 무역 규모와 상품 가격을 급락시켰고, 나라마다 다시 1930년대에 그랬던 것처럼 자신들의 보호 무역주의적 도구 상자에 손을 넣으려고 하고 있다는 우려가 있다. 그러나 [그림 8.4]가 보여 주듯이 아직 그 경우인지는 판명되지 않았다.

우리는 제10장에서 정책 결정자들은 대공황에 대한 반응과 비교할 때 대침체에서는 어떻게 반응하는가라는 문제로 돌아갈 것이다. 그러나 현재의 맥락에서, 무역 규모는 처음에는 1929년 이후보다 2007년 이후에 더 빠르게 떨어졌지만, 그것은 훨씬 빠르게 회복되었다. 완전한 세계 회복과는 멀리 떨어져 있지만, 세계 무역은 이제 위기가 시작되기 이전의 수준보다 더 커졌다는 것은 지적되어야 한다. 제2차 세계대전 이후 시행된 제도적 틀은 지금까지 보호 무역주의의 위험과 유혹으로부터 국제 경제를 훨씬 안전하게 보호하고 있다.

[그림 8.4] 두 번의 대충격 이후의 세계 무역의 규모

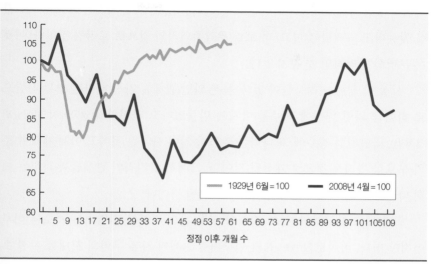

출처: 자료는 Kevin O' Rourke가 친절하게 제공한다. Miguel Almunia, Agustín Bénétrix, Barry Eichengreen, Kevin H. O' Rourke and Gisela Rua, 'Lessons from the Great Depression', *Economic Policy*(April 2010), 219~265를 참고하라.

8.4.4 관세와 성장

관세와 성장 간의 관계에 대한 경험적 관찰은 몇 가지 어려움에 직면했다. 특히, 보호에 대한 적절한 척도를 발견하는 것은 어렵다. 국가의 무역 정책을 측정하는 가장 일반적인 접근은 관세 수입을 관세 부과 수입품의 가치로 나눈 값을 사용하는 것이다. 그러나 이것은 단순한 예가 보여 주듯이 매우 불만족스러운 지표이다.

모든 상품에 종가 20%의 관세를 부과하는 나라를 생각하자. 이것은 보호에

20%의 값을 부여할 것이다. 모든 상품의 자유로운 수입을 허용하지만, 와인은 특별하게 종가로 50%를 부과하는 다른 나라를 생각하자. 이것은 보호가 50% 값을 갖는다고 고려될 것이고, 더 보호 무역주의적인 것으로 고려될 것이다! 이것은 분명히 합리적인 것 같지 않다.

사실 더 심한 어려움들이 있다. 높은 와인 관세를 가진 나라는 모든 사람으로 하여금 와인 대신에 맥주를 마시게 만들었다고 가정하자(영국에서 일어났던 것처럼). 극단적인 경우에 그 나라는 와인 수입이 사라질 것이고 이제 제로 수준의 보호를 가지는 것으로 계산될 것이다. 그래서 금지적인 관세를 부과하는 어떤 나라도 상대적으로 개방된 것으로 판단될 것이다!

그럼에도 불구하고, 무역 정책과 성장 간의 관계를 검정하는 시도는 이루어져야 한다. 바이로크(Bairoch)의 연구처럼 19세기 자유 무역의 시대를 살핀 초기 경험적 연구는 자유 무역이 성장에 좋다는 증거를 발견하지 못했지만, 그의 분석은 이제 너무 조잡하여 가치 있는 것으로 고려되지 않는다. 그러나 그 후 경제사가들에 의한 더 정교한 분석은 이른바 '관세-성장 역설'의 증거를 발견했다. 그것에 의하면 우리가 기대했던 것처럼 제2차 세계대전 이후에는 비록 관세가 성장에 좋지 않았지만, 그 이전에는 관세가 성장에 좋았다! 그러나 어떤 의미에서 이것은 별로 놀랍지 않다. 독일과 미국은 19세기 후반의 가장 성공적인 두 개의 경제였는데, 모두 심각한 보호 무역주의자였다. 다른 한편으로 자유 무역하는 영국은 기반을 상실하고 있었다.

이 역설 아래 있는 기제를 더 공식적으로 이해하기 위해, 이후 연구는 현재 발전 도상국를 포함하여 더 큰 국가들의 샘플에 대해 부문별로 나누어 분석하여, 그 그림을 더 미묘하게 만들었다. 그 증거가 주장하는 바는, 이전 절에서 논의했던 것처럼, 중요한 것은 보호 그 자체가 아니라 보호의 구조였을 수 있다는 것이다. 예컨대, 공업 관세는 공업화를 촉진하도록 하는 만큼 성장에 양의 관련을 가질 수 있는데, 농업 관세는 비경쟁적인 농업적 업무를 보호하기 위해 마련되었다면 부정적으로 관련될 수 있다.

최근에 개별 사례 연구로 더 나은 이해를 얻을 수 있다고 주장되어 왔는데, 그 연구에 따르면, 그 관계는 나라와 연구하는 시기에 따라 긍정적이기도 하고, 부정적이기도 하고, 관련이 없을 수도 있다. 이 아이디어는 이론적인 함의가 명백하지 않아 어떤 해석을 시도하기 전에 특수한 맥락, 즉 역사, 정치 등을 이해하여야 한다는 위에서의 논의에 의해 부분적으로 동기부여가 된 것이다. 요약해 보면 보호 또는 개방성과 성장 간의 관계에 대한 논쟁은 해결된 상태와는 아직 멀리 떨어져 있는 것처럼 느껴진다는 것이다.

요약

[표 8.3]은 유럽 무역 체제를 요약한다.

무역 이론은 보호 무역주의가 성장에 미친 영향에 대해 명백한 결론을 얻지 못했다. 특화나 기술 이전의 경로에서는 무역의 이득이 명백히 있다. 그럼에도 불구하고 단기적으로는 어느 정도의 보호는 유용할 수 있다. 비록 보호가 반생산적인 것이 되지 않으려면, 올바른 산업을 보호하는 것이 중요하다고 해도, 경험적인 연구는 보호가 어느 정도 유용하다는 것을 대개 확증한다. 역사적 경험은 약간의 보호는 성장에 나쁘지 않고 도움도 줄 수 있지만, 극심한 보호는

[표 8.3] 유럽의 무역 체제

	1850년 이전	1850~1913	1920~1939	1945년 이후
무역의 성격	비경쟁적인 재화	부문 간	이행	부문 내
무역 정책	중상주의	자유 무역으로의 이동	보호 무역주의로의 복귀	자유 무역으로의 복귀(농업 제외)
무역 성장 경험	느림	높음	정체	높음
무역/소득 비	낮음	높음	낮음	높음

재앙적임을 주장한다. 그래서 모든 것에서처럼 절제가 열쇠이다.

부록   비교 우위

우리는 리카도의 원래 예를 고려할 수 있다. 바로 두 나라인 포르투갈과 영국, 그리고 두 상품인 옷과 와인이 있는 세계를 상상하라. 두 나라에서 옷과 와인 생산 간에 자유롭게 이동할 수 있는 하나의 투입물(노동)이 있는데 국가 간의 이동은 안 된다.

우리는 포르투갈이 옷과 와인 생산에서 모두 더 효율적이라고 가정한다. 즉, 포르투갈은 두 가지 생산 모두에서 절대적 우위를 가진다. 더 구체적으로, 옷 1단위를 생산하기 위해 영국인 100명의 노동자가 필요하지만 포르투갈인은 90명이면 된다. 와인 1단위를 생산하기 위해 영국인 120명의 노동자가 필요하지만 포르투갈인은 80명이면 된다.

비록 영국은 두 가지 생산에서 모두 우위가 없지만, 우리는 영국이 옷에서

비교 우위를 가지고 있어, 무역을 할 수 있을 때 옷의 생산에 특화해야 한다는 것을 보일 수 있다. 영국이 와인 1단위의 생산을 포기하고, 그 자원을 옷 생산으로 돌린다고 가정하자. 영국은 그때 120/100=1.2단위의 옷을 추가로 생산할 수 있다. 이것은 정확하게 와인을 생산하는 기회비용이다. 즉, 와인 생산 1단위마다 영국은 1.2단위의 옷을 희생한다. 그래서 영국은 옷 생산에 비교 우위를 가진다. 우리는 포르투갈에 대해서도 와인에 비교 우위를 가지고 있다는 것을 입증하기 위해 동일한 예제를 풀어 볼 수 있다. 희생된 옷의 단위마다 포르투갈은 90/80=1.13단위의 와인을 추가적으로 생산할 수 있다. 두 나라가 자신들이 가장 잘 생산하는 것, 이를테면 포르투갈은 와인, 영국은 옷에 특화할 때 세계 생산과 복지가 극대화될 것이라는 점은 명백하다.

그러나 상호 이익이 되는 무역이 발생하기 위해 가격은 조정되어야 한다. 자급자족 상태에서(즉, 무역이 없는 상태) 가격은 각 재화를 생산하는 상대적 비용에 의해 결정된다. 이것은 옷의 단위로 와인의 가격은 영국에서는 1.2이고, 포르투갈에서는 100/120=0.83이라는 것을 의미한다. 무역이 있다면 옷의 가격은 포르투갈의 자급자족 가격에 비해서는 감소할 것이고, 와인의 가격은 영국에서 감소할 것이다. 리카도는 새로운 가격이 1일 것으로 가정했다. 이것은 포르투갈이 이제 무역 이전의 0.83 대신에 와인 1단위에 대해 옷 1단위를 얻는다는 것을 함의하고, 영국은 이제 무역 이전의 1.2 대신에 와인 1단위를 위해 옷 1단위를 지불할 뿐이라는 것을 의미한다. 와인은 수입하는 영국에서는 더 값싼 것이 되었고, 수출하는 포르투갈에서는 더 값어치 있는 것이 되었으며, 두 나라 모두 이득을 얻는다.

● P. R. Krugman, M. Obstfeld and M. Melitz, *International Economics: Theory and Policy*(Pearson Education, Inc., 2014)는 무역 이론을 소개하는 탁월한 교과서이다.

● 다음의 문헌은 무역과 무역 정책의 경제사들이다. J. Foreman-Peck, *A History of the World Economy: International Economic Relations Since 1850*(Harvester Wheatsheaf, 1995)와 A. G. Kenwood and A. L. Lougheed, *The Growth of the International Economy, 1820-2000*(London: Routledge, 1999).

● R. Findlay and K. O'Rourke, *Power and Plenty: Trade, War, and the World Economy in the Second Millennium*(Princeton University Press, 2007)은 훨씬 오랜 기간을 망라하고, 무역의 역사에 진실로 글로벌한 전망을 제공한다. 다음의 것은 19세기 이전 시대의 역사를 제공한다.

  ● K. H. O'Rourke and J. G. Williamson, 'After Columbus: Explaining the global trade boom 1500-1800', *Journal of Economic History*, 62(2002), 417~456.

  ● K. G. Persson, *Grain Markets in Europe 1500-1900, Integration and Deregulation* (Cambridge University Press, 1999).

  ● 더 현대적인 관점을 위해서는 E. Helpman, 'The structure of foreign trade', *The Journal of Economic Perspectives*, 13(2)(1999), 121~144를 보라.

● J. Nye와 D. Irwin은 19세기 무역 자유화의 역사에 관해 오랫동안 지적인 맞수였다.

  ● D. Irwin, *Against the Tide*(Princeton University Press, 1988).

- J. V. C. Nye, *War, Wine, and Taxes: The Political Economy of Anglo-French Trade, 1689-1900*(Princeton University Press, 2007).

● P. R. Sharp, '1846 and all that: The rise and fall of British wheat protection in the nineteenth century', *Agricultural History Review*, 58(1)(2010), 76~94는 자유화의 이야기의 일부인 영국에서 곡물의 자유 무역 움직임에 대한 연구를 새롭게 조명하려고 시도했다.

● 무역 정책과 성장 간의 관계에 대해 많은 연구가 있는데, 다음의 것을 보라.

- D. Acemoglu, S. Johnson and J. A. Robinson, 'The rise of Europe: Atlantic trade, institutional change and economic growth', *American Economic Review*, 95(2005), 546~579.

- P. Bairoch, 'Free trade and European economic development in the nineteenth century', *European Economic Review*, 3(3)(1972), 211~245.

- M. A. Clemens and J. G. Williamson, 'Why did the tariff-growth correlation change after 1950?', *Journal of Economic Growth*, 9(2004), 5~46.

- A. Estevadeordal and A. M. Taylor, 'Is the Washington Consensus dead? Growth, openness, and the great liberalization, 1970s-2000s', *Review of Economics and Statistics*, 95(5)(2013), 1669~1690.

- I. B. Kravis, 'Trade as a handmaiden of growth: Similarities between the nineteenth and twentieth centuries', *The Economic Journal*, 80(320)(1970), 850~872.

- S. Lehmann and K. H. O'Rourke, 'The structure of protection and growth in the late nineteenth century', *Review of Economics and Statistics*, 93(2)(2011),

606~616.

- K. H. O' Rourke, 'Tariffs and growth in the late nineteenth century', *Economic Journal*, 110(2000), 456~483.

- F. Rodriguez and D. Rodrik, 'Trade policy and economic growth: A skeptic's guide to the cross-national evidence', in *NBER Macroeconomics Annual 2000*, Volume 29(Cambridge, Mass.: MIT Press, 2000), 261~338.

- J. D. Sachs and A. Warner, 'Economic reform and the process of global integration', *Brookings Papers on Economic Activity*, 1(1995), 1~118.

9

역사 속의 국제 통화 체제

역사 속의 국제 통화 체제

9.1 왜 국제 통화 제도는 필요한가

제7장에서 화폐는 왜 경제에서 중요한가를 논의했다. 그것이 없다면 모든 거래는 물물 교환에 기초하고, 욕망의 일치가 요구되기 때문에 제한된다. 동일한 것은 국제적 규모에서도 진실이다. 국가들은 통화를 공유하지 않는 것이 정상적이다(비록, 아래에서 고찰할 것이지만 유로는 이 규칙에 중요한 예외이기는 하다). 그럼에도 불구하고 무역이 물물 교환으로 제한되기를 원하지 않는다면, 그들이 통화를 서로 바꿀 수 있어야 한다. 그러므로 국제 통화 제도에 대한 필요가 있다. 사실 국제 통화 제도가 없다면, 무역은 균형 잡힌 쌍무적 교역에 제한되는 것이 정상적일 것이다. 예컨대, 덴마크는 노르웨이로부터 100억 크로네 상당의 상품을 수입하기를 원한다고 가정하자. 그 나라들이 물물 교환할 수 있는 것은 중요하다. 즉, 노르웨이가 실제로 그 대가로 덴마크의 상품을 원하는 것이 중요하다. 이것이 그 경우일 때조차도 노르웨이는 덴마크의 50억 크로네 상당의 상

| Box 9.1 | 국민 계정 항등식을 이용하여 국제 통화 제도가 없을 때 외국 투자가 제한됨을 보인 것 |

국제 통화 제도가 제대로 기능하지 않을 때(또는 극단적으로는 작동하지 않을 때) 외국 투자가 제한된다는 사실은 아래의 잘 알려진 **국민 소득** 계정 항등식(수요 측면으로부터 본 것)을 고찰하면 잘 이해할 수 있다.

$$Y = C + I + G + NX.$$

Y는 국민 생산이고, C는 민간 소비이고, I는 투자이고, G는 정부 소비이고, NX는 순수출이다. 이것은 단순히 어떤 경제에서 생산 또는 총공급은 총수요와 일치해야 한다는 것을 진술한다. 국민 저축 S는 소득(생산)과 소비 간의 차이로 정의되므로, 즉

$$S = Y - C - G.$$

그때 우리는 $NX = S - I$를 얻는다. 이것은 항등식이고, 모든 경제에서 지켜져야 한다.

경상 수지 적자(음의 순수출)는 그 나라가 세계의 나머지로부터 투자 자금을 마련하기 위해 빌리고 있음을 의미하고, 경상 수지 흑자는 그 나라가 해외에 투자하고 있음을 의미한다. 그러나 명백하게 어떤 국제 통화 제도도 없어서, 무역의 균형이 잡힌다면, 그때 순수출은 0과 같고 국내 투자는 국내 저축에 의해 제약된다($S = I$).

품만을 원할 수 있다. 국제 통화 제도가 없다면 노르웨이가 덴마크에게 그 차액을 빌리는 것은 불가능하다. 즉, 국제적 신용에 대한 어떤 채널도 없고 덴마크의 수입은 바로 50억 크로네로 제한된다. 그래서 무역이 제약되고 국가들은 불이익을 당하게 되는데, 그들은 이전 장에서 논의한 무역의 이익과 특화를 완전히 현실화할 수 없기 때문이다. 국제 통화 제도에 대한 추가적인 이익들이 있다. 특히, Box 9.1에서 설명하는 것처럼 제대로 기능하는 국제 통화 제도가 없으면 국내 저축은 국내 투자와 동일해야 하고, 그래서 외국 투자는 불가능하다. 투자에 대한 수익이 본국과 외국에서 다르다면, 국내 투자자가 해외에 투자하

거나 외국 투자자가 본국에 투자하는 것은 바람직하다.

역사는 제대로 기능하지 않는 국제 통화 제도가 세계 경제에 부여한 제약의 불이익들에 대해 풍부한 증거를 제공한다. 이를테면 이러한 시대에 무역 규모와 외국 투자는 고통받는다.

9.2 어떻게 정책 입안자들은 국제 통화 체제를 선택하는가

역사적으로 상품 통화와 고정 환율은 제대로 기능하는 국제 통화 체제를 위해 필요하다고 믿었다. 사실 첫 번째는 두 번째를 함의한다. 상품 화폐는 어떤 특별한 상품, 통상 금이나 은과 같은 귀금속과 관련하여 가치를 고정시킨다. 이것은 금과 같은 동일한 상품에 기초한 통화들은 서로와 관련하여 가치가 고정된다는 함의를 갖는다. 예컨대, 국가 A가 자신의 통화를 금 온스당 1단위로 고정시키고, 국가 B가 자신의 통화를 금 온스당 2단위로 고정시키면, 그때 환율은 국가 A의 통화 1단위에 대해 국가 B의 통화 2단위로 고정되어야 한다(비록 실제로는 환율에서의 사소한 변동이 가능하다고 해도, 그러나 이것은 아래에서 논의될 것이다).

그러나 오늘날 변동 환율이 지배적이다. 이를테면 다섯 개의 주요 세계 통화인 미국의 달러, 유럽 연합의 유로, 일본의 엔, 영국의 파운드, 그리고 스위스의 프랑은 모두 서로에 대해 변동하고 있다. 20세기 후기에 불환 통화로의 움직임이 있었다. 즉, 그 가치는 정부의 명령(fiat)에만 의존하고, 통화 간의 자동적인 연계는 붕괴되었다. 오늘날 세계에서 변동 환율이 지배적인 이유는 정책 결정자의 우선순위가 변화하였고, 한때 가정되었던 것처럼 변동 환율이 악인 것은 아니라는 것이 더 일반적인 인식이 되었다.

고정 환율은 몇 가지 이점을 제공하는데(고정 환율을 신뢰할 수 있고, 유지할 수 있다는 것이 결정적으로 주어지면 – 그것에 대해서는 나중에 이야기하도록 하자), 국제 거래자는 환율의 예상되지 않는 변화에 노출되지 않고 그들이 자신들의 재화에 대해 요구하는 가격에 이 불확실성을 고려할 필요가 없기 때문이다. 그러나 또한 고정 환율은 통화 정책, 즉 경제에서 수요를 규제하기 위해 이자율을 사용하는 것은 가능하지 않게 된다는 점에서 불이익도 갖는다.

이자율은 유용한 거시 경제 수단이다. 그것을 낮추는 것은 경제에서 수익성 있는 투자의 범위를 증가시켜서 투자를 자극할 것이고, 그래서 총수요와 생산을 증가시킬 것이다. 그러나 고정 환율 체제 하에서 통화 정책은 통화가 다른 통화에 대해 고정된 가치를 유지하는 것 또는 (상품 통화에 기초한 세계의 경우에서와 동등하게) 특별한 상품, 보통 금에 대한 고정된 가치를 유지하는 것을 보장하는 방향으로 조정된다. 중앙은행이 이자율을 낮추면, 투자자들은 국내 통화를 팔고 수익률이 더 높은 외국 자산을 구매할 것이다. 국내 통화에 대한 수요를 낮추어 그 가치는 다른 통화에 대해 평가 절하되는 경향이 있는데, 이것은 고정 환율 제도에서는 허용되지 않는 것이다. 그래서 통화 정책은 제약된다.

아니면 이 논거는 결정적으로 중재의 역할에 의존한다. 투기업자는 국내 자본에 대한 수익이 낮아진 것에 대한 반응으로 자산을 국외로 옮기고 따라서 환율에 영향을 미친다. 그러나 자본 통제가 이루어진다면, 이것은 불가능하다. 그래서 국가 간의 자본의 이동을 제한함으로써, 자본 통제는 고정 환율 제도 속에서조차 통화 정책을 자유롭게 할 수 있다. 그러나 자본 흐름은 위에서 언급되

[그림 9.1] (옵스트펠드-테일러) 개방 경제의 트라일레마: 두 가지 정책 목표 뽑기, 아무거나 두 개만

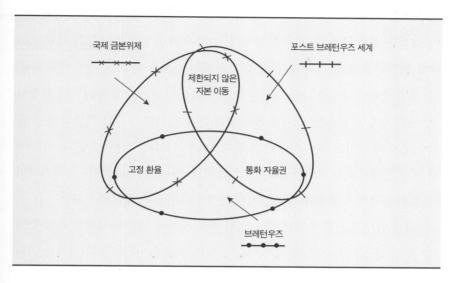

었던 것처럼 무역 흐름과 관련된다. 그래서 자본 통제는 무역을 제한한다는 점
에서 매력적이지 않을 수 있다.

그러나 위의 논거로부터 고정 환율은 제약되지 않은 자본 이동의 희생 하
에 통화 자율성과 결합될 수도 있다는 것은 명백하다. 고정 환율과 제약되지 않
은 자본 이동성은 다른 한편으로 통화 자율성의 희생을 포함한다. 그러므로 무
제한한 자본 이동성은 고정 환율 체제의 희생 속에서만 통화 자율성과 결합될
수 있다는 것이 도출된다. 이 문제는 옵스트펠드(Obstfeld)와 테일러(Taylor)에 의
해 '개방 경제 트라일레마'라고 기술되었는데, [그림 9.1]에 제시되어 있다. 두
개의 정책 목표만을 선택하는 것이 가능하다.

어떤 두 가지 거시 경제 목표를 선택하는가, 즉 통화 체제의 선택은 정치적 결정이고, 정책 결정자의 (자주 갈등하는) 거시 경제적 목표들에 의해 영향받는다. 그들은 최대 고용, 가격 수준 안정성, 무역 수지 균형 등을 비롯한 다양한 이슈와 관련된 목표를 가질 것이다. 통화 체제의 선택은 이 모든 것에 영향을 준다. 무역 정책에서처럼 다른 그룹들은 이 목표들의 우선순위를 다르게 설정하고, 다른 체제를 선호한다. 사실 국제 통화 체제의 선택은 유럽 연합의 공통 통화인 유로에 가입할 것인가에 관한 덴마크(자신의 통화를 여전히 고집하는 나라)에서 현재 진행되는 논쟁에서 볼 수 있는 것처럼, 여전히 오늘날에도 논쟁거리이다. 통화 동맹은 고정 환율의 극단적인 형태로써 환율은 함께 폐지된다.

사실 역사적 경험에 대한 참조 없이 통화 정책에 대한 동시대적 논쟁을 이해하는 것을 불가능하고, 위에서 언급한 트라일레마는 국제 통화 체제의 역사를 이해하는 편리한 방법임이 판명되었다. 19세기 후반부터 제1차 세계대전까지 국제 금본위는 통화 자율성의 희생 하에 환율을 고정하고, 무제한한 자본 이동을 허용했다. 정치적·사회적 변화로 인해 통화 정책이 중요하게 되었을 때 그 체제는 붕괴되었고, 제2차 세계대전 이후 브레턴우즈 체제(Bretton Woods System)는 자본 이동성의 제한이라는 희생 하에 미국 달러에 대해 통화를 고정시켰지만 통화 정책을 허용했다. 세계 무역의 성장과 다른 압력들로 인해 자본 이동성을 억제하는 것이 더 이상 가능하지 않게 되었을 때, 브레턴우즈 체제는 붕괴되었고, 변동 환율의 근대 세계가 출현했으며, 무제한한 자본 이동성과 통화 자율성이 모두 허용되었다. 그러나 더 국지적이거나 지역적인 수준에서 그 그림은 더 미묘했는데, 일부 국가는 여전히 자신의 통화를 고정시키고 있었기 때문이다. 그러나 전 세계적 고정 환율 제도는 과거의 것이 되었다.

9.3 역사 속의 국제 통화 체제

9.3.1 국제 금본위 c. 1870~1914

국제 통화 제도의 역사는 비록 고정 환율에 대한 정치적 집착이 특정 나라들 간에는 남아 있다고 할지라도, 고정 환율이 필연적인 것은 아니라는 것이 점진적으로 실현된 것으로 볼 수 있다. 어떤 의미에서 고정 환율은 우발적으로 출현했다. 금은 고대 시대 이래로 화폐(교환의 매개, 회계 단위 그리고 가치 저장)로서 사용되어 왔다. 19세기에 더 제도화된 방법으로 각 나라는 자신의 통화를 금에 고정시키기 시작했을 때, 그들의 통화는 자동적으로 서로에 대해 고정되었다. 그것은 위에서 서술된 대로인데, Box 9.2에서 더 완전하게 탐구할 것이다.

그러나 제도로서의 금본위는 1819년 영국의 태환재개법에 그 기원을 갖는

Box 9.2 — 예: 왜 금본위는 고정 환율 제도인가?

- 미국 주전소 비가: $20.646/온스.
- 영국 주전소 비가: £4.252/온스.
- 환율은 20.646/4.252＝$4.856/£이어야 한다.
- 이유: 다른 환율은 차익 거래의 가능성을 제공한다.
- 예컨대, $1/£가 제공하는 가능성을 보기 위해 규칙 1~3을 사용하자.

1. 잉글랜드 은행에 1£ 제시: 1/4.252＝0.23온스의 금을 얻는다.
2. 미국 재무부에 금을 제시: 0.23×$20.646＝$4.85를 얻는다.
3. 외환 시장에서 £4.85를 얻기 위해 달러를 교환하라!
4. 미국으로의 금의 흐름은 달러 공급의 증가와 파운드 공급의 감소로 이어진다. 즉, 파운드는 외환 시장에서 강화된다.

다. 그것은 (나폴레옹 전쟁 이후) 재개되었는데, 요구에 따라 금과 은행권을 고정된 비율로 교환하는 업무를 제도화한 것이었다. 동시에 금의 수출에 대한 제약은 폐지되었다. 이것들이 금본위로 알려진 것의 제도적 구성 단위들이었다.

그러나 금본위는 하룻밤 만에 출현하지는 않았다. 이전에 각국은 복본위제를 자주 실행하였다. 금은 너무 값어치가 높아 더 소량의 구매에 적합하도록 충분히 작은 단위로 나누는 것은 실제로 어렵다는 논리에 근거하여, 복본위에서는 금과 은을 모두 화폐 공급의 기초로 삼았다. 영국은 자신의 통화를 금에만 기초하는 길로 나아갔다. 비록 미국은 은을 비화폐화한 1873년까지 공식적으로 복본위제였으며, 복본위제로의 복귀에 대한 압력이 19세기 말까지 남아 있었다고 할지라도, 영국의 지도적인 경제 강국으로의 성공과 출현은 다른 나라들이 점진적으로 영국이 이끄는 대로 따르게 되었다.

금본위 출현의 역사는 통화 정책을 결정하는 것은 경제학뿐만 아니라 정치학이라는 것을 보여 준다. 미국과 독일과 같은 신흥 국가들은 자기 자신의 통화 동맹을 빨리 형성했다. 19세기 말 무렵 글로벌화된 세계에서 국제주의라는 보다 일반적인 정신은 1875년 시작한 스칸디나비아 통화 동맹, 1865년에 프랑스, 벨기에, 이탈리아, 스위스, 스페인 등을 포함하는 많은 유럽 국가들로 시작된 라틴 통화 동맹과 함께 국제 통화 동맹의 시도들로 이어졌다.

구성원 간의 강력한 무역 및 금융 연계는 통화 동맹을 향하여 움직였던 중요한 이유였다고 할지라도, 훨씬 더 중요한 것은 정치적·경제적 힘에 대한 프랑스의 추구였다. 그들은 LMU를 프랑과 파리에 기초한 국제(아마도 글로벌) 체제의 핵으로 보았다. LMU가 처음에 영국에 의해 선호된 금본위가 아니라, 복본위에 기초했던 것은 이것의 한 귀결이었다. 프랑스와 영국 간의 경제적 라이벌 관계는 국제 통화 제도에 대한 논쟁에서 중요한 역할을 했다.

실제로 정치적인 중요성에도 불구하고 통화 동맹은 고정 환율의 세계에서 특히 경제적으로 중요한 것은 아니었는데, 1870년대까지 거의 모든 국가들은 자신의 통화를 금에 기초하고 있었다. 앞 절에서 우리는 이것이 고정 환율을 함의한다는 사실을 언급했다. 이것은 금본위의 '게임의 규칙' 때문인데, 그것은 어떤 공식적인 제도적 구조에 기초하지 않고, 개별 국가의 법과 실행에 기초했다.

이 규칙 중 가장 중요한 것은 다음과 같다.

1. 통화는 설정된 가격이나 '주전소 비가'로 금과 자유롭게 바꿀 수 있어야 한다.
2. 국가 간의 자본과 금의 흐름에는 어떤 장벽이 있어서도 안 된다.
3. 화폐는 요청에 따라 금으로 바꿔 주어야 하고, 그래서 금 준비에 의해 뒷받침되어야 한다.

그러나 현실에서는 환율 또는 '골드 포인트'에서의 작은 편차는 금의 선운에 포함된 운송 비용과 거래 비용 때문에 가능했다. 나라와 대륙 간의 금의 선운은 무비용이 아니기 때문에 차익 거래는 차익 거래의 이득이 비용을 초과할 때에만 발생할 것이다. 그래서 환율은 밴드 속에서 변동하는데, 그것은 금 운송의 비용에 의존했다.

금본위제 동안 정부는 대체로 경제 정책에 대해 자유방임(불간섭주의)의 태도를 취했다. 부분적으로, 이것은 이론에 의해 정당화되었다. 1752년에 흄은 가격-정화-유량 기제(정화는 귀금속을 의미하는 단어임)를 제시했는데, 그에 의하면 금본위는 자동적으로 **국제 수지** 균형을 보증해야 한다. 그는 금이 해외로부터 영국으로 유입되면, 영국 가격이 해외 가격에 비해 올라가게 되는 상황을 상상했다. 외국 재화에 대한 영국인의 수요가 증가하고, 영국 재화에 대한 외국인의 수요가 감소함으로써 금은 다시 해외로 유출되기 시작하여 균형은 회복될 것이다. 비록 실제로 무역에서 금보다는 지폐나 환어음을 사용하는 것이 정상적이지만, 화폐 공급이 금 준비와 연결되어 있으므로, 이것은 어떤 차이를 만들지는 않는다. 영국이 무역 흑자를 누리고 있다면 무역업자는 외화를 과도하게 축적하게 된다. 그들은 금을 얻기 위해 외국 은행에 외화를 제시할 것인데, 그때 금은 영국으로 유입되고, 잉글랜드 은행에 의해 영국 통화로 교환될 것이다. 이로 인해 영국에서의 화폐 공급과 가격 수준은 증가할 것이고 이전과 동일한 방식으로 균형을 회복할 것이다.

그러나 실제로 중앙은행은 금 이득보다는 금 손실에 대해 더 많은 걱정을 하고 있었다. 중앙은행은 자주 금이 화폐 공급으로 들어오는 것을 막아 금 유입을 **불태화**하였는데, 그것은 게임의 규칙을 직접 위반한 것이었다. 이것은 그들이 초과 금 준비를 형성한다는 것을 의미하였고, 금 유입이 화폐 공급에 영향을 미치는 것을 허용하지 않았다. 예컨대, 잉글랜드 은행은 예상되는 금 손실을 막기 위해 적극적인 이자율 정책을 사용했다. 그렇게 한 이유는 파운드가 약세가 되면 투자자들은 은행 예금을 인출할 것이고, 파운드를 금으로 바꾸어 수출하기 때문이라는 것이다. 이것은 예금자가 은행을 버리는 유동성 위기를 야기할 수 있어 은행 체계를 위협했다. 금이 해외로 유출되면 잉글랜드 은행은 국내 자산을 판매하여 화폐 공급을 감소시켜야 하는데, 그 대신에 더 높은 이자율로 은행에게 자유롭게 대부하여 화폐 공급을 늘렸다.

게임의 규칙으로부터의 이러한 이탈에도 불구하고, 금본위는 수십 년 동안 지속되었다. 그 이유는 자주 공언(公言, commitment), 신뢰와 대칭으로 요약되었다. 공언은 금본위로부터 괴리되면 원래 비가로 복귀시킬 것임을 함의했다. 신뢰는 사람들이 환율이 고정되어 있다고 믿고, 모든 투기는 고정 환율을 유지하는 방향으로 행해진다는 것을 함의했다. 대칭은 어떤 한 나라가 가격 수준에 압도적인 영향을 가지지 않는다는 것을 함의했다. 사실 모든 나라의 가격 수준은 금의 수요와 공급에 의해 결정되었다. 그래서 19세기가 끝날 무렵에 금이 희소하게 되자 가격 수준은 감소했다(디플레이션). 규칙 3에 따라 화폐 공급은 금의 공급에 의해 제한되는데, 유통되는 금이 더 적어지고, 화폐 단위는 금의 고정된 양으로 정의되므로 모든 가격은 더 적은 양의 통화로 표현되어야 한다는 것을 함의했다. 그러나 광산에서 금을 채굴하는 새로운 방법을 발견하자 가격은 새로운 공급과 함께 증가했다.

이 후자의 속성은 중요한 정치적 귀결을 가지는 것이었다. 금본위는 더 장기간에 걸쳐 가격 안정성을 보장한다 해도, 더 단기간 동안에는 여러 나라 간에 인플레이션율이나 디플레이션율이 균일했다. 높은 인플레이션과 디플레이션은 경제적인 곤란을 야기할 수 있다. 그렇지만 정부는 경제 정책이 실업과 싸우는 것과 같은 국내적인 목적에 초점을 두지 않을 때에 정부가 할 수 있는 것을 일반적으로 못 본 체했다. 그 규칙을 증명하는 예외는 19세기 말 디플레이션 기간 동안 미국의 정치적 불안인데, 그동안 복본위로의 복귀를 추구하는 캠페인이 있었다. 미국은 다른 많은 나라보다 두드러지게 더 민주적이어서 국내적인 현안이 정치적 논쟁에서 큰 역할을 했다.

9.3.2 전간기

전간기는 정치적·경제적인 이유로 금본위제의 종언을 보여 주었다. 제1차 세계대전 동안 금본위는 일시 중지되었고, 정부 지출은 채권 발행을 통해 화폐 공급을 확장하는 방식과 극단적 경우에는 화폐를 인쇄하는 방식으로 자금을 조달했다. 전쟁 이후, 일부 정부는 심지어 더 많은 화폐를 인쇄함으로써 재건 자금을 조달했다. 이것은 인플레이션을 야기했는데, 때로는 대규모로 일어났다. 예컨대, 독일의 하이퍼인플레이션은 매월 325만%의 압도적인 수치에 달했다.

세계 도처의 정부들은 전쟁 이전 기간을 황금시대로 보고, 금으로의 복귀에 우선순위를 두었다. 미국은 전쟁에 의한 상흔이 상대적으로 없는 상태였으며, 1919년에 금본위로 복귀했다. 게임의 규칙에 따르면 모든 나라들은 원래의 비가의 금으로 복귀해야 하지만, 전쟁 동안의 인플레이션으로 인해 일부 나라에서 이것은 실현 불가능할 정도의 디플레이션을 요구했던 것이었다.

디플레이션은 경제에 고통스러울 수 있는데, 명목 임금은 떨어지지 않는 것이 정상적이었기 때문에, 노동은 상대적으로 값비싸지고 산출물은 감소했다. 이것은 전쟁 이전에는 가능했지만, 이제 민주주의와 강력한 노동조합의 확산으로 정부가 더 이상 무시할 수 없게 되었다. 그래서 예컨대 영국이 1925년에 그랬던 것처럼, 일부 국가가 전쟁 이전의 비가로 금본위에 복귀했다고 해도, 전쟁 이전의 비가의 20%로 복귀한 프랑스와 같은 다른 나라들이 더 실용적이었다. 전쟁 이전에 영국은 잉글랜드 은행을 통해 금본위 제도를 관리하는 데 중심적 역할을 수행했으므로, 영국은 조금 특별한 상황에 있었는데, 원래 비가의 금으로 복귀함으로써 정부는 금본위에 대한 신뢰와 그 제도를 관리할 자신의 능력을 회복하기를 원했다. 그러나 이것은 상당한 디플레이션을 요구하였으며 실업률은 치솟았다.

　1929년에 미국은 통화 수축을 통하여 과열된 경제를 식히려고 노력하고 있었고, 프랑스는 금으로의 복귀와 함께 인플레이션 기간을 끝내고 있었다. 프랑스와 미국 모두 금 유입을 **불태화**하고 있었으며 결국 세계의 금 공급의 70%를 보유할 정도로 세계의 금을 흡수하고 있었다. 이것은 다른 국가들에게 자신의 화폐 공급을 제약하도록 강요하는 것이었다. 1929년의 세계적인 통화 수축과 월스트리트의 붕괴는 1930년대의 대공황에 기여하였다. 대공황은 월스트리트의 붕괴, 실업과 은행 실패를 통해 세계적으로 영향을 미쳤다. 아이컨그린 (Eichengreen)은 금본위가 대공황을 연장하고, 악화시키는 데 큰 역할을 했음을 보였다. 각 나라들은 금 준비를 보호할 필요가 있었으므로 유동성을 공급하는 것을 거부하였기 때문에 은행 실패는 악화되었다. 이전에 미국 대부에 의존할 수밖에 없었던 많은 나라들은(앞 장에서 서술한 것처럼) 통화 통제를 도입하도록 강요받았다. 매우 낮은 자본 이동성에 더해진 자본과 통화 통제의 광범한 사용은 1930년대 세계 무역의 실제적 감소로 이어졌다.

　1931년에 영국은 금의 유출을 억제할 수 없어서 금본위를 버렸다. 1933년에 미국을 포함하여 다른 나라들도 곧 뒤따랐다. 이것은 뜻밖의 좋은 결과였음이 증명되었다. 금본위를 떠난 국가들은 쉽게 자신들의 1929년 환율보다 더 낮게 평가 절하하고 대공황으로부터 더 빠르게 회복했다. 빠르게 평가 절하한 경제들은 과대평가된 통화의 족쇄로부터 풀려났다는 것을 의미했다. 산업은 자신의 시장 점유율을 국내와 해외에서 증진시켰다. 그래서 평가 절하는 인플레이션의 증가를 함의했다. 명목 임금은 고정된 반면 평가 절하로 생산자들은 가격을 어느 정도 올리는 것이 허용되었기 때문에, 인플레이션 증가는 생산물 임금인 생산물의 가격과 실질 이자율에 대해 상대적으로 임금 비용을 감소시켰다. 마지막으로 통화 정책은 더 이상 고정 환율의 방어에 종속되지 않고 경제의 성장을 촉진하기 위해 사용될 수 있었다. 금본위를 일찍 떠난 영국과 같은 나라들은 그렇지 않은 프랑스와 같은 나라보다 더 빠른 회복을 누렸다. 프랑스는 1936년에 금본위를 떠난 마지막 주요 국가였다. 몇 년 동안(그리고 다시 대개 정치적인 이유로) 프랑스는 여전히 자신의 통화들을 금에 기초하고 있는 나라들의 작은 클럽을 결성하려고 시도했다. 금에 대한 이 우둔한 집착은 그들로 하여금 1930년대 중반에 국제 경제의 회복을 누리지 못하도록 했다.

[그림 9.2]는 전간기 동안 프랑스의 번영과 영국의 번영 간의 두드러진 차이를 보여 준다. 인플레적인 프랑스는 1920년대에는 더 강한 성장을 누렸지만, 금본위에 대한 프랑스의 공언은 1929년 이후 심각한 반향을 가졌다. 별표는 두 나라가 금본위를 포기한 때를 나타낸다. 이 날짜부터 시작된 회복에 주목하라. 환율 정책이 중요하다!

국제 금본위는 고정 환율과 자유로운 자본 이동에 의존했고, 통화 정책이 결정적으로 중요하게 된 세계에서 살아남을 수 없었다. 그래서 몇 년 동안 실질적으로 작동 불능 상태에 있었던 라틴 통화 동맹 및 스칸디나비아 통화 동맹과 함께 금본위는 몰락했다. 그러나 고정 환율과 통화 동맹에 대한 욕구는 금본위와 함께 몰락하지는 않았다.

[그림 9.2] 1920~1939년 대조된 번영: 프랑스와 영국의 일인당 GDP

(1990-GK 달러, 1929=100)

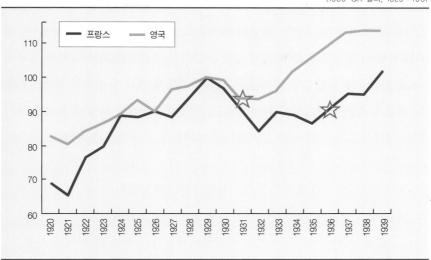

출처: J. Bolt and J. L. van Zanden, 'The first update of the Maddison Project: Re-estimating growth before 1820', Maddison Project Working Paper 4(2013).

9.3.3 브레턴우즈 체제

대공황에 대한 대응은 재앙적이었다. 보호 무역주의는 증가했고 자본 흐름에 대한 제약이 부과되었으며 각 나라들은 일반적으로 더 자급자족이 되었다. 세계 무역은 감소했고 파시즘이 출현했으며, 19세기의 진보는 거의 원점으로 되돌려졌다.

1944년 7월에, 44개국은 미국 동부 해안의 리조트 마을 브레턴우즈(Bretton Woods)에서 국제통화기금(IMF)의 협정 문서에 서명했다. 영국 대표 존 메이너드 케인스(John Maynard Keynes)는 전통적인 금본위보다 훨씬 더 유연한 제도를 원했다. 그와 다른 사람들은 환율은 고정될 수 있고, 무역 제한을 필요로 하지 않으면서도 통화 정책을 사용할 수 있는 제도를 고안하기를 희망했다. Box 9.3은 세계를 위해 이 새로운 통화 체계의 설립을 둘러싼 논쟁들을 조금 상세히 살펴본다. 고정 환율에 대한 그들의 믿음은 역설적이게도 전간기 경험의 결과이었으며, 변동 환율은 불안정성의 원인이었고, 무역에 해롭다는 느낌에 기초한 것이었다. 그래서 그들은 달러 환 본위로서의 브레턴우즈 체제를 설계했다.

- 달러는 금 가격에 대해 고정되었다. 1온스에 35달러.
- 회원국들은 금이나 달러 자산으로 준비금을 보유하고, 금을 얻기 위해 공식적인 가격으로 미국 연방준비제도에 달러를 팔 권리를 가졌다. 이 준비금은 환율의 단기적인 변동을 방지할 것이고, 금본위 하에서 그들이 가졌던 통화 공급과의 연계는 사라졌다.
- 모든 통화는 달러에 대해 가치가 고정되어, $N-1$개의 환율이 주어진다.

브레턴우즈 체제의 규칙은, 미국이 금에 대한 달러 가격을 유지하는 데 단순히 책임을 지고, 한 구성원 국가(미국)를 제외한 모든 구성원 국가가 환율을 유지하는 데 책임을 지는 것을 함의했다. 외견상으로 볼 때 브레턴우즈 체제는 금본위 제도와 매우 유사했다. 결정적인 차이는 통화 정책을 사용할 국가들의 자유에 관한 것이었다.

이것은 트라일레마에 따르면 자본 이동이 제약되어야 함을 함의한다. 이

Box 9.3

화폐 전쟁: 브레턴우즈 체제의 형성

브레턴우즈는 국제 통화 질서에 붙여진 이상한 이름인데, 그것은 미국의 뉴햄프셔 주에 있는 리조트의 이름으로, 그곳에서 1944년에 전후 화폐 질서의 원리가 규정되었다.

존 메이너드 케인스(John Maynard Keynes)로 대표되는 지성과 미국 수석 협상 해리 덱스터 화이트(Harry Dexter White)로 대표되는 권력 간의 충돌 속에서 합의의 출현했다. 결국 권력이 승리했다. 화이트는 후에 소비에트 스파이로 밝혀졌지만, 그는 나무랄 데 없고 효율적인 방법으로 미국의 협애한 이해를 옹호했다. 병든 케인스는 여러 점에서 비전을 가진 자신의 제안이 패배했음을 인정했다.

전간기에 금본위에 대한 솔직한 비평가였던 케인스는 역사가 반복되는 것을 원하지 않았다. 금본위의 본질적인 결함은, 그의 표현을 빌리면, '조정의 과정이 채무자에게는 강제적이고 채권자에게는 자발적이다'는 것이다. 케인스가 언급한 채무 국가의 조정이란 경제 회복에 대해 반생산적이고, 정치적으로 격정적일 수 있는 채권 국가에 의해 요구되는 긴축 재정 정책이었다. 케인스는 금본위의 실패를 이러한 비대칭성에 귀속시켰다는 점에서 정확했다.

물론 케인스의 입지는 전쟁 이후 막대한 부채를 지고 있고 국제 준비금을 결여한 영국(그리고 유럽)의 특별한 취약성을 반영했다. 그러므로 그는 채무 국가가 국제 청산 은행에서 잉여 국가의 준비금에 쉽게 접근할 수 있도록 하는, 그렇지만 조정이 적당한 시간 이후에도 실현되지 않는다면 처벌한다고 위협할 수 있는 제도를 원했다. 그러나 점차 회의적인 국내 의견의 압력 하에 있었던 미국의 협상가는 미국의 준비금의 사용과 조건을 결정할 권력을 내놓기를 원하지 않았다. 미국의 대부는 외교 정책 목표를 달성하는 수단으로, 예컨대 관세 협상에서 양보를 강제하는 것으로 남게 되므로, 미국은 국제 준비금에 대한 통제력을 지키기를 원했다.

결국 케인스가 두려워한 비대칭은(약간 비틀어졌지만) 브레턴우즈에 남았다. 진정한 국제 화폐를 만든다는 케인스의 아이디어는 기각되었고, 미국 달러는 세계 경제에서 준비금 통화가 되었다. 이것은 그 제도가 붕괴될 때까지 미국에게 지속적으로 활용할 수 있는 특권을 주었다.

참고문헌: Benn Steil, *The Battle of Bretton Woods: John Maynard Keynes, Harry Dexter White and the Making of the New World Order*(Princeton University Press, 2012).

것은 (재화와 서비스에 대한) 경상 수지에 대해서만 통화의 태환을 요구하고, (금융 자산에 대한) 자본 수지에 대해서는 그렇게 하지 않음으로써 행해졌다. 전간기

경험은 민간 자본 이동과 투기는 불안정성을 야기한다는 신념으로 이어졌다.

게다가 브레턴우즈 체제는 경상 수지 적자를 경험하고 있는 나라들의 유연성을 보증하는 것을 목표로 했다. 이것은 두 가지를 함의했다. 첫째, 경상 수지 적자를 경험하지만 긴축 정책이 실업을 야기할 수 있는 회원 국가들에게 돈을 빌려줄 수 있는 회원 국가들의 금과 통화의 풀을 IMF가 통제한다는 것이다. 둘째, 평가(parities)는 조정될 수 있다는 것이다. 국제 수지가 '근본적인 불균형' (결정적으로 그것은 정의되어 있지 않았다)에 있다면, 그 국가들이 자신의 생산물에 대한 수요에서 항상적으로 역전된 국제적 이동으로 고통을 받으면, 달러에 대해 평가 절하할 수 있다. 예컨대, 인플레이션이 브레턴우즈 체제 하에서는 실제로 꽤 균일하였다고 해도 영국과 프랑스는 몇 년 동안 다른 나라들보다 더 높은 기저적인 인플레이션을 가졌지만, 그 나라들은 디플레이트해야만 했던 것이 아니라 평가 절하할 수 있었다.

그러나 이러한 유연성은 브레턴우즈 체제의 불안정성의 원인들 중의 하나였을 것이다. 비록 자본 이동성은 제한되었지만, 투기자들은 재화에 대한 이연 지불에 의해 해외로부터 차입하거나 미리 돈을 선도함에 의해 대부함으로써, 이것을 우회하는 방법을 발견했다. 이를테면 '선도'(leads)와 '지체'(lags)이다. 각 나라들이 크고 지속적인 경상 수지 적자를 가지고 있다면, 그들은 '근본적인 불균형'에 있다고 혐의를 받을 수 있기 때문에, 투기적인 압력이 출현할 수 있었다. 이것은 불안정화시키는 투기를 촉발했다. 다시 말해 제1차 세계대전 이전의 금본위였을 때 있었던 사례와는 반대되는 것이다. 영국은 1967년에 평가 절하했고, 프랑스는 1957년과 1958년, 그리고 1969년에 평가 절하했다.

브레턴우즈 체제의 몰락은 그 비대칭성에 있었다. 각국의 통화는 달러에 대해 평가 절하될 수 있지만, 이 옵션은 물론 N번째 통화, 즉 달러 그 자체에는 적용될 수 없었다. 게다가 모든 나라들은 평상시에는 달러에 자신의 통화를 묶는 통화 정책을 사용하는 것이 요구되었지만, 오직 미국만이 자신의 이자율을 설정하고 통화 정책을 사용할 자유를 가졌다. 이것은 모든 나라들이 미국의 통화 정책을 따를 준비가 되어 있고, 그들의 인플레이션이 미국에서의 그것을 따를 준비가 되어 있는 한 수용될 수 있었다.

그러나 1960년대에 민주당 행정부는 복지 지출을 확대했고 베트남 전쟁에 참전했다. 이것은 예산 적자와 팽창적인 통화 정책으로 이어졌고, 인플레이션은 2배가 되었다. 유럽 정부들은 다른 인플레이션 목표를 가지고 있었지만, 미국 통화 정책을 수입할 것이 강제되었다. 독일의 해법은 재평가하는 것이었다. 이를테면 1961년과 1969년에. 그러나 미국은 한 가지 공언을 하였는데, 그것은 금의 달러 가격을 보존하는 것이었다. 달러는 더욱더 고평가되면서, 결국 지속 불가능하게 되었고, 1971년에 달러는 금에 대해 평가 절하되었다. 인플레이션이 계속되어 금 태환성은 1973년에 포기되었으며, 브레턴우즈 체제의 신뢰성으로 남아 있었던 것을 잃었고, 브레턴우즈 체제는 그때 허물어졌다.

그래서 브레턴우즈 체제는 공언, 신뢰와 대칭을 결여했다. 고정 환율과 통화의 자유를 결합할 가능성은 불안정화시키는 투기를 피할 능력에 결정적으로 의존했다. 자본 통제가 실패할 때, 브레턴우즈 체제에서의 신뢰의 결여는 그것이 살아남을 수 없음을 의미한다. 금본위와 다르게, 거래자들은 중앙은행의 고정 환율에 대한 공언에 어떤 신뢰도 가지지 않았고, 달러의 지배는 미국이 더 이상 그 제도를 작동시킬 준비가 되지 않을 때 곧 붕괴한다는 것을 의미했다.

9.3.4 변동 환율의 세계

그래서 변동 환율은 우발적으로 출현했다. 비록 어떤 새로운 세계적인 고정 환율 제도가 출현할 것 같지는 않았지만, 변동 환율은 처음에 일시적인 수단으로 간주되었다. 고정 환율 제도가 출현하지 않을 것이라고 본 이유 중의 하나로 1960년대에 로버트 먼델(Robert Mundell)과 같은 이론가들은 그 구성원이 매우 다양한 고정 환율 체제는, 경제적인 충격이 비대칭적이고 정치적 선호가 나라마다 다르기 때문에, 생존할 가능성이 거의 없다는 것을 제시했다. Box 9.4는 이른바 '최적 통화 지역 기준'의 발전을 고찰하는데, 그것은 두 개 이상의 국가가 고정 환율에 동의하거나 통화 동맹을 형성하는 것이 의미 있을 수 있는 경우를 제안하고 있다. 게다가 브레턴우즈 체제가 포기되었을 때 가격 수준은 빠르게 확대 분산했는데, 독일과 일본에서는 20년 동안 가격 수준이 2배가 되었지만 미국에서는 4배가 되었다. 이것은 고정 환율 체제로의 복귀를 훨씬 덜 그럴듯하게 만들었다. 심지어 더 중요한 것은 각 국가들이 곧 국제적인 고정 환율 제도에 대한 관심을 잃었다는 것인데, 변동 환율 그 자체가 자유로운 자본 흐름 및 무역과 양립할 수 있음을 보였기 때문이다.

전형적으로 브레턴우즈 체제의 해체 이후 발전된 새로운 환율 질서는 1980년대와 1990년대 초에 작동한 유럽 통화 제도(EMS)처럼 진정으로 글로벌하기보다는 오히려 지역적이었다. 그러나 심지어 지역적 수준에서도 유럽 체계의 안정성은 탈퇴와 빈번한 환율 조정 없이는 유지되기 어려웠다. EMS에서 독일은 브레턴우즈 체제에서 미국을 매우 많이 닮은 통화 정책의 지휘자였지만, 상당히 다른 결과를 가져왔다. 덴마크와 프랑스를 포함한 많은 국가들은 자신들의

Box 9.4

최적 통화 지역 기준

최적 통화 지역(Optimal Currency Area: OCA) 기준은 두 개 이상의 국가가 통화 동맹(또는 적어도 고정 환율에 동의)을 형성하는 것을 경제적·정치적으로 의미 있게 만들 수 있는 조건을 기술한다. 그것들은 모두 공통적으로 한 가지 것을 갖는다. 그것들은 통화 동맹에 가입(또는 탈퇴)할 것인가 하지 않을 것인가라는 선택을 비용과 편익 간의 상충 관계에 따른 것으로 간주한다. 통화 동맹을 확장하는 것은 그것이 한 나라의 통화의 유용성을 증가시키는 만큼 명백하게 바람직할 수 있다. 그것은 더 넓은 지리적 영역 위에서 사용될 수 있다. 게다가 경제적 효율성에서의 이득도 있을 수 있고, 거래 비용의 제거에 기인한 무역의 증가가 있을 수도 있다. 그러나 비용도 있는데, 통화 동맹이 더 커질수록 통화 지역은 더 이질적으로 되고, 예컨대 단일한 통화 당국이 어떤 특정한 지역 또는 국가의 요구와 격렬하게 상충하지 않는 정책을 설정하는 것이 더 어려워지기 때문이다.

OCA 기준과 관련하여 만들어진 가장 공통적인 논거는 비대칭적 충격을 극복하기 어렵다는 것이다. 논리는 꽤 간단하다. 한 통화 동맹에 두 나라가 있다고 가정하자. 환율은 정의상 그들 간에 고정되어 있고, 단기적으로는 경직적인 가격(sticky prices)이므로 실질 환율은 고정된다. 그 나라들 중 하나는 부정적인 수요 충격에 의해 타격을 입었는데, 그것은 다른 나라에는 영향을 미치지 않았다. 우리는 단순화를 위해 두 나라가 처음에는 균형에 있었다고 가정할 수 있다. 부정적인 수요 충격 이후 영향받은 국가는 수요보다 더 큰 공급을 가진 불균형 상태에 있을 것이고, 균형을 회복하기 위해 확장적인 화폐 정책(더 낮은 이자율)을 요망할 것이다. 그러나 이것은 다른 나라에서는 바람직하지 않을 것인데, 그곳에서는 그것이 초과 수요로 (궁극적으로는 인플레이션 압력으로) 이어질 것이다. 그때 공통적인 통화 정책으로 무엇을 해야 하는가? 그 나라들 중 하나에 대해서만 걱정하는 중앙 정부가 있다면, 이자율은 영향받은 국가에 적합하도록 조정되던가 또는 영향받지 않은 나라에게 편익을 주면서 바꾸지 않고 그대로 둘 것이다. 대안적으로, 실제로는 어떤 나라에도 적합하지 않은 것으로 될 중간적인 입장을 채택할 수도 있다.

OCA 기준은 어떤 조건들은 비대칭적인 충격들에 의해 제시된 어려움을 완화할 수 있고, 양국에서 균형을 회복하는 데 도움을 줄 수 있다고 주장한다. 로버트 먼델(Robert Mundell)에 의해 제기된 첫 번째 기준은 노동 이동성의 중요성을 지적한다(자본은 상대적으로 이동적인 것으로 이해되고 있다). 앞의 예를 취하면, 영향받은 국가는 실업으로 고통을 받을 것이고, 다른 나라들은 초과 수요로 고통을 받을 것이다. 그러나 생산 요소의 이동이 자유롭다면 실업된 요소는 다른 나라로 이동할 것이고, 그래서 환율이나 가격 변화를 요구하지 않고 균형을 회복할 것이다.

피터 케넨(Peter Kenen)에 의해 제안된 두 번째 기준은 생산 다변화와 유사한 무역 구조는 각 나라들이 비대칭적 충격에 대해 덜 민감하도록 만들 것이라고 진술한다. 어떤 충격은 경제의 적은 부분에만 영향을 미칠 것이고, 어쨌든 유사한 방식으로 각 나라들에 영향을 미칠 것이다.

로버트 매키넌(Robert McKinnon)은 세 번째 기준을 제시하는데, 각 나라들 간의 무역의 개방성은 일가의 법칙이 만연되고, 그래서 그들이 통화 동맹에 참가하고 있든 그렇지 않든 실질 환율은 균등화될 것이라고 주장한다. 그러므로 가입에 의해 잃어버릴 것은 거의 없다.

그리고 더 '정치적인' 다른 기준들도 제기되어 왔다. 이것들은 어떤 나라가 충격에 어떻게 반응하는가와 관련되는데, 그들이 국가적 이해 앞에 공통의 이해를 두도록 해야 하고, 비대칭적 충격이 주어질 때 재정적 이전을 통해서 보상할 준비가 되어 있어야 한다고 주장하고 있다.

그러므로 이러한 기준을 사용하여 통화 동맹이 좋은 아이디어인가 그렇지 않은가를 판단할 때, 어려움이 제기된다. 이것은 '내생성 가설'로 알려져 있는데, 유로의 설립 이전에 공통적으로 제기되었던 논거였다. 통화 동맹 그 자체는 무역 통합과 대칭적인 경기 순환을 만들어 낼 수 있고, 그래서 사전적으로 최적 통화 기준을 만족하지 않았던 나라들이 사후적으로는 최적 통화 기준을 만족할 수 있다고 주장한다. 이 아이디어가 어느 정도 유로존 내에서 지지될 수 있는가는 논쟁의 여지가 있다. 비록 무역은 증가되었다고 느껴지지만, 2007~2008년의 금융 위기와 뒤이은 '대침체'는 회원국에게 광범하게 다른 영향을 미쳤다.

화폐를 독일의 마르크에 고정시켰는데, 독일은 낮은 인플레이션 타기팅으로 평판을 가지고 있었기 때문이었다. 비록 독일의 통화 정책에 복종하는 것으로 귀결했다고 해도, 그것이 국내 인플레이션 기대를 억제하는 데 도움이 된다는 그들의 믿음은 근거가 충분한 것으로 나타났다. 그래서 금에 대한 연결이 인플레이션을 억제하는 데 필요하다는 아이디어는 20세기 마지막 10년과 21세기 첫 10년 동안의 유럽의 경험에 의해 반증되었다.

1992년의 마지막 중대한 위기와 더불어 수년 동안 EMS로부터의 몇 번의 탈퇴가 있었음에도 불구하고, EU는 1980년대 말 이래 더 엄격해진 통화 협력, 즉 통화 동맹으로 작동하고 있었으며, 결국 2002년에 유로 블록으로 구체화되었다. EMS가 위기에 취약하였음을 전제할 때, 그것은 놀라운 움직임이었다. 통화 동맹은 각 국내 정부들의 통화 자율권을 박탈하고, 독립적인 유럽 중앙은행이 명시적인 인플레이션 타기팅을 채택했다. 통화 동맹은 구성원들이 장기적으로 고정 환율을 공언하지 않았던 브레턴우즈 체제가 직면했던 문제를 해결했다. 그러나 유로존이 창설되었을 때 최적 통화 지역을 구성하였는가는 명백하지 않았고, 현재 최적 통화 지역인지도 여전히 결코 명백하지 않다. 회원국들은 주로 공적 지출과 차입에 대한 천정이 있다는 측면에서 재정 정책을 조정하는 것이 어렵다는 것을 발견했는데, 그 조정은 2007~2008년 금융 위기 이전에도 성취하기가 쉽지 않았다.

9.3.5 역사적 경험에 비추어 본 유로존 위기

앞서 언급한 라틴 통화 동맹과 스칸디나비아 통화 동맹의 경우, 동맹의 구축을 밑받침하는 협력의 기초는 제1차 세계대전 이전에 엄격하게 테스트되었지만, 전쟁 그 자체가 결정적인 것이었다. 충격이 덜한 다른 사건들조차도 확실히 유사한 효과를 가져왔다. 두 경우 모두 통화 동맹이 위협을 받았을 때 기댈 만한 어떤 중심적인 제도적 구조가 없었다. 현대 유럽 통화 동맹에서 주요한 역할을 하는, (그리고 독일의 경험의 사례에서 통합된 국가로 전개되었던) 초국가적 차원은 20세기 초에 어떤 등가물을 가지지 않았다. 그럼에도 불구하고 미국에서 기원해서 다른 산업 국가들로 전파된 2007년 세계적인 금융 위기의 여파로 어려움을 당하고, 많은 유럽 국가들이 채무 위기와 싸우도록 남겨졌을 때, 유로는 주목을 받게 되었는데, 어느 순간 단일 통화의 생존이 위협받고 있는 것처럼 느

Box 9.5

정치학과 통화 동맹

통화 동맹의 역사에서 배울 수 있는 한 가지 중요한 교훈이 있는 듯하다. 이를테면 적어도 동맹의 궁극적인 생존을 위한 정치적 동기들의 중요성이다. 라틴 통화 동맹은 여러 가지 면에서 프랑스라는 한 나라의 정치적 야망에 기초하였지만, 스칸디나비아 통화 동맹도 정치적 연대의 기초 위에 있었다. 독일 주들 간의 또는 미국 주들 간의 그것과 같은 성공적인 통화 동맹은 이후 정치적 통합 때문에 생존했다. 많은 다른 예들은 이 점을 지지하는 것 같다. 20세기 동안 영국의 식민지 행정을 출현시킨 것은 새롭게 독립한 또는 곧 독립적인 식민지가 될 그룹을 위한 공통 통화를 형성하려는 시도였다. 이 중 어느 것도 살아남지 못했다. 단명했던 오스트리아-독일 통화 동맹도 전쟁에 의해 급격하게 끝났다. 스위스 통화 동맹만이 통합된 스위스 하에서 생존했을 뿐이다. 공통 통화는 곧 통일된 이탈리아로 이어졌다.

그래서 중심적인 체제의 붕괴 이후 통화 동맹의 운명을 고려해 보는 것은 가치가 있다. 소비에트 연방이 붕괴되었을 때, 독립 국가의 첫 번째 징후 중의 하나가 다수의 독립적인 통화의 탄생이었다. 체코슬로바키아 통화는 두 국가로의 해체 이후 6주간만 지속되었다. 아일랜드 공화국의 영국과의 통화 동맹은 독립 이후 더 오래 생존했지만, 그것도 또한 결과적으로는 자기 자신의 통화를 확립했다. 심지어 에리트레아도 1933년에 에디오피아로부터 독립한 후 자기 자신의 통화를 신속하게 형성했다. 그 리스트는 계속된다.

몇 년 동안 정치적 통합 없이 생존했던 통화 동맹의 예들은 하나의 큰 국가와 하나의 작은 국가 간의 것으로, 예컨대 벨기에와 룩셈부르크 간에 존재했던 것 또는 이탈리아와 산마리노와 바티칸 도시 간에 오늘날에도 존재하는 것이다. 한 가지 가능한 예외는 이전 프랑스 아프리카 식민지들의 CFA 프랑 존인데, 그것은 프랑스 프랑(이제는 유로)에 묶여진 하나의 통화를 가졌다. 그러나 이것은 여러 가지 면에서 아프리카 국가들과 프랑스 간의 고정 환율과 더 같았는데, 프랑스의 지배(통화 영역에 대해 외부적인)가 CFA 프랑 존에 결정적이었다.

그러나 어려움의 징후들은 1914년 이전에 이미 출현하고 있었음을 전제할 때, 비록 이것은 잘못된 위안일 수 있지만, LMU와 SMU를 끝낸 것은 매우 주요한 충격(제1차 세계대전)을 받은 것이라는 사실로부터 유로존은 위안을 삼을 수도 있다. 그러나 그들은 성공한 것으로 볼 수 있고, 여기에는 오늘날 유럽을 위한 모형으로 많은 사람들이 간주하는 급속한 독일 통합이 있다. 오늘날의 유럽에서처럼 그때 독일에서 통화 동맹은 관세 동맹을 뒤따랐고, 지배적인 통화에 고정되었다. 정치적 통합 이후 공통 통화의 도입이 곧 따랐다. 그러나 19세기 독일과 21세기 유럽 간의 큰 차이는 독일은 비스마르크라는 강력한 정치적 지도자를 가졌다는 것이다. 대부분의 유럽인은 오늘날 그런 위인의 아이디어를 받아들이는 것에는 망설일 것이다!

껴졌다. 유로가 역사의 테스트를 통과할 것인지는 Box 9.5에서 논의하듯이, 경제학보다는 정치학에 크게 의존할 것이다.

그래서 유로의 기초인 유럽 경제 통화 동맹(EMU)은 국가적 통화 동맹에서처럼 단일한 통화와 단일한 중앙은행, 즉 유럽 중앙은행(ECB)을 결성했다는 점에서 통화 통합에 대한 이전의 시도들과는 다르지만 회원국들은 상당한 정치적·재정적 주권을 보유하고 있다. 게다가 EMU는 금과 같은 상품이 아니라 가격 안정성에 닻을 내리고 있다. EMU가 직면한 문제들은 회원국들 간 이해의 발산의 면에서 전간기 금본위를 부활하려고 노력했던 유럽 국가들의 경험과 걱정스러울 정도로 비슷한 귀결들과 함께, 이전의 통화 동맹들이 직면했던 것과 관련되어 있다.

2007~2010년 유럽과 세계를 강타한 금융 위기는 유로 회의론자들이 걱정했던 것과 정확하게 일치하는 일종의 비대칭적 충격이었다. 2007년에 심각한 스트레스 하에 있던 어떤 나라도(이른바 PIIGS: 포르투갈, 이탈리아, 아일랜드, 그리스, 스페인) 특별히 높은 수준의 부채를 가지고 있지는 않았다. 예컨대, 스페인은 예산 흑자가 계속되었다. 주로 유로의 멤버십이 그들의 부채를 안전한 투자처럼 느끼게 만들었기 때문에 모두 외국 자본을 끌어들이고 있었다. 그러나 위기와 함께 자본 유입은 사라지고, 조세 수입은 떨어지며, 적자가 증가하자 유로의 멤버십은 갑자기 더 이상 상당한 이점으로 보이지 않게 되었다. [표 9.1]은 2007년에 유로존을 강타한 비대칭적 충격의 정도를 보여 준다.

EMU의 틀을 규정한 1992년 마스트리히트 조약은 국가 채무가 유로를 불안정하게 만드는 작용을 할 수 있다는 것을 인식했으며, 유로와 안정성 및 성장 협약(SGP: Stability and Growth Pact)의 회원들이 이 규율을 유지하도록 하는 이른바

[표 9.1] 도표 속의 유로존 위기: 최적 통화 지역

		프랑스	독일	그리스	아일랜드	이탈리아	포르투갈	스페인	유로 지역
실질 GDP (2007=100)	2007	100	100	100	100	100	100	100	100
	2012	99.9	103.5	80	93.9	93.1	94.2	95.9	98.8
	2014	100.4	105.9	75.2	96.6	91.8	91.9	94.6	99.3
인플레이션 (%/년)	2007	2.6	1.6	3.3	0.7	2.4	2.8	3.3	2.3
	2012	1.3	1.3	−0.8	1.9	1.6	−0.1	0.3	1.2
	2014	0.8	1.7	−2.1	1.2	0.9	0	0.4	1.1
실업 (%)	2007	8	8.3	8.3	4.6	6.1	8	8.3	7.4
	2012	9.9	5.3	24.2	14.7	10.6	15.6	25	11.2
	2014	11.1	4.8	28.4	14.1	12.5	18.6	28	12.3

출처: OECD 2013, Nicholas Crafts, 'Saving the Euro: a Pyrrhic Victory?', CAGE-Chatham House Series, No. 11 (November 2013).

'수렴 기준'(convergence criteria)을 규정했다. 다소 아이러니컬하게도 오늘날 PIIGS 와 관련하여 그들의 입장을 고려하면서, 2000~2001년의 경기 침체의 여파 속에 서 이 기준의 완화를 위해 압력을 행사하여, 2003년에 SGP의 수정으로 이끌었 던 나라가 바로 프랑스와 특히 독일이었다. 이것은 공식 통계를 '마사지하는 것'과 결합되어 도래할 위기의 기반을 쌓았다. 그래서 2009년에 그리스 정부는 자신의 부채를 GDP의 6%에서 12.7%로 수정하였고, 더 늘릴 전망이었다. 다음 해에 그리스 부채 등급은 신용 평가 기관에 의해 강등되어, 그리스의 부채 조달 비용의 급속한 상승을 초래했다. 공적 지출을 감축하고 부도 위험을 회피하려 는 시도 속에서 그리스 정부는 다양한 재정 긴축 수단을 통과시켰고, 유럽 연합 과 IMF가 제시한 저금리 대출의 구제 금융 패키지를 받아들였다. 유사한 패키 지는 아일랜드와 포르투갈의 경우 2010년에, 스페인과 시프러스의 경우 2012년

에 협정되었다.

　이러한 구제 금융 패키지의 조항은 매우 엄격했다. 최악의 영향을 받은 것은 그리스였다. 그리스는 총파업과 불안으로 고통을 받았는데, 그 속에서 많은 사람들이 다치고 일부는 죽기도 했다. 그리스는 통화 정책 또는 평가 절하를 사용하여 경제를 자극할 수 없었으며, 비록 일부 경제학자들이 최근에 유로를 탈퇴하라고 제안하였지만 여전히 개연성이 낮다. 이것은 금본위에 대한 전간기 경험과 대조되는데, 그때는 각 나라들이 결국 모두 떠나는 것으로 되었는데, 어느 정도는 그들의 이데올로기적인 공언의 수준에 따라 일부 국가는 다른 나라보다 더 나중에 그렇게 했다. 대조적으로 유로는 영구적인 것으로 설계되었으며, 떠나는 것은 한 나라가 그렇게 원할 때조차도 쉬운 문제가 아닌 것이다.

　왜 그리스가 유로를 떠나는 것이 그렇게 어려운가? 사람들이 이것을 의심하면, 그들은 그리스 은행의 유로를 비게 만들고 금융 체계는 붕괴된다. 동시에 다른 나라와의 이자율 격차는 실질적으로 증가할 것이다. 더 나아가 문제는 그리스에서 멈추지 않는다. 그리스에 투자했던 어떤 사람도 많은 금액의 돈을 잃을 것이고(프랑스와 독일에 있는 기관들이, 특히 위험에 노출되어 있다) 유로의 평판은 손상을 받아, 다른 유로존 국가들이 돈을 빌리는 이율을 더 높게 만들 것이다. 그러므로 현재 상태를 구하기 위해 EU 회원국들은 상당한 노력을 하고 있다.

　폴 크루그먼이 명명했던 것처럼 유로의 '덫'은 싼 돈을 몇 년 쓴 후에 매우 높아진 물가와 임금 수준을 가진, 그리고 평가 절하의 가능성 없이 자신들의 경제를 디플레이트해야 할 필요성을 가진 나라들을 남겨둘 것이다. 우리가 대공황을 논의할 때 묘사하였던 것처럼 이것은 경기 침체와 실업을 가져오는 매우 고통에 찬 과정이다. 한동안 독일은 호황을 누리고 있다. 유럽 연합의 반응은 어려움을 겪고 있는 유로존 회원국에게 금융적 지원을 제공하기 위해 유럽 금융 안정 기금(EFSF: European Financial Stability Facility)을 형성하는 것이었고, 변동성을 줄이고 유동성을 개선하기 위해 유럽 중앙은행이 다른 수단들을 취하는 것이지만, 미래가 현재 유로를 위해 무슨 패를 가지고 있는지는 불분명하다.

요약

[표 9.2]는 서로 다른 환율 체계에서의 세계 경험을 요약한 것이다.

국제 통화 체제의 역사는 잘 기능하는 세계 경제를 위해 고정 환율이 필요하지 않는 체제가 점진적으로 실현된 역사였다. 게다가 국내 정책 목표와 독립적인 통화 정책의 중요성의 상승과 함께 고정 환율은 수행하기가 더욱더 어렵게 되었다. 간단히 말하면, 그것을 수행할 어떤 종류의 초국가적 권위가 없으면 근대 시대의 고정 환율은 붕괴하게 만들어졌다.

[표 9.2] 환율 체계들

	1870~1913	1919~1930	1931~1939	1950~1971(3)	1975~2000	2000~2009
환율 체제	고정	고정 환율로 변동	관리된 변동	단기적으로는 고정이지만 장기적으로는 조정 가능	혼합: 변동 또는 독일 마르크, snake, EMS에 고정된 통화 블럭	혼합: 변동 또는 통화 동맹 (유로)
국제 자본 흐름	높음	높음	낮음	낮음	점차 높아짐	높음
이자율 격차	낮음	높지만 떨어짐	높음	높음	낮게 떨어짐	낮음
명목 환율 조정	아니오	모름	예	예	예	모름
통화 태환성	예	예	제한된 통화 통제	무역 거래를 위한 태환성 통화들	예	예
인플레이션율	균일	국가 간의 큰 차이		1992/1994년 까지 유의한 국가 간 차이	1992/1994 이후 균일	

더 읽을거리에 대한 제안

- 국제 통화 이론에 대한 교과서적인 소개를 위해서는 P. R. Krugman, M. Obstfeld and M. Melitz, *International Economics: Theory and Policy*(Pearson Education, Inc., 2014)를 보라.
- 다음은 국제 화폐의 일부 역사들이다.
  - B. Eichengreen, *Globalizing Capital: A History of the International Monetary System*(Princeton University Press, 2008).

- R. I. McKinnon, *The Rules of the Game: International Money and Exchange Rates* (Cambridge, Mass.: MIT Press, 1996)는 다양한 국제 통화 체제의 작동에 대한 고전적인 설명들 중의 하나를 제공한다.

- M. Obstfeld and A. M. Taylor, *Global Capital Markets: Integration, Crisis, and Growth*(Cambridge University Press, 2004).

● 금본위에 관한 많은 책이 있다. 가장 좋은 것 중의 하나는 B. Eichengreen, *Golden Fetters: The Gold Standard and the Great Depression, 1919-1939*(Oxford University Press, 1995)이다. 이것은 현대의 고전이다. Eichengreen은 금본위에의 집착이 대공황의 심각성의 원인이었다는 것을 주장한 최초의 사람 중의 1명이었다. Nurkse의 설명과 같은 전통적인 설명들은 그 반대의 결론에 도달했었다. R. Nurkse, *International Currency Experience*(Geneva: League of Nations, 1944).

● M. D. Bordo, *The Gold Standard and Related Regimes*(Cambridge University Press, 1999)는 금본위의 작동에 대한 다른 탁월한 설명을 제공한다. 브레턴우즈 체제의 $N-1$의 문제는 P. De Grauwe, *International Money*(Oxford University Press, 1996)에 기술되어 있다.

● W. F. V. Vanthoor, *European Monetary Union since 1848*(Cheltenham: Edward Elgar, 1996)은 유로의 도입까지 유럽 화폐 동맹의 역사에 대한 다채로운 설명을 제공한다.

10

정치 경제학의 시대:
최소 국가에서 20세기 복지 국가로

정치 경제학의 시대:
최소 국가에서 20세기 복지 국가로

10.1 19세기 말의 경제와 정치학

19세기 마지막 1/3 동안 많은 서유럽 경제들은 영국을 캐치업하기 시작했고(제6장을 보라) 근대 경제 성장의 국면에 참가했다. 그때는 최소 국가의 시대였다. 중앙과 지방 정부 지출은 GDP에 대한 비율로 약 10%였고, 대부분의 공적 지출은 군사, 법과 질서, 시민 행정을 위해 소비되었다. 공적 교육, 국가 기금에 의한 건강, 궁민(窮民) 및 노령 인구에 대한 지원은 정부 지출의 절반 이하였다. 국가의 역할은 게임의 규칙을 설정하는 것이었다. 즉, 산업과 무역을 위한 법과 규정을 제정하는 것이었는데, 그것은 최대 작업 시간과 산업 노동자에 대한 안전 표준을 포함한다. 19세기에 궁민 구제는 현실적으로 정체되었고, 민주주의가 궁민들의 발언권을 높일 때까지 GDP의 1%를 넘지 않았다. 일부 국가에서 실업 보험이 국가의 도움을 받으며 도입되었는데, 노동조합은 그것을 설정하는 데 도움이 되었다. 국가 보조금은 자유주의적 기반을 가진 다른 나라에서는 저항에 직면했다. 비록 무역 자유화로부터 손실을 입은 사람들이 1880년대에 보호 무역주의적 반발을 촉발시켰을 때, 자유 무역에 대한 태도가 변하기는 했지만 자유주의적 합의는 출현했다. 그러나 정부의 역할은 제한적이었다.

은행 제도, 궁극적으로는 중앙은행이 은행권 발행의 독점력을 승인받았을 때 화폐 공급은 그들에게 남겨졌다. 경기 순환에 영향을 주려고 **조세**와 지출을 의도적으로 변화시키는 거시 경제적 관리는 들어본 바 없다. 거시 경제학이라는 단어는 1940년대 초에 처음 사용되었다. 경제를 자기 규제하는 실체로 보는 경제학적 정통 견해는 통치 엘리트의 마음을 지배하였다. 경제에 대한 충격은 가격과 임금의 변화로 흡수될 수 있으므로 단기에서 중기에 이르는 기간조차 어떤 실질적인 효과를 가지지 않는다고 생각되었다. 제9장에서 서술한 금본위가 가정하는 자동적 균형화 기제는 자유주의적 질서의 조화를 나타내는 것으로 보일 수 있었다. 국가 개입은 최소한으로 유지되어야 한다. 심지어 선거권이 남성 인구의 대다수에게 확장되었을 때조차 사람들의 목소리는 여전히 정부에게 중요하지 않았다.

제1차 세계대전은 그 모든 것을 바꾸었다. 기존 무역 루트는 붕괴되었고 금본위는 일시 정지되었다. 인플레이션율이 대부분의 유럽에 걸쳐 실제로 동일하였던 50여 년 동안 이후 가격 수준은 이제 극적으로 분산되었다. 우파 또는 좌파의 권위주의적 통치로 경도된 나라들을 제외하면 완전한 의회 민주주의가 도입되었다. 노동조합은 강화되었고 사회 민주주의 정당이 폭넓은 선거 기반을 얻었다. 변화에 대한 갈망이 있었지만 다양한 정치적 스펙트럼에 걸쳐 있었던 경제학자들과 경제 정책 결정자들은 과거에 대한 강한 관성을 가졌다.

10.2 경제학적 정통 견해여! 안녕: 대공황에 대한 반응

경제학적 정통 견해의 힘이 얼마나 강력한가는 전간기 동안 통화 질서의 선택에서 가장 명백하게 드러난다. 전쟁 동안 금본위의 일시 정지와 함께 대부분의 유럽 통화들은 제1차 세계대전 이후 일시적으로 자유 변동 환율 체제에 있었다. 환율은 전쟁 동안 폭넓게 달라진 인플레이션 역사를 반영하여 조정되었다. 구매력 평가는 회복되었지만 명목 환율은 전전 환율과는 크게 달라졌다. 가격은 유연하다는 (또는 유연해야 한다는) 자유주의적 신념이 전전 명목 환율과 금 평가로의 복귀가 바람직하고, 가능하고, (잠재적으로) 신속하게 이루어질 수 있다는 아이디어를 먹여 살렸다. 처음에 환율 선택에 대해 덜 교조주의적인 해법을 선택한 통화들에 비해 전전 금 평가로의 복귀가 국내 통화를 과대평가되게 할 수 있을 때조차, 가격과 임금의 하방 유연성이 통화의 구매력 평가를 회복할 것이라 전제하였다. 비록 1930년대에 정통 견해를 무너뜨리는데 최종적으로 도움을 준 사상을 제시한 존 메이너드 케인스(John Maynard Keynes)처럼 반대하는 목소리도 있었지만, 자유주의적 신념은 스칸디나비아와 영국에서 지배적인 신념이었다. 프랑스처럼 인플레이션이 실제적으로 통제되지 않았던 경제에서는, 전전 금 평가로 복귀하면 경쟁력을 회복하기 위해 필요한 명목 가격과 임금 수준 조정의 규모는 상상할 수도 없을 만큼 커서 결과적으로 더 실용적인 해법, 즉 금으로 복귀하지만 더 낮은 평가로 복귀하는 방법을 찾았다. 형성 중이었던 경제적 충격(1929년에 시작된 대공황)에 저항할 수 있는 나라의 능력에 영향을 준 것은 상이한 환율 선택이었음이 판명되었다. 정통 견해의 주문에 사로잡힌 나라들인 스칸디나비아와 영국은 프랑스와 같은 경제들에 비해 비교 우위를 잃었음을 알게 되었다. 금본위의 균형화 기제가 신속하고 고통 없이 작동했다면, 경쟁력을 회복하도록 과도하게 높은 가격과 임금 수준들이 조정되었을 것이다. 그러나 조정은 매우 느렸고 국제 준비금은 경상 수지 적자국으로부터 프랑스와 미국으로 유입되었다. 새로운 정치적 힘들은 디플레이션적인 정책을 덜 그럴듯하게 만들었다. 즉, 노동조합은 치솟는 실업률을 마주할 때조차도 임금 감축에 대해 협상하기를 원하지 않았고, 기업의 규모가 커져 스스로 가격을 설정하게 되었을 때 산업재의 가격 형성은 덜 유연하게 되었다. 잠시 존재했던 전간기 금본위 동안 명목 가격 또는 임금 수준의 조정은 매우 적게 일어났고, 그래서 처음의 불균형은 1929년 대공황의 발발까지 남아 있었다.

대공황은 최초의 국제적인 성장 재해로 미국에서 비롯되어 세계의 다른 나라로 파급되었다. 대공황은 정책의 오류 또는 적절한 정책 반응의 부재로 인해 매우 심각하게 되었다. 공황의 기원은 주식 시장 과잉의 시기를 뒤이은 소비와 투자에 대한 부정적인 큰 충격이었다. 주식 시장 버블이 1929년에 터졌을 때 영업의 신뢰는 손상되었고, 부와 소비와 투자는 감소하여 위기를 증폭시켰다. 은행 제도는 심각하게 쇠퇴해 갔다. 그러나 월스트리트나 세계의 다른 나라에서 주식 시장의 부(富)의 파괴가 소비의 하락에 미친 영향은 부분적이었을 뿐이다. 비록 식량 생산은 실질 단위로 단지 한계적인 영향만을 받았지만, 공업 생산은 급속하게 감소하였다. 식량과 1차 산품의 가격은 급격하게 떨어졌고, 원재료 생산자들은 미국이 1930년에 국제적으로 대부하기를 중단했을 때 유럽으로부터의 공업 수입에 지불할 수출 소득을 상실했다. 미국은 보호 무역주의적인 정책으로 들어갔고 세계의 다른 나라도 선례를 따랐다. 1929~1933년에 세계 무역은 1929년 가격으로 가액이 3분의 1로 떨어졌다. 명목 이자율은 매우 낮았지만, 디플레이션, 즉 음의 인플레이션은 투자 회복을 막기에 충분할 만큼 **실질 이자율**을 높였다. 대중은 은행 제도에 대한 신뢰를 잃었으며, 정부는 그 신뢰를 회복하기에 충분하지 않아 은행은 화폐 창조(money-creating) 기능을 상실했다.

1931년에 영국을 금본위로부터 벗어나도록 한 것은 신념이라기보다는 상황이었다. 스칸디나비아와 몇 개의 다른 나라들은 즉각 영국을 따랐고 자신의 과잉 평가된 통화를 평가 절하했다. 이것은 비록 그 시대에는 완전히 이해되지 않았다고 해도, 경제학적 관리에서 기존 지혜를 재고하도록 한 최초의 중요한 움직임이었다. 통화 정책은 환율을 방어하는 도구로 이전부터 기능했었다. 금본위가 포기되면서 '황금의 족쇄'(케인스에 기인하는 용어)는 더 이상 통화 정책을 제약하지 않았다. 경제 회복이라는 면에서 반응은 거의 즉각적이었다. 회복은 꽤 쉽게 설명할 수 있다. 대공황은 가격의 하락과 결합되어 있었는데 명목 임금은 위기 이전 수준으로 남아 있었다. 결과적으로 실질 임금과 생산물 임금(산업의 생산물의 가격으로 나눈 임금 비용)이 증가했을 뿐만 아니라 이윤을 악화시켜 회사의 생존을 위협했다. 평가 절하는 디플레이션을 멈추게 하고 완만한 인플레이션이 일어나도록 했는데, 높은 실업으로 인해 더 높은 명목 임금을 협상하지 못하였기 때문에 생산물 임금은 감소했다. 인플레이션은 또한 **실질 이자율**을 감소시켜 투자를 자극했다. 수입된 상품은 상대적으로 비싸져서 국내 산업은 자국 시장에서 경쟁 우위를 얻었고, 외국 시장에서 현지 생산 업체가 부과하는 가격에 비해 수출품의 가격이 하락하여 수출 시장에 침투하기가 더 쉬워졌다. 영국의 회복은 느렸지만, 스칸디나비아 경제들은 정통적인 환율 정책과 빠르게 단절했기 때문에 1930년대에 상당히 성과가 좋았다. 그러나 경제의 방향 전환은 불완전했다. 비록 매사추세츠 케임브리지로부터 영국 케임브리지까지,

그리고 스톡홀름까지 경제학자들 간에 강렬하고 혁신적인 논쟁들이 일어나, 결과적으로 근대 거시 경제학의 기반을 마련했다고 하지만, 새로운 아이디어는 1930년대 불황을 관리하는 데 거의 실제적 함의를 갖지 않았다. 사실 대부분의 정부는 세금이 증가하여 사람들이 해고당할 때 조세 수입을 줄이는 것으로 반응했는데, 이로 인해 위기는 악화되었다. 비록 통화 정책은 금본위가 포기되어서 제약이 덜 하였지만 고용과 성장에 영향을 미치도록 재정 정책을 적극적으로 사용하여야 한다는 아이디어는 여전히 정책 결정자들이 채택하기에는 너무 급진적인 것이었다. 예산 규율 그리고 정부의 수입과 지출의 균형은 존중되어야 한다는 개념은 소수의 젊은 경제학자들의 그룹에 의한 것을 제외하고는 심각하게 도전받지 않았다. 사실 많은 국가들은 중립적이거나 **경기 조정적인 경제 정책**보다는 경기 순응적인 경제 정책을 추구했다.

유럽 대륙은 경제학적 정통 견해의 요새로 남아 있었는데, 그것은 암울한 경제적 성과(프랑스)에서 정치적 재앙(독일)에 이르기까지 다양한 효과를 산출하였다. 프랑스는 수출 소득에 대한 충격을 견딜 수 있는 적절한 국제 준비금을 가지고 있었기 때문에 대공황의 첫 해 동안에는 상대적으로 잘 지냈다. 프랑스는 금본위의 우둔한 옹호자로 남았다. 사실 프랑스는 1936년이라는 늦은 시점에야 금본위를 버린 마지막 주요 경제였다. 금본위에 남음으로써, 비록 직업을 가진 사람들은 실질 임금의 유의미한 증가를 경험했지만, 프랑스는 디플레이션과 정체를 겪어야 했으며 반면에 평가 절하한 나라에서는 실질 임금이 정체하거나 떨어졌다. 1936년 프랑스의 환율 조정은 회복을 창출하기에는 제2차 세계대전의 발발 시점에 너무 근접해 있었다.

독일은 군사적인 패배에 의한 굴욕감과 단명한 정부들과 함께 전간기에 들어섰는데, 무모한 지출은 1920년대 초에 하이퍼인플레이션을 촉발했다. 일단 안정화되자 통화는 금본위에 가입했고 국제적 투자자(주로 미국인 투자자)의 즉각적인 신뢰를 향유했다. 독일이 제1차 세계대전의 승전국들에게 지급해야 하는 배상액은 외국 자본의 유입으로 감당할 수 있는 범위를 넘었다. 그런데 대공황이 수출 소득에 타격을 주자 증가한 외국 부채와 배상금 지급을 모두 해야 하는 부담 때문에 사용할 수 있는 경제 정책은 심하게 제약되었다. 경상 수지 적자를 줄이기 위해 독일 정부는 긴축 수단을 도입했다. 그것은 경제적 활력과 수입(imports)을 줄였으며 실업률은 1930년대 초 미국과 유사한 수준, 즉 노동력의 약 25%까지 올랐다. 이미 불안정한 정치적 상황은 갈수록 더 악화되었다. 1928년에 아돌프 히틀러(Adolf Hitler)의 당(NSDAP)은 5% 미만의 표를 얻었지만, 5년 후에는 그 투표가 공정한 것이 아니었다고 해도 유권자의 40% 이상이 그에게 투표했다. 경제적 쇠퇴와 나치즘의 정치적 상승 간의 연계는 [그림 10.1]에서 보듯이 명백했다.

왜 경제 정책 결정자들은 진로를 바꾸지 않는가? 독일 역사 편찬의 강한 흐름은, 독일의 금본위에 대한 강한 공언과 배상금 지급이 결합되어 있었던 경제의 상태에서 다르게 행동할 수 있는 여지는 없었다고 주장한다. 팽창적인 통화 정책은 이자율을 떨어뜨려 자본이 이탈할 수 있었다. 그러므로 1931년 여름 영국이 금본위를 포기하기 두 달 전에, 독일은 자본 통제를 도입했다. 이것은 그 자체가 금본위의 불문율에 대한 위반이었는데, 일단 통화 움직임의 불안정화를 억제할 수단을 가졌으므로 독일은 독립적인 통화 정책을 취할 기회를 잡게 되었다. 그러나 독일은 이 옵션을 사용하지 않았다. 독일은 이미 통화 통제를 도입하였는데 왜 영국을 따라 금본위를 이탈하고 평가 절하하지 않았는가

[그림 10.1] 실업이 아돌프 히틀러에게 길을 터 주었다

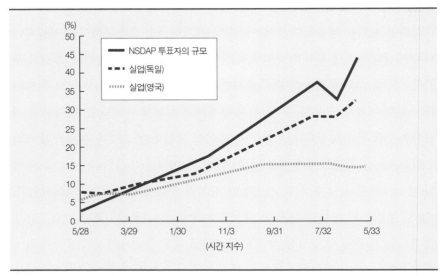

출처: Christian Stögbauer, 'The radicalisation of the German electorate: swinging to the right and the left in the twilight of the Weimar Republic', *European Review of Economic History*, 5(2001), 251~280; B. R. Mitchell, *International Historical Statistics*, 4th edn.(London: Macmillan, 2003).

를 이해하는 것은 어렵다. 독일이 영국을 따랐다면 평가 절하한 국가들이 경험한 회복이 독일에서도 일어났을 것이다. 1932년 배상금 지급은 일시 중지되었고 약한 회복의 신호가 있었다. 1932년 중반부터 말까지 실업률과 나치에 대한 투표자의 규모가(그림 10.1)을 보라) 모두 약간 감소했다. 그러나 그 회복은 히틀러의 등극을 막기에는 너무 미약했다. 결정적인 시기는 1931년 여름부터 1932년 여름까지 펼쳐졌다. 영국과 스칸디나비아는 1931년에 대안적인 정책에 개방되었다. 그리고 미국이 1933년에 뒤늦게 따랐다. 불황과 싸우겠다고 결정한 새로운 대통령 프랭클린 루스벨트(Franklin D. Roosevelt)가 1932년 12월에 당선되었

성장 재해와 대공황

대공황은 지난 150년 중에서 유럽 경제에 발생한 가장 큰 산출물 충격은 아니었다. 독일에서만 GDP의 감소는 정점(1929)에서 바닥(1933)까지 미국처럼 심했는데, 25% 이상이었다. 유럽의 다른 나라에서는 약 10% 정도 감소했다. 소비는 산출물에서의 퍼센티지 감소의 약 절반이어서 GDP보다 덜 감소했다. 공황 속에서 영향을 받은 것은 주로 투자와 내구재 소비였다. 산업에 여유 능력이 있었고, 투자자의 실질 부채가 증가하여 은행에게 그들은 악성 리스크가 되었기 때문에 투자는 감소했다. 공황은 디플레이션과 결합되었으므로, 실질 이자율은 투자를 억누르기에 충분할 만큼 높았다. 취약한 은행 제도는, 파산의 위기 속에서 시소놀이를 할 때, 보통 위험 감수로부터 등을 돌리고 극단적으로 조심스러워진다. 유럽에게 큰 성장 재해는 세계대전들과 이들 전쟁 이후의 조정과 결합되었다. 대공황과 같은 산출물에서의 큰 감소는 거의 항상 주식 시장 붕괴 및 은행 위기와 연계된다. 그러나 비록 심각한 은행 위기는 통상 산출물에 강한 부정적 영향을 미치지만, 네 개의 주식 시장 붕괴 중에서 오직 하나만이 공황을 창출했다. 주식 시장의 부(富)에서 1유로의 감소는 약 5~10 센트의 소비 감소를 낳는 것으로 추정된다.

지만, 1933년 3월까지 취임하지는 않았고, 그때 이미 히틀러는 권력을 잡았다.

영국은 공황의 재앙적 효과 중 일부를 피했다. [그림 10.1]에서 보듯이, 실업은 결코 독일 수준으로 오르지 않았고, 1931년 평가 절하 이후에는 증가하지 않았다. 독일에서 실업이 1931년과 1932년에 계속 증가하지 않았다면, 우리는 나치 정권의 만행이 없는 역사를 이어 갔을 것이고, 히틀러는 그의 출신인 정치적 주변부로 돌아갔을 것이다.

10.3 20세기 후반 거시 경제 관리의 성공과 실패: 완전 고용에서 인플레이션 타기팅으로

원래 '케인지언'(Keynesian)이라는 꼬리표가 붙은 거시 경제학적 교리들은 1930년대 이래 현재까지 점점 증가하는 경제학자들의 작업의 결과였다. 케인스의 아이디어는 정부 부채에 의해 조달된 지출(즉, 적자 지출)과 보통 결합되고 있다 해도, 이것은 피상적인 묘사이다. 적자 지출은 히틀러가 권좌에 오른 이후 독일의 사례처럼, 전쟁 기간에 또는 전쟁을 위한 준비기에 일상적으로 나타난다. 케인지언은 정부 지출의 증가가 작동한다는 것을 더 정확하게 보여, 그것을 정당한 것으로 보게 했으며, **승수 효과**를 적용함으로써 정부 경비가 국민 소득에 대해 미치는 잠재적인 '지출 이상의' 효과를 정확하게 파악할 수 있게 했다. 이것은 팽창적인 재정 정책이 장기 부채 부담을 반드시 증가시키지 않는 가능성을 열었기 때문에 여전히 논쟁 상태에 있다.

케인지언 원리는 제2차 세계대전 이후 바로 채택되지 않았던 것이 일반적인 사례였으며, 채택되었을 때도 재정 정책은 경기 순환에 대해 일관성 있게 사용되지는 않았다. 수요 관리의 정치학은 지출 삭감으로 경제를 식히는 것보다 조세를 줄이거나 지출을 늘림으로써 실업과 싸우는 것을 더 쉽게 만든다. 독일은 처음에 완전 고용 원리를 포용하는 것을 마지못해 했고, 프랑스는 국가 개입의 전통에 충실하게 더 포괄적인 지시적 계획을 실험했다. 그러나 그것은 대개 실무적인 사회주의형의 계획이라기보다는 수사학적 제스처에 의한 조정이었다. 한편, 제2차 세계대전 직후 새로운 거시 경제적 관리를 위한 슬로건은 '완전 고용'이었는데, 그것은 5% 이하의 실업률로 해석되었다. 유럽에서 평균 실업은

Box 10.2

지출 승수 논쟁

지출 승수 또는 재정 승수는 정부 지출 변화율에 대한 국민 소득 변화율의 비이다. 정부 지출 1.5%의 변화로부터 국민 소득이 2% 증가했다면, 승수는 2/1.5=1.33일 것이다. 승수가 1 아래에 있으면 국민 소득의 백분비 변화는 정부 지출의 백분비 변화보다 더 적을 것이다. 지출 승수 또는 재정 승수의 추정치는 0에 가까운 값에서 2 정도까지 변화한다. 승수의 정확한 값은 정부가 경기 순환 관리에 개입하는 것에 대한 찬성 또는 반대를 결정하는 데 중요한 함의를 갖기 때문에 추정치에서의 커다란 차이는 곤혹스럽다. 이러한 변화가 발생하는 이유는 누락된 변수 편의와 관련되고, 정부 행동의 타이밍뿐만 아니라 나라의 특성도 중요하다는 점과 관련된다. 조세가 지출의 증가에 따라 오르면 승수는 더 작아질 것이다. 생산 능력에 가깝게 작동하고 있는 소규모 개방 경제는 재정 자극이 수입의 증가와 인플레이션으로 분산될 수 있기 때문에, 재정 자극의 효과가 있더라도 크지는 않을 것이다. 승수는 그 나라가 따르는 통화 정책과 환율 정책, 사용되지 않은 시설이 있는가에도 의존할 것이다. 재정 자극은 회복이 진행되고 있을 때보다, 경제 위기의 초기에 더 큰 효과를, 즉 1 이상을 가질 것 같다. 그리고 그 효과는 높은 실업률을 가지는 심한 경기 침체에서 일반적으로 더 클 것이다. 그런 상황에서 명목 이자율은 자주 0에 가깝고, 통화 정책은 이자율의 하한인 0의 이자율에 의해 제약된다. 그런 상황에서 재정 자극이 더 높은 인플레이션으로 연결된다면, **실질 이자율**은 그렇지 않을 때보다 더 낮아질 것이기 때문에 저주라기보다는 축복일 수 있다.

일부 경제학자들은 대중들이 정부 부채의 증가는 궁극적으로는 상환되어야 할 것이라는 것을 알고 예비적 행동을 취할 것이다. 그러므로 적자로 자금 조달한 재정 확대는 민간 지출을 줄이고 민간 저축을 늘릴 것이라고 우려한다. 그러나 심한 경기 침체에서 많은 사람들은 경제학자들의 용어법으로 말하면, 유동성 제약 또는 신용 제약 하에서 하루 벌어서 하루 먹는 상황에 있으므로 그들의 시평은 매우 짧기 때문에, 이러한 고려가 연기될 가능성이 높다.

1980년대부터 계속 영향력을 갖게 된 '작은 정부'의 주창자들은 보통 승수가 1 아래 또는 0에 가깝다고 주장하는 연구들에 의존하고 있다. 결과적으로 조세를 증가시키고 정부 지출을 삭감하는 긴축 정책은 다음에 고통이 없게 할 것이라 믿는다. 2007~2008년의 금융 붕괴에 뒤따른 국가 부채 위기에서 많은 유럽 나라들이 추구한 재정 수축이 산출물과 고용에 미친 역효과는 승수의 크기에 대한 재평가로 이어졌다. 그때 IMF의 수석 이코노미스트였던 올리비에 블랑샤르(Oliver Blanchard)는 많이 논의되는 워킹 페이퍼에서, 재정 승수는 이전 정책 권고에서 과소 추계되어 왔다고 시인했다. 새로운 연구는 재정 승수가 위기 초에는 분명히 1 아래가 아니고 실제로 1 이상임을 드러낸다. 재정 건전화로 알려진 긴축 정책은 다른 말로 하면 고통이 없다는 것과는 멀리 떨어져 있다. 많은 유럽 국가에서 경제 정책은 승수가 1 이하라는 잘못된 신념에 기초했고, 그래서 실업의 면에서 국민에게 불필요한 어려움을 부과했다. GDP에 대한 부채 비는 재정 건전화에도 불구하고 증가하는 것이 전형적이었다. 다른 말로 하여, 승수를 제대로 구해야 한다.

1950년대와 1960년대는 꽤 낮아서 전간기 수준의 약 3분의 1이었다. 그러나 더 장기적 전망에서 보면, 이것은 이제 저실업 공백기처럼 보이는데, 1980년대 이후 실업률 수준은 다시 5~10% 사이로 올라갔기 때문이다. 섬세한 수요 관리의 실행은 자주 타이밍의 문제로 인해 잘못되었는데, 그것은 어느 정도는 불충분한 거시 경제적 자료에 의해 야기되었으며, 또 개방성이 증가한 경제들은 세계 시장으로부터의 충격 때문에 영향을 받는다는 사실에 의해 야기되었다. 외부로부터의 예상치 못한 긍정적인 수요 충격과 국내에서의 적자 지출은 '과열'로 이어진다. 예산은 1년에 한 번 고정된 날짜에 승인되는데, 그러한 예산 과정은 예상치 못한 충격에 대한 신속한 조정을 요구하는 미세 조정에는 적합하지 않았다. 그래서 프랑스와 영국과 같은 국가들은 생산성을 충분히 올리는 데 실패했고, 팽창적인 정책은 빠르게 국제 수지 문제에 조우하게 되었다. 유럽에서는 다른 곳에서 발전된 노동조합과 고용주들 간의 협조적 제도를 형성하는 데 실패했다. 정책 지향의 빈번한 변화는 영국 경제 정책이 창출하는 스톱 앤드 고 (stop-and-go) 순환에 의해 특징지워진다고 판단하도록 하는 데 공헌했다.

덴마크도 유사한 패턴을 경험했다. 1970년대 초까지 대부분의 유럽 국가에서 실업은 낮은 것이 일반적이었지만 그 상태로 머무르지는 않았다. 수요 관리에서의 초기 실험들은 궁극적으로 노동자와 노동조합이 정부 정책 반응을 예상하는 문제에 직면했다. 실업과 인플레이션 간에 안정적인 역의 관계가 있다는 아이디어, 이른바 **필립스 곡선(Phillips curve)**은 안정적이지 않은 것으로 판명되었다. 정치가들은, 더 낮은 실업률은 약간 높은 인플레이션을 참으면 성취될 수 있다는 의미에서, 인플레이션과 실업 간에 상충 관계가 있다고 믿었다. 그러나 결국 실업을 창출하는 임금 증가가 실업을 낮추려는 정부 지출에 마주친다는 것을 노동조합이 안다면 그때 인플레이션 압력은 형성된다. 그러므로 미세 조정은 자제력 있고 전향적으로 집권화된 노동조합이 있는 정치적 환경에서만 작동했다. 버클리 경제사가인 배리 아이컨그린(Barry Eichengreen)은 스칸디나비아, 오스트리아, 독일과 같이 노동조합, 국가, 고용주 간의 협력의 전통이 설립되어 있는 유럽 국가에서 미세 조정은 가장 잘 작동한다고 주장했다. 황금시대(1950~1973)에 수요 관리의 상대적인 성공은 석유와 같은 원재료가 탄력적으로 공급되었고, 줄어들고 있는 농업 부문과 이민으로부터 노동이 탄력적으로 공급되었던 것에 많이 의존했다. 이러한 힘들이 그 시대에 높은 경제 성장, 낮은 인플레이션, 낮은 실업률의 독특한 결합에 공헌했다.

OECD의 후원을 받은 헬러 보고서(Heller report, 1968)에 따르면, 케인지언으로부터 영감을 받은 수요 관리가 능숙하게 적용되었던 시기와 장소에서 경제 변동은 약화되었다. 그러나 황금시대의 빠른 경제 성장은 다른 원천을 가진 것 같다. 이를테면 높은 이윤과 투자, 기술 이전, 무역에의 증가된 개방성 그리고 결과적으로 높은 총요소 생산성이다. 점진적인 복지 국가의 형성과 조세로 자금 조달된 실업 급여의 포괄 범위의 확장은 **자동적인 안정화 장치**를 도입했고, 정부를 적극적이고 재량적인 개입으로부터 부분적으로 구원했다. 복지 국가는 높은 세금 경제이고, 실업의 증가는 즉각적으로 정부 수입을 줄이고 정부 경비를 늘릴 것인데, 그것은 안정화 효과를 가질 것이다. 마찬가지로 경제 상승 시에는 높은 세금과 실업 프로그램에 대한 더 낮은 지출이 확장을 느리게 할 것이다. 대공황 때와는 다르게 정부가 자주 더 높은 세금으로 증가하는 경비를 보상하려고 시도할 때 일반적인 동의를 얻을 수 있었는데, 자동적인 안정화 장치가 작동하도록 허용해야 한다는 케인지언의 교리가 수용되었기 때문이다. 자동적인 안정화 장치의 이점은 정부가 타이밍을 잘 잡으려고 노력할 필요가 없다는 것이다. 노동 시장이 타이밍을 잡을 것이다.

그러나 안정된 직업과 미래 임금 인상을 허용할 선진 기술에 대한 투자와의 교환으로 노동조합이 허용한 임금 억제는 1970년대 초에 붕괴되었다. 이에 대해서는 여러 가지 이유가 있었다. 예를 들어 외생적인 석유 수입 가격 충격, 기술 이전이라는 '공짜 점심'이 그렇게 쉽게 획득되지는 않는다는 사실, 그리고 복지 국가의 자금 조달 비용이 점차적으로 저소득층과 중소득층에 의해 부담되고 있었다는 사실, 마지막 사실은 순수하게 집으로 가져갈 수 있는 소득(세후 소득)이 증가하기 위해서는 총소득 증가가 더 높아질 필요가 있다는 것을 의미한다. 1950년대와 1960년대에는 이른바 필립스 곡선 관계로 요약되는 것처럼 인플레이션과 실업 간에 상충 관계가 있다고 믿었다. 이것은 실업의 하락이 인플레이션의 증가와 결합되거나 그 역인 것을 보여 준다. 그러나 1970년대에 새로운 패턴이 출현했는데 실업과 인플레이션이 모두 증가했다. 그런 상황에서 증가하는 실업을 재정 자극으로 맞서는 것은 고용에 대해서는 어떤 효과도 없으면서 인플레이션율만 올릴 것 같다. 약간의 예외(주로 독일)가 있지만 각 나라들은 높은 인플레이션과 경쟁력 하락에 의해 야기된 외부 불균형을 반복된 평가 절하로 수용했다. 예컨대, 스웨덴과 영국은 모두 통화 조정을 포기하고, 1973년 브레턴우즈 체제의 최종적 붕괴 이후 미국과 일본이 재빨리 했던 것처럼, 1990년대 초에 자신의 통화를 변동하게 두었다. 독일 마르크가 지배하는 유럽 통화 체계에 남은 나라들은 후에 유로 영역의 핵심을 형성했다. 1980년대에 정부의 주요 현안은 자주 두 자리 숫자인 높은 인플레이션과 싸우는 것이었다. 독일은 높은 인플레이션을 관용하지 않는 전통을 가졌고, 그래서 프랑스, 이탈리아, 그리고 덴마크를 포함하는 점차 늘어나는 많은 경제들이 1980년대에 독립적인 거시 경제 정책을 효과적으로 포기하면서, 자신의 통화를 독일 마르크에 고정시키기로 결정했다. 프랑스는 1980년대 초에 팽창적인 방식을 시도했는데, 그것은 U턴하도록 강요받았기 때문에, 아마도 가장 극적인 사례이다. 그런데 팽창 정책으로 통제할 수 없는 인플레이션이 일어났을 때, 독일 연방은행(Bundesbank)으로 하여금 프랑스의 통화 정책을 떠맡게 했다. 1970년대에 인플레이션을 억압하는 것이 어려워진 이후 완전 고용 목표는 가격 안정성에 효과적으로 복속되었고, 1990년대에는 독립적인 중앙은행에 의해 관리되는 인플레이션 타기팅으로 대체되었다. 20세기 후반 거시 경제 정책에 대한 광범한 개관에서 강조되는 바에 의하면, 1950년대에서 1980년대에 시도된 것처럼 미세 조정 정책으로 변동과 싸워 경제 성과를 얻을 것이라는 낙관적인 믿음에서 정상적인 때에는 통화 정책에 우선권을 넘겨주어야 한다는 생각으로 바뀌었다. 재정 정책은 이제 대체로 통화 정책이 유효하지 않는 상황, 즉 이자율이 0에 가깝도록 심각하게 침체된 동안에 효과적이라고 간주되고 있다.

　케인지언은 기업과 노동조합이 정부 수요 관리를 예견할 때의 인플레이션 문제를 자신들이 이전에 무시했다는 점을 시인했다. 결과적으로 이제는 거시 경제 정책이 인플레이션 기대를 억제하는 것에 더 많은 주의를 기울이고 있다. 게다가 수요 관리의 정치 경제학은, 정치가들이 좋은 시대에 조세를 올리는 것

Box 10.3   케인지언주의 따져보기: 뒤섞였지만 흔들리진 않는다

　　정부가 실업과 인플레이션을 억제하는 문제에 직면했을 때인 1970년대에 영향력 있는 경제학자들 중에는 정부의 수요 및 통화 관리 유효성에 관해 더 비관적 견해로 되돌아가는 변화가 일어났다. 1950년대 케인지언 소비 함수에 대한 밀턴 프리드먼(Milton Friedman)의 비판은 이 비판을 부분적으로 예견한 것이었다. 프리드먼은 소비는 현재 소득에 의해서만 결정되는 것은 아니고, 기대된 미래 소득에 의해 결정된다고 주장했는데, 이른바 항상소득 가설이다. 그러므로 일시적인 소득 증가는 케인지언들이 생각하는 것보다 지출에 미치는 효과가 더 적을 수 있다. 이 비판은 일시적인 조세 감축이 수요를 자극하는 데 유용한가에 대해 의문을 제기했다. 더 근본적으로 이 비판은 경제들에는 '자연' 실업의 균형이 있다고 주장하고, 그 상태에서 정부 정책은 효과가 없다는 것인데, 이 견해는 이제 새로운 고전파라 이름 붙여졌다. 새로운 고전파 경제학자들(New Classical economists)은 대중이 가령 통화 공급 확장이 인플레이션에 미치는 효과에 대해 올바른 예견(**합리적 기대**)을 형성한다고 주장한다. 영구적인 화폐 공급 증가는 가격과 임금을 증가시키지만 실질 임금과 실질 이자율(노동 공급과 산출물)은 변화하지 않는다. 화폐는 중립적이다. 합리적으로 기대된 인플레이션을 필립스 곡선에 더하여, 새로운 고전파들은 '인플레이션과 실질 산출 간에는 어떤 사용하기 편한 상충 관계는 없고, … 화폐는 장막이다'(Lucas, 1992, 121~122)고 결론을 내렸다. 새로운 필립스 곡선은 1970년대 스태그플레이션, 즉 높은 인플레이션과 높은 실업의 동시적인 공존을 설명하는 데 도움이 되는데, 스태그플레이션은 전통적인 필립스 곡선을 통합한 구케인지언 모델과 부합하지 않는 현상이었다.

　　그러나 많은 케인지언들은, 이제 새로운 케인지언(New Keynesians)이라는 브랜드 이름 하에, 비록 자신들은 대중이 미래 소득에 대해 꽤 합리적으로 기대를 형성하고, **필립스 곡선**은 인플레이션 기대를 고려에 넣어야 한다는 아이디어를 인정하지만, 노동, 상품 그리고 금융 시장은 완전한 것과는 멀리 떨어져 있다는 점은 유지한다. 기업과 노동조합은 시장 지배력을 가지고 가격과 임금을 설정한다. 임금과 가격을 바꾸는데 '메뉴 비용'이 있기 때문에 임금과 가격은 단기적으로는 경직적이고 시장은 청산되지 않는다. 산출물은 총수요에 의해 제약되는 경향이 있다. 다음에 제시한 시나리오를 상상하라. 화폐 공급에 영구적인 증가가 있다. 모든 기업은 즉시 가격을 올리기로 결정하고 모든 노동조합은 임금을 올리기로 결정한다면, 실질 임금과 고용은 변하지 않고 가격 수준과 명목 임금 수준만이 증가한다. 그러나 가격 경직성이 어느 정도 있으면 총수요와 산출은 단기적으로는 확장될 것이다. 게다가 경제에 유휴 설비가 있으면 화폐는 반드시 인플레이션을 자극하지는 않는다. 이 이유로 통화 정책은 실질적인 효과를 갖는다. 화폐는 단기적으로 중립적이지 않다.

보다는 어려운 때에 지출을 증가시키는 것을 더 원하도록 만드는 경향이 있다. 그것은 대부분의 유럽 경제들이 1970년대와 1980년대 상당한 규모의 공적 부채를 형성하도록 한 이유 중의 하나이다. 그러나 케인지언의 교훈을 잊어서는 안 된다. 2007~2008년 금융 위기에 대한 초기 반응은 80년 전 대공황 동안의 부작위와 잘 대조된다. 은행 제도가 붕괴되는 것을 막기 위해 훨씬 많은 것이 행해졌고, 처음에 부채로 조달한 정부 지출을 격렬하게 증가시킬 필요가 있다는 것에 대해 거의 이의가 제기되지 않았다. 그러나 회복이 진행되기 이전에 유로존은 새로운 정체의 국면으로 빠져들었다. 긴축 재정 정책이 위기를 벗어날 유일한 방법으로 다시 시작되었다.

10.4 긴축 재정 정책은 최근 역사에서 작동했는가

2007~2008년 금융 위기에서 기원한 세계적인 경기 침체는(특히, 미국에서 그러나 모든 곳에서) 처음에 팽창적인 재정 자극과 통화 팽창으로 맞섰는데, 위에서 언급한 것처럼, 그것은 생산과 무역에서 초기 침체의 지속 기간을 짧게 하는 데 기여했다. 세계 무역과 공업 생산에 대한 처음 1년간의 충격은 1929년의 대공황보다 실제로 더 심각하였다. 그렇지만 그 지속 기간은 훨씬 짧아서 대공황기 산출량 감소 기간이 12~16 사분기에 이르렀던 것에 대해 약 3~4 사분기에 불과했다. 배리 아이컨그린(Barry Eichengreen)과 케빈 오록(Kevin O'Rourke)은 2009년에 VoxEU.org에 게재한 널리 읽히는 논문에서 대공황(Great Depression)과 대침체(Great Recession)를 분명하게 비교했는데, 이미 2010년에 그들은 더 좋은 정책 반

대공황 대 대침체

대공황은 심각한 경제적·정치적 귀결뿐만 아니라 오랜 지속으로 알려졌다. 세계 무역은 제2차 세계대전 후까지 완전히 회복되지 않았고([그림 8.4]를 보라), 세계 공업 산출물은 거의 7년 후까지 위기 이전의 정점에 도달하지 않았으며, 1930년대 말에는 두 번째 퇴보를 겪었다. 대조적으로 2007~2008년의 금융 위기에 뒤따른 대침체에서는 비록 산출물과 무역에 대한 최초의 충격은 동일하게 심각하였지만, 세계 공업 산출량과 세계 무역이 3년도 안 되어 완전히 회복되었음을 보여 준다. [그림 10.2]를 보라.

[그림 10.2] **대공황과 대침체의 비교: 세계 공업 산출물, 현재와 그때. 대침체에서는 유로존 공업 산출물**

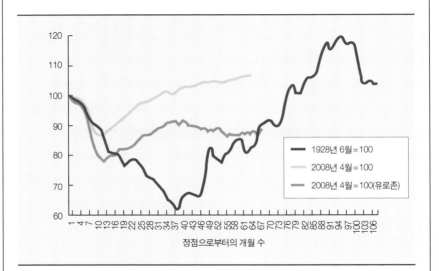

왜 대침체는 본격적인 불황으로 발전하지 않았는가? 간단한 대답은, 대공황에서는 정책 반응이 경기 순응적, 즉 상황을 더 나쁘게 만드는 것이었다. 대침체에서는 즉각적인 정책 반응이 경기 조정적이었다. 지출 승수는 작동하고 있었다. 특히, 미국 연방 준비에 의한 통화 정책은 대공황 하에서와 매우 달랐다. 은행 제도는 살아남았다. 두 번째 큰 차이는 오늘날 세계 경제는, 미국과 유럽의 대서양 경제를 둘러싼 오직 하나의 중심이 아니라, 몇 개의 준자율적인 성장 중심들을 가졌다는 것이다. 역동적인 아시아 경제들은 침체에 의해 영향을 받았지만, 빠르게 회복하여 세계 공업 산출을 회복하는 데 도움을 주었다.

유럽 경제들(특히, 독일을 제외한 유로존)은 미국이나 세계의 다른 나라처럼 빠르게 회복하지 않았는데 첫 해의 팽창적인 재정 정책 이후 부과된 긴축 재정 정책들 때문이었다. 유로존에서 독일만이 [그림 10.2]에서 세계 공업 생산의 그것과 유사한 궤적을 따르면서 위기 전 정점에 도달했다. 유로존의 초기 회복은 재정 부양책이 역전된 이후 추진력을 잃었다. 남부 유럽의 경우 그 패턴은 대공황의 그것을 더 많이 닮았거나, 대부분의 나라가 7년 후에도 정점 이전 산출량에 도달하지 않았기 때문에 더 나쁘게 되었으며, 공황과 같은 수준의 실업을 가졌는데, 실업은 노동력의 15~25% 범위에 있었다.

응에서 기인한 훨씬 더 낙관적인 평가를 하고 있었다. Box 10.4는 두 경기 침체를 간단하게 비교하고 있다.

통화 완화(Monetary easing)는 아마 대공황과 결합된 심각한 디플레이션을 피하게 했다. 그러나 부채로 자금을 조달하는 재정 부양책은 특히 지중해 유로존과 아일랜드에서 정부 부채를 매우 높은 수준으로 증가시켰는데, 정부가 민간 부문 은행을 구제 금융하고 납세자에게 고지서를 보냈기 때문이다. 그런데 은행 소유자들은 거의 아무것도 잃지 않았다. 스페인과 아일랜드 등에서 신용 팽창은 유로존 작동에서의 비대칭성을 드러낸다. 독일은 경상 수지 흑자가 컸고, 부동산 버블을 경험한 다른 나라들의 주택 부문에 완화된 신용 대부를 제공했다. 그리스만이 위기 이전에 유지될 수 없는 공적 부채를 가지고 있었다는 점은 지적해 둘 가치가 있다. 뒤따랐던 재정 건전화, 즉 부채로 자금을 조달하는 정부 지출의 삭감은 프랑스와 남부 유럽에서의 경제 회복을 멈추게 했고, 위기가 발발한 후 수십 년 동안 산출물을 그것의 추세값보다 훨씬 아래 있도록 할 것이다.

이러한 정책들이 제정되었을 때, 그것들의 심각한 귀결들에 대한 완전한 이해는 없었다. 한 그룹의 영향력 있는 경제학자들은 재정 건전화가 산출에 대해 부정적인 효과를 가진다 할지라도 그것은 단지 일시적일 뿐이라고 주장했다. 긴축 재정 정책의 주창자들은 정부 지출의 삭감이 경제를 부양할 수 있는 두 가지 방법을 지적했다. 첫 번째는 정부 대부의 감소가 이자율을 인하시킬 것으로 기대되어 투자를 자극할 수 있다. 두 번째는 정부 부채(의 성장)의 감소가 소비를 자극할 수 있는데, 가계가 정부 부채를 갚기 위한 미래 조세 요구에 충당하기 위해 저축할 필요가 적어졌다는 것을 깨달을 것이기 때문이다. 부채로 자금을 조달한 정부 지출은 가계가 미래 조세 증가를 예상하여 저축을 늘리고 소비를 줄이기 때문에 거의 또는 전혀 효과가 없다고 주장한다. 이러한 '합리적 기대' 의 논거에 따르면, 예산 건전성, 즉 부채로 자금을 조달한 정부 지출의 삭감은 실제로 경제를 자극할 수 있는데, 일반 대중이 미래 조세를 충당하기 위해 저축할 필요가 없을 때 더 많이 지출하기 때문이다. 그러나 이 관점은 케인지언적인 설득을 하는 경제학자들과 경합한다. 이것은 재정 승수에 대한 논쟁(Box 10.2를 보라)과 연계된 것이었지만, '정상적' 실업('normal' unemployment), 즉 인플레이션을 가속하지 않는 실업률은 장기적인 깊은 침체 이후에는 영구적으로 증가하는 경향이 있다는 1970년대 이래 관측된 현상을 지적한 새로운 논거를 부각시켰다. 재정 건전화 대(對) 확장적인 정책의 장점에 대한 전반적인 평가에서 실업률의 영구적인 증가라는 이 비용은 고려될 필요가 있고, 팽창적 노력을 더 강하게 지지하는 논거가 될 것이다.

재정 건전화의 최근의 역사가 그 효과에 대해 우리에게 말해 주는 것은 무엇인가? 대공황기에 정부는 균형 예산의 원리에 따라야 한다고 생각했기 때문에 대부분의 정부는 재정 건전화를 실행했다. 경기 침체가 시작할 때 과세 소득이 떨어지기 때문에 조세 수입은 떨어진다. 정부 지출은 중기적으로 고정되므로 정부는 적자로 운영된다. 그러나 그것에 대한 반응은 대부분의 경우에 균형 예산을 달성하기 위해 조세를 증가시키거나 지출을 감소시키는 것이었다. 소수의 경제사가들은 전간기 긴축 재정 정책은 어떤 이로운 효과를 가졌다고 주장했다. 그러나 공적 부채는 대공황기에 꽤 낮았다는 점에서 대공황과 현재의 위기 간에는 차이가 있다.

더 논쟁적인 이슈는, 높은 인플레이션, **경상 수지** 적자 그리고 큰 공적 부채와 싸운, 1980년대와 1990년대 노르딕 국가들에서의 재정 건전화이다. 덴마크는 정부 부채와 인플레이션이 치솟던 불안정한 때인 1970년대 이후 1980년대 초에 최초로 재정 건전화 정책에 착수한 노르딕 국가였다. 인플레이션 기대를 바꾸기 위해 덴마크는 일련의 평가 절하 후 1980년대 초에 자신의 통화를 독일 마르크에 고정시키기로 결정했다. 인플레이션 기대는 낮아지고 있었고 환율 고정이 신뢰할 만한 것이 되어 이자율도 낮아졌다. 그것은 **내부 평가 절하**, 즉 국내 임금 인상의 억제에 의해 경쟁력을 회복하려는 시도였다. 그러나 이자율 하락은 집값 상승으로 전이되었다. 가계들이 증가하는 재산 가치를 담보로 하여 차용할 때 국내 수요는 증가했다. 경상 수지 적자는 다시 증가하고, 결국 이 인위적 수요에 의해 유발된 붐은 개인 부채에 대한 세제 혜택을 줄이는 새로운 긴축 수단에 의해 중단되었다. 덴마크는 재정 건전화가 시작된 지 15년째인 1990년대 중반까지 성장 궤도를 회복하지 못했다.

핀란드와 스웨덴은 더 성공적인 재정 건전화를 가졌지만 그 성공은 1990년대 초 정책 조치들의 독특한 조합에 의존했다. 예산 적자는 삭감되어 초기에 실업이 증가했다. 그러나 핀란드와 스웨덴의 경우 실제 경제 성장을 일으킨 것은 수출 붐을 촉발한 평가 절하였다. 재정 건전화로 알려진 것은 경제가 팽창하여, 조세 수입이 큰 규모로 증가하여 나타난 것이었다. 놀랍게도 평가 절하와 이후 변동 환율은 동일한 시기에 국가 은행이 완전한 독립을 얻어 구속적인 인플레이션 타기팅을 선포하고 있었기 때문에 인플레이션에 불을 지피지 않았다. 스웨덴 사례에서 중앙은행(Riksbank)은 1990년대 초에 완전한 독립을 얻었고 인플레이션 타깃을 설립했다. 노동조합은 인플레이션 타깃의 위반이 화폐 수축으로 이어진다는 것을 이해하고 있어서 평가 절하가 가져오는 실질 임금에 대한 부정적 효과를 수용했다.

건실한 성장을 보이는 세계 경제에서 큰 수출 부문을 가진 개방 경제는, 평가 절하를 통해 비교 우위를 얻을 수 있다면, 완만한 재정 건전화와 그것에 뒤이은 성장을 성공적으로 결합시킬 수 있을 것 같다는 것이 교훈으로 얻을 수 있는 것이다.

유로존 회원들은 평가 절하할 옵션도 가지지 않았고, 긴축 재정 정책과 더 낮은 임금과 가격으로 경제를 디플레이트하려는 시도가 결합하면 장기 정체와 정치적 저항의 증가로 이어질 수 있다. 통화 동맹에서(또는 고정 환율 체제에서) 경쟁력의 개선은 가격과 임금 수준이 떨어지는 이른바 내부 평가 절하라는 형태를 취할 수밖에 없다. 역사적 경험이 보여 주는 바에 의하면, 조직된 노동과 과점적 기업을 가진 20세기에 임금과 가격의 하방 조정은 매우 느렸고, 보호된 서비스 부문에서 특히 그랬으며 공업 부문에서도 그랬다. 제조업 회사들은 보통 수요 감소에 대해 가격 조정보다는 산출량 감소로 반응하고 있다. 좋은 예는 1920년대 스칸디나비아 국가들이다. 그들은 1920년 중반에 재건 금본위에 가입했을 때 구(1914년 이전)금 평가로 복귀했는데, 이것은 제1차 세계대전 동안 이

나라들에서 높은 인플레이션이 있었다는 것을 전제하면, 무역 파트너에 비해 그들의 통화가 유의미하게 과대평가되었음을 함의한다. 임금과 가격이 하방으로 유연하다면 이 과대평가는 씻겨나갈 것인데 많은 동시대인들은 그렇게 되리라 예측했다. 그러나 1929년 대공황 이전에 이미 디플레이션 정책과 높은 실업에도 불구하고 이 조정은 매우 느렸다. 실질 임금을 낮추는 데 성공하여 금본위에 남은 유일한 유럽 국가는 나치 독일이었고, 그것은 전체주의 국가가 권력을 잡는 것으로 연결되었다.

　　1920년대 재건 금본위와 같은 고정 환율 체제에서 또는 유로존과 같은 통화 동맹에서 가격과 임금 조정은 대칭적이어야 한다. 즉, 높은 가격과 임금 수준을 갖은 나라들은 자신의 임금과 가격을 낮추어야 하고, 더 경쟁력 있고 경상 수지 흑자를 가진 국가들은 임금과 국내 소비를 올려야 한다. 그러나 1920년대에는 이와 같은 일이 일어나지 않았다. 조정의 전체 부담은 스칸디나비아와 영국에 의해 치러졌다. 비대칭적 조정은 현재 유로 위기를 특징짓는 것이다. 독일은 자신의 경제를 인플레이트하여 많은 경상 수지 흑자를 줄이라는 요구에 저항하고 있으며, 조정의 모든 부담은 부동산 버블을 겪고 은행들에게 구제 금융을 지원하느라 이제 높은 정부 부채를 가지게 된 경제들의 어깨 위에 놓이게 되었다. 독일은 주로 강력한 수출 성과 덕분에 2010년에 위기 이전의 GDP 수준을 회복하였지만, 다른 주요한 유럽 국가들은 2010년대 말까지 심지어 이탈리아의 경우에는 더 늦게 그렇게 될 것이라 예견된다. 21세기의 처음 수십 년은 그래서 전간기와 같은 정체의 수십 년인 것 같다. 중요한 반사실적 사고 실험은 다음과 같은 것이다. 강건한 회복이 있을 때까지 공적 지출의 감축을 미루었다면, 긴축 재정 정책으로 내몰렸던 경제들은 장기적인 공적 부채 부담과 성장의 면에서 더 나아졌을 것인가? 역사가 말해 줄 것이다.

10.5 카를 마르크스의 덫: 유럽에서 사회주의 경제의 흥망 성쇠

경제학자이자 철학자이며 사회비평가인 카를 마르크스(Karl Marx)는 프리드리히 엥겔스(Friedrich Engels)와 함께 『공산당 선언』(1848)을 쓴 저자였는데, 궁극적으로 실패한 경제 실험인 사회주의 경제에 대해 놀라운 가르침을 준 역사의 이론을 발전시켰다. 마르크스는 사회 제도는 기술을 발전시킬 수 있고 물질적 복지의 증가를 유지시킬 수 있을 경우에만 번창하고 확장된다고 주장했다. 그의 이론은 우리가 제5장에서 논의한 제도의 귀결 설명의 변형이다. 이를테면 제도는 유익한 효과를 가지기 때문에 출현하고 지속한다. 사회주의적 실험의 운명은 카를 마르크스의 역사적 설명과 잘 부합한다. 즉, 사회주의는 유럽의 시장 경제와 비견될 만한 규모로 기술 진보와 물질적 개선을 제공하지 못했기 때문에 실패했다. 동유럽 사람들은 정치적 목소리가 박탈되자 발에 의한 투표를 했고, 먼저 서유럽과의 접경에서 집중적 계획 경제의 붕괴를 초래하였는데 마지막으로 핵심인 소비에트 러시아에서는 1990년경에 붕괴되었다.

사회주의 경제가 주요한 지적 영감으로 마르크스를 언급하는 것이 일상적이라 해도, 유럽 사회 민주주의적 운동도 공산주의가 붕괴되기 이전인, 특히 19세기 말 그 형성의 시대에 자신을 마르크스의 합법적인 후계자로 간주했으며 독립적인 정당을 형성했다. 사회주의적 경제들이 경제에 대한 정치의 거의 총체적인 지배, 즉 최대 국가를 표현하는 데 대해, 사회 민주주의와 사회적인 성향을 가진 자유주의자들은 시장의 영역과 정치의 영역의 균형('혼합경제'(mixed economy))을 추구했는데, 그것이 결국 더 내구력 있는 해법이었음이 판명되었다.

마르크스의 추측에 의하면 자본주의가 전례 없는 물질적 복지의 수준까지 경제를 끌어올린 이후 공산주의가 출현한다. 맹렬한 사회적 비평가였지만 마르크스는 어쨌든 자본주의의 동태적 우위와 그것의 지구적 확산을 부정하지 않았고, 마지막 단계인 공산주의를 추구하는 데 자본주의를 필요한 단계로 보았다. 그래서 마르크스가 최초의 사회주의 경제인 러시아가 주로 농업 경제이고, 기술적 · 지적 · 경제적인 발전의 면에서 상당히 낙후되었다는 것을 들을 수 있는 기회가 있었다면 깜짝 놀랐을 것이다.

러시아 혁명주의자들은 1917년 혁명 이후에 자연스럽게 경제를 행정적으로 통제하는 방향으로 이동시켰다. 국가는 제1차 세계대전을 비롯하여 내부 투쟁과 혼란으로 약화되었다. 그러나 정부는 곧 엄격한 하향식 통제를 철회하고, 1920년대 초에 시장 원리를 재도입해야 했는데, 1920년대 말에 계획으로 복귀했다. 엄격한 중앙 계획으로의 복귀는 어쨌든 불가피하지는 않았고, 제1차 5개년 계획이 수립된 1930년대 초까지 도래하지 않았다. 중앙 계획에 대한 영감은 다소 모호하다. 카를 마르크스가 사회주의 경제가 어떻게 운영되어야 하는가에 대한 청사진을 제공하지는 않았다는 것은 틀림없다. 영감의 한 가지 가능한 원천은 유럽(특히, 독일)에서 전쟁 활동의 유지를 위해 발전시킨 행정 관료제와 공기업(예컨대, 철도 체계)을 관리하기 위한 관료제였다. 많은 점에서 기업은 미시적 수준에서 집중적으로 계획된 실체이다. 예컨대, 기업의 연구 부서는 동일한 회사의 생산 부서에 서비스를 제공할 때 시장 가격을 적용하지 않는 것이 정상적이다. 훨씬 후에 저명한 사회주의 경제학자 오스카 랑게(Oscar Lange)는 계획 경제를 영구적인 전쟁 경제로 묘사했다. 덜 극적인 은유는 큰 대학이 학과에 자원을 분배하는 방법과의 유사성을 상기시키는 것이다. 가격과 경제적 유인은 양 체계에서 사소한 역할을 한다.

초기 소비에트 계획에서는 네 가지 특색이 돋보인다. 이를테면 자원과 생산 수단의 사적 소유의 폐지, 매우 높은 투자 비율, 자본재 산업에 대한 투자로의 강한 편향, 소비재 생산의 무시이다. 이러한 특색들은 권위주의적인 정치적 통치 없이는 생각할 수 없는 것인데, 스탈린주의적인 과중한 억압이 필요하였는가는 명백하지 않다. 과학, 공업 그리고 군사에 종사한 많은 능력 있는 사람들에게 피해를 입힌, 1930년대 억압에서의 인적 손실에도 불구하고, 나치를 러시아와 동유럽으로부터 몰아내는 전쟁 기계를 유지하기에 충분할 만큼 공업은 확장했다. 군사 작전에서 인간적 삶을 유지하는 비용은 매우 높았는데, 이 사실을 뒤이은 냉전기에 무시한 것은 역사 서술의 오점이었다. 동유럽에서의 반나치 저항을 주도한 것은 사회 민주주의자와 공산주의자들이었다. 공산주의자와 때때로 사회 민주주의자도 나치 점령으로부터 자신을 해방시킨 소비에트 연방을 자연스러운 동맹으로 보았다. 제2차 세계대전 이후에 발틱 국가들인 폴란드, 동독, 체코슬로바키아, 루마니아, 불가리아, 유고슬라비아와 알바니아에는 소비에트형의 정치적·경제적 체제를 지향한 이행이 실행되었다. 이들 국가 중 소수만이 강한 의회 민주주의적 전통을 가졌다. 유럽 인구의 약 3분의 1은 1950년대 중반에 중앙 계획 경제에서 살고 있었다. 이들 국가들은 사적 소유를 취급하는 방식에서 조금 달랐다. 사적 소유는 동독 공업에서 더 오래 살아남았고, 폴란드와 유고슬라비아 농업은 집산화를 면했다. 그러나 소비에트형의 계획 체계와 우선순위가 승인되는 것이 일반적이었다. 혁명 이전의 러시아처럼 새로운 사회주의 경제들은 공업 부문이 작고 농업 부문이 압도적으로 큰 국가였다. 동독과 체코슬로바키아만이 공업적 기반을 상당한 수준으로 가지고 있었다. 사회주의 클럽의 다른 새로운 구성원은 농업에서 비교 우위를 가졌지만 그 부문에 대한 투자 비율은 적었다. 공업에 대한 투자가 높아 그 귀결로 공업 직업과 농업 일자리 간의 생산성 격차는 컸는데, 그것은 노동력의 구조적 재배치로부터 이익을 얻을 수 있음을 함의했다.

비록 1950년에 유사한 소득 수준에서 출발한 서유럽 경제에서만큼 높지는 않았다고 해도 황금시대에 성장이 꽤 높았던 이유 중의 하나는 구조 변화였다. 동유럽 경제는 농업 부문이 압도적으로 크다는 구조적 특성을 공유한 유럽 경제들과 비교하는 것이 타당하다. 그 비교는 동유럽이나 러시아에 유리하지 않았다. 권위주의적이었지만 보수적인 통치로부터 고통받았던 스페인 및 포르투갈과 비교하면, GDP에 대한 투자의 비율은 동유럽에서 10~15%P 더 높았음에도 불구하고, 1950년부터 1973년까지 일인당 GDP의 연간 상장률은 동유럽에서 2%P 더 낮았다.

낮은 투자 효율성은 중앙 계획의 어려움과 모든 생산 수준에서의 정치적 개입과 관련된다. 계획 경제에서 중앙 계획 당국은 기업으로부터 정보를 수집하고, 재화의 생산에 필요한 기술적 요구 사항에 대한 정보에 의존한다. 예컨대, 1톤의 강철을 생산하기 위해서는 특정한 양의 코크스와 철광석 및 인간 노동이 필요하다. 그 기초 위에 생산 목표는 설정될 수 있고 요구된 투입물이 기업에 배분된다. 그러나 요구된 투입물에 대한 정보는 자원을 과잉 할당 받으려는 경영자에 의해 왜곡되는 것이 통상적이고, 기업들은 생산 목표를 달성하기 위해 생산물의 질을 변경한다. 시장 가격 형성은 초기 국면에서는 거의 사용되지 않았고, 후에 그것이 도입되었을 때도 일관성 있게 적용되지 않았다. 시장 체제에서, 관리자가 원하는 정보는 가격에 모두 포함되어 있기 때문에, 자세한 정보의 많은 회람은 필요 없다. 시장은 사실 정보 처리 기계이다. 애덤 스미스는 그것을 '보이지 않는 손'이라는 유명한 은유를 사용하여 표현하였는데 계획 당국은 그것을 보이는 손으로 대체하려고 시도했다. 그러나 계획자는 투입물의 **기회비용**을 무시하고 자원을 배분하기 때문에 가격에 의해 제공되는 정보를 사용하지 않아 낭비로 이어진다. 정책 결정자가 선호하는 공업 부문의 관리자들은 사실상 자본에 대한 자유 접근권을 갖는데, 이것은 왜 투자 비율이 과도해지고 소비자가 무시되는지를 설명한다. 생산된 재화의 질과 다양성은 불만족스러웠다. 할당으로 드러나듯이 소비재에 대한 초과 수요만이 소비자들이 저질의 재화에 관대하도록 만들었다. 소비자에 대한 계획자의 경멸은 물론 궁극적으로는 정치적 권위주의에 기초한 것이었다.

중앙 계획과 결합된 어려움은 전후 영웅적으로 재건된 처음 몇 년 이후에 명백하게 되었고, 시장 원리에 기초한 경제적 유인을 도입하려는 시도들이 이루어졌다. 그러나 이러한 개혁의 불완전한 성격은 새로운 문제를 만들었다. 1970년대와 1980년대에 성장은 상당히 둔화되었다. 사회주의적 경제들은 서유럽 채권자들에게 빚지게 되었고 점점 적대적으로 되는 국내 인구를 소비재로 달래기 위해 무역 적자가 계속되었다. 사회주의를 실험하는 냉전의 처음 수십 년 동안 소비에트 블록은 선진 기술의 수입으로부터 차단되어 있었다. 냉전의 긴장이 이완되고 기술 이전이 허용되었지만, 그것은 여전히 사회주의 경제가 1950년대와 1960년대의 성장률을 달성하는 것을 돕지 못했다. 상대적인 면에서 소비에트 러시아와 동유럽은 미국으로부터 뿐만 아니라 서유럽으로부터도 분

[표 10.1] 1950~1990년 서유럽에 비한 미국, 러시아, 동유럽에서의 일인당 GDP

(단위: 서유럽=1)

	1950	1973	1990
미국/서유럽	2.08	1.46	1.45
러시아/서유럽	0.67	0.57	0.49
동유럽/서유럽	0.46	0.44	0.34

출처: A. Maddison, *Contours of the World Economy, 1-2030 AD*(Oxford University Press, 2007), 337에 있는 데이터
로부터 스스로 추계.

기하고 있었다.

[표 10.1]은 사회주의 경제의 성과가 상대적으로 보잘것없었음을 보여 준다.
서유럽에 비한 러시아의 소득은 1950년의 70%에서 1990년에는 50%로 떨어졌
다. 동유럽의 소득은 1950년에 서유럽의 절반이었던 것이 40년 후에는 3분의 1
로 떨어졌다. 대조적으로 서유럽은 선도 경제인 미국에 수렴했다.

세계가 대공황의 귀결로 파괴되었던 때인 1930년대에 지식인들은 큰 관심
을 가지고 감탄하면서 러시아에서의 계획 실험을 연구했다. 그들은 중앙 계획
이 위기로부터 자유로운 경제 체제라는 비전을 가졌다고 보았다. 계획의 호소
력은 모순과 비효율이 비등해지자, 서유럽에서뿐만 아니라 동유럽에서도 사라
졌다. 사회주의 경제들에서 노동자들은 비록 서유럽에서 경험된 실업의 위험
과 작업의 강화로부터 구제되었다 할지라도, 서유럽 사람들이 획득할 수 있는
소비재뿐만 아니라 정치적 권리도 박탈당했다. 간단하게 말하면, 그 체제는 필
요한 것을 제공하지 못했는데, 카를 마르크스가 예견했던 것처럼 물질적 복지
를 개선하지 못하는 경제 체제는 생존하지 못할 것이다. 1990년대의 이행은 쉽
지 않았지만 수년 동안의 음의 성장 이후에 이전에 사회주의였던 경제들 대부

분은 근대화 과정에서의 후발자의 전형적인 특색을 보여 주고 있다. 몇 가지 예외를 제외하고는, 기술적 캐치업의 시대였으며, 성장률은 성숙한 서유럽 경제의 2배가 되었다.

10.6 복지 국가의 시장 실패 이론

20세기의 첫 번째 10년 동안, 정부 지출은 GDP의 10%를 거의 초과하지 않았고, 그 지출의 대부분은 법과 질서, 인프라스트럭처 투자와 방위와 같은 기본적인 국가 기능에 돌려졌다. 대부분의 유럽 국가들은 초등 교육과 궁민 구제를 제공했지만 두 비용을 합해도 GDP의 몇 %에 불과하였다. 복지에 대한 공적 지출은 제1차 세계대전 이후 특히 1930년대 투표권의 확장 때까지 실제로 확장되지 않았다. 독일 또는 스웨덴에서 연금 비용은 1930년에 이르러서도 GDP의 1%를 초과하지 않았다. 의료 보조금 또는 무상 의료, 교육, 주택, 보육과 노령 연금을 포함하는 근대 복지 국가는 제2차 세계대전 이후에 등장했다. 1970년대 이래 복지 지출은 대부분의 유럽 국가에서 GDP의 25~35%였는데, 그중의 약 절반은 이전(transfers)이고 절반은 건강과 교육에 대한 공적 소비이다. [표 10.2]는 공적 지출의 50~60%가 복지지향적인 것이고, 10~14%가 교육과 연구에 대한 지출임을 보여 준다. 이 두 분야에 대한 지출은 1세기 전에는 GDP의 5% 근처였다. 지출의 양상에서 국가 간 차이도 매우 작다.

현대 경제에서 정부의 역할과 정부 형태의 유의미한 변화를 설명하는 것은 무엇인가?

[표 10.2] 2005년 유럽에서의 지방 및 중앙 정부 지출의 용도

(단위: %)

	덴마크	독일	그리스	프랑스	이탈리아	폴란드	스웨덴	영국	노르웨이
공적 서비스	15	17	27	20	24	20	17	21	13
복지 제공	57	63	53	59	53	53	56	54	57
교육과 R&D	15	10	7	11	11	15	14	15	15
환경 보호	1	1	1	2	2	1	1	1	1
기타	12	9	12	8	10	11	12	9	13

출처: Eurostat online.

그 질문에 답하기 위해 우리는 먼저 복지 국가의 본성을 더 자세히 살펴보아야 한다. 비록 복지 국가는 평등주의 및 재분배와 널리 연관지우고 있지만, 그것은 주로 가계와 개인의 생애 주기상의 자원의 시점 간 이전에 관한 것이다. 계급 간 이전을 의미하는 재분배는 복지 지출의 사소한 효과이고 선거권의 확장에 의해 설명될 수 있는데, 선거권의 확장으로 다수인 저소득과 중소득 근로자가 부자에게 과세하는 것이 가능하게 되었다. **누진적인 조세** 체계는 소득 수준과 함께 세율이 올라가는 체계인데, 누진적인 조세 체계는 세후 소득을 총소득보다 조금 더 균등하게 만들었다는 의미에서 이러한 재분배에 공헌했다. 그러나 정교한 복지 국가 체계를 가진 경제들은 제한된 복지 제공을 하는 경제들보다, 누진적이라기보다 **역진적인** 효과를 갖는 소비세에 더 많이 의존하고 있다는 점은 주목할 가치가 있다. 그 이유는 매우 간단하다. 야심 찬 복지 국가의 재원 마련을 소득세에 모두 의존하면 그 소득세율은 근로자들의 근로 의욕에 부정적인 효과를 미친다.

[그림 10.3]은 소비 가능성의 이(異)시점 간 생애 주기적 재분배에 대한 간략

한 설명을 제공한다. 우리는 순복지 국가 균형을 다음 두 가지 간의 차이로 정의한다. (1) 조세와 다른 기여금의 형태로, 복지 국가 비용의 자금을 마련하는 데 있어 가계의 공헌, (2) 복지 국가적 이전과 서비스에 대한 가계의 사용 및 추출의 화폐적 가치이다.

우리는 복지 국가를 가계가 생애 주기에서의 소비 가능성을 평활화하도록 돕는 이전 및 서비스의 제공자로 본다. 가족은 실업이나 건강 문제에 따른 일시적인 소득 충격뿐만 아니라 일부 예측 가능한 상태들도 거쳐갈 것이다. 가족 형성 국면에서는 가족의 크기 및 교육과 연계된 소득 필요와 자녀로 인한 노동 공급의 제약 때문에 발생한 소득의 감소라는 면에서 이례적으로 도움이 필요하다. 전형적인 가계는 가족 형성 국면과 자녀 양육 국면을 벗어난 세대로부터 순수취를 받는 가족 형성 국면에서 시작한다. 복지 국가와 관련하여 가계가 지불한 조세의 합계는 자식을 위한 보육과 교육의 보조금, 아동 수당과 유급 육아 휴가 명목의 기여금보다 더 적다. 실업과 병가 혜택의 사용은 일시적이기 때문에, 아이들이 학교(또는 대학)를 떠날 때, 가계는 순공헌자가 되기 시작한다. 가계는 공적으로 조성된 연금의 수혜자가 될 뿐만 아니라 공중 보건을 많이 이용하고 소비자가 되는 때인 노령 인구가 되기 이전에는 순공헌자로 남는다. 대부분 유럽 경제에서 건강 지출의 약 75%는 노인에 맞추어져 있다. 복지 국가의 범위는 변화한다. 대부분 유럽 국가들은 부과 방식의 연금(즉, 생산 연령 인구가 비생산 세대를 위해 연금을 지불하는 것)과 적립 연금 체계를 결합하고 있다.

생애 주기적 이전(life-cycle transfer)은 세대 간의 암묵적 계약이다. 즉, 순공헌자는 순수취자가 될 것이고, 순수취자는 순공헌자가 될 것이다. 상호성은 그 체계의 안정성을 위해 필수적이다. 그러나 왜 시민들은 소비 가능성의 생애 주기

[그림 10.3] 전형적인 가계의 생애 주기에서의 순복지 국가 균형

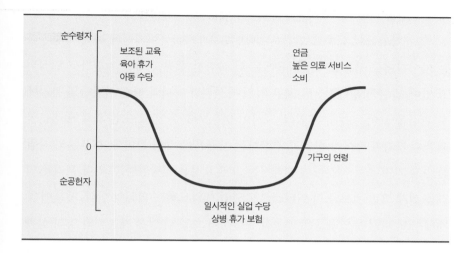

적 재분배를 정치가에게 위임하는가라는 근본적인 질문이 남는다. 대안적인 해법은 순저축자가 되기 이전인 초기 단계에 차입하고, 노년에 음의 저축으로 끝맺는 방식으로 소비 가능성의 이시점 간 재분배를 위해 시장을 사용하는 것이다.

우리는 시장 대안이 네 가지 이유로 열등하다고 생각하기 때문에 복지 국가 제도가 시장보다 선호되었다고 주장할 것이다. 첫째, 시장 해법은 몇 가지 필수적인 서비스에 대해서는 동등하게 접근할 수 있어야 한다고 생각하는 공동적으로 가지고 있는 선호를 위반하는 분배적 효과를 가지는 경향이 있다. 둘째, 외부성과 조정 문제는 시장 해법을 비효율적으로 만들 것이다. 셋째, 자본 시장의 불완전성은 소득의 이시점 간 평활화에 대한 보편적 접근과 양립할 수

없다. 넷째, 시간-비일관적 선호는 대부분의 사람들이 병가와 실업 보험뿐만 아니라 연금 저축도 과소 투자하도록 만든다.

경제학자들이 대체로 인간은(적어도 근사적으로는) 이기심에 따라 행동한다는 아이디어를 사용했지만 최근에는 더 복잡한 행동 전략을 가진다고 인식되고 있다. 많은 상황에서 사람들은 자기 자신뿐만 아니라 다른 사람들의 복지에도 관심을 보이는 경향이 있다. 재산이 없는 사람은 학교 또는 의료에 접근할 권한을 가지지 말아야 한다고 주장하는 사람은 소수일 뿐이다. 대부분의 사람들은 몇 가지 소득 재분배에 대해서는 그 필요성을 인정한다. 그러나 우리는 인간을 실제 그런 것보다 더 이타적으로 만들지 않도록 주의해야 한다. 재분배 체계에 대한 다국간 연구들은 인종적 동질성이 보통 더 많은 재분배와 양의 상관관계를 가지고 있음을 보여 준다. 그 현상을 극적으로 보여 주는 예는, 국내 복지 국가 지출에 대해서는 더 관대하면서, GDP의 1%도 안 되는 외국 원조를 제공하는 것에 대해서는 더 마지못해 한다는 것이다.

두 번째 설명은 조정 문제에 의해 야기된 비효율성에 초점을 맞추는데, 그것은 표준적인 경제학의 영역 내에 있는 것이다. 19세기 중반부터 교육은 점차 사적으로 제공되기보다는 공적으로 제공되어서 의무 교육이 되었다. 교육의 결여는 교육을 못 받은 사람들만을 해치는 것은 아니기 때문에 교육에서의 외부성의 존재가 교육을 의무적으로 만드는 데 도움을 주었다. 외부성은 자기 자신의 지식의 유용성이 상응하는 지식을 가진 동료 시민들에 의해 크게 증진된다는 사실에 있다. 예컨대, 문맹인 사람과 계약을 체결하는 것은 시간 소비적이고, 무지는 많은 상호적인 편익 교환을 못하게 할 수 있다. 그 이유 때문에 초등교육에 투자하려는 사적 결정은 다른 사람들의 행동에 의존할 것이다. 그런 불확실성은 조정 문제를 야기한다. 의무 교육은 그 문제를 푸는데, 그것이 없다면 사람들은 교육에 과소 투자하는 경향이 있었다.

조세와 소득 이전을 통한 재분배는 그래서 조정 문제를 해결한다. 상당한 양의 기여금을 요구하는 몇 가지 유형의 이타적 행동은 다른 사람에게도 기여금을 내도록 강제하는 기제가 있는가에 따라 변한다는 것은 그럴 듯하다. 그러나 자발적인 기여의 세계에서는 다른 사람의 행동에 대한 불확실성이 있을 것이다. 사적 자선은 자발적이고 무조건적인 기여금에 기초하는데 모든 사람에게 그렇게 하라고 할 수는 없다. 그러므로 공적 조세와 이전 체계가 요구된다.

우리는 [그림 10.3]에서 보았던 이시점 간 재분배의 형태에 대한 시장 해법을 상상할 수 있는가? 원리적으로는 상상할 수 있지만, 그것에 대한 보편적인 접근이 허용되어야 한다는 조건을 위배할 것이다. 당신은 가족 형성과 관련된 순초과 비용, 예컨대 임신 동안, 그리고 바로 직후 가족 소득의 감소, 보육 기관에 대한 수수료, 어린이를 위한 교육 등을 충당하기 위해 차입하는 가계를 생각할 수 있다. 그러나 자본 시장의 불완전성 때문에 이 해법은 보편적인 것이 될 수 있을 것 같지 않다. 즉, 많은 사람은 대부를 거절당할 것이다. 은행은 담보가 없으면 신용 제공을 꺼리므로 위험이 낮다고 생각되는 가계만이 신용에 접근할 수 있을 것이다.

건강과 실업 보험을 시장에 맡겨 둔다면 **역선택**과 결합될 것이다. 높은 위험을 가진 사람이 보험을 선택하는데, 그것은 비용을 끌어올려 낮은 위험을 가진 사람을 탈퇴하도록 만든다. 위험이 풀링되지 않으면, 즉 높은 위험을 가진 사람과 낮은 위험을 가진 사람을 모두 수혜자에 포함하지 않으면, 건강 보험 정책은 너무 값비싼 것이 된다. 이것은 왜 복지 국가가 후원하는 많은 보험 제도가 강제적인가를 설명할 수 있다.

　연금은 다르다. 위에서 언급한 것처럼 발전된 복지 국가에서 연금 제도는 부과 방식 체계에 의해 제공되는 세대 간 재분배와 개인이 자기 자신의 은퇴 혜택을 위해 저축하는 적립 체계를 결합한다. 그러나 적립 방식 연금도 자주 반(半)자발적이라는 것은 주목할 가치가 있다. 노동조합이 잠재적인 급여 증가의 일부를 연금으로 전환하기 위해 고용주와 협상하는 것은 전형적이고, 구성원은 탈퇴할 기회가 거의 없거나 전혀 없다. 그것은 시간-비일관성 선호라는 잘 알려진 문제에 뿌리를 둔 온정주의의 표현이다. 사람들은 상이한 사건들이나 상태들에 대한 상대적 선호를 시간이 흐름에 따라 바꾸는 경향이 있다는 점을 강력하게 보여 주는 경험적 증거가 있다. 더 일반적으로 사람들은 즉각적인 만족을 위하는 경향이 있는데, 그것은 장기적인 욕구나 먼 미래의 욕구를 무시하도록 만든다. 인간 심리에 깊게 내장된 것으로 보이는 편향에는 진화론적 기초가 있을 수 있다. 가혹한 환경에서, 즉각적인 요구를 만족시키는 것에 실패하면, 장기 생존이 위협받을 수 있다. 그렇기는 하지만 시간-비일관성은 사람들이 실업, 건강 문제 그리고 노령과 같은 미래 사건을 위한 자금 형성에 과소 투자하도록 만든다. 그러나 사람들은 자기 통제의 결여, 즉 장기적 이해와 일치하는 계획을 만드는 것의 어려움을 깨닫는 경향이 있어서, 노령을 대비하는 저축에 관한 의사결정을 정치나 노동조합 대표부에 기꺼이 위임하는 것 같다. 그것은 일종의 자율적인 온정주의이다.

　중도 좌파 정당은 복지 국가 해법을 진전시키는 데 도움이 되었지만 그런 해법이 바람직하다는 점에 대해서는 놀랍게도 유럽의 다양한 정치적 스펙트럼이 동의한다. 중도 우파 정당들은 권력을 장악했을 때 반대 비난에도 불구하고,

복지 국가 제공에 대해서는 한계적 변화 이상의 것을 만들지는 못했다. 덴마크가 전형적인 예이다. 1980년대 이래, 중도 좌파 정부의 매우 짧은 집권에 의해 중단되기는 했지만, 중도 우파 연합의 30년 집권 이후, GDP 중 공적 부분 비중은 세계에서 가장 높거나 그중의 하나로 남아 있다.

복지 국가는 높은 수준의 조세와 결합되어 있는데, 복지 국가의 탄생 이래 높은 조세는 성장을 해친다는 혐의가 개전되어 왔다. 그 이유는 물론 높은 조세와 관대한 이전(generous transfers)이 노동 공급에 미치는 부정적인 효과이다. 현재 최신의 연구는 그에 대해 어떤 말을 하고 있는가?

불행하게도 국가 간 비교 속에서 복지 지출을 고찰한 주요 연구들은 정반대의 결과를 산출했다. 하버드 경제학자이자 월스트리트 저널에 자주 기고하는 로버트 배로(Robert Barro)는 성장에 대한 부정적인 효과가 있었다는 것을 발견했다. 그러나 캘리포니아 대학 경제사가인 피터 린더트(Peter Lindert)는 그 부정적인 연계를 증명할 수 없었다. 그의 예상 밖의 결과에 대한 설명은 높은 복지 지출을 하는 국가는 더 스마트한 조세 체계를 가진다는 것으로, 소비에 대한 과세로부터 더 많은 수입을 올리고, 소득이나 법인 이윤에 대한 과세로부터는 덜 걷는 것이었다. 게다가 복지 국가는 가계 노동 공급을 자극하는 보육에 대한 보조를 제공한다.

　20세기는 몇 가지 그럴 것 같지 않은 사건들의 조합을 보여 준다. 두 번의 세계 전쟁에도 불구하고 전대미문의 경제 성장의 세기였다. 조세 수준은 1930년 이전에 살았던 어떤 경제학자들도 경제 성장과 양립할 수 없을 것이라 생각한 수준에 도달했다.

　그러나 정치적인 영역과 경제적인 영역 간의 깔끔한 균형이 발전했는데, 그것은 20세기 초에 보았던 것과는 근본적으로 다른 것이다. 시장 실패와 시장 불완전성은 이제 공적 조치를 위한 정당한 근거로 생각되고 있다. 사회주의적 실험은 실패했는데, 사회주의 경제는 혼합 시장 복지 경제(mixed market welfare economies), 즉 경쟁이 치열한 무역 지향적 제조업 부문과 큰 복지 국가를 결합한 경제들이 생산했던 재화와 자유 중 어느 것도 생산할 수 없었기 때문이다.

더 읽을거리에 대한 제안

● 새로운 고전파의 비판이 분출되기 바로 직전 케인지언 수요 관리의 성취와 가능성에 관한 낙관주의적 분위기에 대한 아이디어를 얻기 위해서는 Walter Heller et al., *Fiscal Policy for a Balanced Economy: Experience, Problems and Prospects*(Paris: OECD, 1968)를 읽어라. 어떻게 (구)케인지언들이 (새로운) 고전파 경제학으로부터의 도전에 직면하여 새로운 케인지언주의를 형성하였는가에 대한 내부자의 관점은 Oliver Blanchard의 'What do we know about macroeconomics that Fisher and Wicksell did not?', *Quarterly Journal of Economics*, 115(4)(2000), 1375~1409이다.

● P. H. Lindert는 사회 지출과 복지 국가의 출현에 대해 *Growing Public: Social Spending and Economic Growth since the Eighteenth Century*(Cambridge University Press, 2004)라는 포괄적인 두 권의 책을 썼다.

● Barry Eichengreen은 *The European Economy since 1945: Coordinated Capitalism and Beyond*(Princeton University Press, 2007)에서 20세기 후반 유럽에서의 정치 경제와 경제 발전을 조사했다.

● 전간기는 C. H. Feinstein, P. Temin and G. Toniolo, *The European Economy Between the Wars*(Oxford University Press, 1997)라는 대작 속에 망라되어 있다.

● 동부 유럽에 대한 연구들은 D. H. Aldcroft and S. Morewood, *Economic Change in Eastern Europe*(London: Routledge, 1995)와 I. Berend, *Central and Eastern Europe, 1944-1993: Detour from the Periphery to the Periphery*(Cambridge University Press, 1996)에 포함되어 있다. 계획 경제를 작동하게 하는 데 수반되는 어려움에 대한 주목할 만하고 통찰력 있는 소설은 Francis Spufford에 의해 쓰였는데, *Red Plenty*(London: Faber and Faber, 2010)가 그것이다.

● N. F. R. Crafts와 G. Toniolo는 국가별 경제 성장에 관한 연구를 한 권으로 편집했는데, *Europe since 1945*(Cambridge University Press, 1996)가 그것이다.

● 현대의 고전은 A. Maddison, *Dynamic Forces in Capitalist Development: A Long-Run Comparative View*(Oxford University Press, 1991)이다.

● Roberto Perotti, 'The "Austerity myth": Gain without pain?', NBER Working Paper 17571은 긴축 정책의 문제에 대해 논의하고 있다.

● Valerie A. Ramey는 정부 지출 승수의 경험적 추정치를 조사하고 있는데, 현재 조세의 증가를 동반하지 않는 일시적 증가의 추계치는 0.8에서 1.5에 걸쳐 있다. 'Can government purchases stimulate the economy?', *Journal of Economic Literature*, 49(3)(2011), 673~685를 보라.

11

국가들 간의 불평등과 국가 내부의 불평등:
과거, 현재, 미래

국가들 간의 불평등과 국가 내부의 불평등:
과거, 현재, 미래

11.1 왜 불평등이 있는가

불평등은 소비, 건강, 예상 수명과 교육에서 드러나듯이 복지에 대한 불평등한 접근을 말한다. 보통 그것은 소득의 불평등에 연동되어 있다. 그러나 소득은 목적이 아니라 좋은 삶을 획득하기 위한 수단이다. 좋은 삶은 소비 이외에도 많은 속성을 갖는다. 말할 필요도 없이, 소득은 복지 분배에 대한 불완전한 안내자인데 복지의 일부 측면은 소득과의 연계가 모호하기 때문이다. 예컨대, 세계적 규모의 소득 불평등은 최근 수십 년까지 증가하였지만, 문자 해독률 면에서의 불평등은 1950년 이래 급격하게 떨어졌다. 지난 2세기 동안 아동 사망률의 급격한 하락은 소득과 아주 약간만 관련이 있고, 여러 나라 간의 예상 수명의 면에서의 불평등은 떨어지고 있다. 유럽의 선진적인 복지 국가에서는 계속 늘어나고 있는 서비스들(예를 들어 건강, 보육, 교육 그리고 극장과 같은 문화 시설 이용)이 보조된 요율로 공급되고 있는데, 이것은 다시 소득과 실제 소비 간의 연계를 다시 약화시킨다. 이러한 유보 조건에도 불구하고 소득 불평등은, 비록 불충분하지만, 복지 분배에 대한 가장 중요한 안내자이다.

소득의 주요한 원천은 노동, 획득되거나 상속된 부, 그리고 20세기부터는 연금과 같은 이전 등이다. 재산 소득을 배제하게 되면 우리가 관찰한 소득 불평등은 공식적 교육과 현장 훈련으로부터 얻은 숙련과 밀접하게 관련된다. 그러나 역사를 통해서 보면 우리는 차별이 숙련과 보상 간의 관계를 왜곡시킬 수 있다는 것을 알게 된다. 재산 소득은 필연적으로 자기 자신의 과거의 노력과 관련되지는 않으며, 단지 운 좋게 잘 태어나서 부여받은 것과 관련되기도 한다.

세계적인 규모에서 보면, 가난한 나라의 가난한 사람은 부유한 나라의 가난한 사람보다 훨씬 더 가난하고, 적은 수이지만 가난한 나라의 부유한 사람은 부유한 나라의 부유한 사람만큼 부유하다는 것을 알 수 있다. 대신에 국가별 평균 소득의 불평등에 초점을 두면, 우리는 대부분의 차이를 (천연자원에 대한 접근이라기보다 차라리) 좋은 정부, 기술과 숙련에 대한 불균등한 접근과 불충분한 저축 및 투자에 귀속시킬 수 있다. 가난한 나라는 제도와 교육 면에서 근대 기술을 활용할 능력이 없기 때문에 가난하게 남아 있다. 매우 가난한 나라들은 외국 투자자와 불리한 무역 관계에 의해 착취당하여 가난하다고 주장한다. 약하거나 부패한 현지 정부들이 경제 협력에 대한 합리적인 조건을 협상할 수 없다는 사실을 외국 투자자들이 활용하여 왔고 활용하고 있다는 것은 진실이다. 그러나 이것이 세계 빈곤의 근본 원인은 아니다. 충격적인 사실은 매우 가난한 나라들은 외국 투자도 많은 무역도 끌어들이지 못한다는 것이다. 빈곤 그 자체는 빈곤으로부터의 탈출을 막는 주요한 장벽인데, 교육이나 인프라스트럭처에 투자하기 위해 필요한 자원을 동원하기가 어렵기 때문이다. 게다가 부패와 더 일반적으로 공적 지배 구조의 빈곤한 질이 빈곤과 연결되어 있다.

많은 가난한 나라들은 식민 통치를 받았었다는 사실을 공유하고 있어서, 그들의 빈곤이 식민 지배를 당하던 과거에 뿌리를 두고 있는 것은 아닌가라는 질문이 제기되는 것은 자연스럽다. 특히, 아프리카에서 식민지 권력에 의해 형성된 행정 단위(후에 국민 국가로 된 것)는 식민지 이후 시기에 국경 충돌이 만연하게 한 인공적인 구성물이었다. 이것은 경제 성장에 부정적인 효과를 가져왔으므로, 어떤 측면에서 식민지적 유산은 특히 해로운 것이었다. 식민지화된 지역에 강한 지방 정부가 없다는 사실은 식민지 권력의 남용을 초래하였다. 결과적으로 식민지 기업이 토지와 광산 자원의 소유권을 획득한 조건은 토착민에게 불리한 것이었다. 식민지적 팽창이 무역에 각인되어 많은 식민지가 추출 산업으로부터 소수의 상품으로 과도하게 집중된 상태로 남게 되었는데, 그것은 가격의 심한 변동에 종속되었으며 종속된 채로 남아 있다. 무역의 변동성은 정부 수입과 경제 성장의 변동에 직접적이고 강한 효과를 갖는다고 판명되었다. 가난한 국가들은 농업을 포함한 일차 생산물에 특화한다는 사실은 그 자체가 성장의 장벽일 필요는 없다. 그러나 부유한 세계의 농업 **보호 무역주의**는 가난한 나라가 자신들의 비교 우위를 완전하게 개발하는 것을 막는다. 농업은 유럽이나 기타 다른 곳의 농업 총요소 생산성이 보여 주었던 것처럼 생산성 성장의 면에서 느림보가 아니다. 농업은 지난 2세기 동안 제조업과 거의 같거나 그보다 더 높은 비율로 성장했다. 역사가 우리에게 말해 주는 것은 부(wealth)는 무엇을 하는가가 아니라 무엇을 하든지 간에 얼마나 효율적으로 하고 있는가에 달려 있다는 것이다.

11.2 불평등 측정하기

불평등과 소득 분산 척도는 많이 있지만 어느 것도 완벽하지 않다. 일반적으로 사용되는 척도는 이른바 **지니 계수**이다. 그것은 모든 개인 또는 가계가 동일하게 버는 동일한 소득 분배의 이상적인 상태에 대한 상대적인 불평등의 정도를 측정한다. 지니 계수는 0(모든 가계가 동일한 소득을 버는 완벽한 평등)부터 값을 취하는데, 그것이 1에 접근할 때 불평등은 증가한다. 때때로 그 계수는 100을 곱하여 제시되기도 해서 0.5의 지니 계수는 50과 동등하다. [그림 11.1]에 표시된 것처럼, 수렵 채집 경제와 같이 완벽하게 평등한 사회를 상상하는 것은 가능하지만, 지니 계수가 1인 것은 이론적으로만 가능할 뿐이다. 순수하게 영양학적 관점에서 유지될 수 있는 사회 중 가능한 최대 불평등성은 인구가 최소한의 생존 소득을 가지는 것을 허용해야 하는데, 로마 제국에서의 최대 지니 계수는 약 0.55이고, 유럽 또는 북미의 현대 부유한 경제의 최대 지니 계수는 약 0.97에서 0.98일 것임을 함의한다. 그러나 실제 지니 계수가 0.6을 초과한 역사적 사례는 거의 없다.

지니 계수를 뒷받침하는 원리는 [그림 11.1]에 그래픽으로 설명되어 있다. 수평축 위에 우리는 소득에 따라 순위 매겨진(낮은 것에서 높은 것) 인구에서 가계의 누적 백분비를 측정하고, 수직축 위에 총소득의 누적 백분비를 측정한다. 직선은 완벽한 평등인 경우를 나타내는데, 그 경우 10%의 가계가 총소득의 10%를 얻고, 20%의 가계가 총소득의 20%를 얻는다. 우리는 약 12,000년 전 농업으로 이행하기 이전인 농업 이전(以前) 수렵 채집 경제를 완벽한 평등에 가까운 것으로 생각할 수 있다. 이 사회들은 뚜렷한 사회 계층화를 결여하고 있고 자원에

[그림 11.1] 기원전 10,000년부터 현재까지 여러 경제에서의 지니 계수

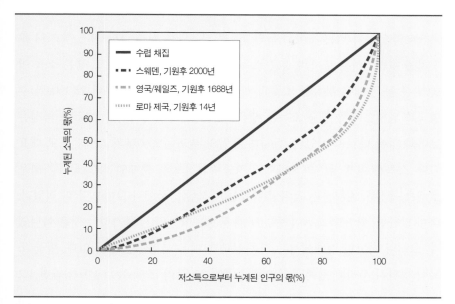

출처: B. Milanovic et al., 'Measuring Ancient Inequality,' NBER Working Paper No. 13550(2007), www.scb.se에서 얻을 수 있는 Statistiska Centralbyrån, Stockholm, Sweden, Disponibel inkomst per konsumtionsenhet inklusive kapitalvinst efter deciler에 있는 자료에 기초한 우리 스스로의 추계치.

대한 공동 접근권을 갖는다. 소득이 생존 수준에 가깝기 때문에 엘리트들이 착취할 수 있는 생존 이상의 어떤 소득도 없다. 농업과 권력 재산 그리고 숙련에 대한 불평등한 접근은 더 높은 평균 소득을 허용했고, 그래서 더 높은 불평등을 허용한다. [그림 11.1]은 **로렌츠 곡선**에 의해 로마 제국부터 현대 복지 국가 스웨덴까지 다수의 문명들의 소득 분배를 보여 준다. 이러한 곡선들은 모두 평등주의적인 수렵 채집 사회의 직선으로부터 떨어져 있다. 곡선이 더 떨어져 있으면 소득 분배가 더 불평등하고 지니 계수는 더 큰 값을 갖는다. 기원후 14년 로마

제국의 지리적 핵심에서 **로렌츠 곡선**은 상위 소득 20%인 인구의 80~100%의 범주에 있는 사람이 그 사회의 총소득의 거의 55%를 번다는 것을 나타낸다. 이것은 80%의 인구가 버는 것이 소득의 45%를 넘는다는 것을 나타낸다. 이 지니 추정치를 뒷받침하는 로마의 평균 소득은 생존 소득의 약 2배이고, 생존 소득 이상의 큰 몫은 매우 부유한 소수의 사람들이 향유한다. 그로부터 약 1600년 후 영국과 웨일즈에서 평균 소득은 생존 소득의 약 3~4배이지만, 로렌츠 곡선은 로마와 많이 다르지 않았다. 동시대 유럽의 분포는 2000년의 스웨덴으로 대표된다. 소득은 이제 생존의 50배이고 평등주의적 소득 분배인 직선에 더 가까운 로렌츠 곡선이 지시하는 것처럼 불평등은 사실 영국이나 로마보다 더 적었다. 다시 말하면, 일인당 소득이 증가할 때 불평등이 반드시 증가하는 것은 아니었다. 그러나 가난한 경제에서는 소득 분배가 매우 불평등할 수는 없다. 평균 소득이 정확히 우리가 생존 소득으로 간주한 400달러 PPP(Box 2.1을 보라)라면, [그림 11.1]에서 수렵 채집 사회에 대해 시현된 것처럼 그 사회가 완벽하게 평등주의적인 것이 아니라면 유지될 수 없다는 결론이 나온다. 평균 소득이 생존 수준 이상으로 증가할 때에만 지니 계수에 의해 측정된 불평등성은 증가할 수 있다. 역사적 경제들과 동시대 경제들의 소득 분배에 지대한 관심을 가지고 있는 세계은행 이코노미스트인 브란코 밀라노빅(Branko Milanovic)은 평균 소득에서의 성장이 주어질 때 한 경제가 경험할 수 있는 실현 가능한 최대 불평등이라는 개념을 도입했다. 적은 규모의 엘리트 집단(이를테면 인구의 0.1%) 생존 소득 이상의 모든 소득을 받는다고 가정하자. 이것은 나머지 인구인 99.9%는 일인당 400달러 PPP로 살아가야 한다는 것을 의미한다. 평균 소득이 더 높으면 지니 계수에 의해 측정된 것으로써 최대 불평등도 더 높아진다. 그때 시간이 지나면 불평등이 어떻게 변하는가를 이해하기 위한 유익한 방법은 일인당 소득이 주어질 때 최대 지니 계수의 비율(즉, 백분비)인 현실 지니 계수를 측정하는 것이다. 실제 기원후 14년 로마와 2000년 미국의 현실 지니 계수는 약 0.4였다는 것이 판명되었다. 그들이 동일한 불평등성 점수를 가졌다고 말하는 것이 의미 있을까? 사실 그렇지 않다. 우리가 일인당 소득에 의해 허용되는 최대 불평등의 비율로써 이 지니 계수들을 취한다면 말이다. 2000년 전 로마는 낮은 일인당 소득을 전제할 때 있을 수 있는 최대 불평등과 거의 같은 것이다. 당시 로마의 최대 지니 계수는 약 0.55였는데, 2000년 미국의 최대 지니 계수는 0.98이었다.

그러므로 우리는 여러 시대의 경제들에서 최대 지니 계수에 대한 실질 지니 계수의 비율을 계산했고, [그림 11.2]에 그 비율의 진화를 제시했다. 비율은 처음에는 증가했는데, 그것은 일인당 소득이 증가할 때 현실 불평등성이 잠재적 또는 최대 불평등성을 따라갔음을 보여 준다. 그러나 그 증가는 근세 시대에 수평을 유지하다가 20세기에 떨어졌다. 불평등성은 극대(極大) 수준에 비해 떨어졌다. 한 설명에 따르면 숙련과 재산의 분포에 초점을 맞추어야 한다고 한다. 초기 문명(이를테면 로마 제국 또는 비잔틴)은 재산과 숙련의 분포에서 커다란 불평등성이 있었던 것으로 특징지어졌지만, 역사가 진행되면서 점점 더 많은 인구가 숙련과 다른 자원에 대한 접근권을 얻었는데, 그것이 그들의 소득을 생존 이상으로 올리는 것을 가능하게 했다.

현실 불평등성은 잠재적 또는 최대 불평등성에 비해 감소했음이 명백하지만, 현실 불평등성이 20세기 이전에 감소하였는가는 명백하지 않다.

경제가 일단 평균 소득이 생존 소득의 바로 2배인 상태, 즉 불평등이 0.55를 넘을 수 없는 상태를 벗어나면, 일인당 소득의 증가는 네덜란드의 발전이 보여

[그림 11.2] 시간에 따른 최대 지니의 몫으로서 실제 지니 계수

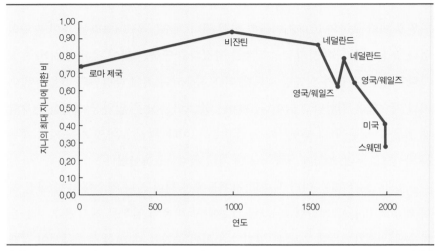

출처: Milanovic et al., 'Measuring ancient inequality', World Bank Policy Research Working Paper, 2007로부터의
자료에 기초하여 스스로 추계했음.

주는 것처럼 불평등성을 증가시키는 경향이 있었다. 20세기 이전, 소득 자료의
취약성 때문에 추세에 대한 강한 결론을 내리는 것은 어렵지만, 지니 계수가
0.4~0.6에 있는 것이 전형적이었다. 이것은 상위 소득자의 몫과 같은 다른 척도
에서도 유지된다. 예컨대, 산업화 이전 가장 부유한 5%의 인구가 총소득의 35%
를 벌었지만 20세기 말에는 그 절반만을 벌었다. 프랑스와 덴마크처럼 다른 나
라에서도 상위 10%의 인구가 산업화 이전에는 총소득의 약 절반을 벌었는데,
그 몫은 20세기 동안 30%로 떨어졌다. 환언하면 불평등성은 20세기 유럽에서
떨어졌다는 것은 부정할 수 없다. 인용된 추정치는 세전 소득 자료에 관한 것이
어서 평등주의적 추세는 재분배적인 조세나 이전에 의해 야기된 것은 아니다.

1930년 이후 어느 정도 중요하게 된 이러한 정책을 고려에 넣으면 덜 불평등한 방향으로의 변동은 더욱더 뚜렷해진다. 조세와 이전을 반영한 소득에 대해 불평등성을 측정하려는 시도들은 평등주의적 효과를 보여 준다. 지니 계수의 감소는 0.05~0.10단위의 차원에 있는데(가령 세전 소득 분배에서의 0.3이었던 것이 조세와 이전 이후 0.2~0.25로 변했는데) 이것은 약 0.5~0.6이었던 산업화 이전 불평등에서 0.3~0.4라는 동시대적 불평등으로 시간이 지나면서 더 크게 감소했던 것과 비교되어야 한다. 이러한 발견은 제10장에서 논의한 복지 국가의 재분배 효과에 대한 의문을 강화한다. 그러나 평등주의적 추세가 계속될 것인가는 분명하지 않다. 산업화된 세계에서의 소득 불평등성은 역사적으로 1980년경에 낮은 수준에 도달했고, 11.4절에서 논의할 것처럼 불평등성은 다시 증가하는 경향이 있다고 주장하는 많은 연구가 있다.

그러나 장기 전망 속에서 근대 유럽 국가들은 과거보다 불평등이 덜하게 되었다. 불평등이 덜한 사회를 향한 역사적 행진의 아래에는 무엇이 놓여 있었는가? 가장 명백한 설명은 20세기 대중 교육의 성장인데, 이것은 사람들의 숙련 수준을 올리고 평등화하였다. 대부분의 사람들은 이전에 어떤 공식적인 교육의 기회도 갖지 못했다. 대중 교육과 학교 수학 기간의 연속적인 확장은 두 가지 요인의 결과였다. 첫째는 보통 사람들에게 정치적 발언권을 준 민주주의의 신장, 둘째는 생산 기술의 계속 증가하는 복잡성에 따른 수요였다. 학교를 떠나는 연령의 증가는 적어도 부분적으로는 기술 변화로 인한 숙련 부족에 대한 반응으로 볼 수 있다. 그 설명은 이른바 쿠즈네츠 곡선 가설에 잘 맞는데, 쿠즈네츠 곡선은 하버드 경제학자 사이먼 쿠즈네츠(Simon Kuznets)의 이름을 딴 것이다. 쿠즈네츠는, 빈약한 경험적 증거를 가지고, 불평등성은 산업화와 근대화 초기 국면에는 숙련 노동자가 부족하기 때문에 증가하지만, 숙련 노동자의 공급이 증가하면 떨어진다고 주장했다. 이 과정은 불평등성에 대해 역 U자형 곡선을 만들어 낸다. 연구자들은 산업화 초기에 현실적으로 불평등성이 증가되는지에 대해 합의할 수 없었지만, 20세기 임금 격차의 축소를 향한 경향에 관해서는 더 이상의 이의 제기는 없었다.

11.3 성별 불평등

우리가 가지고 있는 소득과 임금 자료의 대부분은 최근의 것으로 19세기 이전 성별 임금이나 소득 불평등에 대해서는 매우 적은 증거만을 가지고 있다. 그러나 임금 격차가 상당했던 19세기 이전에 여성들은 평균적으로 남성보다 임금을 덜 받았다고 믿을 만한 이유는 있다. 여성은 평균적으로 남성의 약 절반의 임금을 받았다. 작업이 바로 물리적인 힘을 요구하고 있을 때 임금 격차는 직업의 성별 물리적 요구를 반영한다. 여성이 농업에서 임금을 더 적게 지급받았다고 주장할 증거는 거의 없는데 대체로 그들은 남자와는 다른 일자리를 가졌기 때문이다. 예컨대, 일급 임금은 여자의 경우 더 낮았지만, 완성된 과업당 지급받는 청부급은 그렇지 않았다. 물리적인 힘은 근대 경제에서는 덜 중요한데 생산 기술이 근육을 기계로 대체시켰기 때문이다. 임금 격차는 상당히 줄어들었다고 하지만, 20세기 후반에도 여전히 지속되고 있다. 오늘날 성별 격차는 10~30%에서 변하는데, 그것의 상당한 부분은 직업, 교육, 그리고 직무 경험에서의 차이에 기인한다. 노르딕 나라들처럼 여성의 노동 시장 참가가 높고 지속

Box 11.1 **사회적 이동성: 경제학자의 연구 의제로 복귀**

   최근 연구는 불평등성과 사회적 이동성 간의 연계를 주장한다. 예를 들어 프린스턴의 앨런 크루거(Alan B. Krueger)가 '위대한 개츠비 곡선'(Great Gatsby Curve)이라고 이름 붙인 것이다. 이것은 소득이 더 불평등한 나라(예컨대 미국, 영국, 이탈리아)는 더 평등한 나라(특히, 노르딕 국가들)보다 사회적 이동성이 더 낮다고 주장한다. 그러나 인과 관계는 명확하지 않다. 그럼에도 불구하고, 사회적 이동성의 이슈, 즉 당신의 소득 또는 사회적 지위가 당신의 아버지 또는 할아버지의 그것에 의해 어느 만큼 결정되는가는 도덕적 전망에서 뿐만 아니라 경제적인 면에서도 중요한 문제라는 점은 명백하다. 예컨대, 특정 사람들이 특별한 직업을 차지하지 못하도록 한다면, 그때 재능은 허비되고 노동은 비효율적으로 사용되어 더 적은 생산으로 나타난다. 그러나 사회적 이동성에 대한 연구들은 1970년경 이래 대부분의 경제학자들의 의제로부터 사라졌다. 게다가 경제사가들도 그것을 측정할 역사에서 발견할 수 있는 유용한 자료가 결여되었다는 어려움에 직면했다. 그러나 최근 연구는 이 문제를 다시 조명하고 있다.

   그래서 미국 경제학자 제이슨 롱(Jason Long)과 조 페리(Joe Ferrie)는 19세기와 20세기에 미국과 영국에서 수만 쌍의 아버지-아들 쌍에 대한 정보를 전국적인 센서스에서 추출하는 방법을 고안하여 인상적인 작업을 했다. 그들이 발견한 바에 의하면, 우리들의 기대에 부합하게, 19세기에 사회적 이동성은 영국보다 미국에서 상당히 더 높았다. 그러나 이 미국의 선도는 미국에서 이동성이 떨어진 1950년대에 완전히 사라졌다는 것은 흥미롭다. 그들은 이에 기초하여, 가장 가난한 사람조차 '미국인의 꿈'을 꾸며 살 수 있고, 그래서 지원할 필요가 없다는 아이디어로부터 불평등성에 대한 미국인들의 상대적인 관용과 복지 국가의 결여가 유래했다고 가정한다면, 그것은 올바르지 않은 가정들에 기초한 것일 수 있다고 주장했다.

   이와 관련하여, 덴마크의 일부 연구자들은 인구와 사회 구조의 역사를 위한 케임브리지 그룹이 수집한 영국에서의 아버지-아들 쌍에 대한 자료를 사용하여, 16세기까지 거슬러 올라가는 분석을 하였는데, 수세기 동안 놀라울 만큼 거의 변화하지 않았음을 발견하였다. 이 작업은 UC 데이비스의 그레고리 클라크(Greg Clark)와 그 공저자들이 행한 많은 흥미로운 연구들에 의해 뒷받침되었다. 그들은 많은 나라에서 장기간에 걸쳐 사회적 이동성을 분석하기 위해, 처음에 자주 사회적 신분을 나타냈던 성씨(surnames)로부터 수집된 정보를 사용하였다. 수세기에 걸쳐 사회적 이동성은 거의 변하지 않았다는 것을 다시 한번 발견하고 있다.

   그러나 클라크 등은 다른 연구들에서 세계에서 가장 평등주의적인 것의 하나로 밝혀진 바 있는 스웨덴과 같은 나라에서조차 거의 상대적인 사회적 이동성은 없었다는 증거를 제출하였는데, 이것은 더 논쟁적이다. 한 가지 가능한 설명은 성씨가 내생적일 수 있다는 것이다. 예를 들어 스웨덴에서는 상향적 이동성을 위해, 일반적인 이름(예컨대, Persson!)을 그들의 새로운 지위와 더 잘 결합될 어떤 것으로 바꾸는 것이 일반적이었다. 이렇게 하여, 성씨의 이동성은 사회적 비이동성이라는 환상을 야기하였을 수 있다.

어떤 경우이든 이미 상당한 관심을 끈 클라크의 최신의 책의 발간과 함께 활발한 논쟁이 지속할 것이라는 점은 의심할 바 없다. 그러나 이것은 중요한 문제이고 이 문제에 대해 더 많은 관심과 연구가 이루어지는 것은 확실히 환영할 만한 것이다.

참고문헌: G. Clark, *The Son Also Rises: Surnames and the History of Social Mobility*(Princeton University Press, 2014).

J. Long and J. P. Ferrie, 'Intergenerational occupational mobility in Great Britain and the United States Since 1850', *American Economic Review*, 103(4)(2013), 1109~1137.

N. Boberg-Fazlic and P. Sharp, 'North and South: Social mobility and welfare spending in preindustrial England', European Historical Economics Society WP no. 37(2013).

적인 경제는 장기적이고 주기적인 보육 기간에 의해 노동 시장 참가가 중단되는 경제보다 성별 임금 격차가 더 적다.

임금 격차에서 차별의 역할은 무엇인가? 차별은 보통 숙련 또는 더 일반적으로 인적 자본에서의 차이로 설명될 수 없는 임금 격차로 이해된다. 숙련은 공식적인 훈련, 학교와 대학, 그리고 현장 훈련을 통해 획득된다. 피고용자들은 현장 훈련을 받기 때문에 남자와 여자 모두 연령 또는 노동 경력의 함수로 임금 인상을 경험하는 경향이 있다. 19세기와 20세기 연령별 임금 자료를 통해 판단해 볼 때 역사적으로 현장 훈련 효과는 여자보다 남자에게서 더 높게 나타났다.

노동 시장에 들어갈 때 비슷한 숙련을 가진 남자와 여자 간에 임금 격차가 더 적다는 점은 일반적인 동의를 얻고 있다. 남자—여자 격차는 연령의 증가와 함께 증가하는 경향이 있었는데, 그것은 아마 여자는 남자와 동일한 현장 훈련을 받지 못했다는 사실을 반영했을 것이다. 여자는 그들의 작업 이력이 남자보다 덜 정규적이라는 점에서 불이익을 받았다. 20세기 중반 이전 여자들은 결혼을 하거나 첫 아이를 낳은 이후 노동 시장에서 중도 하차하는 것이 정상적이었는데, 그것은 고용주가 여자에게 기업 특수적 훈련을 제공할 유인을 거의 갖지 못하도록 했다. 그러나 여성의 노동 시장과의 결합이 더 항구적으로 될 때 그 격차는 줄어들 것이라 기대된다. 20세기 후반 성별 격차의 감소는 그 이야기의 일부이다. 그러나 우리가 관측한 배경 요소들, 즉 작업 경험과 교육과 같은 개인적 특성들에 귀속시킬 수 없는 임금 격차는 여전히 지속한다. 이 차별 효과는 측정하기 어렵지만, 동일한 숙련, 직무 이력과 훈련을 가진 남자와 비교할 때 여자는 5~10%의 불이익을 받는다고 주장하는 연구들이 있다. 우리는 어떻게 그것을 설명할 수 있는가? 하버드에 기반을 둔 경제사가 클라우디아 골딘 (Claudia Goldin)은, 개인을 평가하는 것은 돈이 많이 들기 때문에 고용주가 개인의 진정한 특성을 등록하는 데 실패하여 남자와 여자의 평균적인 특성에 집착하면, 차별은 지속할 수 있다고 주장한다. 예컨대, 평균적인 여자의 직무 이력은 출산으로 인해 단절되기 때문에 남자의 현장 훈련의 평균 기간은 여자의 경우보다 더 길다. 그러나 일부 남자보다 더 오랜 작업 경험을 가진 여자들이 있음에도 불구하고 평균적인 특성으로부터 개인의 속성을 추론하는 고용주는 그것을 보는 데 실패할 것이다.

비평가들은 여기에서 사용된 차별 개념은, 동등하게 자격을 갖춘 남자와 여자 간의 임금 격차를 비교했을 뿐이므로, 너무 제한적이라고 주장한다. 그들은 사회적 관습에 의해 주어진 전통적인 일자리 선택과 직업 전략은 여자가 낮은 급여를 받는 직업을 갖도록 한다고 주장한다. 성별 격차의 대부분은 남자와 여자가 상이한 직업에 집중되었다는 사실에 기인하였고 여전히 그렇다. 이를테면 여자는 낮은 급여를 받는 부문에, 그리고 높은 급여를 받는 부문이라도 낮은 급여를 받는 기능에 편중되어 있다. 비판자들이 주장하는 것은 이러한 패턴은 일반적인 규범과 교육 체계 또는 직업 시장에서의 명백한 차별과 상관성을 가지고 있다는 것이다. 그것은 여자가 낮은 숙련 함량을 갖는 직업을 그리고 임금에 하방 압력을 가하는 노동 공급이 초과 상태인 직업을 선택하도록 만든다. 그래서 자주 그랬듯이 기술 변화가 미숙련 노동에 대한 수요를 감소시키면, 성별 임금 격차는 기술 변화에 민감하게 반응한다. 20세기에도 교육 체계는 여자에게 교육에 대한 동일한 접근권을 주지 못했는데, 그것은 여자의 교육 선택에 급격한 변화가 나타난 1970년대부터는 여자의 교육 선택은 남자와 유사하게 되고 있다. 노르딕 국가의 예로 말하면, 2000년경 의과대학에 진학한 학생의 절반 이상은 여자인데, 1세기 전만 해도 여자들은 사실상 없었다. 여자가 점차 오랜 교육을 선택하는 이유 중의 일부는 근대 출산 통제 방법으로 학습 기간 동안 계획되지 않은 출산을 피할 수 있고, 또 피하고 있기 때문에, 그런 교육을 위해 필요한 막대한 투자를 덜 위험한 것으로 만들었다는 점이다. 비용이 많이 드는 교육은 오랜 이익 기간을 요구하므로, 가계가 일과 자식을 양립시키는 데 도움을 주는 보육 제도는 아마도 도움이 될 것이다. 남자와 여자 학생이 교육과 직업에서 여전히 평등하게 분포되어 있지 않다는 것은 부인할 수 없다. 그러나 교육에 대한 접근을 더 평등하게 하는 추세는 아마도 성별 격차의 해소에 조금이나마 기여했을 것이다. 차별의 힘은 더 교묘해져서 많은 여성이 여전히 낮은 급여를 받는 직업을 위해 훈련받도록 강요하고 있다.

11.4 불평등은 다시 증가하고 있는가

국가 내 불평등은 근세부터 현재까지 급격하게 감소했다는 것은 꽤 명백하다. 이러한 불평등 감소의 대부분은 20세기의 처음 75년 동안 발생하였고, 부분적으로는 대중 교육의 도입에 의해 주도되었다. 다른 요소로는 누진 조세를 들 수 있는데, 그것은 부의 축적을 더 어렵게 만들었다. 대공황과 세계대전은 또한 부를 파괴했다. 그러나 최근 연구는 불평등의 감소는 1980년경부터 유럽뿐만 아니라 대부분의 산업화된 세계에서 역전되고 있음을 보여 준다. 장기간에 걸친 비교는 어렵지만 극복할 수 없는 것은 아니다. 꽤 최근까지(이를테면 20세기 중반까지) 분석을 위해 이용할 수 있는 소득 자료는 주로 총개인 소득이나 총가계 소득이었는데, 이것은 조세와 이전에 의해 조정되기 전의 소득이다. 그것은 그림을 많이 왜곡하지는 않았는데 조세와 이전은 여전히 별로 많지 않았기 때문이다. 그러나 현재 유럽에서 조세와 이전은 실제로 중요해졌고, 포함되어야 하고, 그래서 1970년대 초부터는 그것을 포함하고 있다. 우리는 이제 가처분 소득 자료를 갖는데, 그것은 노동 소득과 재산 소득에서 조세를 빼고 소득 이전을 더한 것이다. 소득 불평등 연구를 위한 원자료는 LIS, 즉 룩셈부르크 소득 연구(Luxembourg Income Study)에 의해 제공되는데, 각국의 국내 통계 기관들이 연 단위로 자신의 데이터를 보고한다(데이터는 www.lisdatacenter.org에서 쉽게 접근할 수 있다).

지난 40년간을 분석하여 나타난 패턴에 의하면 불평등은 1980년경에 역사적 저점에 있었다는 것이다. 그러나 그때 이래 주요한 유럽 경제들은 모두 지니계수로 측정된 불평등성의 증가를 경험했다. 그러나 수준은 달랐다. 가장 낮은 지니 계수는 스칸디나비아에서 기록되었는데 1980년과 2005년 사이에 0.2에서 0.25로 증가했다. 영국에서 동일한 기간에 지니 계수들은 0.25에서 0.35로 증가했는데 미국도 대개 그 경로를 뒤따랐다. 독일은 이 두 가지 극단 사이의 중간적인 길을 따르고 있다. 이전(transfers)에는 소득 이전만을 포함하고 있어서, 교육이나 건강 서비스 등과 같은 현물 이전은 포함하고 있지 않다는 점은 강조되어야 한다. 현물 이전을 포함하게 되면 그 효과는 지니 계수를 더 감소시킬 것이다.

조세와 소득 이전의 평등주의적 효과가 지난 40년에 걸쳐 변화했다고 믿을 어떤 이유도 없다. 이것이 맞다면 그때 불평등성의 증가를 야기한 것은 무엇이었는가? 그 원인들은 아직 완전히 이해되지 않았고, 그것들은 나라마다 다르지만, 소득 그룹 중 상단과 하단에서의 변화가 불평등성 증가를 주도하고 있는 것처럼 보인다. 예컨대, 스칸디나비아에서는 노동 소득은 불평등의 증가에 기여하지 않았지만 재산 소득은 기여했다. 영국의 경우 노동 소득으로부터의 불평등성의 증가가 지니 계수의 증가를 주도하고 있는 것처럼 보인다. 1970년대 이래 보인 것처럼 '정상' 실업률의 상승은 불평등성을 증가시킬 것이다. 대부분의 유럽 국가에서 매우 부유한 사람은 총가처분 소득에서 자신의 몫을 늘리고 있다. 영국에서 가장 부유한 5%는 소득의 거의 18%를 집으로 가져가는데 1980년대부터 약 6%P 증가했다. 그 증가와 몫은 스칸디나비아에서는 더 낮았지만, 스웨덴에서도 가처분 소득의 10%에서 12%로 증가했다.

지금까지 논의한 연구들은 연간 자료에 기초한 소득 불평등에 관한 것이다. 시간에 걸쳐 사람들이 소득 분포상에서 움직이기 때문에, 이것은 완전한 그림을 주지 않는다고 주장될 수 있다. 당신이 학생이거나 출산 휴가나 실업으로 인해 1년 동안 낮은 소득을 가졌을 수 있지만, 당신이 다음 해에 고용되면 당신의 소득 사다리는 올라간다. 그러나 그 역이 다른 사람에게 나타난다. 다음의 극단적인 예를 생각해 보자(예시적인 목적뿐임). 사람은 가난하거나 부유하다고 가정하자. 그것은 0보다 더 큰 지니 계수를 창출할 것인데 0은 완전한 평등성을 의미한다. 그러나 이제 모든 시민들이 매해 위치를 바꾸고 있다고 가정하자. 인구의 절반은 한 해 동안 부유하고 나머지 절반은 가난하다. 그러나 다음 해에는 가난한 사람은 부유하게 되고 부유한 사람은 가난하게 된다. 그리고 매년 그렇게 진행된다. 결과적으로 생애 소득은 모든 개인에게 완전히 동일하고 지니 계수는 0일 것이다.

그러므로 소득 불평등 분석의 시평(time horizon)을 확장할 때 무슨 일이 일어나는가를 살펴보는 것은 합리적일 수 있다. 더 낮은 소득에서 더 높은 소득으로의 이동성이 있으므로, 단지 한 해에 걸쳐서만 측정된 것보다 생애 소득에 걸쳐 측정된 지니 계수는 더 낮을 것이라 기대할 수 있다. 이것은 고찰된 모든 나라에 해당한다. 그러나 더 불평등한 사회(가령 미국)가 소득 그룹 간에 더 많은 이동성을 갖는다는 가설은 자료에 의해 확증되지는 않는다. 그 가설을 세운 동기는 불평등은 높은 소득 지위를 위한 경쟁을 촉진하여 상향 이동성을 자극하고, 하향 이동성을 강제할 것이라 기대할 수 있다는 것이다. 그러나 거꾸로인 것 같다. 스칸디나비아 경제들은 대부분의 다른 유럽 국가들과 미국보다 소득 이동성이 더 크고 더 낮은 생애 소득 불평등을 가진다.

불평등성의 마지막 측면은 세대(generation) 간 소득 불평등성의 이전이다. 대부분의 사람은 평등한 기회의 개념을 중시한다. 그것은 당신 자신의 소득이 당신의 가족 배경에 의해 결정되지 않아야 한다는 것을 의미한다. 당신이 가난한 가정에서 자랐다면 당신은 나중에 빈곤에서 벗어날 기회를 가져야 한다. 더 기술적으로 말하면 평등한 기회를 가진 사회에서 부모 간의 소득의 차이는 그들 자식의 소득의 차이에 전혀 반영되지 않거나 강하게 반영되지 않아야 한다는 것을 기대한다. 그것은 자식의 자기 소득에 대한 부모의 소득(의 로그)의 탄력성으로 측정될 수 있다. 스칸디나비아 국가들은 미국과 비교할 때뿐만 아니라 이탈리아와 프랑스와 같은 나라와 비교할 때도 평등한 기회를 갖는다는 것에 대해 더 높은 점수를 받는 것으로 다시 판명되는데, 그것은 부모의 소득이 자식의 소득에 대해 갖는 설명력이 낮다는 것이다. 독일은 다시 미국과 스칸디나비아 국가라는 두 극단 사이에 위치한다. 그러나 한 세대에서 다음 세대로 소득 격차를 전달하는 부유한 부모의 능력을 보면 국가들 간에는 별로 차이가 없다. 주로 배경이 덜 좋은 아이들에게 어느 만큼 기회를 주느냐에 따라 국가 간 차이가 나는데, 여기에서 스칸디나비아 국가들은 평등한 기회의 면에서 더 높은 점수를 받는다.

11.5 세계 소득 분배

1800년까지 평균 소득, 즉 일인당 GDP는 생존 소득의 1~5배 안에 있었는데, 생존 소득은 400달러 PPP(1990)로 이해되고 있다. [표 4.2]를 보라. 일부 극빈한 아프리카 국가들은 여전히 평균 소득이 생존 수준이나 바로 그 위에 있지만, 유럽과 북미, 그리고 그 밖의 곳에서는 1800년 이래, 특히 1950년 이래 평균 소득이 증가하였다. 소득 증가와 생산성 차이는 지난 200년의 현상임에 틀림없다. 프리쳇(L. Pritchett)이 주장하는 바에 의하면 가장 가난한 나라와 가장 부유한 나라의 일인당 소득 비는 1870년에는 약 9 대 1이었고, 1990년에는 45 대 1이 되었다. 간단히 설명하면 모든 경제가 근대적 경제 성장의 이익을 얻지는 못했다는 것이다. 그러나 그 설명 중 어려운 부분은, 비록 점차 더 소수가 되어가고 있지만, 왜 일부 경제들은 지식과 기술 이전에 의해 영향받지 않는 상태로 계속 있는가를 설명하는 것인데, 그 이유는 그들이 지식과 기술의 이전에 개방하려고 하지 않았기 때문이거나 교육적인, 그리고 제도적인 선행 조건들이 갖추어지지 않았기 때문이다.

세계 소득 분포에서의 최근 추세에 관해 상당한 혼란이 있는데 그 이유는 상이한 척도가 사용되어 상당히 다른 결과를 주기 때문이다.

세계 불평등에 대한 적절한 연구는 한 나라 내의 불평등의 분석과 동일한 전략을 따라야 한다. 즉, 세계의 모든 나라의 모든 시민들을 포함하여야 한다. 이 개념은 글로벌 불평등이라 불린다. 그것은 세계의 모든 가계의 소득 자료를 가진 데이터베이스를 요구한다. 그렇지만 많은 국가들이(부유한 국가도 있고 가난한 국가도 있지만) 줄어들고는 있지만, 그런 추정을 위한 정보를 생산하지 않거나 가지고 있지 않다. 현존하는 자료와 부가적인(그러나 위험한) 가정들을 사용하여, 1970년부터 현재까지 세계의 모든 시민들 간의 불균등의 진화에 대한 몇 가지 추측을 만드는 것은 가능하다. 세계 불평등에서 현실적으로 발생한 것에 관한 명백한 합의는 없지만, 그것이 떨어졌다는 주장을 모두가 공유하는 것은 아니라 해도, 적어도 그것이 증가하지는 않았다는 것에 대한 동의는 있다. 더 많은 국가들이 더욱 신뢰할 수 있는 소득 서베이를 생산하기 시작했으므로 우리는 미래에 더 탄탄한 결과를 기대할 수 있다.

세계 소득 불평등성은 자주 그것이 계속 증가했다고 주장되었기 때문에 1970년대 이래 증가하지 않았다는 명제는 놀라운 것일 수 있는데, 그러나 그 진술은 매우 의미 있지는 않은 불평등성 개념에 관한 것이다. 우리가 각 나라에서 일인당 소득을 취하고, 지니 계수를 측정하면, 통상적인 표현으로 '가중되지 않은'(un-weighted) 불평등성이 1950년 이래 약 0.45에서 0.55로 증가했다. 이 접근법은 각 나라의 일인당 소득에 동일한 가중치를 준다. 즉, 25만 명의 주민을 갖는 아일랜드는 중국이나 인도와 동일한 가중치를 갖는다. 이러한 개념에는 내재적인 문제가 있는데, 중국과 인도가 가령 매년 8% 또는 10%의 일인당 소득의 성장을 경험할 때 그것은 세계 인구의 3분의 1에 영향을 미치지만 아일랜드에서의 증가는 거의 눈에 띄지 않기 때문이다. 분명히 우리는 더 균형잡힌 견해를 얻기 위해 우리가 분석하는 경제들의 크기를 고려할 필요가 있다. 우리가 그렇게 한다면, 통상적인 표현으로 '가중된 불평등성'(weighted inequality)에 도달한다. 그 분석의 기초는 여전히 각 나라의 일인당 소득이지만 각 나라는 그 인구에 비례한 가중치가 부여된다. 이 척도를 사용하면 우리는 불평등성에서의 감소에 도달하는데, 사실 지니 계수는 1950년 0.55로부터 2000년 0.5로 떨어졌다.

인구로 가중한 지니 계수의 감소를 주도하였던 것은 중국, 인도, 베트남, 그리고 인도네시아와 같은 인구가 매우 많은 나라들이 1980년대 이래 빠른 GDP 성장을 경험하였다는 사실이다. 분명히 두 번째 척도가 첫 번째보다 더 바람직하다.

그러나 일인당 GDP 평균의 증가는 빠르게 성장하고 있는 국가 내에서 불평등성이 증가하고 있다는 사실을 은폐할 수 있다. 앞에서 쿠즈네츠 가설로 언급한 논거는 근대화 초기 국면에는 교육받은 노동이 희소하여, 그것에 대한 프리미엄이 매우 높고, 그래서 소득 증가의 대부분을 희소한 숙련을 가진 소수의 사람들이 얻게 된다는 것이다. 유럽에서는 쿠즈네츠 곡선의 타당성에 대해 이의가 제기되었지만, 중국과 인도에서의 최근 산업화는 소득 격차를 증가시키고 있다는 증거가 늘어나고 있다. 이것은 왜 우리가 분석에 국가 내 불평등을 고려하면 위에서 정의한 글로벌 불평등성의 명확한 감소를 탐지할 수 없는지를 설명해 준다. 가난한 나라들은 일인당 소득의 면에서 개선되고 있지만 그 증가는 그 나라 시민 간에 불균등하게 분배되고 있다.

발견한 사실들은 다음과 같이 깔끔하게 요약할 수 있다.

1. 가중되지 않은 세계 불평등성은 1980년 이래 1990년까지 급격하게 증가했지만 2000년 이래로 감소하고 있는데, 이 개념은 소득 증가에 의해 영향 받는 국가의 규모를 무시하고 있으므로 조금 원시적이다.

2. 인구 가중된 세계 불평등성은 1950년 이래 떨어졌는데, 주로 인구가 많은 아시아의 저소득 국가에서 일인당 소득이 빠르게 성장한 덕분이다.

3. 글로벌 불평등성은, 즉 인구 규모와 국가 내 소득 분포를 통제했을 때 불변인 것으로 느껴진다. 그 이유는 아시아의 저소득 국가에서 일인당 소득의 빠른 증가는 빈곤층을 제외한 인구 못지않게 많은 이 나라의 극빈한 사람들을 돕지 않기 때문이다.

소득 불평등성은 1980년 이래 부유한 나라 안에서 증가했다.

11.6 더 넓은 개념의 복지를 향하여

비록 우리는 소득을 복지 또는 좋은 삶을 획득하는 보증으로 볼 수 없다고 말하는 것으로 시작했지만, 지금까지 우리는 일인당 소득의 분포에 대해서만 논의했다. 국제 연합은 소득뿐만 아니라 다른 측면도 포함하는 더 넓은 개념의 복지를 측정하려는 노력을 지원해 왔다. 다른 측면에는 예상 수명에 의해 측정되는 건강뿐만 아니라 가장 유명한 문자 해독률과 학교 취학률도 포함된다. 복지 척도에 문자 해독률을 포함하는 이유는 자명하다. 이를테면 그것은 시민들이 사회적인 삶에 참가하고 알림을 받는 것을 돕고, 문자 언어를 사용하여 다른 사람에게 알리는 것도 돕는다. 마찬가지로 예상 수명은 한 사회의 일반적인 영양학적 표준이나 건강 표준에 대한 안내자이고 삶의 질의 중요한 측면이다. 문자 해독률과 예상 수명 모두 시민들의 선택을 확장하고 인간 능력을 증가시킨다. 이러한 기초 위에 이른바 인간 개발 지표(Human Development Index, HDI)를 구축하려는 시도가 이루어졌는데, 그것은 일인당 소득, 교육 그리고 예상 수명이라는 세 가지 (가중된) 구성 요소를 가지며 최댓값은 1이다. 지표의 선택은 데이터의 획득 가능성에 의해 제한되었으며 각 지표에 부여된 가중치는 조금 임의적이다(그것은 HDI의 설계자에게 허용된 것이다). HDI는 복지 척도로서의 소득에 대한 대안은 아니지만, 그것은 부가적인 정보를 포함하고 있다. 대체로 인간 조건이 악화되고 불평등성이 증가하고 있다는 관점은 도전받고 있다. 이유는 소득 격차가 크게 남아 있다는 사실에도 불구하고, 건강과 문자 해독률로 측정된 것으로써 교육 표준은 세계적으로 수렴하고 있기 때문이다.

[그림 11.3]에서 우리는 서유럽과 인도에서 1990년 고정 가격 달러(우측 수직

[그림 11.3] 1870~2000년 HDI와 일인당 GDP

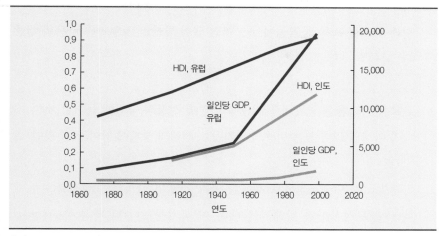

출처: N. F. R. Crafts, 'The Human Development Index and changes in standards of living: some historical comparisons', *European Review of Economic History*, 1(3)(1997), 299~322; A. Maddison, *The World Economy: Historical Statistics*(Paris: OECD, 2003).

축 규모)로 평가한 일인당 GDP의 발산하는 패턴과 HDI(좌측 수직축 규모)를 본다.

　HDI로 표현된 복지의 중요한 측면은 소득과는 다르게 발전한다는 것을 그림은 보여 주고 있다. 유럽과 발전 도상국을 대표하는 인도를 비교하면, 절대적인 소득 격차는 증가하지만, HDI 지표에서의 차이는 줄어들었다는 것이 판명된다. 그 이유는 인도와 일반적으로 가난한 나라들이 문자 해독률과 예상 수명면에서 부유한 나라와의 격차를 줄이고 있다는 사실에 전적으로 기인한다.

11.7 세계 소득 불평등성의 미래 추세에 대한 숙고

미래 글로벌 소득 불평등에서는 어떤 일이 발생할 것인가는 다음의 질문에 대한 답에 의존할 것이다.

1. 모든 나라들은 궁극적으로 근대적 경제 성장의 국면에 들어갈 것인가 아니면 의미 있는 비중의 국가들이 정체의 상태에 남아 있을 것인가?
2. 후발국들은 궁극적으로 부유한 국가 경제의 안정적인 성장률(연간 2~3%)로 정착하기 위해 처음에는 이 국가들보다 더 빠른(이를테면 8~10%) 성장을 할 것인가?
3. 새롭게 산업화하는 국가들도 유럽과 북미의 패턴을 따라서, 국내 불평등성이 증가한 초기 국면 이후 덜 불평등하게 될 것인가?

세 가지 질문에 대한 대답이 모두 "예"라면, 글로벌 불평등성은 미래에 감소할 것이고, 그것은 사실 이미 정점에 도달했을 수 있다.

그러나 이 질문들 중 어느 하나에 대한 대답이라도 "아니오"라면, 글로벌 소득 불평등성의 미래 추세에 대해 명확한 예측을 하는 것은 가능하지 않다.

우리는 이 세 가지 질문에 대한 그럴듯한 대답에 대해 더 신중하게 숙고해 보자.

두 번째 질문은 다른 두 가지 질문보다 대답하기가 쉽다. 역사적인 기록은, 후발국이 성장 클럽에 들어오면, 이것은 기본적으로 그 나라의 제도적ㆍ교육적 체계와 재산권이 근대 기술의 기회에 반응할 수 있다는 것을 의미하는데, 그때 캐치업의 초기 국면은 빠른 경제 성장과 결합할 것임을 명백하게 보여 준다. 그러나 이제 첫 번째 질문으로 돌아가면, 우리는 모든 나라들이 그들의 제도를 올바르게 갖고, 시장을 개혁하고, 자본과 기술 이전을 개방할 것이라 확신할 수 있는가?

거의 모든 유럽 국가들이 이제 근대적 경제 성장의 특색을 가지고 있으므로 유럽의 경험은 그 질문에 다소 관계가 있다. 그러나 그 역사적 기록은 유럽의 '성장 클럽'에 가입하는 과정이 불균등했고 길었다는 것을 보여 준다. 1914년 이전 북서 유럽의 소수 국가들만이 실제로 유럽에서 그 당시 선도 경제였던 영국에 수렴했고, 이베리아 경제와 아일랜드가 캐치업 과정을 시작한 것은 1950년 이후까지는 아니었으며, 동유럽의 사회주의 경제의 경우 캐치업 과정은 심지어 더 늦게 나타났다. 후자의 경우가 보여 주듯이, 제도적 변화도 중요하지만, 증가된 개방성도 또한 스페인, 포르투갈 그리고 아일랜드의 경우에 중요한 요소였다. 그래서 유럽의 성공 이야기는 결국에는 거의 모든 경제가 성장 클럽에 가입한 것이다. 이것은 전 세계적인 규모에서 반복될 것인가? 유럽 경험을 일반화하는 것에 대해 반대하게 되는 명백한 논거는 제도와 문화의 면에서 유럽이 가졌던 동질성이다. 희망의 희미한 빛은 아시아의 두 후발국인 중국과 인도에 있어 과거 제도적 경험의 다양성이다. 후자, 즉 특권을 얻기 위해 싸우는 강한 기득권을 가진 인구가 많은 민주주의는 그 역사에서 가장 빠른 성장을 창출할 수 있었다. 전자, 즉 중국은 사회주의적 수사학을 자본주의 및 시장 원리와 결합하고, 대중의 저항을 신경질적으로 감시하는 권위주의적 정치 엘리트를 갖고 있다. 그런데 왜 양국은 경제적 측면에서 동일한 방향으로 나아가고 있는가? 한 가지 가능한 대답은 쉽게 접근할 수 있는 정보 기술 덕택에 근대적 경제 성장으로부터의 이득이 이제 매우 명백하게 되어, 정치 엘리트의 정치적 지향이 무엇이든 그 이득을 무시할 수 없게 되었다는 것이다. 그들이 무시한다면, 자국 국민들이 기회를 잃어버리는 것을 그냥 보아 넘기지 않을 것이라는 것을 더욱 계몽된 자국의 국민들이 깨우쳐 줄 것이다. 그러나 모든 국가가 근대적 경제 성장을 향유할 수 있다는 아이디어를 실제 테스트할 기반은 더 이상 아시아가 아니라 아프리카인데, 그들은 여전히 캐치업 성장에 의해 영향 받지 않고 있으며, 정치적인 관리 실패가 여전히 너무 많은 나라에서 만연하고 있다.

최종적으로 세 번째 질문은 아시아 및 그 밖의 지역에서 근대화하고 빠르게 성장하는 경제들 내에서 증가한 불평등성은 국내 소득의 불평등성을 감소시킬 대중 교육 캠페인을 촉구할 것인가? 유럽과 북미에서의 패턴이 반복될 것이라고 믿는 강한 이유들이 있다. 지속된 경제 성장은 숙련 기초의 확장 없이는 가능하지 않을 것 같다. 이것이 일어난다면 저소득이지만 빠르게 성장하는 경제에서 국내 불평등을 증가하게 하는 경향은 영구적이라기보다는 일과적인 것으로 판명될 것이다.

요약

유럽 경제는 오늘날보다 500년 전, 그리고 심지어 100년 전에 더 불평등했는데, 절대적인 불평등도 그렇고 가능한 최대 불평등에 대한 것도 그렇다. 덜 확연한 불평등으로의 변동은 일차적으로 20세기적인 현상이다. 유럽은 미국(특히, 라틴 아메리카)보다 상대적으로 더 평등주의적이다. 라틴 아메리카에서의 지속적인 높은 불평등성은 성장 과정에서 불평등성의 역할에 대한 질문을 유발했다. 한 노선의 논거에 의하면 높은 불평등성은 성장을 해칠 수 있는데, 그것이 정치적·사회적 갈등을 자극하기 때문이다. 그와 같은 갈등은 경제적 게임의 규칙에 대한 불확실성을 야기하여 궁극적으로 투자와 성장을 해친다.

국내 불평등성을 감소시키는 주요한 요소는 교육에 대한 개방된 접근이다. 재산 소득의 불평등한 흐름과 관련된 불평등성은 더 관성적인 것으로 보이는데, 부의 축적은 교육과 덜 연계되어 있고, 상속에 더 많이 의존하기 때문이다. 글로벌 불평등성은 1800년까지는 크지 않았다. 1800년에 폭발적으로 증가하기 시작했는데, 정체 또는 느리게 성장하는 경제들의 세계 속에서 배타적인 클럽에 속한 일군의 경제가 성장하기 시작했다. 세계를 나눈 것은 기술에 대한 불평등한 접근이었다. 많은 인구를 가진 많은 국가들이 1950년 이래 '성장 클럽' (growth club)에 가입할 수 있었다. 이것은 글로벌 불평등성이 증가하는 추세를 멈추게 했는데 글로벌 불평등성은 21세기 동안 감소할 수 있다.

더 읽을거리에 대한 제안

● 불평등성의 연구에 대한 훌륭한 소개는 B. Milanovic, *Worlds Apart: Measuring International and Global Inequality*(Princeton University Press, 2005)이다. 추세에 대한 최근 평가를 위해서는 Milanovic의 홈페이지를 방문해 볼 만한데, 예컨대 'Global Income Inequality by the Numbers in History and Now', World Bank

Policy Research Paper 6259(2012)를 보라.

● P. H. Lindert와 J. G. Williamson과 함께 쓴 Milanovic의 다른 연구 'Measuring ancient inequality', a World Bank Working Paper는 소득 불평등성의 장기 진화에 대한 값진 통찰을 준다. 글로벌 불평등성에 대해 논의하고 있는 Xavier Sala-i-Martin, 'The myth of exploding income inequality in Europe and the world', in H. Kierzkowski(ed.), *Europe and Globalization*(London: Palgrave Macmillan, 2002)도 보라.

● A. B. Atkinson과 F. Bourguignon이 편집한 *The Handbook of Income Distribution* (Amsterdam: Elsevier, 2000)은 최근 Atkinson의 책 *The Changing Distributions of Earnings in OECD Countries*(Oxford University Press, 2008)처럼 비교 역사 분석을 하는 데 매우 값어치 있는 자매편이다. Atkinson과 그의 동료들은 장기간에 걸쳐 많은 나라의 부유층을 살펴보고 있다. 최근의 요약은 A. B. Atkinson, T. Piketty and E. Saez, 'Top incomes in the long run history', *Journal of Economic Literature*, 49(1)(2011), 3~71을 보라.

● 영국의 역사적인 성별 격차에 대한 연구는 많이 있다. H. M. Boot and J. H. Macdonald, 'New estimates of age-and sex-specific earnings and the male-female earnings gap in the British cotton industry, 1833-1906', *Economic History Review*, 61(2)(2008), 380~408을 보라. 이 논문의 참고 문헌 목록은 많은 관련 연구를 포함하고 있다. M. Keniston McIntosh는 *Working Women in English Society 1300-1620*(Cambridge University Press, 2005)에서 장기적 관점을 취하고 있다. J. Burnette, *Gender, Work and Wages in the Industrial Revolution*(Cambridge University Press, 2008)은 도발적이고 잘 조사된 연구이다. 실제로 어떤 성별

격차도 차별에 의해 설명될 수 없다는 저자의 주장은 과장된 진술이지만, 임금 격차는 숙련, 물리적 힘, 공식적 또는 비공식적 교육에서의 차이에 의해 상당한 정도로 설명될 수 있다고 한 것은 기억해야 할 지식을 다시 상기시킨다. C. Goldin의 *Understanding the Gender Gap: An Economic History of American Women*(Oxford University Press, 1990)은 필수적인 읽을거리이다.

● 세계 불평등성을 예측하려는 몇 가지 시도는 살펴볼 가치가 있는데, 특히 C. I. Jones, 'Evolution of world income distribution', *Journal of Economic Perspectives*, 11(3)(1997), 19~36과 R. E. Lucas, 'Some macroeconomics for the 21st century', *Journal of Economic Perspectives*, 14(1)(2000), 159~168을 보라.

● 11.4절에서 언급한 다른 최근 연구는 Anders Björklund, Jesper Roine and Daniel Waldenström, 'Intergenerational top income mobility in Sweden: Capitalistic dynasties in the land of equal opportunity?', *Journal of Public Economics*, 96(5), 474~484; Anders Björklund and Markus Jäntti, 'Intergenerational income mobility and the role of family background', in *Oxford Handbook of Economic Inequality* (Oxford University Press, 2009), 491~521이다.

12

글로벌라이제이션과 그것의 유럽에 대한 도전

글로벌라이제이션과 그것의 유럽에 대한 도전

12.1 글로벌라이제이션과 일가의 법칙

21세기 초 정치적 · 경제적 논쟁에서 글로벌라이제이션을 둘러싼 선전은 우리가 이제 경제 발전의 완전히 새로운 국면에 있다는 인상을 전달할 수 있었다. 이 장은 그 추정이 잘못되었다는 것을 보일 것이다. 대중 매체가 과거를 잊었을 때 약간의 기초적인 경제사는 자주 도움이 된다.

글로벌라이제이션은 세계적 규모에서의 시장 통합이다. 시장 통합은 국내 시장들이 점차 국제 시장에 종속된다는 것을 의미한다. 그러므로 가격과 요소에 대한 보상이 국지적 수요와 공급 조건보다는 글로벌한 조건을 반영할 것이다. 글로벌라이제이션은 강화된 무역과 자본 이동성, 그리고 이민의 산물이다. 그 과정에서 가격, 이자율 그리고 (시간 격차를 가지고) 임금은 수렴하는 경향이 있고 국제적인 충격에 더 빠르게 반응한다. 글로벌라이제이션의 첫 번째 파고는 정보 전송의 속도가 증가한 것과 동일한 때인 무역, 이민과 자본 이동성에 대한 장벽이 폐지되거나 약화되었던 19세기 중반에 시작되었다. 대부분의 면에서 시장은 21세기 초만큼이나 1900년경에도 글로벌화되어 있었다. 사실 국경을 넘는 노동 이동성은 지금보다 1914년 이전이 덜 제약적이었다. 그러나 두 차례 세계대전과 대공황을 겪은 20세기 초반에 반(反)글로벌라이제이션 반발이 있었다. 그 정책은 19세기 말의 글로벌라이제이션 수준이 두 번째 글로벌라이제이션이 추동력을 얻은 1970년대 또는 1980년대까지 회복하지 못할 정도로 상품과 노동과 자본 시장에 역으로 영향을 미쳤다.

시장 통합은 무역과 차익 거래를 통해 작동하는데, 완전히 통합된 시장의 궁극적인 표현은 **일가의 법칙**(the law of one price)이다. 일가의 법칙은 거래되는 동일한 재화의 가격은 모든 지리적 위치에서 동일하다는 것을 주장한다. 이것은 물론 운송 비용과 거래 비용이 0일 때에만 엄격한 진실이 되는데 운송 비용과 거래 비용은 0이 아니다. 운송 비용은 떨어졌지만 상품 거래에서는 상당한 수준으로 남아 있었다. 운송 비용이 높은 한, 외부 시장으로부터(으로) 그 상품을 수입(수출)하기 위해 지불하기 이전에, 국내 가격이 변동할 수 있는 범위는 상당히 크다. 운송과 관세를 포함한 다른 거래 비용이 떨어질 때 국내 가격이 변할 수 있는 상한과 하한을 갖는 대역은 좁아질 것이다. 금융 자산의 경우 거래 비용이 낮으므로 다른 시장에서 거래되는 동일한 자산의 경우에 가격 차이는 0에 가깝다.

상품의 경우에 일가의 법칙의 더 적절한 공식은 지리적으로 분리된 두 시장에서 동일한 상품들 간의 가격 차이(의 절대적 값)는 한 시장에서 다른 시장으로 상품을 이동시키는 것과 결합된 운송 및 거래 비용과 같거나 더 적어야 한다는 것이다. 두 시장이 현실적으로 그 상품을 거래하면 그때 가격 차이는 운송 및 거래 비용과 엄격하게 동일해야 한다. 가격 차이가 운송 비용보다 더 적다면 거래가 채산이 맞지 않는다.

역사적으로 일가의 법칙의 작동과 시장 통합에 대한 주요한 장애물은 관세, 높은 운송 비용, 정보 전송의 비신뢰성과 느림 등이었다. 다른 지역에서의 현실적인 가격이 확실하지 않다면 무역하는 것은 너무 위험하다. 일가의 법칙은 우선 지역 내에서와 국가 내에서 작동하고, 뒤에 운송과 정보 전송이 개선될 때 인접하는 국가들의 클러스터에서 작동된다.

일가의 법칙은 두 가지 주요한 함의를 갖는다. 첫째, 지리적으로 분리된 시장에서 거래되는 동일한 상품 간의 가격 차이는 운송 및 거래 비용과 관세가 떨어질 때 줄어들 것이다. 이것이 이른바 가격 수렴이다. 둘째, 일가의 법칙으로부터의 괴리는 그 법칙이 회복되도록 더 빠른 가격 조정을 유발할 것이다. 운송 비용의 감소와 더 효율적인 정보의 전송은 일차적으로 19세기적 현상이다.

일가의 법칙을 보장하는 경제적 기제는 무엇인가? 간단히 대답하면 무역과 차익 거래이다. 이를테면 제노아와 런던 간에 특정 상품의 가격 차이가 운송 및 거래 비용을 초과하는 것으로 판명되면, 무역업자가 그 상품을 제노아로 수입하는 것은 수익성이 있을 것이다. 결과적으로 제노아의 상품 가격은 떨어질 것이고, 런던의 상품 가격은 추가적인 수요 때문에 오를 것이다. 19세기 중반에 유럽의 모든 주요 도시들은 전신으로 연결되었고, 정보가 전신으로 전송되면, 가격 차이는 수 시간 내에 알려진다. 일반적으로 거래망 속에 포함된 대부분의 시장에 상품의 재고가 있기 때문에 가격 조정은 즉각적으로 시작될 것이다. 그러므로 제노아의 상인은 런던으로부터의 선적과 미래의 더 낮은 가격을 예상하고 자신의 재고를 팔기 시작할 것이다. 새로운 상품을 선적한 배가 도착하기 전에 상품 가격은 제노아에서 떨어지기 시작할 것이다. 만약 우편으로 정보가 전달된다면, 정보가 상인에게 도착하는 데 더 오랜 시간이 걸리기 때문에 가격 조정은 더 느릴 것이다. 유사한 논거는 금융 자산의 가격에도 적용된다. 밀라노보다 런던에서 돈을 빌리는 것이 더 싸다면 투기자들은 밀라노보다 런던에서 돈을 빌릴 것이고, 이자율은 런던에서 증가하고 밀라노에서 떨어질 것이다. 자본 이동에 대해 거의 제약을 갖지 않는 통합된 자본 시장은 수렴하는 이자율을 가지는 경향이 있을 것이라는 결론이 도출된다.

노동 시장은 예외인데 이동에 대한 제약들이 자본이나 상품 시장보다 노동 시장에서 더 지속적이었기 때문이다. 그것은 또한 왜 국가 간의 임금 수준의 수렴이 더 억제되었는지에 대한 주요한 이유이다. 지속적인 임금 차이는 사라지지 않는 데 노동은 숙련, 인적 자본 그리고 물적 자본에 대한 접근의 면에서 다르기 때문이다. 즉, 짧게 말하면 생산성이다. 일가의 법칙은 엄밀하게 동일한 상품들이나 생산 요소에만 적용된다.

글로벌라이제이션은 국내 가격과 글로벌 가격, 그리고 국내 이자율과 글로벌 이자율 움직임의 높은 상호 의존성을 의미한다. 그것은 명목 임금을 설정하고 노동 조건의 개선을 고비용으로 협상하는 노동조합의 힘뿐만 아니라 국내 산업의 가격 설정적 시장 지배력도 감소시킨다. 국내 노동 비용과 고용 간의 부정적 연계는 덜 개방된 경제에서보다 글로벌화된 세계에서 더 강하다.

작동되는 기제는 [그림 12.1]에 제시되어 있다. 우하향하는 노동 수요 곡선과 우상향하는 노동 공급 곡선을 가진 어떤 경제의 한 산업을 생각하자. 노동 수요 곡선 D는 그 산업에서 생산된 생산물에 대한 수요 곡선으로부터 현실적으로 도출된다. 고찰하는 경제가 글로벌라이제이션의 과정을 겪고 있다면 그

[그림 12.1] 글로벌라이제이션은 국내 생산 비용과 고용 간의 더 강한 역 연계를 의미한다

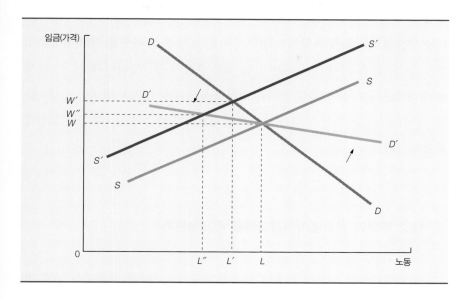

상품에서 노동에 대한 수요 곡선은 시계 반대 방향으로 회전하여 더 평평해질 것이다. 기술적인 용어로 말하면, 그것은 DD에서 $D'D'$로 이동하여 더 탄력적이 된다.

그 이유는 경쟁이 증가할 때 산업의 생산물에 대한 수요와 결과적으로 노동에 대한 수요가 임금과 가격의 변화에 점증적으로 더 민감해질 것이기 때문이다. 노동조합이 임금을 올리면, 즉 공급 곡선이 SS에서 $S'S'$로 이동하면, 고용에 대한 부정적인 효과는 노동 수요 곡선 DD를 가지는 국제 경쟁에 덜 직면하는 경제에서보다 노동 수요 곡선 $D'D'$를 가지는 글로벌화된 경제에서 더 커질 것이다. 부정적인 고용 효과는 덜 글로벌화된 경제에서의 $OL-OL'$이 아니라

$OL-OL''$일 것이다. 이 논거는 '다른 모든 것이 동일할 때'라는 조건 하에서 지켜진다. 우리가 임금을 시간당 유효 노동 투입당 지불된 임금으로 생각한다면, 노동 생산성의 상승을 보상하는 임금 증가는 노동 공급 곡선을 전혀 상방으로 이동시키지 않을 것이다. 우리는 실업 위험 때문에 글로벌라이제이션이 경제에 대해 복지 손실을 부과할 것이라고 서둘러 결론을 내리지 말아야 한다. 글로벌라이제이션은 기업의 시장 지배력을 제한하기 때문에 노동조합의 교섭력을 제약한다.

12.2 무엇이 글로벌라이제이션을 주도하는가

이전 절에서의 논의는, 비록 17세기와 18세기로 거슬러 올라가도 세계 경제에서 가격 수렴을 향한 경향이 있었지만, 글로벌라이제이션의 중요한 돌파는 19세기 특히 1850년 이후에 발생했다는 것을 보여 주었다. 시장 통합과 글로벌라이제이션을 주도한 힘은 무엇이었는가? 간단히 대답하면 '정책과 기술'이다. 정책의 측면에서 관세 정책, 금융 시장 탈규제, 이민 정책은 매우 중요했다. 그러나 경제 정책은 진전과 후퇴의 정치적 과정에 종속되었다. 글로벌라이제이션은 승자와 패자를 갖는데 글로벌라이제이션의 찬성자와 반대자의 힘의 균형은 역사적으로 이동했다. 무역 자유화의 시기는 자유 무역의 퇴조에 의해 중단되었고, 제8장에서 고찰한 것처럼 보호 무역주의적 입법으로 이어졌다. 근본 이유는 무역 자유화가 가격 수렴을 만드는데, 그것은 국내 생산자의 경쟁적 지위를 바꾼다는 것이다. 자신의 희소성 때문에 과거에 보상을 잘 받았던 희소한 생산 요소들은 자유 무역으로부터 손해를 입었다. 요구된 조정은 그들이 새로운 직업에서 새로운 일자리를 발견하기 이전에 그들을 토지와 일자리로부터 떼어 내는 구조 변화를 포함한다. 그러나 제2차 세계대전 이후와 제1차 세계대전 이전 70년 동안 자유 무역을 향한 일반적인 변동이 있었다. 제조업 제품에 대한 유럽의 외부 관세 수준은 역사상 어떤 시대보다 지금이 더 낮고, 관세는 유럽 연합 내부에서는 완전히 폐지되었다. 반면 농업 보호는 비유럽 수출업자에 대해 여전히 높은 상태로 1930년 이전보다 더 높다. 또한 자본시장 개방도는 정부의 통화 정책을 제약하기 때문에 반복적으로 논란이 되었다.

글로벌라이제이션에 공헌한 기술적 요소들은 일차적으로 거래 및 운송 비용과 연결된 것이다. 운송 비용은 19세기에 떨어졌는데, 그 이후에 계속 떨어졌는지는 명백하지 않다. 운송 비용에서의 가장 급격한 감소는 대서양 횡단 화물 운임에서가 아니라 국내 철도 요율에서였다. 이전에 내륙에 둘러싸였던 아메리카와 러시아의 지역은 19세기 후반에 항구와 연결되었는데, 그것은 미국 중서부와 같은 지역을 세계 경제의 일부로 만들었다.

[그림 12.2]는 지난 150여 년 동안 대서양 횡단 실질 화물 운임은 변화했지만 명확한 추세는 없다고 주장한다. 그러나 국내 철도 요율은 19세기에 급격하게 감소했다.

정보 전송 비용은 19세기 초 이래 떨어진 반면 속도는 증가했다. 글로벌 시장에서의 가격 조정이 대개 상품 가격에 대한 새로운 정보에 의해 주도되기 때문에 정보의 속도는 중요하다. 정보 기술에서의 주요한 기술적 돌파는 전신으로 1850년에 주요 유럽 시장을 연결했다. 한편 1870년대 초에 전 세계는 유선으로 연결된 상태였다. 전신 이전에는 정보가 상품과 거의 같거나 약간 더 빠르게

[그림 12.2] 1850~1990년 실질 국내(미국 철도) 및 대서양 횡단 화물 요율(1884=1)

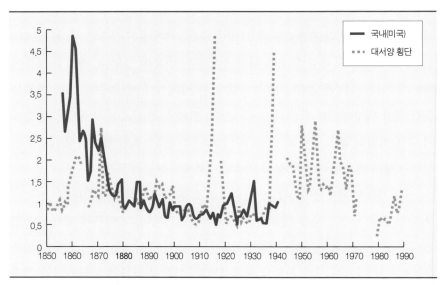

주: 실질 화물 요율은 이른바 화물 지수인데, 이 경우 명목 밀 가격으로 디플레이트한 명목 화물 지수이다. G.
Federico and K. G. Persson, 'Market integration and convergence in the world wheat market 1800-2000', in T. J.
Hatton, K. H. O' Rourke and A. M. Taylor(eds.), *The New Comparative Economic History: Essays in Honour of
Jeffrey G. Williamson*(Cambridge, Mass.: MIT Press, 2007), 99에 있는 데이터에 기초하여 스스로 추정했음.

전달되었다. 비용이 떨어질 때 정보의 접근성도 증가하여 시장의 효율성은 개
선되었다. 정보는 얻기 어려우면 사적인 것으로 남을 수 있다. 거래가 발생하고
내부자들이 정보의 공유를 거부하면 부패의 위험은 커진다. 19세기 후반에 상
업 언론이 발전하여 전신으로 전송된 정보를 출판했다. 1870년에 프랑스의 작
은 도시에 사는 상인은 영업 뉴스를 전하는 일간 신문인 『시장 홀의 반향』(*L'
Echo des Halle*)을 읽을 수 있었고, 세인트피터즈버그, 베를린, 시카고, 그리고 부
에노스아이레스에서의 어제 가격과 시장 조건에 대한 정보를 얻을 수 있었다.

21세기의 기술은 정보에 즉각적인 접근을 허용한 것이고, 정보 전송 기술은 우편으로 전송된 사적 정보로부터 19세기 중반에 전신과 전문화된 상업 언론의 출현으로 대약진했다. 19세기 후반 동안 거래 비용에 의해 설명될 수 없는 가격 차이는 점진적으로 감소했는데 아마도 거래자들이 정확한 정보에 접근할 수 있도록 개선된 귀결일 것이다.

1850년대에 상품 시장 비효율성은 꽤 큰 가격 격차로 나타나고 있는데, 그것은 거래 비용으로는 완전히 설명될 수 없어, 거래에 대한 진입 장벽 또는 불완전한 정보와 연결된 초과 이윤 때문이었음에 틀림없다.

12.3 글로벌라이제이션 단계들

세 가지 중요한 특징이 시장 통합과 결합된다. 즉, 가격 수렴, 세계 시장 사건에 대한 국내 경제에서의 빠른 가격 조정, 그리고 무역량, 자본 흐름, 이민 흐름의 증가이다. 이러한 지표들의 타이밍을 더 자세히 살펴보면 우리는 최근 역사에서 글로벌라이제이션 과정의 더 나은 그림을 얻을 수 있다. 다시 말해서 우리는 자본 시장, 상품 시장 그리고 노동 시장을 차례대로 고찰할 것이다.

12.3.1 자본 시장

통화 시장은 중세 시대 초 이래 유럽 수준에서 존재했고 주요 교역 지점에 있는 환전상들은 수백 종의 다른 주화들을 다루는 데 매우 익숙했다. **환어음**은 시장 간의 무역에서의 불균형을 해결하기 위해 개발되었으며 신용의 도구가 되었다. 그러나 차액 거래는 동일한 자산은 상이한 지역에서도 동일한 수익(이윤)을 얻는다는 점에서 효율적이었는가? 그 질문에 답하기 위해 우리는 손쉽게 사용할 수 있는 자세하고 풍부한 자료가 필요하다. 그러나 17세기와 18세기 런던과 암스테르담과 같은 일부 주요 금융 중심지의 경우 우리는 차익 거래가 어느 만큼 효율적이었는가를 현실적으로 검증할 수 있다. 예컨대, 두 시장은 동인도 회사에서 주식을 거래했는데, 금융사학자인 래리 닐(Larry Neal)은 가격 움직임은 높은 상관관계를 가질 뿐만 아니라 동일한 자산에 대해 두 시장 간에는 설명할 수 없는 체계적인 가격 차이를 가지지 않음을 보였다. 그러나 런던과 암스테르담은 18세기에 두 도시를 연결하는 빈번하고 효율적인 우편 서비스를 가진 선도적인 금융 중심지였다. 우리는 더 작은 그리고 주변적인 금융 시장들이 잘 통합되어 있었다고 가정할 수는 없다.

1860년대와 1870년대에 대륙 횡단 전신의 출현은 글로벌 자본 시장을 위한 전제 조건을 창조하였다. 정보는 이제 몇 주가 아니라 몇 시간 또는 몇 분 만에 전달되었다.

국제 자본 흐름의 주요한 이점은 제9장에서 언급하였듯이, 국내 투자가 국내 저축에 의해 제약될 필요가 없다는 것이다. 그러므로 많은 투자 요구를 갖지만 소득과 저축이 낮은 국가는 투자를 위해 빌릴 수 있다. 여기에서 글로벌라이제이션의 충격은 성장에 대한 불충분한 저축의 잠재적인 해로운 영향으로부터 경제를 구원하는 것이라는 점은 강조할 만한 가치가 있다. 자본 시장 통합의 한 척도는 **경상 수지** 또는 순수출(수출-수입)의 절대적 크기이다. 그러나 한 가지 불리한 점은 있다. 비록 국제 자본 시장이 자국의 시민으로부터 조세를 걷는 대신에 빌려서 많은 지출을 하는 정부를 훈련시킬 수 있다고 믿는다 할지라도, 우리는 역사 속에서 정부가 국제 부채를 불이행한 충분한 사례를 발견한다. 글로벌 자본 시장은 GDP 대비 경상 수지 적자나 흑자가 큰 폭으로 되는 것을 허용한다. 대부분의 산업화 후발국들은 19세기 말과 20세기 마지막 1/3기간에 자국의 근대화 드라이브를 하는 동안 외부 차입으로 편익을 얻는다. 역사적 기록을 살펴보면 경상 수지 불균형(GDP에 대한 비율로서)은 19세기에 증가하여 1914년 이전에 역대 최고에 도달하고(일부 나라에서는 GDP의 약 6~8%) 전간기에는 감소했을 뿐이다. 경상 수지 불균형은 제2차 세계대전 이후 브레턴우즈 체제 기간 동안 자본 이동에 대한 제약으로 낮은 상태였지만 1980년대 자본 시장 규제 완화 이후 다시 증가했다. 국내 저축과 국내 투자 간의 연계가 강하게 남은 것은 조금 당혹스러웠다. 글로벌 자본 시장에서 국내 저축의 증가는 반드시 국내 투자에 영향을 줄 필요는 없다. 자본은 보상이 가장 높은 곳으로 흘러가야 하는데 투자 행동에 본국 편의(home bias)가 있다. 본국 편의는 정보의 비대칭성에 의해 설명될 수 있다. 즉, 국내 투자자들은, 그들이 해외의 수익성 있는 기회를 예견할 수 있는 것보다는, 외국 시장보다 자국 시장 조건에 대해 더 잘 알고 있다. 본국 편의의 시간 프로파일을 조사해 보면, 세계는 1930년 이전에 더 글로벌화되어 있어, 대외 지향적 투자자를 가지고 있었음이 판명된다. 모리스 옵스트펠드(Maurice Obstfeld)와 앨런 테일러(Alan Taylor)가 지적했듯이, 대공황과 국제 자본 시장의 붕괴 때문에 국내 투자와 국내 저축 간의 강한 연계가 회복되었다. 단지 최근 수십 년 동안 그 연계는 약해지고 있어서, 추가적인 저축의 약 25%가 해외로 향하는데, 대공황 이전 첫 번째 글로벌라이제이션 국면에서는 40% 이상이었던 것과 대조된다.

덜 글로벌화된 자본 시장의 귀결은 **경상 수지** 불균형이, 양이든 음이든, 더 작고 덜 지속된다는 점이다. 1914년 이전 경제들은 오랫동안 경상 수지 적자가 지속되는 것이 허용되었다. 두서너 가지 예를 들자면, 1914년 이전에 스칸디나비아 국가들과 러시아가 그랬다. 비록 경상 수지 불균형은(GDP비율로서의 절댓값) 더 작고 일시적인 것이 전형적이지만 총자본 흐름은 1980년 이래 더 커지고 있다. 첫 번째 글로벌라이제이션 시기에 국가들은 채무자이거나 채권자인 것이 전형적이었는데, 영국과 프랑스와 독일이 주요 채권자였고, 러시아, 스칸디나비아, 대영 제국 그리고 라틴 아메리카가 주요 채무자였다. 현재 각 나라들은 외국 부채뿐만 아니라 외국 자산도 가지고 있는 것이 전형적이다. 어떤 나라, 이를테면 독일의 거주자들은 외국에 자산을 소유하지만 외국 거주자들도 독일에 자산을 소유한다. 그 흐름의 규모는 (특히, 단기 자본의 흐름의 규모는) 개발 도상국 경제에 문제를 야기하고 있다. 라틴 아메리카와 동아시아는 1990년대 말에 외국 투자의 큰 변동으로 어려움을 겪었고, 그것은 심각한 부정적인 거시 경제 효과를 가졌다. 일단 자본 통제를 수행한 경제들이 위기를 더 성공적으로 극복했다는 것이 인식되자, 그 결과 규제되지 않은 자본 시장의 장점들을 더 회의적으로 바라보는 관점이 출현했다.

우리는 자본 시장 통합의 구분되는 두 시기에 대해 언급했다. 예를 들어 첫 번째 시기는 1914년 이전의 50년 동안이고, 두 번째 시기는 1970년대 브레턴우즈 체제의 붕괴와 함께 시작되었다. 우리가 자본 시장의 효율성을 추적한다면 그 패턴을 볼 수 있을까? 위에서 암시한 것처럼, 효율성은 차익 거래에 기초하는데, 그것은 유사한 자산 간의 가격 차이를 감소시킨다. 그러나 자본 이동에 제약이 있다면 우리는 차익 거래가 불완전할 것(이를테면 나라 간의 이자율 격차가

[그림 12.3] 1870~2000년 비슷한 자산에 대한 영국과 미국 간의 명목 이자율 격차

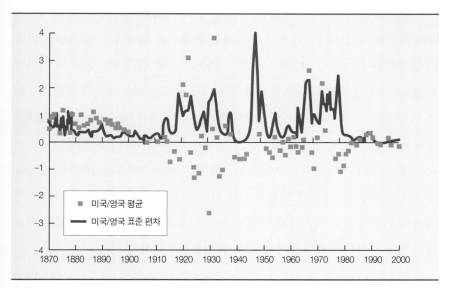

출처: Obstfeld and Taylor, *Global Capital Markets: Integration, Crisis and Growth*(Cambridge University Press, 2004), 90.

클 것)이라고 기대할 수 있다. [그림 12.3]은 이 현상을 예증하기 위해 실제 미국-영국의 이자율의 **표준 편차**(분산의 척도)뿐만 아니라 이자율 차이를 제시하였다. 유사한 패턴은 유럽 자본 시장 내에서 발견된다. 효율적인 자본 시장에서 이자율 차이(환율 위험을 통제한)는 0이어야 한다. [그림 12.3]은 이자율 격차가 1914년 이전에 0으로 수렴하고 있고 1980년 이후 0에 꽤 가까웠다는 것을 확증한다. 1914년은 금본위가 일시 정지된 영향을 보여 주며, 브레턴우즈 체제가 만들어 놓은 자본 이동성에 대한 장벽들이 해체된 이후인 1980년대에 자본 시장은 다시 자유화되었다. 이 두 기간 사이에는 이자율 격차가 컸는데 자본 이동성에 대

한 장벽이 있었기 때문에 그것은 예상될 수 있는 바이다.

자본 흐름의 방향과 크기는 어떠했는가? 19세기에 영국은 어떤 의미에서 세계의 은행가를 지배했고 19세기 말에는 프랑스와 독일 같은 다른 대부자들이 합류했다. 1914년에 이르러서도 외국 자본 스톡의 약 절반은 영국의 것이었는데, 그 수치는 미국이 주요한 외국 투자자로 출현할 때인 20세기 동안 약 15%로 떨어졌다. 자본 스톡은 절대적으로뿐만 아니라 세계 GDP에 비해 상대적으로도 증가했다. 산업 혁명의 초기 국면에 외국 투자는 유의하지 않았다. 즉, 외국 자본 스톡이 세계 GDP의 20%로 증가한 것은 1850년 이후일 뿐이다. 그 비율은 1930년대와 브레턴우즈 체제 시기에 떨어졌다. 한편, 1980년대까지 제1차 세계대전 이전 수준을 회복하지 못했지만 그 이후 폭발적으로 증가했다. 20세기 말에 외국 자본의 총스톡은 세계 GDP 규모와 거의 같게 되었다.

수취국의 국가별 분포도 극적으로 변화했다. 첫 번째 글로벌라이제이션 국면에서 개발 도상 세계는 외국 투자의 정당한 몫(약 3분의 1)을 수취했는데, 그 몫은 20세기 말에 모든 외국 투자의 약 10%로 떨어졌다. 이러한 패턴 아래 있는 것은 외국 투자에서 다국적 기업의 역할이 증가한 것이다. 한편, 다국적 기업들은 자신들의 상품 시장인 중간 또는 고소득 국가에 투자하는 경향이 있다. 과거에 개발 도상 국가에서 외국 투자의 상당한 부분은 광산과 같은 원재료 추출과 철도와 전신 부문의 인프라스트럭처 투자를 대상으로 한 것이었다.

우리가 논의해 왔던 자본 시장 글로벌라이제이션의 모든 측면들은 동일하게 U자형의 패턴을 보여 준다. 1870년부터 1914년까지가 한 시기인데, 일부 사례에서는 1870년부터 대공황까지이기도 하다. 이 시기에는 효율적인 자본 시장과 높은 자본 이동성이 경상 수지 적자 또는 흑자를 허용했다. 전간기부터 제

2차 세계대전 직후까지의 시기에는 자본 이동(자본 수지에 한정된다)이 낮았고, 이자율 발산으로 보이는 바 자본 시장 효율성의 수준이 낮았으며 경상 수지는 균형으로부터의 짧고 일시적인 괴리만이 허용되었다. 제9장의 브레턴우즈 체제에 대한 우리의 이전 분석이 보여 주듯이 이 시기의 이자율 격차는 정책 결정자의 의도적인 선택이었다. 전간기에 금본위에 의해 부과된 훈육의 실망스런 경험으로 정책 결정자들은 일정 정도의 국내 통화 자율성을 선호하게 되었는데, 그것은 자본 이동 규제를 요구했다. 그러나 브레턴우즈 체제의 붕괴와 함께 글로벌 자본 시장이 재생했다.

12.3.2 상품 시장

자본 시장의 그것처럼, 상품 시장의 글로벌라이제이션은 가격 수렴에 의해 측정될 수 있지만, 상품 거래는 또한 높은 운송 비용과 관세를 포함한다는 점에서 차이가 있다. 그러므로 지리적으로 장거리로 인해 분리된 시장 간의 가격 격차가 0으로 수렴하는 것을 발견하지는 못할 것이다. 우리는 상품 시장 통합의 부가적인 지표로서 가격 조정의 속도를 사용할 것이다. 세계 시장 가격 충격이 국내 가격에 영향을 미치는 데 수년이 걸리는지 또는 단지 며칠이 걸리는지는 상당한 차이를 낳는다. 전자의 경우에 국내 생산자는 물론 조정하는 데 훨씬 많은 시간을 가지게 되므로 약간의 시장 지배력을 향유한다. 18세기 발틱 영역에서의 시장 간에, 그리고 발틱 항구들과 대서양 해안 위의 유럽 항구들의 각 시장 간에 일부 가격 수렴이 있었다. 또한 향신료 무역과 열대 상품 무역은 17세기라는 이른 시기에 제한된 가격 수렴을 경험했다. 그러나 장거리 무역에 의해 연결된 시장 간의 가격 차이(예컨대, 미국과 유럽 간의 가격 차이)는 19세기까지 강한 수렴을 보이지 않았다. 진실로 수렴은 19세기적 현상인 것처럼 보인다. 반면 20세기에 가격은 다시 발산하는 경향이었다. 그렇게 된 두 가지 이유가 있다. 운송 비용의 감소는 점차 줄어들고 일부 생산물의 경우 특히 농업 상품의 경우 관세가 오르기 시작했다. 자유 무역 조건에 근접한 상태를 향유했던 공산품의 경우 가격 수렴은 제2차 세계대전 이후 무역 자유화로부터 추동력을 얻었다.

[그림 12.4]는 미국과 영국 시장에서의 밀 가격의 수렴을 보여 준다. 영국은 19세기 초 이래 밀의 주요한 수입국이어서 가격 수준은 미국 이상이었다. 시간이 지남에 따라 가격 격차는 떨어졌는데, 특히 시카고에서, 약 2.5배의 영국 가격에서 1.2~1.5배의 영국 가격으로 줄었다. 전간기에는 강하게 변동했으며 제2차 세계대전 이후에는 높은 화물 요율과 영국이 공동 시장(EEC/EU)에 가입하여 농산물 **보호 무역주의**를 채택한 결과 증가하는 경향이 있었다.

유럽 대륙의 경우 가격 수렴은 더 단명했는데, 보호 무역주의적 힘들이 1880년대 초와 전간기 후기에 미국으로부터 수입된 곡물에 관세를 부과하였기 때문이다. 일부 농산물 관세는 EEC의 공동 농업 정책 하에서 증가해서, 1980년대에는 유럽의 가격은 미국 수출 밀 가격의 2배 수준이었다. 대개 일가의 법칙으로의 큰 괴리는 정책과 관련된 것이었다. 즉, 가격 발산은 무역 정책에 의해 야기되었다. 20세기 후반에 공업재의 가격 격차는 농산물보다 더 적은 것이 일반적이었다.

우리는 무역의 양과 무역/소득 비율(즉, GDP에 대한 수출의 비율)에 초점을 맞추면 19세기에 소규모 경제와 영국의 경우 단지 3~5%에서 20~25%로, 그리고 더

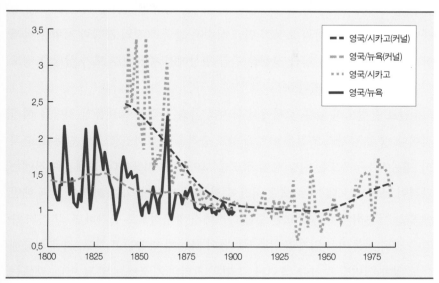

주: 19세기 후반에 미국 밀의 품질에 비할 때 영국 밀의 품질 하락이 있었기 때문에 가격 수렴은 조금 과장되었다. 19세기에 품질을 조정한 가격 격차는 미국 가격의 약 20%에 해당하는 미국 중서부에서 영국까지의 운반 비용에 상응했다.
출처: Federico and Persson, 'Market integration and convergence in the world wheat market 1800-2000'에서 가져왔다.

큰 경제들의 경우에 10~15%로 비율이 증가했음을 본다. 그 비율은 전간기에 떨어졌고, 제1차 세계대전 이전 수준을 1970년대 또는 1980년대까지 회복하지 못했다. 그러나 1950년대 이후 비교역 공공 부문이 GDP에서 차지하는 비중이 증가했는데 이것은 무역에 노출된 부문, 특히 제조업에서, 제조업 부가 가치에서 차지하는 제조업 수출의 비율로 측정된 무역/소득 비는 이제 훨씬 크게(즉, 50~80%) 되었음을 의미한다. 일부 유럽 국가들은 임금 증가를 위한 표준을 설정할 때 무역에 노출된 부문을 포함시키는 공식적 또는 비공식적 규칙들을 발전시켰다. 이 정책을 위한 합리적 근거는 공적 부문 임금 폭발이 국제 경쟁에 노출된 부문에서의 보상적 임금 상승을 촉발하는 상황을 피하는 것인데, 국제 경쟁에 노출된 부문에서의 보상적 임금 상승은 결국 그것의 경쟁력 지위를 파괴할 것이다. 그러나 이 임금 정책은 임금 협상에서 중앙의 지도가 상당한 정도 있을 때만 작동할 수 있다.

별로 통합되지 않은 경제에서 국지적 가격 충격은 오랫동안 영향을 미칠 것이다. 통합은 가격 조정을 빠르게 하고 충격을 일시적인 것으로 만든다. 충격이 '흡수되는' 속도는 시장 통합 정도를 보여 주는 지표이다. 19세기 이전에는 가격이 조정되는 데 매우 오랜 시간이 걸렸다. 예컨대, 곡물 가격이 발틱 해안에 있는 단치히와 같은 중요한 수출 허브에서 영구적으로 증가하면, 그 가격 충격은 발틱 곡물의 수입자인 암스테르담의 가격에 영향을 미치고, 결국 지중해에도 영향을 미칠 것이다. 그러나 그 밖의 지역의 가격에는 몇 달 이내, 때로는 1년 후까지도 강한 영향을 미치지 않을 것이다. 한 지역 내부에서 또는 네덜란드와 같은 작은 국가 내에서 가격 조정 속도는 더 빨랐지만 어떤 곳에서도 여전히 19세기 말에 대륙 횡단 시장들에서 기록된 속도에 근접하지 못했다. 그때까지 대부분의 가격 조정은 국제적으로 거래된 상품의 경우 1주일 정도 걸렸는데 현대 상품 시장에서는 몇 시간 내에 해결되는 것이었다.

12.3.3 노동 시장

실질 임금의 수렴은 다른 시장에서 관찰된 수렴보다 훨씬 부분적이고 불완전하다. 수렴 기제는 초과 노동과 낮은 임금을 가진 나라로부터 초과 수요와 높은 임금을 가진 나라로의 노동의 이동이다. 수취국과 송출국 간의 임금 격차는 이민 흐름의 규모를 결정하는 중요한 요인임이 판명되었지만 이민 장벽이 많았다. 노동자는 자기 나라로부터 온 이민자가 많지 않은 나라로는 이동하기를 꺼려한다는 의미에서 '본국 문화 편의'(home culture bias)가 있다. 또한, 1850년 이전에는 대서양 횡단 이민으로 편익을 얻을 수 있을 것 같은 대부분의 사람에게 운송 비용은 이민을 금지하게 할 만큼 높았다. 특별한 나라로부터 온 이민이 추동력을 얻으면, 그것은 수취국과 송출국 간의 처음 임금 격차를 줄였고, 결국 이민은 높은 수준에서 떨어졌다.

1850년 이후에 시작된 대량 이민 이전에, 자발적 이민(voluntary migration)의 흐름은 소규모였을 뿐이고, 강제 이민(forced migration)의 흐름은 상당한 규모였다. 유럽 내에서 이민은 자주 종교 박해와 관련되었는데, 예컨대 14세기 말 스페인으로부터 유대인의 추방, 또는 17세기에 프랑스로부터 프로테스탄트의 추방 등이 그것이다. 이러한 형태의 이민은 자주 숙련 노동자와 전문가를 포함했는데, 그것은 기술의 확산(예컨대, 인쇄, 광산, 제철, 그리고 제도적 혁신 등의 확산)에 도움이 되었다. 유럽에서 금융 제도의 역사는 이탈리아인과 유대인의 이민과 밀접하게 연계되어 있다. 또한 유럽인의 신세계(아메리카와 호주)로의 이민은 19세기까지는 적었다. 1650년에서 1800년까지의 전기간 동안 유럽인의 아메리카로의 이민은 19세기 말 또는 20세기 초 한 해 동안의 이민자보다 더 적었다. 이를테면 100만 명 약간 아래였다. 그러나 유럽인은 아프리카인의 아메리카로의 대량 강제 이민을 조율했다. 19세기 1사분기에 노예 무역이 금지될 때까지 강제 이민의 규모는 700만 명으로 추정된다.

노예 무역이 쇠퇴한 이후 유럽은 신세계의 주요한 이민자의 원천이 되었다. 남부와 동부 유럽의 가난한 지역으로부터 유럽의 산업화하는 중심으로 내부 유럽 이민이 있었는데, 그 이민의 정도는 1914년 이전 아메리카로의 유럽 이민에 비해 상대적으로 적었다. 대량 이민의 첫 번째 물결은 1840년대의 심각한 수확 충격 이후에 시작되었는데, 매년 약 30만 명이었고, 1870년대 말에 이민은 매년 60만 명에 달했다. 이 단계에서는 영국 제도, 독일 그리고 스칸디나비아로부터의 이민자들이 여전히 다수였으며(동부와 남부 유럽으로부터의 이민이 다수가 된 것은 1900~1910년까지는 아니었는데) 이때에 이르러 동부와 남부 유럽으로부터의 이민은 매년 100만 명 이상이 되었다. 유럽 이민의 대부분은 북미로 향했지만 이민 흐름에서 남부 유럽인의 비중이 늘어나면서 언어와 문화의 유사성 때문에 남미가 더 매력적인 대상이 되었다. 그때 대서양을 횡단하는 데 증기선으로 약 2주 정도 걸렸으며, 범선은 증기선보다 2배 이상 더 걸렸다. 가격은 떨어져서 이탈리아로부터의 이민의 일부는 계절적인 것이 되었다. 북반구에서의 따분한 겨울이 남반구에서는 바쁜 수확의 계절이어서 계절적으로 실업 상태에 있는 이탈리아인을 끌어당겼다.

대량 이민은 제1차 세계대전 바로 직전에 정점에 도달했고, 그 후 유럽 이민은 다시 정점을 회복하지 못했는데, 부분적으로 미국과 그에 뒤이어 신세계의 대부분의 나라들이 취한 이민 장벽 때문이었다. 문자 해독 테스트를 도입한 이후, 미국은 1920년대에 주로 남부와 동부 유럽으로부터의 저숙련 이민자의 유입을 줄이기 위해 국적별 할당제를 운영했다. 1930년대 이래 신세계로의 유럽인 이민의 수준은(즉, 미국, 호주, 뉴질랜드에서의 유럽계 후예는) 1840년대와 비슷하거나 더 낮았다.

내부 유럽 이민과 외부 유럽 이민 모두의 감소는 예상치 못한 것은 아니었다. 잠재적인 입항국과 출항국 간의 임금 격차는 대량 이민 때문에 감소했다. 임금 격차의 감소는 이미 19세기 말에 북서 유럽으로부터의 이민 흐름을 줄었다. 이민이 유럽 내의 그리고 유럽과 신세계 간의 **실질 임금** 수렴을 야기한 유일한 요인은 아니었다. 신세계로부터 유럽으로 들어온 값싼 곡물 무역은 유럽의 소비자 가격의 하락을 야기했는데, 그것은 유럽 실질 임금 상승에 공헌했다. 유럽 국가의 일부 표본과 북미에서의 유럽계 후예의 실질 임금의 산포도(**변동계수**로 측정되었다)를 보면, 두 번의 글로벌라이제이션 기간 동안(즉, 1870년부터 1913년까지와 1950년 이후)에 떨어지고 있음이 관찰된다. 1850년 이전에는 임금 수렴의 신호는 없었으며 오히려 그 역이었다.

긴밀한 이민 흐름, 자본 흐름, 그리고 무역으로 말미암아 서로 영향을 미친 국가들의 샘플에 대해 진실인 것이 개발 도상 경제들을 포함하는 더 큰 표본에게는 진실이 아니었다는 점은 지적해 둘 만하다. 무역과 이민이 임금 수렴을 야기할 수 있는 데는 한계가 있다. 국가 간 임금 차이의 상당한 부분은, 제11장에서 언급하였듯이, 노동 생산성의 차이와 관련된다.

12.4 글로벌라이제이션과 분기

유럽의 선도적인 경제들과 아시아나 개발 도상 세계의 나머지 경제 간의 실질 임금 및 일인당 GDP에서의 격차는 4.4절에서 주장했던 것처럼 근세 시기인 1500년경에 이미 시작되었다. 그러나 분기(divergence)가 극적인 율로 증가한 것은 1850년경까지는 아니었다. 가난한 나라와 부유한 나라 간의 이러한 격차 증가는 무역 및 자본 흐름의 증가와 더불어 세계 경제가 글로벌화될 때 발생했다는 사실 때문에 경제사가들은 글로벌라이제이션, 무역 그리고 분기 간의 연계를 고찰했다. 일반과는 반대로 무역은 분기의 가속화에 책임이 있었는가?

분기는 영국에 의해 선도된 유럽이 더 높은 성장 궤도에 올랐을 때 발생했으며, 세계의 나머지에서의 성장이 떨어졌기 때문이 아니었다. 유럽의 대부분과 북미, 그 밖의 유럽 후예들은 19세기 동안 일인당 GDP 증가율이 연간 0.1~0.2%로부터 연간 1~2.5%로 증가했다. 반면, 세계의 나머지는 산업화 이전의 낮은 성장률이나 그보다 약간 높은 수준에 머물렀다. 150년에 걸쳐 연간 약 2%P의 성장률 차이는 소득 격차를 대략 40 대 1로 만들었다. 분기 대성공! 그러나 이것이 이야기의 끝이 아니다.

19세기에 출현한 무역 패턴은 섬유에서의 인도의 우위를 자국, 아시아의 다른 부분, 그리고 영국 시장에서 없앴다(Box 12.1을 보라). 산업혁명 전야에 런던에서 영국 면직물 가격(은으로 표현됨)은 뭄바이에서 거래되는 좋은 인도산 대체품 가격의 약 3배였다. 그러나 런던에서 인도산 면화는 영국산 면직물과 거의 같은 가격에 팔렸다. 다음 75년 동안 인도에서의 가격은 절반으로 떨어지고, 영국 면화는 인도 시장에서의 가격에 수렴하였으며, 결국 더 낮은 가격을 제시함으로써 시장의 상당한 부분을 석권했다. 인도는 제조품 수출국에서 수입국으로 변했다. 1870년대에 인도는 국내 직물 수요의 약 40%만을 공급했다. 대신 무역은 농산품과 원재료의 수출을 자극했다. 제프리 윌리엄슨(Jeffrey G. Williamson)은 유럽 산업화는 제조품 가격을 떨어뜨렸는데, 그것은 원재료 수출국의 **교역조건**을 증가시키는 효과를 가졌다고 주장했다. 결과적으로 자원은 제조업에서 원재료와 농업 부문으로 흘러들어 갔다. '탈공업화'(de-industrialization)라는 용어

Box 12.1
면화 생산 왕(King Cotton): 글로벌 섬유

　면화는 글로벌라이제이션의 변화하는 운명이 전개되는 양상을 보여 주는 프리즘이다. 면화는 현재와 마찬가지로 글로벌 섬유가 되기 수천 년 전부터 인도에서 알려졌었고 재배되어 사용되었다. 재배와 제조는 8세기까지 동과 서로 퍼지지 않았다. 인도산 실과 면직물은 1500년 이후 세계적으로 거래되었다. 유럽에서 면화는 남부 지역에서만 재배 가능했는데, 11세기부터 주요한 제조 중심지가 북부 이탈리아와 남부 독일에서 나타났다. 면사는 비단보다 값이 싸고 양모보다 염색과 인쇄가 더 쉬웠다. 그것은 아마포, 비단 또는 양모와 혼합될 수 있다. 씨실에는 아마를 사용하고 날실에는 면화를 사용하는 것이 일반적이었다. 면화의 다능성은 궁극적으로 그것을 가장 중요한 천연 섬유로 만들었는데, 현재도 그렇다. 인도는 근세 초기에 면화 생산 및 수출의 주요한 중심지였다. 인쇄된 직물은 색상과 패턴이 매우 다양했고, 이 상품이 마르세유, 레그혼(리보르노), 런던과 암스테르담과 같은 항구에 들어왔을 때, 유럽 소비자들은 높이 평가했다. 이때 유럽에서 만연한 중상주의적 정책들은 수입 대체를 촉구했고, 인도산 직물의 모조품을 생산하는 제조 공장들이 17세기와 특히 18세기에 발전했다. 영국과 프랑스는 인도산 수출품에 대해 자국 시장을 거의 닫았다. 인도에서 생산은 장인적인 수직포공에 기초했는데, 산업혁명기 동안 영국에서 도입된 비용 효율적인 기술에 대한 저항력이 없었다. 중요한 유럽 시장을 잃은 인도는 다른 국제 시장과 자국 시장에서도 밀려났다. 영국 생산은 기술적 우월성과 값싼 노예 노동에 의해 생산되는 미국과 서인도의 플랜테이션으로부터 온 면화의 탄력적인 공급에 의해 자극받았다. 영국의 식민 통치 하에 있었던 인도는 자신의 시장을 중상주의적인 방식으로 보호하는 것이 허용되지 않았다. 장인적 면화 직포업은 밀려나고 있었지만, 틈새 생산물 시장을 발견하였으므로 파괴되지는 않았다. 그러나 인도는 영국에게 선도적인 면화 생산자로서의 지위를 잃었다. 인도 면화 생산은 19세기 중반부터 영국 기술에 투자함으로써 회복되기 시작했다. 다른 아시아 국가들도 여전히 활기찬 유럽 섬유 기계 부문으로부터 산업 기술을 수입했으며, 20세기 후반에는 면사, 면직물 및 면 의류의 선도적인 공급자로 다시 등장했다. 비록 중국이 이제 주요한 생산자이지만, 21세기 초 세계 직물 수출 중 아시아산이 차지하는 비중은 60%로 추정된다. 그러나 인도에서 가장 중요한 수출품은 이제(2014) 섬유에서 소프트웨어와 같은 '지식 서비스'로 대체되었다.

참고문헌: G. Riello and P. Parthasarathi(eds.), *The Spinning World, A Global History of Cotton Textiles* (Oxford University Press, 2009).

가 커버하려 한 것은 극적인 과정이었다.

그러나 '탈산업화'라는 단어에 부착된 부정적인 의미는 주의깊게 논의된 것이라기보다는 공준화된 것이다. 윌리엄슨은 무역 상대방들은 무역의 이득을 공유했지만 수출 구조의 변화로 많은 가난한 나라들은 근대화로부터의 동태적 이득을 얻지 못했다는 점을 강조했다. 이 강한 결론은 농업은 공업과 동일한 정도로 총요소 생산성 증가를 창출할 잠재력을 가지지 않았다는 확신에 의존한다. 이 전제가 채택되면 농산물로의 수출 특화는 장기 발전을 저해한다. 암묵적으로 제조업으로부터 농업으로 자원 이용의 변화는 최근까지 아시아의 많은 부분에서 부진한 성장을 설명한다.

이 이야기는 많은 문제를 안고 있다. 첫째, 인도는 인구가 많은 나라이기 때문에 다른 곳에서 고용을 찾도록 강제된 인도 직물 노동자들의 수가 많았을 때조차, 무역은 GDP의 1~2%였을 뿐이라는 점은 기억할 가치가 있다. 게다가 농경지의 약 10~15%만이 실제로 수출 작물을 위해 사용되었다. 수출 지향 농업이 다른 토지 이용에 비해 상대적으로 번성했지만, 농민들에게 소유권과 철도 및 값싼 물에 대한 접근이 보장될 때에만, 그것은 농민들에게 증가된 보상을 허용했다. 그러나 인구의 대다수는 글로벌라이제이션의 영향을 많이 받지는 않았다.

더 중요한 것은 농업은 대개 공업 부문과 유사한 생산성 성장의 잠재력을 보여 주었다. 농업 총요소 생산성 증가는 세계의 대부분에서 지난 1세기 반 동안 공업 부문의 그것과 거의 같았거나 심지어 그것을 뛰어 넘었다. 생산성 성장은 대개 실행에 의한 학습이 과학 연구에 의해 만들어진 새로운 기술에 기초한 투입물의 응용과 조합되어 창출된다. 농업이 과학적 발견을 흡수할 수 없다고 믿을 이유는 없다. 빠른 경제 성장을 경험한 나라들에서는 농업 부문이 총경제에서 차지하는 비율이 감소하였다는 것은 진실이다. 이것은 농업이 근대화와 양립할 수 없다는 잘못된 결론으로 이어졌다. 그러나 총경제에서 차지하는 농업 부문의 비중의 감소는 생산성 성장의 면에서 농업이 느림보였다는 신호는 아니다. 다만 그것은 농산물에 대한 수요의 낮은 국내 소득 탄력성과 매우 빠른 총요소 생산성 성장의 결합의 결과이다. 더 적지만 더 생산적인 농촌 노동자들이 식량에 대한 국내 수요를 만족시킬 수 있었다. 사실 국내 수요의 느린 성장에 의해 제약되어 왔던 많은 경제들은 19세기에, 그리고 20세기에 들어와서도 식량과 원재료의 수출에 초점을 맞추어 빠르게 성장할 수 있었다. 예를 들어 미국, 캐나다, 덴마크, 노르웨이에서 농업, 어업, 그리고 원재료 추출은 수출의 70~85%를 설명하고, 그 부문에서 소득 성장은 서비스와 공산품에 대한 수요를 자극했다. 이 나라들의 수출 구성은 대부분의 가난한 나라들과 유사했다.

그러므로 농산물 수출로의 특화는 그 자체로는 불이익으로 간주될 수 없다. 가난한 나라의 문제는 이 특화가 북미와 유럽의 경우처럼 그 부문과 제조업의 생산성 성장 가속과 연계되지 않았다는 것이다.

게다가 영국에서 들어온 값싼 섬유가 시장에 넘쳐 났을 때인 19세기 전반에 인도에서의 국내 섬유 생산은 국내에서와 유럽에서 시장 점유율을 잃었다는 것은 부정할 수 없는 진실이다. 그러나 이것은 진정한 탈공업화였는가? 그 용어는 19세기 초에 영국 섬유 공장과 인도 섬유 생산의 유사성을 주장한다. 그러나 후자는 기계화된 수력 또는 증기력의 근대 산업이 아니라 수공업에 기초한 장인 생산이었다. 이런 근거를 토대로 봤을 때 그 감소는 세계의 다른 곳에서의 '탈공업화'를 반영했을 뿐이다. 기계화로부터 고통을 받은 것은 수직포공과 노동 집약적인 방적업이었다. 인도 직포공은 수직기를 사용했고, 더 낮은 지역 임금 때문에 수공업 방적업보다 더 오래 살아남았다. 따라서 인도 섬유 생산에서 발생한 것은 19세기에 영국과 유럽에서의 수공업 생산의 역사와 병렬적인 것이다. 영국의 '러다이트들'(Luddites, 즉 19세기 초에 기계화된 직기를 파괴함으로써 기계화를 멈추려고 시도했던 실업한 수직포공들)은 유럽 종사자들도 산업 기술의 '창조적 파괴'로부터 보호되지 않았다는 사실을 증언해 준다. 이 수공업 생산의 생존이 허용되었다면, 농업보다 더 빠른 생산성 성장을 산출할 능력을 보였을 것인지 의심스럽다.

주요한 수수께끼는 왜 농업도 섬유 생산도 그렇게 늦게까지 유럽과 북미에서 발전된 근대 기술을 도입하지 않았는가 하는 것이다. 무역은 새로운 상품뿐만 아니라 새로운 기술도 확산시킨다고 생각하는 것이 일반적이지만, 이것은 아시아에서는 훨씬 이후인 19세기 또는 20세기까지 발생하지 않았다. 농업의 근대화를 지연시킨 동일한 힘들이 근대 산업적 방법의 늦은 구현에 책임이 있다고 할 수 있다.

유럽 및 북미와 개발 도상 세계 간의 중요한 한 가지 차이는 후자에서의 낮은 교육 수준이었는데, 그것은 새로운 생산 기술의 일반화와 파급을 어렵게 만들었다. 조엘 모키어(Joel Mokyr)는 유럽은 새로운 기술의 구현이 추동력을 얻기 이전 한 세기 이상 동안의 '산업적 계몽'이 기술적 호기심과 기본적인 노하우를 육성하게 했다는 점에서 독특하다고 확신에 차서 주장했다. 그러나 개발 도상국에서 유럽인 식민지 주인들은 학교 교육을 확산하거나 강화하는 데 거의 아무것도 하지 않았다.

일본과 중국은 서구 전함 외교에 의해 자유 무역으로 개방되었지만 다르게 행동했다. 자유 무역에 강제로 개방되기 이전에 폐쇄 경제였던 일본에서 가격이 증가한 것은 노동 집약적 상품이었다. 그 배경은 일본은 토지와 천연자원이 풍요롭지 않았다는 것이다. 또한, 일본은 결정적으로 19세기에 근대 산업화의 경로에 올라탄 유일한 아시아 경제였다. 중국은 노동 공급이 풍부하고 다른 자원이 빈약했다는 것을 포함하여 일본의 특색을 많이 공유했다. 비록 국내 수공업은 인도에서보다 더 활발했지만, 중국은 일본이 기술 엘리트의 빠른 형성과 서양 기술에 대한 개방적 태도를 취했던 것과 같은 방식으로 산업화와 근대화를 하지 못했다.

교역재의 상대 가격에서의 급격하고 빠른 역전의 기회에 적응하고 그것을 활용하는 능력, 그리고 새로운 기술에 적응하고 그것을 활용하는 능력은 갖추기 매우 힘들고, 그렇게 할 수 있는 능력은 다른 발전 궤적을 설명할 수 있다. 그것은 금융 서비스, 획득 가능한 선택지에 대한 지식, 기술적인 '지식인', 이해집단과 식민지 행정부에 의한 간섭으로부터의 자유, 기본적 교육, 그리고 국가로부터의 도움의 손길 등을 요구한다. 이러한 전제 조건 중 많은 것이 제1차 글로벌라이제이션의 시기에 개발 도상 세계에서는 갖추어지지 않았고, 유럽 제국주의는 지적 인프라스트럭처의 개발을 촉진하지 않았다. 그러나 모든 수준에서 학교 교육은 20세기 동안 개선되었으며, 제2차 글로벌라이제이션 시기(1970년부터 현재)까지 글로벌 불평등성은 실제로 감소했다(제11장을 보라). 이제까지 아시아 '호랑이들'에 의한 캐치업 과정은 1945년 이후 유럽의 주변부와 1870년 이후 유럽 대륙에서 발생한 것과 유사하다. 제도적 설정과 노동력이 선진 기술을 흡수할 수 있기 때문에 기술과 지식의 수입에 기초한 수렴 과정이 가능하다.

12.5 글로벌라이제이션에 대한 반발: 세 가지 케이스

12.5.1 무역 개방도 및 이민

대량 이민의 시대는 20세기 초에 종언을 고했다. 이민에 대한 반발은, 19세기 말 미국과 같이 이전에 노동이 희소했던 신세계 경제에서는 이미 격분 속에서 출현하기는 했지만, 1920년대까지 광범하게 행해지지는 않았다. 그러나 미국은 그 이전에 아시아인의 유입을 제약했다. 이민자에게 공개 접근을 허용하곤 했던 경제들이 유럽에 비해 대개 보호 무역주의적이었다는 것은 명백히 역설적이다. 경제사가 티머시 해턴(Timothy Hatton)과 제프리 윌리엄슨(Jeffrey G. Williamson)이 지적하였듯이, 무역과 이민은 노동자들의 임금에 동일한 효과를 가지기 때문에 그것은 역설이다. 이민자의 대량 유입은 노동 공급이 증가하기 때문에 국내 임금 증가를 억제할 것이다. 그러나 해외에서 저임금 노동자들에 의해 생산된 상품의 수입은 상품 가격을 떨어뜨리고, 결국 수입품과 경쟁하고 있는 국내 산업에서 임금을 억제한다. 이민에 대한 제한은 제2차 세계대전 이후 약화되었지만 대량 이민이 다시 허용될 정도는 아니다. 그러나 이전 보호 무역주의적인 신세계 국가의 무역 정책은, 관세가 실질적으로 감소하였다는 점에서 근본적으로 변했다. 신세계는 보호 무역주의와 자유 이민으로부터 자유 무역과 제약된 이민으로 정책의 우선순위를 변형시켰다. 유럽은 제2차 세계대전 이후 자유 무역 전통으로 복귀했지만 이민을 억제했다. 두 가지 수렴시키는 힘 중 하나만이 억제되고, 제1차 글로벌라이제이션 시기와 제2차 글로벌라이제이션 시기에 억제된 하나가 달랐다는 점에서 역설은 여전히 남아 있다.

글로벌라이제이션에 대한 일부 비판가들은 그것이 유럽에서 노동 조건의 악화로 이어졌다고 주장한다. 역사적인 기록은 이러한 비관적인 평가를 지지하지 않는다. 대조적으로 국민 소득에서 무역이 차지하는 비중으로 정의되는 개방도는 좋은 노동 조건과 양의 관계를 갖는다. '노동 협약'(labour compact)으로 알려진 근로 조건들에는 노동 시간에 대한 입법, 직장에서의 건강 위험, 실업, 병가 보험 등이 포함된다. [그림 12.5]는 제1차 세계대전 전야에 유럽 국가의 한 표본에서 개방도와 노동 조건이 양의 관계였음을 보여 준다. 개방된 경제, 즉 독일, 영국, 스웨덴, 네덜란드와 같이 국민 소득 중 무역이 차지하는 비중이 30% 이상인 경제들은 무역 개방도와 노동 협약 지수(노동 조건과 보험 커버리지의 척도)에서 높은 점수를 받았지만, 러시아, 스페인, 핀란드는 양 지수 모두에서 순위가 낮았다.

[그림 12.5]는 개방도가 노동 조건에 관한 한 '바닥을 향한 경주'(race to the bottom)를 의미한다는 아이디어가 틀렸음을 입증한다. 제1차 글로벌라이제이션 시대에 마이클 후버먼(Michael Huberman)은 '정상을 향한 경주'(race to the top)에 대해 기록했는데, 그것은 더 개방적인 나라가 가장 선진적인 노동 보호 표준을 모방했고 구현했다는 것을 의미한다. 이 역사적 패턴은 제1차 글로벌라이제이션 시대에 독특한 것은 아니어서 제2차 글로벌라이제이션 시대에도 진실이라는 것이 판명된다. 로드릭(D. Rodrik)은 20세기 말 더 많은 수의 경제들을 담은 샘플에서 경제의 개방도와 국민 소득에서 복지 지출이 차지하는 비율 간에 양의 관계가 있었음을 발견했다. 그 논리는 설득력이 있다. 개방 경제는 국제 경제로부터의 충격에 더 취약하여, 그것이 더 엄격한 안전망에 대한 요구로 변환된다.

[그림 12.5] 1913년 개방성과 노동 표준

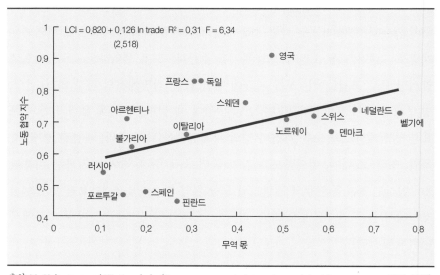

출처: M. Huberman and W. Lewchuk, 'European economic integration and the labour compact, 1850~1913', *European Review of Economic History*, 7(1)(2003), 29.

12.5.2 세계 경제로부터의 후퇴

글로벌라이제이션의 초기 국면에 유럽은 제조품을 수출하고, 북미를 포함한 세계의 나머지는 주로 식량과 원재료를 수출하는 특별한 분업이 전개되었다. 농업이 빠른 생산성 성장과 소득 향상을 할 수 없다는 잘못된 신념이 있었다. 그러나 농업을 수출 부문으로 하는 근대화가 성공하기 위한 조건들은 대공황 이후 변했다. 식량 수출은 고통을 받았고 가격의 급격한 하락이 있었다. 제1차 글로벌라이제이션 시기에 농업적 특화에 말려든 경제들은 1930년대에 북미와 유럽에서의 보호 무역주의와 농업 지원에 직면하게 되었다. 1950년대 이래 자유 무역으로 향한 일반적인 변동 속에서 보호 무역주의적인 정책이 제거되었다기보다는, 비록 유럽과 미국에서 개혁에 대한 시도와 농업 지원의 약화에 대한 신호가 있기는 하지만, 유럽과 미국은 보호 무역주의적 정책을 강화시켜 왔다. 게다가 농업 지원 방법의 고안은 자주 유럽의 생산을 증가시켰고, 잉여 생산물은 세계 시장 가격을 억눌렀다. 개발 도상 경제에서 이 경험은 제2차 세계대전 이후 경제 정책의 재정향(reorientation)으로 이어졌다. 이것은 직전의 과거 경험에 기인했을 뿐만 아니라 식량 가격은 장기적으로 보면 상대적으로 떨어질 것으로 기대되기 때문에 식량과 원재료 수출에 기초한 근대화는 지속 가능하지 않다는 신념에도 기인했다. 이 관점은 1950년대와 1960년대에 통용되기 시작하여, 많은 개발 도상 국가들이 수입 대체 공업화를 시작하도록 자극하였는데, 이를 위해 자주 유치산업 보호가 필요하다고 판단되는 산업을 관세 보호 또는 정부 보조금으로 도왔다. 일부 라틴 아메리카와 아시아 경제들은 더 내향적이 되어 글로벌 경제로부터 부분적으로 철수했다. 라틴 아메리카에서 생산물에 대한 주요한 충격의 빈도가 19세기 말 이래 유럽의 약 2배라는 점은 진실이다. 그러나 성장 재앙에 대한 취약성이 무역 개방도의 정도와 연계되었다는 어떤 증거도 없다. 많은 성장 재앙은 본국에서 만들어진 것이고 국가 부채 위기와 연계되어 있다.

경제 정책의 재정향의 결과는 복합적이다. 대개 라틴 아메리카의 장기 성장 경험은 20세기 후반에 실망스러웠다. 이른바 유치산업 보호로부터 기대될 수 있었던 것처럼 일부 초기 산업화의 급진전이 있었다. 그러나 유치산업은 성장하지 않는 경향이 있었다. 즉, 관세로 보호된 산업들은 국제적인 경쟁력을 갖지 못했고, 처음 일시적인 것으로 생각했던 보호는 영구적인 것이 되었다. 비록 개발 도상 세계 경제들이 설정한 공업 관세가 유럽보다 더 높은 상태에 있지만, 그것은 1970년대 이래 상당히 떨어졌다. 수입 대체 공업화를 실험한 일군의 경제들은 1975년이라는 늦은 시기에도 50%라는 높은 평균 관세를 가졌지만, 관세는 그 이래 절반 이상 줄었다. 수입 대체에 기초한 공업화는 실행 가능한 근대화 전략이 아니라고 판단되어 포기하는 것이 일반적이다. 이에 대해서는 한 가지 이유가 있다. 한 나라가 특정 상품을 수입한다면, 그것을 생산하는 데 비교 우위를 가지지 않거나 유치산업 보호를 두텁게 받지 못했기 때문일 수 있다. 그러나 한국과 같은 많은 근대화하는 아시아 경제들에서는 국내 산업을 위한 초기 지원의 효과에 관해 긍정적인 평가가 더 많다.

12.5.3 쌍둥이 농장 시위의 이야기

19세기 중반에 아메리카와 호주의 광대한 토지는 유럽으로부터 온 정주자들에 의해 점령되었다. 값싸고 비옥한 토지와 운송 비용(특히, 국내 화물 요율)의 하락은 유럽으로의 '곡물 침공'으로 이어졌는데, 그것은 농장 생산물의 가격을 절대적으로뿐만 아니라 다른 상품에 비해 상대적으로도 떨어지게 했다. 유럽의 농부와 지주들은 보호를 요구했고 대부분의 국가에서 그렇게 되었다. 덴마크, 영국 그리고 소수의 다른 국가들은 자유 무역국으로 남았다. 그러나 자유 무역 문제를 둘러싼 갈등이 있었다. 노동자와 산업가들은 소비자 가격의 하락으로 이득을 보았고, 유럽의 노동조합들은 대체로 열렬한 자유 무역론자였다. 그럼에도 불구하고 1870년대와 1880년대에 프랑스, 독일, 이탈리아 그리고 스웨덴과 같은 많은 유럽 국가들에서 지주들은 신세계의 곡물 침공에 대한 어느 정도 보호를 복원하는 데 성공했다.

거의 동일한 시기에, 그리고 더 놀랍게도, 미국 농부들(특히, 새로 정착한 지역의 농부들)은 경제적 어려움이 있을 것이라는 혐의에 의거하여 항의했다. 1875년부터 1900년까지 세계적으로 가격의 일반적인 하락이 있었지만, 미국에서 실질 곡물 가격은 상승했다는 것이 통설이다. 왜 미국의 농부들은 항의했는가? 미국 경제사가들은 일반적으로 농부들의 항의를 묵살하면서, 실질 곡물 가격이 떨어지지 않았고, 이를테면 시카고에서는 실제로 가격이 상승했기 때문에 농부들의 항의는 불리한 경제 상황에 의해 설명할 수 없다고 주장한다. 그러므로 일반적인 설명은 농부들이 (일반적인 디플레이션 시대에) 팔았던 곡물 가격의 명목적인 하락을 실질적인 하락으로 해석하는 명목 환상(nominal illusions)으로 고통을 받았다는 것이다. 그러나 일반적으로 경제학자들(그리고 경제사가들)은 비합리성을 강조하는 해석들에 대해 주의하여야 하고, 사실 현재 저자들에 의한 새로운 연구는 대안적인 설명을 제공한다.

우리의 해석에서 이해할 수 있는 결정적인 점은 운송 비용(특히, 국내 철도 요율)의 하락이 점진적으로 곡물 생산 영역을 서부로 확장시켰다는 것이다. 철도 요율이 떨어지면 높은 운송 비용 때문에 이전에는 수익성이 없었던 프런티어에서도 수출 지향적인 농업이 수익성을 얻게 되어 소비 중심지와 생산 중심지 간의 거래가 확장되었다. 뉴욕 항을 통해 수출을 하기 위해 동쪽으로 곡물을 보내려 한 프런티어의 새로운 생산자들은, (운송 비용이 조정된) 일가의 법칙에 따라 그들은 세계 가격에서 운송비를 뺀 것을 받기 때문에, 더 동쪽에 있는 사람들보다 더 낮은 가격을 받았다.

운송 비용이 '공정하다'고 간주되었다면 문제되지 않았을 수도 있었지만, 사실 많은 사람들은, 익히 알려진 철도 회사들의 시장 지배력과 중간 상인의 차별적인 관행 때문에, 공정하지 않다고 생각했다. 프런티어에 더 가까운 농부들은 그런 시장의 불완전성에 더 많이 노출되었음에 틀림없다. 이것을 인식하면서, 그들은 저항했는데, 우리는 사실 농업의 이해를 대표하는 것으로 보였던 인민당 또는 인기영합주의자들에게 투표한 비중이 더 낮은 곡물 가격을 가진 영역에서 진실로 더 높았다는 증거를 발견했다. 이 논거는 부록에서 더 엄격하게 탐구된다.

요약

이 장에서 들려준 이야기는 자유화와 글로벌라이제이션에서의 주요한 두 파고, 즉 19세기 후반과 20세기 후반에 대한 것이다. 첫 번째 글로벌라이제이션은 자본, 노동 그리고 상품 시장의 거의 동시적인 자유화에 의해 특징지워진 반면, 제2차 세계대전 이래의 글로벌라이제이션은 더 불균등하고 불완전한 것이었다. 19세기에는 행해지지 않았던 이민 정책들이 대륙과 국가를 넘는 이민자의 흐름을 억제하였는데 여전히 규제적으로 남아 있다. 이민자가 입항국보다 훨씬 낮은 임금 수준을 가진 국가로부터 도착하기 시작하고, 유럽 이민의 첫 번째 파고와는 다른 인종 구성의 이민자가 도착하기 시작했을 때, 이민에 대한 반발이 신세계에서 시작되었다. 현재 이민 정책은 다시 저소득 국가로부터의 이민자를 금지하는 것을 목표로 하고 있지만 유럽 연합은 단일한 노동 시장이다.

상품 시장들은 공식적·비공식적 무역 장벽이 해체되는 듯한 인상을 보여 준다 할지라도 농업은 거의 자유 무역에 의해 영향받지 않은 상태로 남아 있다. 그러므로 우리는 19세기 말 세계 경제의 글로벌 식량 시장과는 동떨어져 있다. 자본 시장은 또한 1980년대까지 계속 규제되어 왔다. 그것은 대개 국내 정부의 경제 정책 독립성을 강화하기 위해 자본 시장 제한을 선택했었던 브레턴우즈 체제 시대로부터의 유산이었다.

글로벌라이제이션의 모든 지표들은, 즉 가격과 이자율 수렴, 가격 조정 및 가격 수렴의 속도 등은 19세기(더 특정해서 말하면 19세기의 2/4분기)에 글로벌라이제이션으로의 결정적인 약진이 있었음을 주장한다. 유럽 시장들은 그 이전에는 애매하게 통합되었고, 가격 조정은 여전히 매우 느렸으며 진정한 국제 시장은 아직 출현하지 않았다. 그것은 장거리 무역이 없었음을 의미하지는 않으며 오히려 무역은 전형적으로 비경쟁적인 상품들에 대한 것이었음을 의미한다. 그것은 향신료나 다른 기후 지대로부터의 농산물인 커피와 같이 수입하는 나라에서 생산되지 않는 상품들이었다. 결과적으로 국내 생산자들은 경쟁적인 압력에 의해 직접적으로 영향받지 않았다. 수입하는 나라에서 생산된 상품들(예컨대, 곡물이나 섬유 등)과 같이 국내 제조업자나 농부들에 의해 생산되는 상품이 수입되는 19세기에 무역 패턴은 변했다. 외국 경쟁에 직면하여 국내 생산자들은 가격을 조정하여야 하고, 국내 노동자들은 임금 조정을 하지 않으면 실업에 의해 위협받기 때문에 임금을 조정하여야 한다. 이것은 상호 의존성이 증가하는 과정으로써 글로벌라이제이션의 본질이다. 글로벌 경제는 기회들을 열었지만, 그것은 도전과도 결합되어 있다. 역사는 도전이 글로벌라이제이션에 대한 반발을 촉진할 수 있음을 보여 주고 있어서 우리들은 미래에 더 보호 무역주의적인 정책으로 복귀하는 것도 배제할 수 없다.

유럽 경제사에 대한 소개는 경제 발전에서 동태적 힘으로써 시장 규모, 좋은 정부와 무역에 대한 개방도, 요소 흐름과 아이디어 등의 중요성을 강조했다. 글로벌라이제이션은 그 과정의 궁극적인 단계이지만 돌이킬 수 없는 불가피한 일은 아니다. 그러나 대공황에 대한 보호 무역주의적 반응과는 달리 2008년 금융 위기에 의해 촉발된 침체는 강한 반글로벌 정책으로의 반전으로 이어지지는 않았다.

부록   **운임과 글로벌라이제이션**

이 부록은 보다 엄격한 방법으로 19세기 말 미국의 농업 저항의 이유에 대해 논의한다. 위에서 주장했던 것처럼 주로 중서부의 생산 지역으로부터 대서양 연안에 있는 항구까지 국내 운임 하락 때문에 실질 운송 비용이 감소했다. 우리의 해석에서 운송 비용의 이러한 감소는, 운송 비용의 감소로부터의 이득 중 한몫을 농부들에게 주기보다는 새로 정착된 먼 거리의 주들(states)이 현행 임금과 지방 가격에서 곡물을 운반하는 것을 가능하게 만들었다. 이것은 [그림 12.6]에 예시되어 있다.

직선 PP는 1870년에 영국과 미국의 동부 해안으로부터 서부로 이동할 때 상이한 위치에 있는 농부들이 수취하는 가격을 나타낸다(밀에 대한 세계 가격을 나타내는 것으로 우리가 취한 가격). 영국 서부의 농부들은, 일가의 법칙에 따라, 세계(UK) 가격에서 운송과 다른 거래 비용을 뺀 것을 받는다. 프런티어의 위치는

[그림 12.6] 운임 감소는 프런티어를 확장하고, 비프런티어 농민들의 가격과 소득을 올린다

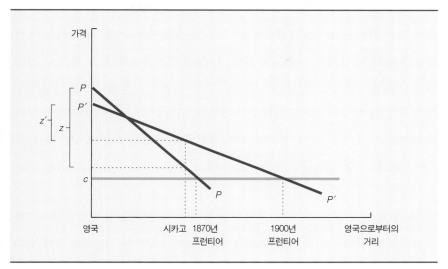

출처: M. Huberman and W. Lewchuk, 'European economic integration and the labour compact, 1850~1913', *European Review of Economic History*, 7(1)(2003), 29.

농부들이 그들의 비용을 커버할 수 있을 뿐인 곳, 즉 $p=c$인 곳에서 주어진다.

값 z는 고정된 위치에서 영국으로 밀을 운반하는 데 포함된 거래 비용을 나타낸다. 우리는 이 위치를 '시카고'라 부르는데, 시카고가 이 시기의 분석에 사용된 전형적인 가격이 나온 곳이기 때문이다. 19세기 말에 운송에서의 기술 혁신은 모든 지역에서 거래 비용의 하락을 가져와 z는 z'로 떨어졌다. 이것은 PP 직선의 기울기를 더 평평하게 하여 새로운 직선 $P'P'$가 된다. 명백하게 시카고에서 농부들은 더 높아진 가격과 영국까지의 더 낮아진 운송 비용을 향유하며 영국 소비자들은 더 낮아진 가격을 지불한다. 모든 사람들이 승자이다. 아니라면?

우리의 모형을 사용하면, 농부가 글로벌라이제이션으로부터 이득을 얻는가 손해를 보는가는 그들의 위치에 의존한다는 것을 보일 수 있다. 가장 먼 동쪽에 있는 사람은 (PP직선과 $P'P'$직선이 교차하는 곳의 왼쪽에 있는 사람) 자신의 생산물에 대해 더 낮아진 가격을 받지만, 이 점의 서쪽에 있는 농부와 옛 프런티어에 있었던 농부들은 더 높아진 가격을 받는다. 1870년 프런티어 너머에서는, 새 농부는 세계 경제 안으로 들어오고 있는데, 그들이 더 높아진 가격을 받는가 더 낮아진 가격을 받는가는 이전의 국지적인 수요와 공급 조건에 의존했다. 그러나 프런티어 농부는 그들의 생산물에 대해 항상 c만을 받는데, 그것은 그들의 비용을 커버할 뿐이라는 점을 주목하라.

농부 항의의 면에서 이것으로부터의 함의는 꽤 단순하다. 거래 비용이 '불공정'하다고 간주되면(예컨대, 철도의 독점력 때문에), 그때 항의는 프런티어의 최근 정착 지역에서 목소리가 더 커야 하는데, 그곳에서 수취한 가격은 동부 해안 가격보다 상당히 더 낮았다(예컨대, 뉴욕에서 보다). 생산자가 더 서쪽에 있으면 농장 출하 가격은 진실로 더 낮을 것이고, 이것은 항의 패턴과 일치했다는 것을 우리는 입증한다.

그러나 [그림 12.6]에서 보인 것처럼, 동쪽 해안의 수출 항구들에 가까운 생산자들은 실제로 운송비가 떨어질 때 더 낮아진 가격에 직면했다. 그런데 왜 그들은 서부 농민과 같은 방식으로 반응하지 않았는가? 답은 그들은 곡물로부터 다른 농업 생산물(채소, 고기, 유제품, 가금류 등)로 다변화하거나 경제의 다른 부문으로 이동하여 단순히 경작지 농업에서 떠난다는 것이다. 이 농부들은 상당히 신속한 운송에 의존하는 상품에 대해 다변화된 수요를 가진 큰 도시 중심에서 가까운 곳에서 일하기 때문에 이 전략이 가능했다.

● 글로벌라이제이션의 경제사에서 최근의 많은 연구는 하버드와 위스콘신에 기반을 둔 J. G. Williamson과 그의 젊은 동료들에 의해 영감을 받고 있다. 이 연구 노력에서 주요한 테마는 K. H. O'Rourke and J. G. Williamson, *Globalization and History: The Evolution of a Nineteenth Century Atlantic Economy* (Cambridge, Mass.: MIT Press, 1999)에서 탐구되고 있다.

● M. D. Bordo, A. M. Taylor and J. G. Williamson, *Globalization in Historical Perspective*(University of Chicago Press, 2003)는 글로벌라이제이션의 실질적으로 모든 측면에 관한 많은 장들을 포함한다.

● 글로벌라이제이션에서 무역 정책과 대조적으로 운송 비용 감소의 역할은 G. Federico and K. G. Persson, 'Market integration and convergence in the world wheat market 1800~2000', in T. J. Hatton, K. H. O'Rourke and A. M. Taylor(eds.), *The New Comparative Economic History: Essays in Honour of Jeffrey G. Williamson* (Cambridge, Mass.: MIT Press, 2007), 99에서 펼하되었다.

● M. Obstfeld and A. Taylor, *Global Capital Markets: Integration, Crisis and Growth* (Cambridge University Press, 2004)는 지난 150년 동안 자본 시장 통합의 기복에 대한 주의 깊은 분석이다.

● M. Ejrnæs, K. G. Persson and S. Rich, 'Feeding the British: Convergence and market efficiency in nineteenth century grain trade', *Economic History Review*, 61(1)(2008), 140~171은 시장 효율성의 증가가 19세기 가격 수렴에 유의미하게 공헌했음을 지적한다.

● J. G. Williamson, 'Globalization, labor markets and policy backlash in the past', *Journal of Economic Perspectives*, 12(4)(1998), 51~72는 글로벌라이제이션은 승자와 패자를 갖고, 그것이 정책에 대한 반발을 설명한다고 주장한다.

● D. Rodrik, *Has Globalization Gone too Far?* (Washington: Institute for International Economics, 1997)은 글로벌라이제이션의 장점과 이득을 과장하지 말라고 경고한다.

● 최근의 두 논문은 글로벌라이제이션과 경제적 분기 간의 연계를 고찰하고 있다: Robert C. Allen, *Global Economic History, A Very Short Introduction*(Oxford University Press, 2011); Jeffrey G. Williamson, *Trade and Poverty, When the Third World Fell Behind*(Cambridge, Mass.: MIT Press, 2011).

● Tirthankar Roy는 *India and the World Economy, From Antiquity to the Present* (Cambridge University Press, 2012)에서 인도와 글로벌 경제와의 관계에 초점을 둔 인도 경제사를 훌륭하게 썼다.

용어 해설

▌**경계 효과**(border effect) 관세와 운송 비용이 아니라, 단지 경계의 존재에 의해 야기된 어떤 두 나라 간의 상품 가격의 차이. 문화와 언어에서의 차이는 추가적인 경계 비용을 생성할 수 있다.

▌**경기 순응적 경제 정책**(pro-cyclical economic policy) 경기 순환을 강화하는 정책. 일반적으로 경기 순응적 경제 정책은 경제 변수의 변동을 증폭시키는 경향이 있으며, 경기 조정적 경제 정책과 자동 안정화 장치(automatic stabilizers)는 변동을 줄이는 경향이 있다.

▌**경로 의존**(path dependence) 현재의 경제적 의사 결정이 현재 상태뿐만 아니라 미래의 선택을 제약하는 역사적으로 주어진 경제적 의사 결정들에도 의존한다는 개념.

▌**경상 수지**(current account) 상품과 서비스에서의 무역 수지로, 이른바 순수출임. 이것은 국민 저축에서 국민 투자를 뺀 것과 같다. 제9장의 9.1절도 참조하라.

▌**공공재**(public good) 다음 두 가지 속성을 가진 재화. 첫째, 재화의 소비를 금지할 수 없는 비배제적이다. 둘째, 한 행위자의 소비가 그 재화나 서비스에 대한 다른 사람들의 접근성을 감소시키지 않는 비경합적(non-rival)이다. 이러한 재화의 예로는 등대의 제공이나 특허 보호가 만료된 지식을 들 수 있다.

▌**공적분**(cointegration) 시간에 걸쳐 동일한 지속적 충격에 노출되어 있는 특정한 종류의 장기적인 결합을 가지는 두 개 또는 그 이상의 시계열(즉, 일련의 연속적인

시점에서 측정된 데이터 계열).

▮ **과세(taxation)** 누진세(progressive tax)와 역진세(regressive tax)를 참조하라.

▮ **관세 동맹(customs union)** EU와 같이 공통의 역외 무역 제한이 있는 자유 무역 지역.

▮ **교역 조건(terms of trade)** 한 국가가 일정한 양의 수출재와 교환할 수 있는 수입재의 양의 척도로서, 수입 가격 지수에 대한 수출 가격 지수의 비로서 정의된다.

▮ **구매력 평가(purchasing power parity(PPP))** 일가의 법칙(law of one price)이 국제적으로 지켜져서 두 나라의 환율이 조정되어 두 나라의 통화의 구매력이 동일하게 된다고 가정하는 이론. 실질 환율(real exchange rate)도 참조하라.

▮ **국민 소득(national income)** 두 가지 접근법이 널리 사용된다. 즉, 지출 접근법과 소득 접근법. 지출 접근법은 국민 소득을 소득이 사용된 용도의 관점에서 묘사하려고 하지만, 소득 접근법은 국민 소득을 개별 소득의 합으로 직접 묘사하려고 한다. 한 개인의 지출은 다른 사람의 소득과 동일하기 때문에, 두 접근법은 국민 총생산으로 표현될 때, 동등하다. 지출 접근법을 사용하게 되면, 국민 총생산, 즉 GNP를 얻는데, GNP는 소비 C, 투자 I, 정부 지출 G, 그리고 순수출(수출 – 수입) + 해외 자산에 대한 순소득(해외 자산에 대한 내국인의 소득 – 국내 자산에 대한 외국인의 소득) N으로 분해된다. 즉, GNP=$C+I+G+N$.

소득 접근법은 국내 총생산, 즉 GDP를 구성하는데, GDP는 근로자와 자영업자의 소득, 자본 소득 그리고 지주의 소득으로 분해된다. 근로자와 자영업자의 소득은 임금률 w에 노동 공급 L을 곱한 것, 즉 wL이다. 총자본 소득은 공공시설을 포함한 자본의 수익률 r에 자본의 공급 K를 곱한 것, 즉 rK이다. 지주의 소득은 토지 수익률(임대료) i에 임대된 토지의 양 L을 곱하여 얻어진다. 외국인의 순소득을 공제하면, 소득 접근법은 GDP 항등식 GDP = $wL + rK + iL$을 얻는다. 이 것은 제4장 부록에서 사용된 표현이다. GDP로부터 해외 자산의 순소득을 공제 하면, 소득 접근법을 사용하여 측정된 GDP와 지출 접근법을 사용하여 측정된 GNP는 동등하게 될 것이다. 기호 Y는 GNP나 GDP를 나타내기 위해 자주 사용 되는 느슨한 기호인데, 대부분의 경우 GNP와 GDP의 차이는 사소하다. 한 경 제가 많은 해외 투자를 가지고 있다면, 그 경제의 GNP는 GDP보다 더 적을 것 이다.

▌**국제 수지(balance of payments)** 특정한 기간 동안, 통상 1년 동안, 한 나라가 다 른 나라들과 행한 모든 경제적 거래의 합. 그것은 경상 수지(current account)와 자 본 수지의 합으로 계산된다. 후자는 순해외 투자와 대출이다.

▌**규모의 경제(economies of scale)** 생산 증가에 따른 평균 비용의 감소. 자주 규모 의 경제는 고정 비용이 더욱더 많은 수의 생산된 재화 간에 공유되기 때문에 발 생하는 결과이다. 고정 비용은 생산 수준에 (즉시) 좌우되지는 않는 비용이다.

▌**근본 예산 적자(primary budget deficit)** 부채에 대한 이자 지불을 뺀 정부 지출에 서 정부 수입을 뺀 것.

▌**기대 조정 필립스 곡선(expectations augmented Phillips curve)** 필립스 곡선(Phillips curve)을 참조하라.

▌**기회비용(opportunity cost)** 기회비용은 몇 가지 대안들 중의 하나를 선택함에 의해 잃게 되는 기회의 가치를 나타낸다. 그것은 버려진 대안들 중에서 가장 높 은 가치가 있는 것의 가치로서 측정된다.

▌**기회 소득(opportunity income)** 한 행위자가 자신의 노동력을 가장 높게 지불받

을 수 있는 대안적인 기회에 사용함으로써 얻을 수 있는 포기된 소득. 이 용어는 때때로 다른 대안적인 작업 기회를 얻을 수 없을 때조차 사용된다. 예컨대, 자신의 자유를 팔 수 없는 농노는 그의 영주가 보유한 토지를 제외하고는 다른 곳에서 작업할 수 없을 것이다. 그러나 우리는 여전히 그가 자신의 자유를 가진다면 다른 곳에서 벌 수 있는 임금, 즉 그의 기회 소득(opportunity income)을 생각할 수 있다.

▌**내부 평가 절하**(internal devaluation) 그 경제의 환율에 영향을 주지 않고, 경쟁력을 높이려는 목적으로 수행하는 정책들. 이것은 임금을 삭감하는 정책(예컨대, 노동 과세를 낮추는 것)이나 생산성을 개선하는 정책(인프라스트럭처를 향상시키는 것)을 통해서 성취될 수 있다.

▌**내재 가치**(intrinsic value) 주화 제조에 사용된 금속의 시장 가치.

▌**누진세**(progressive tax) 과세 대상 소득이 증가할 때 세율이 올라가는 세금.

▌**대리인 문제**(agency problems) 주인-대리인 문제(principal-agent problem)와 도덕적 해이(moral hazard)를 참조하라.

▌**대체 효과**(substitution effect) 소득 효과(income effect)를 참조하라.

▌**도덕적 해이**(moral hazard) 한 행위자가 자신의 행동의 모든 귀결을 감당하지 않을 때 일어나는 문제. 그 경우에, 부주의한 행동이 그 행위자에게 더 받아들일 만한 것이라면, 그 행위자는 그렇지 않을 때보다 더 부주의하게 행동할 유인을 갖는다. 예컨대, 도난 보험을 든 사람은 문을 더 잠그지 않을 것 같다.

▌**디플레이터**(deflator) GDP 디플레이터(GDP deflator)와 실질 임금(real wages)을 참조하라.

▌**레버리지**(leverage) 레버리지는 일반적으로 투자 수익을, 그것이 양이든 음이

든, 증폭시키는 방법을 지칭한다. 전형적으로 레버리징은 투자 수익이 차입 비용을 능가할 것이라는 희망 속에서 투자 자금을 더 많이 마련하기 위해 부채를 사용하는 것을 지칭한다. Box 7.3도 참조하라.

▌**로렌츠 곡선**(Lorenz curve) 대개 자주 소득 분배를 보이기 위해 사용되는 누적 분포 함수의 가시화. 소득 분배를 나타낼 때, ((그림 11.1)을 보라) 수평축은 인구의 비율을 나타내고, 수직축은 상응하는 비율의 인구가 얻는 총소득의 비율을 나타낸다. 완벽하게 평등한 사회에서는 인구의 어떤 비율도 항상 총소득 중 동일한 크기의 비율을 가지므로 정확한 대각선으로 나타난다. 완벽하게 평등한 것에는 못 미치는 소득 분배는 볼록 함수로도 표현할 수 있는 곡선으로 나타난다. 불평등한 사회에서 대각선과 소득 분배를 나타내는 곡선 사이의 영역은 지니 계수(Gini coefficient)라고 하는데 불평등성의 척도이다.

▌**명목 임금**(nominal wage) 경상 가격으로 측정된 임금, 실질 임금(real wage)을 참조하라.

▌**명목 환율**(nominal exchange rate) 다른 통화로 표현된 한 통화의 가격.

▌**무임 승차자 문제**(free rider problem) 무임 승차자 문제는 비배제적인 재화, 이른바 공공재(public goods)가 있을 때 발생한다. 일단 생산되면 어떤 사람도 공공재(가령, 등대의 빛)의 소비에서 배제될 수 없기 때문에 사람들은 그 재화에 대한 자신의 진정한 선호를 과소하게 진술한다. 그것은 그 재화가 효율적으로 생산되지 않게 한다는 점에서 시장 실패를 야기한다.

▌**물물 교환**(barter) 지불 수단으로 화폐를 사용하지 않으면서 한 상품을 다른 상품으로 교환. 물물 교환은 욕망의 일치(coincidence of wants)의 가능성이 낮기 때문에 교환을 바람직한 수준 이하로 줄인다.

▌**뮤추얼 펀드(mutual funds)** 투자자들의 돈을 모아 전문적인 투자 경영자가 거래하는 집단적 투자 자금.

▌**변동 계수(coefficient of variation)** 표준 편차(standard deviation, sd or σ)와 평균(μ)의 비율, 즉 $c = sd/\mu$.

▌**보호 무역주의(protectionism)** 주로 수입품에 대한 관세나 할당을 부과하거나 수출에 보조금을 지급함으로써 국내 생산자와 종사자를 보호할 목적으로 행하는 경제 정책.

▌**부분지불 준비은행(fractional reserve bank)** 예금의 일부만을 지불 준비로서 가지고, 나머지는 대중에 대한 대출과 같은 자산에 투자하는 은행. 거의 모든 현대 은행은 부분지불 준비은행이다. 부분지불 준비은행업은 일반적으로 모든 채권자가 동시에 자신의 예금을 인출하지 않기 때문에 가능하다.

▌**분산(variance)** 산포(dispersion)에 대한 생각을 공식화한 통계적 개념. x_1, x_2, $\cdots$, x_n으로 나타낸 수의 집합에 대한 분산 σ^2은 평균 μ와의 차의 제곱의 합을 샘플 수 n에서 1을 뺀 값으로 나눈 것이다. 즉 $\sigma^2 = \dfrac{\sum_{i}(x_i - \mu)^2}{n-1}$.

▌**불태화(sterilization)** 자본 유입의 물가 상승 압력을 상쇄하려는 행동. 외국인 투자를 인해 한 경제로 자본이 유입되면, 중앙은행이 국내 통화로 외국 통화를 매입하기 때문에 외국환 준비금은 증가한다. 이것은 화폐 공급의 팽창을 야기하여 인플레이션에 불을 지필 수 있다. 그러므로 중앙은행은 대중에게 채권을 판매함으로써 통화 공급을 감소시키는 선택을 할 수 있는데, 그렇게 하면 화폐 팽창의 인플레이션 효과가 '불태화'된다. 중앙은행은 또한 화폐 공급의 하락을 상쇄하기 위해 대중으로부터 채권을 사들임으로써 자본 유출의 효과를 불태화할 수 있다.

▎**불환 지폐**(fiat money) 불환 지폐는 일반적으로 내재 가치(intrinsic value)가 없는 종이 어음이나 토큰이지만, 교환에서는 양의 가치를 가지는 것으로 수용된다. 대중이 불환 지폐를 수용하고 사용하려는 의향은 정부와 화폐 당국이 불환 지폐가 재화 및 서비스와 교환될 수 있도록 보증할 것이라는 신뢰에 의존한다. 신뢰 화폐(fiduciary money)라고도 불린다.

▎**비경합 재화**(non-rival good) 한 행위자의 소비가 그 재화에 대한 다른 사람의 접근성을 감소시키지 않는 속성을 가진 재화. 공공재(public good)와는 달리 배재적일 수 있다. 그런 재화에 대한 오늘날의 예로는 케이블 TV나 특허로 보호된 지식을 들 수 있다.

▎**비교 우위**(comparative advantage) 각 경제가 자신들이 상대적 우위를 가지는 생산물에 특화할 때 무역으로부터의 상호 이득을 얻을 수 있다는 무역 이론에서 사용된 개념. 그러므로 한 국가가 무역 상대국보다 절대적으로 덜 효율적이라 할지라도 그 국가는 무역으로부터의 이득을 얻을 수 있다. 재화 간의 가격비가 국가마다 다르다면 무역의 기반이 있는 셈이다. 제8장의 부록을 참조하라.

▎**선물 교환**(gift exchange) 선물 교환은 의례화된 물물 교환(barter)으로 간주될 수 있다.

▎**선형 회귀**(linear regression) 모든 다른 것이 일정할 때, 한 주어진 변수에 대한 하나 이상의 변수들의 영향을 추정하기 위해 사용하는 통계 기법.

▎**소득 탄력성**(income elasticity) 한 재화의 수요가 소득의 변화에 어느 만큼 민감하게 반응하는가에 대한 척도. 그것은 (근사적으로는) 소득의 변화율에 대한 수요량의 변화율의 비이다.

▌**소득 효과**(income effect) 한 재화의 가격 상승(하락)은 소비자의 실질 소득을 감소(증가)시켜서 그 재화의 소비를 감소(증가)시킬 것이다. 이러한 가격 변화의 효과를 소득 효과라 한다. 또한, 그 재화의 가격 상승(하락)은 상대 가격을 바꾼다. 그 재화의 가격이 상승하면 소비자들은 그 상품의 대체재인 다른 상품으로 옮겨갈 것이다. 이 효과를 대체 효과(substitution effect)라 한다.

▌**수요 독점 시장**(monopsonistic market) 판매자는 다수이고 구매자는 하나뿐인 시장.

▌**수확 체감**(diminishing returns) 수확 체감은 노동과 같은 생산 요소가 더 집중적으로 사용되게 되면 덜 생산적이게 되는 상황을 의미한다. 토지 또는 물적 자본과 같은 다른 생산 요소가 고정되어 있다면 일반적으로 수확 체감이 발생한다고 가정한다.

▌**승수**(multiplier) 국민 소득(national income)의 변화와 지출의 변화의 비. 정부가 예컨대, 교량 건설에 돈을 투자하면 이 모든 지출은 담당자들의 소득이 된다. 소득의 대부분은 재화나 서비스에 지출될 것이다. 처음 100만 유로의 지출 증가는 100만 유로 이상의 GDP 증가로 결과할 수 있다. 승수의 진정한 크기는 중요한 논쟁거리이다. 상당수 경제학자들은 승수가 1보다 적다고 주장하지만 일부 경제학자들은 1보다 크다고 주장한다.

▌**시장 실패**(market failure) 비효율적인 성과를 야기하는 시장의 특성(파레토 효율(Pareto efficient)을 참조하라). 시장은 외부성(externality), 불완전 경쟁, 정보의 비대칭성, 공공재(public good) 등이 존재하면 실패할 수 있다.

▌**시장의 한도**(extent of the market) 총수요(aggregate demand)와 동의어로 애덤 스미스가 사용한 용어.

■ 시장 지배력(market power) 대개 자주 생산량의 상응하는 변화로 한 재화의 시장 가격에 영향을 미치는 회사의 능력. 시장 지배력을 가지지 않는 회사는, 즉 완전 경쟁 하에서 작동하고 있는 회사는, 가격을 한계 비용 이상으로 올리면 다른 회사들이 그 재화를 더 싸게 공급할 것이기 때문에 모든 고객을 잃을 것이다. 그런 회사가 한계 비용보다 더 낮게 가격을 설정하면 결국 파산할 것이다. 다른 한편, 독점은 그가 원할 때 그 재화의 가격을 올릴 수 있는데, 비록 독점이 대개 자주 더 적은 양을 생산한다 할지라도 그것을 공급할 수 있는 어떤 다른 기업이 없기 때문이다.

■ 시장 청산 가격(market clearing price) 수요와 공급이 같아지는 가격.

■ 신뢰 화폐(fiduciary money) 불환 지폐(fiat money)를 참조하라.

■ 신석기 혁명(neolithic revolution) 수렵 채집 사회로부터 농업에 기반한 사회로의 최초의 이행. 고고학적 발견들은 이 이행이 중동에서 12,000년 전에 발생했다고 주장한다.

■ 실질 이자율(real interest rate(r)) 인플레이션율 π로 디플레이트된 명목 이자율(nominal interest rate) i, 즉 $r = (1+i)/(1+\pi)$. 명목 이자율과 인플레이션율이 작으면, 실질 이자율은 $r \approx i - \pi$ 이라는 관계에 의해 근사될 수 있다. 본질적으로 실질 이자율은 실질 화폐 잔고(real money balances)상의 이자율이다.

■ 실질 임금(real wage) 실질 임금은 대표적인 재화 바스켓으로 측정된 임금이다. 실질 임금은 명목 임금(nominal wage)을 소비자 물가 지수로 디플레이트하여 얻어진다.

■ 실질 화폐 잔고(real money balances) 물가로 디플레이트된 명목 화폐량. 실질 이자율(real interest rate)도 참조하라.

▌**실질 환율(real exchange rate)** 실질 환율은 국내와 해외에서의 통화의 실질 구매력을 나타낸다. 실질 환율을 x로, 명목 환율(nominal exchange rate)을 X로, 외국 물가 수준을 $P*$로, 국내 물가 수준을 P로 나타내면 공식적으로 $x = X\dfrac{P*}{P}$이다. 예컨대, \$1의 가격이 £0.75이면, 명목 환율은 0.75이다. 더욱이 미국 물가 수준 (GDP 디플레이터)이 100이고, 영국 물가 수준이 75이면 실질 환율은 1이다. 이 경우에, 통화를 외국 통화와 교환하면, 해외에서 구매하는 것과 동일한 양의 재화를 국내에서 구매한다. 명목 환율은 구매력 평가에 부합한다. 명목 환율은 고정되었지만, 영국이 독립적인 인플레이션 충격을 경험하여 물가 수준이 100이 되면, 그때 실질 환율은 1.33으로 올라간다. 영국 통화 £는 국내에서보다 미국에서 더 많은 상품을 사기 때문에 과대평가되었다. 영국에서 £100를 지불한 바스켓은 \$100의 값어치가 있지만, 통용되는 명목 환율로는 £100로 \$133를 산다.

▌**엥겔의 법칙(Engel's law)** 19세기 프러시아 통계학자 에른스트 엥겔(Ernst Engel, 1821~1896)의 이름을 따서 명명한 것. 엥겔의 법칙은 가계의 횡단면 샘플에서 식품에 지출되는 소득의 몫은 소득이 증가하면 감소한다는 제안이다. 시간에 걸쳐, 총소비에서 식품 소비의 몫은 일인당 소득이 증가할 때 떨어지는 것처럼 보인다. 여러 연구에 따르면, 식품에 대한 수요의 소득 탄력성(income elasticity)은 다른 재화나 서비스보다 더 낮다(자주 1보다 더 작다).

▌**역선택(adverse selection)** 구매자와 판매자가 동일한 정보에 접근하지 못할 때 일어나는 시장 실패(market failure)의 한 유형. 예컨대, 건강 보험의 잠재적 구매자는 보험 회사보다 자신의 건상 상태에 대해 더 많은 정보를 가진다. 건강한 개인은 건강하지 않은 개인보다 보험에 가입할 유인이 더 적어서 보험의 가격은

오르고, 그래서 건강한 사람의 가입 유인을 더 감소시켜, 잠재적으로 그것에 가입할 필요가 있는 사람들도 가입하지 못할 만큼 값비싸게 만들 수 있다.

▌**역진세(regressive tax)** 역진세는 소득이 증가할 때 세율이 줄어드는 세금을 말한다.

▌**연구 개발 지출(R&D(research and development) spending))** 기초 연구와 응용 연구에 대한 지출. R&D는 사기업, 정부 운영 기업과 대학에 의해 수행된다. 사적으로 운영되는 기업에 의해 수행된 R&D는 대체로 자주 이윤 동기에 의한 것이고, 일반적 응용 가능성이 있는 지식의 획득보다는 응용 프로그램에 초점을 맞추는 경향이 있으며, 일반적 응용 가능성이 있는 지식은 대학과 같은 정부가 지원하는 기관에 의해 추구되는 것이 일반적이다.

▌**영연방(commonwealth)** 영국 및 캐나다와 남아프리카 공화국 같은 과거 영국의 식민지.

▌**예방적 체크(preventive checks)** 가계의 의도적이고 계획된 출산율 감소 전략. 적극적 체크(positive check)는 사망률에 대한 소득 변화의 직접적 또는 간접적 효과이다. 사람들은 거의 굶어 죽지 않지만, 일인당 소득의 급격한 감소는 보통 전염병과 사망률을 증가시킨다.

▌**외부성(externality)** 외부성은 행위의 영향이 그 행위자 본인에게 내부화되지 않을 때 발생한다. 예컨대, 강을 오염시키는 화학 회사는 그 회사가 다른 사람의 어업을 파괴할 때 외부 효과를 야기하고 있다. 외부 효과는 양일 수도 음일 수도 있다. 외부성의 존재는 시장 실패(market failure)를 야기할 수 있다.

▌**욕망의 일치(coincidence of wants)** 욕망의 일치는 a상품 x단위를 가지고 b상품 y단위와 교환하기를 원하는 A가, b상품 y단위를 가지고 a상품 x단위와 교환하

기를 원하는 B를 발견하는 그런 사건이다.

▎**은행(bank)** 부분지불 준비은행(fractional reserve bank)을 참조하라.

▎**일가의 법칙(law of one price)** 일가의 법칙은 한 재화, 예컨대 특별하면서 잘 지정된 품질을 가진 밀의 가격은 운송 비용이 0이라면 두 시장에서 동일할 것이라고 규정한다. 운송 비용은 대체로 양이기 때문에 '운송비가 조정된 일가의 법칙'이 적절한 개념인데, 그것은 두 시장에서 동일한 재화의 가격 격차는 두 시장 간의 운송 비용을 초과하지 않는다고 규정한다. 일가의 법칙을 지지하는 경제적 기제로는 중재(arbitrage)와 무역이 있다. 가격 격차가 운송 비용을 초과한다면 상인은 가격이 더 낮은 시장에서 더 높은 시장으로 그 상품을 가져가면 이윤을 얻을 수 있다. 일가의 법칙의 효율적인 작동은 시장 사정에 정통한 거래자들과 완전 경쟁으로 공정할 것을 가정한다. 일가의 법칙은 상품 시장을 위한 안정적인 균형으로 간주되기보다는 가격차가 운송비를 초과할 때 그것을 '교정하는' 끌개로 보아야 한다.

▎**자동 안정화 장치(automatic stabilizers)** 자동 안정화 장치는 경기 조정적 경제 효과를 가진다(경기 순응적 경제 정책(procyclical economic policy)도 참조하라). 예컨대, 경기 침체 시에 정부 적자는 세수 감소와 실업 급여 증가 때문에 증가하는 경향이 있는데 이것은 자동 안정화 장치로 행동한다. 승수(multiplier)도 참조하라.

▎**잔여재산 청구권자(residual claimant)** 순소득, 즉 수입에서 비용과 경비를 뺀 것을 수취하는 사람. 기업의 소유자가 이윤을 얻기를 희망하는 잔여재산 청구권자이다.

▎**적극적 체크(positive checks)** 예방적 체크(preventive checks)를 참조하라.

▎**주인-대리인 문제(principal-agent problem)** 대리인이 주인에 의해 고용되었을 때

일어나는 문제의 유형으로, 대리인은 주인보다 더 많은 정보를 가지고 있으며, 양자는 동일한 목적을 공유하지 않는다. 그러므로 주인은 대리인을 감시하거나 유인 제도를 고안하여 대리인이 본인의 이해에 봉사하도록 하게 할 필요가 있다.

▌**중상주의(mercantilism)** 무역 수지를 강조하는 역사적으로 만연했던 경제학 사조. 중상주의는 일반적으로 국가의 부를 그것이 보유하는 귀금속으로 정의했다. 국내 산업에 보조금을 지급하고 수입에 관세를 부과하여 수입을 최소화하고 수출을 최대화하려고 노력했다.

▌**지니 계수(Gini coefficient)** 로렌츠 곡선(Lorenz curve)을 참조하라.

▌**지대 추구(rent-seeking)** 다른 사람의 복지를 감소시켜 지대를 얻기 위한 자원의 사용. 예컨대, 농부는 농부의 소득을 증가시키지만 다른 모든 사람들의 소득을 감소시키는 보조금을 얻기 위해 유럽위원회에 로비할 수 있다.

▌**GDP** 국민 소득(national income)을 참조하라.

▌**GDP 디플레이터(GDP deflator)** GDP의 경상 화폐 가치와 실제 물리적 산출량을 구분하기 위해 사용하는 물가 지수. 경상 가격으로 측정된 GDP를 디플레이트하면 물리적 양으로 표현된 GDP를 얻게 된다. 그것은 통상 불변 가격 GDP라 표현한다.

▌**집적 효과(agglomeration effects)** 집적 효과는 관련된 사업 분야의 다른 기업과의 근접성이 기업에 주는 이익과 불이익이다. 집적의 이익은, 분업에 기인한 더 낮은 생산 비용과 중간재와 서비스 공급자 간의 경쟁 심화 등을 포함하는데, 관련된 사업 분야의 기업들이 지리적으로 모이는 경향을 설명할 수 있다. 한편, 집적의 불이익은 경쟁 심화를 포함하며 작은 기업들로 흩어지도록 하는 경향

이 있다.

▌창조적 파괴(creative destruction) 창조적 파괴는, 경제학자 조지프 슘페터(Joseph Schumpeter, 1883~1950)의 저작 속에 있는 개념으로, 기업가적 혁신은 기존 회사나 시장의 계속적인 박멸뿐만 아니라 기술적 개선의 원인이 되면서 경제 성장의 파괴적이지만 편익을 주는 중심적인 힘이라는 개념이다.

▌총수요(aggregate demand) (총지출이라고도 함) 민간 소비, 투자, 정부 지출과 순수출의 합. 국민 소득(national income)도 참조하라.

▌총요소 생산성(total factor productivity) 총요소 생산성은 생산에서 투입물 사용의 효율성 수준의 지표이다. 총요소 생산성의 증가는 투입물의 증가에 의해 야기되지 않은 산출물의 증가로 측정된다. 제4장 4.2절과 부록도 참조하라.

▌최종 대부자(lender of last resort) 모든 다른 기관들이 돈을 빌려주려 하지 않거나 빌려줄 수 없을 때 돈을 빌려주는 기관. 중앙은행은 자주 뱅크런의 위험을 최소화하기 위해 최종 대부자로 행동한다.

▌카르텔(cartel) 가격을 고정하거나, 시장 몫을 분배하거나, 총산업 산출량을 고정하거나 다른 종류의 담합 행위를 하여 각 개별 기업의 이윤을 극대화려고 하는 기업들의 연합. 카르텔의 존재는 자주 파레토 비효율적인 성과를 낳는다(파레토 최적(Pareto optimal)을 참조하라).

▌탄력성(elasticity) (일반적인 정의) 소득 탄력성(income elasticity)도 참조하라. 다른 변수의 상대적 변화에 대한 한 변수의 상대적 변화의 비율로서 얻어지는 다른 변수의 변화에 대한 한 변수의 변화의 척도. 근사적으로는 Y에 대한 X의 탄력성은 X의 백분비 변화를 Y의 백분비 변화로 나눈 것이다.

▌토큰(token) 각인된 주화는 명목 가치대로 지불 수단으로 사용되지만, 이른바

완전 주화(full-bodied coin)와는 달리 명목 가치에 상당하는 내재적 금속 가치를 가지지는 않는다. 토큰은 불환 지폐(fiat money)의 변종이다.

▌**파레토 효율(Pareto-efficiency)** 적어도 다른 한 명의 행위자가 더 나빠지지 않는 한 어떤 행위자도 더 유복하게 될 수 없는 재화의 배분(파레토 최적(Pareto optimal)은 대개 파레토 효율(Pareto efficient)을 의미한다).

▌**표준 편차(standard deviation(σ or sd))** 분산(variance)의 제곱근

▌**필립스 곡선(Phillips curve)** 필립스 곡선은 인플레이션과 실업은 단기적으로는 역으로 관련된다는 경험적 발견을 보인 것이다. 기대 조정 필립스 곡선은 인플레이션이 기대되지 않는 한에서만 음의 관련이 존재한다고 보는 이론이다.

▌**합리적 기대(rational expectations)** 행위자의 예측이 체계적으로 잘못될 수는 없다는 것을 진술하는 이론들에서 사용되는 가정. 이것은 행위자가 모형 그 자체의 예측에 기초하여 기대를 형성할 수 있다고 모형을 만든다.

▌**화폐 주조 차익(seigniorage)** (프랑스어 seigneur에서 기원) 원래 화폐를 주조해 준 대가로 주전소가 부과한 요금. 그 요금은 주전 비용을 초과해서 국가, 왕 또는 영주의 수입이 되었다. 오늘날 seigniorage(화폐 주조 차익)는 통화 당국이 화폐 발행으로 얻은 이윤을 의미한다.

▌**환어음(bills of exchange)** 환어음은 무역과 관련하여 정산하기 위해 광범하게 사용되었다. 어음은 어떤 미래의 날짜에 채무자가 채권자에게 지불한다는 약속을 포함한다. 한 소유자로부터 다른 소유자로 어음을 이전할 수 있었고, 은행은 그것을 할인하여 매입했다. 제7장의 부록을 참조하라.

▌**환율(exchange rate)** 명목 환율(nominal exchange rate)과 실질 환율(real exchange rate)을 참조하라.

▌효율성(efficiency) 책 전체에 걸쳐 총요소 생산성(total factor productivity)의 동의어로 사용된다.

▌후방굴절 노동공급곡선(backward bending supply curve of labour) 임금 상승은 노동공급에 모호한 효과를 가진다. 임금률의 증가는 개인들이 더 많이 일하게 유도할 것이지만 또한 더 많은 여가를 향유할 수 있도록 허용할 것이다. 후방굴절 공급곡선이 존재하면 후자의 효과가 전자를 능가하게 되는 임금률 수준이 있어서 그것보다 더 높은 임금에서는 개인들이 총노동 공급을 줄인다.

찾아보기